LES CHOUANS

D0645671

HONORÉ DE BALZAC

Les Chouans

INTRODUCTION ET NOTES DE CLAUDIE BERNARD

LE LIVRE DE POCHE
Classiques

Cet ouvrage a été publié
sous la direction de Michel Simonin.

Le texte des *Chouans* que nous publions reproduit celui de l'édition
Furne de 1845, corrigé en marge par Balzac. Nous avons éliminé
quelques coquilles, supprimé le trait d'union dans les superlatifs abso-
lus, donné aux noms propres usuels leur orthographe d'aujourd'hui, et
parfois rétabli la ponctuation.

Ancienne élève de l'École normale supérieure, agrégée de lettres
modernes, et professeur de littérature française à New York University
aux États-Unis, Claudie Bernard est l'auteur de *Le Chouan romanesque, Balzac, Barbey d'Aurevilly, Hugo* (Presses Universitaires de
France, 1989), *Le Passé recomposé, le roman historique français du
XIXe siècle* (Hachette, 1996) et de *Penser la famille au XIXe siècle*
(Publications de l'université de Saint-Étienne, 2007).

© Librairie Générale Française 1997, pour l'Introduction
et les Notes.

ISBN 978-2-253-00320-5 - 1re publication - LGF

Portrait de Balzac.
Pastel de Gérard-Séguin (1842). Château de Saché.

INTRODUCTION

Première œuvre signée « Balzac », *Les Chouans* représentent, dans la carrière de l'écrivain, à la fois le dernier roman de la jeunesse et le premier roman de la maturité. Dernier roman de jeunesse, *Les Chouans*, parce que roman historique, encore chargé de ces thèmes gothiques et frénétiques auxquels le réaliste ne renoncera jamais tout à fait, et proche de *Falthurne*, de *L'Héritière de Birague*, de *Jean-Louis*, du *Vicaire des Ardennes* et surtout de *Clotilde de Lusignan*, publiés sous les pseudonymes ronflants de Lord R'Hoone, Viellerglé ou Horace de Saint-Aubain. Mais *Les Chouans* sont aussi le premier roman de *La Comédie humaine*, ce vaste ensemble de volumes aux personnages reparaissants. Premier roman de *La Comédie humaine*, *Les Chouans* le sont chronologiquement et littérairement. Après un intervalle de trois ans, surtout consacré à des activités d'imprimeur puis de fondeur de caractères qui l'ont mené à la faillite, Balzac revient à sa vocation essentielle. Et il y revient avec une page d'histoire située aux confins de l'histoire contemporaine, à laquelle sera consacré le grand œuvre ; une histoire qui ne lui offre plus simplement un décor ou une thématique, mais qui nourrit une problématique.

Comme toute la génération des années 1820, Balzac s'était enthousiasmé à la lecture de Walter Scott. Malgré la fadeur des traductions de Defauconpret et de ses confrères, l'auteur des *Waverley Novels* et d'*Ivanhoé* exerça une influence déterminante non seulement sur le développement du roman historique en France, mais sur celui du roman en général. Hugo célébra, dans ses comptes rendus du *Conservateur littéraire*, l'attrait des récits de l'Écossais sur « une génération qui vient d'écrire de son sang et de ses larmes la page la plus extraordinaire de toutes les histoires humaines [1] ». Vigny lui fit hommage de *Cinq-Mars* en 1826. Des centaines de romans, de pièces et aussi d'opéras, de tableaux, d'objets « walterscottés » — pour reprendre l'adjectif forgé par Balzac dans la préface de *La Peau de chagrin* — virent alors le jour. *Ivanhoé* inspira les débuts littéraires de Balzac comme ceux de son futur héros, le Lucien de Rubempré des *Illusions perdues*, auteur de « L'Archer de Charles IX » — « Archer » qui rappelle d'autre part le *Sur Catherine de Médicis* de Balzac lui-même, publié en 1844. En 1842, l'Avant-propos de *La Comédie humaine* rendit encore à Scott un vibrant hommage.

Le jeune Balzac avait en outre découvert l'Américain Fenimore Cooper et les romans de Bas-de-cuir, proches des *Waverley Novels* par le choix d'un passé national proche, où l'opposition des tribus indiennes et des colons fait penser à celle des clans écossais et des Anglais. Au printemps 1828 il entame, pour le théâtre, genre alors prestigieux entre tous, des *Tableaux d'une vie privée* qui pourraient s'intituler, comme la partie centrale des futurs *Chouans*, « Une idée de Fouché » : on y voit, en 1799, le ministre de la Police essayant de soudoyer une jeune fille pauvre pour qu'elle aille le servir dans l'Ouest insurgé. Sur ces insurrections, le romancier consulte les *Mémoires relatifs à la Révolution française* parus chez Baudoin, *La Guerre des Vendéens et des Chouans* en six volumes de Savary, les *Mémoires* de Mme de La Rochejaquelein, ceux de la marquise de Bonchamps (imprimés par ses soins), ceux de Louis-Marie Turreau « pour servir à l'histoire de la guerre de Vendée ».

Du 1er septembre 1828 est datée une lettre au général de Pommereul, ami de la famille auquel Balzac demande l'hospitalité à Fougères : « Depuis un mois, je travaille à des ouvrages historiques d'un haut intérêt (...) l'on m'a présenté, par le hasard le plus pur, un fait historique de

---

1. Hugo, *Œuvres complètes*, Paris, Club Français du Livre, 1967-1970, II, p. 433.

L'Hôtel Bertin de la Hautière.
C'est en 1828, à Fougères, que Balzac rédigea l'essentiel de l'œuvre,
lors d'un séjour dans cet hôtel, propriété d'un ami, le baron
Gilbert de Pommereul.

1798 qui a rapport à la guerre des Chouans et des Vendéens, lequel me fournit un ouvrage facile à exécuter. Il
n'exige aucune recherche, si ce n'est celle des localités [1] ». Ce « fait historique », quel est-il ? On a proposé
— bien qu'elle ait eu lieu en 1795 et non en 1798 — la
mort du chevalier de Boishardy, chef chouan tué dans
son château le jour même de son mariage. Mais l'élément de trahison essentiel au roman manque. Il est présent, en revanche, dans la mort du vicomte d'Aché
— qui se produisit, elle, en 1807, et non pas en Bretagne
mais en Normandie. En compagnie d'une jeune royaliste
et de sa mère, d'Aché avait organisé le pillage d'une
voiture postale, dans le but de fournir de l'argent à la

---

1. Balzac, *Correspondance*, Paris, Garnier, 1960, I, p. 336.

cause monarchiste ; il fut livré par une espionne, Mme de Vaubadon, à la solde de la police de Fouché[1]. Ajoutons qu'une autre malle-poste avait été attaquée à Mesnil-Brout, entre Alençon et Mortagne, en 1799. Quant au thème connexe de l'espionne tombant amoureuse de celui qu'elle doit perdre, thème promis à un riche avenir, on le trouve dans la pièce de Mérimée *Les Espagnols en Danemark* (1825), que Balzac connaissait sans doute.

Quel qu'il soit exactement, l'épisode mentionné dans la lettre à Pommereul a le mérite d'être romanesque, et de ne pas requérir de grande enquête de la part d'un auteur pressé de dettes et désireux d'écrire vite. Accueilli par le général en automne, Balzac met à profit l'abondante bibliothèque de son hôte, visite Fougères et les environs, s'informe sur les coutumes et le langage locaux, recueille de nombreux détails sur la chouannerie. Le roman prend forme dans l'espace de quelques mois, à Fougères puis à Paris, sous le titre du « Gars », jugé par certains trop vulgaire et remplacé ensuite par « Les Chouans ou la Bretagne il y a trente ans », titre qui rappelle le *Waverley ou il y a soixante ans* de Scott. Balzac rédige simultanément un long Avertissement, dans lequel il attribue *Le Gars* à un certain Victor Morillon, qui a plus d'un trait du jeune écrivain. Morillon aurait également produit, selon l'Avertissement, un « Capitaine des Boutefeux » « dont le sujet était pris dans les temps les plus orageux du XVe siècle » : « la guerre civile à deux époques aussi différentes, l'une en rase campagne, l'autre au sein de Paris, forment deux tableaux à mettre en regard[2] » (p. 467) — mais le premier seul existe.

Ce n'est pas « Victor Morillon », mais « Honoré Balzac » qui figure au frontispice de l'édition originale, en mars 1829, chez Latouche et Urbain Canel. Le texte,

---

1. Cette anecdote, relatée par Mme d'Abrantès dans ses *Mémoires sur Napoléon* (1831-35), a peut-être été racontée directement à Balzac par la duchesse, dont il avait fait la connaissance en 1825. — **2.** L'Avertissement du *Gars* (ainsi que l'Introduction de 1829 au *Dernier Chouan*, citée ci-après) est inclus dans les Documents de la présente édition. C'est aux pages de celle-ci que renvoient les chiffres entre parenthèses.

Walter Scott
Par le sujet comme par la date de l'action, *Les Chouans* font penser
à la manière de Walter Scott dont Balzac, avant de peindre
la société de son époque, avait voulu suivre l'exemple.

maintenant appelé *Le Dernier Chouan, ou la Bretagne en
1800* (ce qui évoque *Le Dernier Abencérage* de Chateaubriand et *Le Dernier des Mohicans* de Cooper), est divisé
en trente-deux chapitres, plus une introduction. Il se ven-
dit mal. Si le *Journal des cancans*, *Le Corsaire* et, sous la
plume de Latouche, *Le Figaro* se montrèrent assez récep-
tifs, le *Mercure de France* et *L'Universel* émirent de
sérieuses réserves, et *Trilby* fut tout à fait hostile ; seule
La Revue encyclopédique salua dans *Le Dernier Chouan*
le premier roman historique français, qualification normalement décernée au *Cinq-Mars* de Vigny.

Cet insuccès incita peut-être Balzac à abandonner un
projet sur « L'Évêque d'Agra, guerre de Vendée », mais
ne l'empêcha pas de préparer une seconde édition de son
livre. Après résiliation, à ses dépens, d'un contrat avec
Mame-Delaunay, il donna à Vimont ce qui s'intitule

désormais *Les Chouans, ou la Bretagne en 1799* (à rapprocher du *Fragoletta ou Naples et Paris en 1799* de l'ami Latouche, composé à la même époque que *Les Chouans*). Divisée non plus en chapitres mais en trois parties, et portant la datation finale — et inexacte — « Fougères, août 1827 », cette édition, qui sortit en mai 1834, apporte quelques modifications à la précédente. Les unes sont stylistiques ; les autres reflètent l'évolution politique de Balzac, des sympathies jacobines de la jeunesse au légitimisme de la maturité, et surtout le désir de nuancer la peinture, parfois un peu trop noire, des Blancs ; d'autres enfin affinent le portrait de l'héroïne en la rapprochant de Mme Hanska, dont Balzac a fait la connaissance en 1832, et qui a joué un rôle dans la conversion au légitimisme. Ces *Chouans* furent également boudés par la critique. Seul le *Journal de la femme* en fit l'éloge ; Sainte-Beuve lui reconnut quelques mérites à l'occasion de commentaires sur *La Recherche de l'absolu* dans la *Revue des deux mondes*. Les invendus furent partiellement écoulés par Werdet puis Levavasseur, lequel leur donna pour titre *Le Chouan*. Sans parler des contrefaçons belges et allemandes, et de quelques traductions.

En décembre 1843, Balzac confie à Mme Hanska à propos de cette œuvre : « C'est décidément un magnifique poème (...) Il y a là tout Cooper et tout Walter Scott, plus une passion et un *esprit* qui n'est chez aucun d'eux. La passion y est sublime et je comprends maintenant ce qui vous a fait vouer une espèce de culte à ce livre. Le pays et la guerre y sont dépeints avec une perfection et un bonheur qui m'ont surpris. En somme, je suis content ![1] » Il va alors, en vue de l'insertion du texte dans *La Comédie humaine*, se livrer à de nouvelles corrections, ajouts de comparses, homologation de noms, allusions à des scènes ultérieures ; il s'agit de relier après coup cette première production à celles qui l'ont suivie. Munis d'une dédicace et d'une brève préface où étaient annoncés des *Vendéens* qui ne virent

---

1. *Lettres à Madame Hanska*, Paris, Bibliophiles de l'Originale, 1968, II, p. 311.

Madame Hanska en 1820.
Afin de ne point heurter la sensibilité de sa belle Polonaise,
Madame Hanska, Balzac modifia les traits de l'héroïne des *Chouans*.

jamais le jour, *Les Chouans* prirent place, en 1845, dans l'édition Furne de *La Comédie humaine*, parmi les « Scènes de la vie militaire ». Sur son exemplaire personnel (le « Furne corrigé »), Balzac supprima la préface et apporta d'ultimes aménagements, qui figurent dans le texte de la présente édition.

Les variations de l'intitulé sont révélatrices. Du « Gars » ou du « Dernier Chouan », noms propres individuels à connotations pittoresques dans un cas et tragiques dans l'autre, on est passé aux « Chouans », nom commun et collectif ; et des dates relatives ou vagues « il y a trente ans » ou « 1800 », à « 1799 », précise et rattachée au siècle précédent. On voit le souci proprement historique gagner du terrain.

Les Chouans s'inscrivent en fait dans un projet caressé par Balzac depuis les années 1824-1825, évoqué dans l'Avertissement du *Gars*, repris en 1841 dans l'Introduction de *Sur Catherine de Médicis*, et recommandé en ces termes dans *Illusions perdues* à Lucien de Rubempré, auteur de « L'Archer de Charles IX » : « Chaque règne authentique, à partir de Charlemagne, demandera tout au moins un ouvrage, et quelquefois quatre ou cinq, comme pour Louis XIV, Henri IV, François Ier. Vous ferez ainsi une Histoire de France pittoresque ». Et encore : « tu n'es pas l'auteur d'un roman plus ou moins ingénieux, tu seras une collection ! (...) tu as en portefeuille : *La Grande Mademoiselle ou La France sous Louis XIV. — Cotillon Premier ou Les premiers jours de Louis XV. — La Reine et le Cardinal ou Tableau de Paris sous la Fronde. — Le Fils de Concini ou Une intrigue de Richelieu*![1] » Cette comédie humaine du passé, Balzac déplore que Scott, tout en ayant élevé le roman « à la valeur philosophique de l'histoire », n'ait pas su la réaliser : qu'il n'ait pas songé à « relier ses compositions l'une à l'autre de manière à coordonner une histoire complète, dont chaque chapitre eût été un roman, et chaque roman une époque[2] ». L'Histoire-passé étant conçue, sous la succession des règnes et la diversité des régimes, comme un continuum, l'Histoire-discours — celle des romanciers comme celle des historiens — devrait y répondre par un grand récit homogène, où monographies ou fictions viendraient s'emboîter sans faille les unes dans les autres, de sorte que chaque époque soit reflétée dans un volume, et que chaque volume vaille pour une époque[3]. Cette ambition a été celle de plus d'un historien romantique, Michelet en tête, et la chimère de plus d'un romancier historique, de Vigny à Paul Adam. Dans le cycle feuilletonesque

---

1. *La Comédie humaine*, Paris, Gallimard, Pléiade, 1976-1981, V, p. 313 et 495. — 2. *La Comédie humaine*, Avant-propos, I, p. 10-11. — 3. La distinction entre Histoire-passé (ensemble des événements révolus) et Histoire-discours (récit ou réflexion actuels sur les événements révolus) recoupe celle posée par Hegel entre les *res gestas* et l'*historiam rerum gestarum* (*Leçons sur la philosophie de l'histoire*, Paris, Vrin, 1979, p. 54-55).

des *Mystères du peuple, ou Histoire d'une famille de prolétaires à travers les âges*, Sue couvre de la Gaule romaine à l'annonce de la démocratie universelle ; et Dumas rêve d'un « immense roman, en huit volumes du pays, qui commencerait à Jésus-Christ et qui finirait avec le dernier homme de la création, donnant cinq romans différents : un sous Néron, un sous Charlemagne, un sous Charles IX, un sous Napoléon, un dans l'avenir[1] ». Hélas ! Aucune Histoire de France, même fruit d'une collaboration, ne peut être exhaustive, et à plus forte raison aucune série romanesque.

Balzac s'est bien mis en devoir de « relier ses compositions l'une à l'autre de manière à coordonner une histoire complète », mais dans la synchronie et non pas la diachronie, et pour son Histoire contemporaine ou quasi telle : disons, pour la période de la Restauration, décrite sous la monarchie de Juillet. Dans *La Comédie humaine*, la conjonction des volumes n'est donc plus assurée par le suivi d'une périodisation imposée par les chroniques, mais — souvent *a posteriori* — par la récurrence de personnages et par la complémentarité de situations forgées par le romancier. La constitution de ce microcosme fictionnel, dont chaque membre est lié à une multitude d'autres et où chaque épisode se découvre des répercussions, est plus qu'une fructueuse entreprise de librairie ; elle relève, comme on l'a dit, et de l'encyclopédisme des Lumières, et de la volonté de synthèse du positivisme[2]. Comédie « humaine » et non plus divine, comme celle de Dante : c'est ici-bas que tout se joue. Et si « Comédie » n'implique plus, ainsi que chez l'Italien, un mouvement ascendant, de l'Enfer vers le Paradis, de la déréliction vers l'euphorie, l'œuvre se présente bien comme une pyramide, des épisodiques Scènes de la vie

---

1. Cité dans *L'Arc* 71, premier trimestre 1978, p. 40. — **2.** L'idée de *La Comédie humaine* remonte à bien avant 1842, date du lancement du prospectus et de la première livraison. Sans revenir sur le rêve d'« Histoire de France pittoresque », elle avait été préparée par des regroupements antérieurs, « Scènes de la vie privée » en 1830 puis 1832, « Contes philosophiques » en 1831 puis 1832, « Études de mœurs » en 1833-1834, projet d'« Études sociales » en 1837. On trouve des personnages reparaissants dès *Le Père Goriot*, en 1835.

privée aux Études analytiques, couronnement réflexif de l'entreprise. Il faut d'ailleurs prendre au sérieux la valeur dramaturgique du terme « comédie », même s'il suggère moins ici gaieté ou satire que choix de sujets délibérément bas, le corps, la machine, l'argent, l'homme du peuple ou le bourgeois... ; le modèle théâtral, nous le verrons, imprègne de bout en bout une construction où les artifices des uns et la fiction de l'autre nous aident à comprendre une réalité dans laquelle nous avons aussi notre rôle à jouer. Une trentaine d'années après Balzac, Zola adoptera, mais *a priori* et de façon systématique, une structure similaire dans les vingt volumes des *Rougon-Macquart, histoire naturelle et sociale d'une famille sous le Second Empire*, rédigés au début de la Troisième République. L'avantage du côté incomplet, « bricolé » de *La Comédie humaine* est qu'il ne masque ni les incertitudes de l'Histoire, ni le travail de l'écriture.

Or, dans cette *Comédie humaine*, Balzac n'est jamais parvenu à rassembler les Études ou Scènes historiques plusieurs fois annoncées comme devant en faire partie. Les pendants ou séquelles qu'il envisagea pour *Les Chouans*, « Capitaine des Boutefeux », « Évêque d'Agra » ou même « Vendéens », sont restés à l'état de projets. L'Histoire est dispersée dans des textes de jeunesse, des nouvelles, des contes, et trois ou peut-être quatre romans placés sous des rubriques hétéroclites : le pot-pourri *Sur Catherine de Médicis*, dans les Études philosophiques ; *L'Enfant maudit*, dont l'intrigue familiale nous retient plus que les répercussions des guerres de religion, dans les Études philosophiques également ; *Une ténébreuse affaire*, qui commence sous le Consulat, dans les Scènes de la vie politique ; tandis que *Les Chouans* représentent presque à eux seuls les Scènes de la vie militaire.

Cette dispersion même est révélatrice. Si l'Histoire ne forme pas une catégorie à part dans *La Comédie humaine*, c'est que l'Histoire-passé n'est pas en fait coupée de l'Histoire contemporaine. Et réciproquement : Balzac se dit « historien » et adopte une perspective historique même lorsqu'il parle de son époque. Il présente parfois les événements des *Chouans* comme « événements de l'Histoire contemporaine » (Avertissement du *Gars*, p. 467), et ponctue son texte de considérations sur la situation actuelle de l'Ouest. Il se préoccupe même de son Histoire à venir : « Puisse cet ouvrage rendre efficaces les vœux formés par tous les amis du pays pour l'amélioration physique et morale de la Bretagne ! » (Introduction de 1829, p. 471). Il est significatif que l'épilogue des *Chouans* nous transporte sans transition de 1799 à 1827, date donnée comme celle de la rédaction. Ce souci du « contemporain » a toujours empêché Balzac d'être, comme maint auteur traitant de Vendée et de chouannerie, passéiste. Lorsque, après la Révolution de Juillet, il se rallie au conservatisme, ce n'est pas, chez ce réformiste volontiers utopique, crainte des innovations ; lorsqu'il devient légitimiste, ce n'est pas, chez ce roturier, attachement à une vieille dynastie ou à une caste dont il n'a pas caché la décadence. C'est recul devant les excès de la société capitaliste et consumériste montante, inquiétude devant le risque d'atomisation populaire et de désordre individualiste, et goût de l'autoritarisme centralisateur[1]. Déjà le Balzac des *Chouans*, dans ses sympathies pour les Bleus, penche du côté de l'homme fort Fouché, et beaucoup de républicains du roman approuvent le 18 Brumaire.

L'Histoire passée n'obéit pas fondamentalement à d'autres lois que l'Histoire contemporaine. Non que Balzac lui dénie sa spécificité, au contraire : l'Histoire ne serait pas l'Histoire si elle n'était le domaine du changement, de la différence perpétuelle ; d'où la nécessité d'explorer, du mieux connu au plus étrange, les particu-

---

1. Dès 1824, ce fils des Lumières nourri de saint-simonisme avait publié anonymement deux brochures nettement anti-libérales, *Histoire impartiale des Jésuites* et *Du droit d'aînesse*. C'est en effet l'hostilité au libéralisme économique et social qui caractérise continûment Balzac. Trop pragmatique pour verser dans l'idéalisme républicain, trop clairvoyant pour accepter l'escamotage orléaniste, il serait pour un royalisme moderne, efficace, favorable au développement, à l'organisation, à l'unification — royalisme que ni le groupe néo-carliste de Fitz-James, avec lequel Balzac fut en contact, ni les autres représentants du légitimisme n'étaient prêts à réaliser. Sur tout cela, *cf.* Pierre Barbéris, *Balzac, Une mythologie réaliste*, Paris, Larousse, 1971, p. 89-205.

larités des siècles précédents. Reste que, sous les variations des costumes et des coutumes, se manifeste une
continuité que costumes et coutumes masquent aux nos-
talgiques comme aux modernistes impénitents, mais
laissent voir à l'analyste plus subtil. Cette continuité
explique, par exemple, que la Réforme qui sévit dans
Sur Catherine de Médicis prépare et préfigure la Révolution de 1789 : les luttes religieuses du XVIe siècle partici-
pent de la même logique et mettent en jeu les mêmes
stratégies que la lutte politique de la fin du XVIIIe siècle,
et Calvin apparaît comme un précurseur de Robespierre.
À un autre niveau, l'héritage et l'hérédité des d'Hérouville de *L'Enfant maudit* affectent, quelque deux cents
ans plus tard, le d'Hérouville de *Modeste Mignon*.

   À cette solidarité du passé et du contemporain répond
la solidarité des disciplines qui en traitent. L'Histoire-
discours dont se réclame Balzac n'a pas d'autres principes ni d'autres méthodes que ce qu'on pourrait appeler, au sens le plus large, sa « sociologie » avant la lettre,
ambition dont témoigne l'ensemble de *La Comédie
humaine*, et que résume quelque peu pompeusement son
Avant-propos. Balzac historien rejoint Balzac écono-
miste, politologue, anthropologue, psychologue, à un
moment où ce type d'investigations, dont le besoin se
fait sentir sans que les sciences humaines qui commencent à se constituer l'aient totalement pris en charge,
peut paraître du ressort du roman, récemment dégagé de
son statut mineur et de son image frivole, et en pleine
expansion réaliste.

   Dans les faits révolus comme dans les faits actuels,
et avec les amateurs de folklore comme les auteurs de
« physiologies » de l'époque romantique, Balzac se
préoccupe avant tout des mœurs. Suivant le génial exemple de Scott, Victor Morillon tente « de présenter (...)
des tableaux de genre où l'histoire nationale soit peinte
dans les faits ignorés de nos mœurs et de nos usages, de
rendre sensibles et familiers à toutes les intelligences les
contrecoups que ressentaient les populations entières
des discordes royales, des débats de la féodalité ou des
vengeances populaires », « de dessiner les immenses
détails de la vie des siècles », « de ne plus faire enfin,

de l'histoire un charnier, une gazette, un état civil de la nation, un squelette chronologique » (p. 464). L'Avant-propos de *La Comédie humaine* protestera lui aussi contre les « sèches et rebutantes nomenclatures de faits appelées *histoires* », et posera ce programme : « écrire l'histoire oubliée par tant d'historiens, celle des mœurs [1] ». De même que les Études de mœurs sont l'assise du monument *Comédie humaine*, l'étude des mœurs est au fondement de tout édifice historiographique ; elle va permettre de cerner les lois ou du moins les constantes, les mécanismes ou du moins les ressorts qui régissaient l'ancien temps — comme du reste le nouveau.

Car il ne suffit pas de se faire « le conteur des drames de la vie intime, l'archéologue du mobilier social, le nomenclateur des professions, l'enregistreur du bien et du mal » ; il faut « étudier les raisons ou la raison de ces effets sociaux, surprendre le sens caché dans cet immense assemblage de figures, de passions et d'événements [2] ». Quoique encore informulée à l'époque des *Chouans*, cette conception les inspire déjà. Balzac ne se contente pas de reconstituer une tranche de passé ; de même que — pour reprendre le titre d'un de ses ouvrages — il dévoile l'« envers de l'Histoire contemporaine », il sonde l'envers déterminant de l'Histoire proche ou lointaine.

Ce qui l'amène à dénoncer la superficialité et de certains historiens, et de certains romanciers. « Il y a deux Histoires », avertit Carlos Herrera dans *Illusions perdues* : « l'Histoire officielle, menteuse, qu'on enseigne, l'Histoire *ad usum delphini* ; puis l'Histoire secrète, où sont les véritables causes des événements, une Histoire honteuse [3] ». Au début de *Sur Catherine de Médicis*, Balzac s'insurge contre les érudits qui acceptent sans critique la version courante des faits ; « les historiens sont des menteurs privilégiés qui prêtent leurs plumes aux

---

1. *La Comédie humaine*, I, p. 9 et 11. — 2. *La Comédie humaine*, Avant-propos, I, p. 11. — 3. *La Comédie humaine*, V, p. 695. *Ad usum delphini*, littéralement « à l'usage du Dauphin », se dit ironiquement d'un texte expurgé.

croyances populaires » [1]. Or celles-ci sont, dans leur
« contemporain » déjà, sujettes à caution ; « Voilà comme
on écrit l'histoire ! », ricane un personnage des *Chouans*
à propos de fausses rumeurs qui magnifient une action des
rebelles (p. 165). Seulement, comment ne pas être victime
des « on-dit » de la foule ou du « déjà dit » de l'historiographie ? En faisant que, dans l'œuvre, « les choses parlent d'elles-mêmes, et parlent si haut » ; « ici le pays est
le pays, les hommes sont les hommes, les paroles sont les
paroles mêmes » (Introduction de 1829, p. 468). Selon le
mythe positiviste, qui croit à une possible neutralité de
l'auteur et à une transparence du langage, « les choses
parlent d'elles-mêmes ». Balzac sait pourtant bien que
tout texte les fait parler, et que non seulement il a de mul-
tiples façons de le faire, mais que, dans un roman historique, les choses parlent au second, voire au troisième
degré ; au second, dans la mesure où le romancier
démarque les dires des historiens qu'il a lus ou des
témoins qu'il a entendus ; au troisième, parce que les historiens eux-mêmes interprètent les documents, monuments et témoignages dont ils disposent.

Quant aux romanciers historiques, Balzac leur
reproche de s'en tenir, eux, à la couleur locale, cette
invention romantique que Hugo, Mérimée, Flaubert,
Gautier ont tant pratiquée — et moquée. La couleur
locale « fait vrai », mais à peu de frais, et parfois au
détriment de la vérité. Comment ne pas se perdre dans
ses prestiges ? En privilégiant le « typique ». « Non seulement les hommes, mais encore les événements principaux de la vie, se formulent par des types [2] ». Le type
permet d'ordonner et de comprendre la diversité et
l'étrangeté du donné en les rapportant à des schèmes
familiers, qu'il renforce, et éventuellement nuance ou
même corrige. Les individus mis en scène apparaîtront
alors comme représentatifs, les détails prodigués comme
caractéristiques. Le héros royaliste des *Chouans* offre
« une gracieuse image de la noblesse française »
(p. 107), le héros républicain « une image vivante de

1. *La Comédie humaine*, XI, p. 167. — 2. *La Comédie humaine*,
Avant-propos, I, p. 18.

cette énergique République » (p. 107) ; telle assemblée nocturne constitue « un tableau symbolique de la monarchie » (p. 227), tels châteaux une « histoire monumentale » de la féodalité (p. 221). La troupe des réquisitionnaires réunis dans les premières pages, dans toute la variété de leurs costumes, expressions et opinions, permet une extension exemplaire du procédé, qui ne sacrifie jamais la complexité, les tensions révélatrices, et où l'exceptionnel vient confirmer la règle. Il est vrai que, dans un roman historique, le type n'est pas seulement existentiel ou pragmatique, il est littéraire ; c'est dire qu'il ne favorise pas seulement l'assertion de vérités générales sur la période, mais sert la vraisemblance du texte. Il faudra, et ce n'est pas toujours facile, faire en lui la part du (stéréo)type générique, ainsi que des contraintes de l'affabulation.

Balzac se sent assez sûr de la crédibilité de son personnel romanesque pour y inclure fort peu de figures historiquement attestées. Conformément à l'usage dominant de Scott aussi bien que des romanciers de la chouannerie — qui fut du reste le fait d'obscurs et de sans grade —, il mentionne Danton, Fouché ou Talleyrand, mais sans les faire intervenir. Il applique les épithètes « fameux » ou « célèbre » aussi bien aux imaginaires comte de Fontaine et Rifoël qu'aux authentiques Cottereau, Châtillon et Suzannet. Il marie une héroïne de son crû à Danton et fait d'une autre la maîtresse de Charette — or en 1799 Danton et Charette sont morts, et les deux femmes sont passées sous le charme d'un protagoniste tout aussi fictif qu'elles-mêmes. Dans l'épilogue surgit pour la première fois « la personne à qui l'on doit de précieux renseignements sur tous les personnages de cette Scène » (p. 440) : qui qu'il soit, ce témoin de la rébellion de 1799 ne sert pas seulement de caution au texte réaliste, il est chargé de suivre des yeux un survivant entièrement inventé de ces révoltes. Voyons donc ce que furent celles-ci, et ce qu'en fait le romancier.

Tout au long du XIXᵉ siècle, la question de la contre-révolution a permis d'interroger à nouveaux frais la crise perçue, dans l'exaltation ou l'horreur, l'enthousiasme ou la nostalgie, comme fondatrice de l'Histoire moderne : la Révolution française. Mais alors que les émeutes du Midi et surtout la rébellion vendéenne, armée, organisée, dirigée par des chefs charismatiques, ont eu leurs lettres de noblesse, la chouannerie a mauvaise presse. Et, à l'exception de mémoires tendancieux ou de monographies fortement polémiques, elle ne forme longtemps qu'une annexe du chapitre contre-révolutionnaire dans les traités sur la Révolution. Pour beaucoup d'historiens du XIXe siècle, ces épisodes de l'Histoire de France qui se déroulent sur les confins de la France, dans une dangereuse proximité avec l'ennemi anglais, et au rebours du sens de l'Histoire, au service de la réaction, demeurent marginaux. Pour eux comme pour leur lecteur moyen, le chouan est l'autre : l'autre du Parisien (il est breton), l'autre de l'homme moderne (il est archaïque), l'autre du civilisé (c'est un sauvage), l'autre du lettré enfin (il est analphabète) ; le chouan est l'opposant, le déviant, et le perdant. Mais ces mêmes aspects expliquent aussi son inquiétante et captivante étrangeté, davantage : le défi qu'il pose à ce qui est notre « familier » ; car la question « comment peut-on être chouan ? » en dégage immédiatement une autre : « comment peut-on être parisien, moderne, civilisé, lettré ? »

Selon que leurs sympathies sont du côté blanc ou du côté bleu — le blanc étant la couleur emblématique de la monarchie, le bleu celle de la plupart des uniformes républicains —, les érudits du XIXe siècle ont présenté les guerres de l'Ouest comme spontanées ou provoquées. Insurrection de paysans groupés derrière leurs curés et leurs nobles contre les persécutions du nouveau régime usurpateur, dans un cas ; émeute de croquants fanatisés par les cléricaux et les ci-devant (et, ajoute Michelet, les femmes), dans l'autre. Louable sursaut de fidélité populaire envers des protecteurs et une coutume séculaire ; ou bien tragique malentendu, le peuple de l'Ouest refusant de se laisser émanciper par le peuple français. Les chercheurs d'aujourd'hui replacent les tentatives des Chasseurs du Roi dans la tradition des jaqueries assaillant les pouvoirs en place, et dans la pratique du brigandage et de la contrebande dans ces contrées.

En Vendée, les premières échauffourées étaient liées à un paupérisme endémique, aggravé sous la Révolution par une crise de subsistance ; les avantages accordés par le nouveau régime ne profitaient qu'aux bourgeois, aux citadins et aux paysans aisés, acquéreurs de biens nationaux, tandis que les innovations administratives heurtaient les usages et ce que Balzac appelle le « patriotisme de localité » (Introduction de 1829, p. 472). On a exagéré le rôle des nobles, du clergé et de l'Angleterre dans ces luttes ; prirent les armes surtout des hobereaux, dont le style de vie différait peu de celui des fermiers, et le bas clergé indigent, les ecclésiastiques mieux lotis cherchant un compromis ; les émigrés intervinrent peu, et moins encore la perfide Albion, quoiqu'elle vît d'un bon œil les difficultés du gouvernement révolutionnaire. La Constitution civile du clergé, l'exécution de Louis XVI, et surtout la levée de trois cent mille hommes ordonnée par la Convention en mars 1793 enflammèrent la région, à une époque critique pour la République. Mais après quelques succès, la Grande Armée catholique et royale, regroupement hétéroclite de soldats sans uniformes, couverts de rosaires et de cocardes blanches, brandissant des bâtons et des faux, fut dispersée par les régiments et les mesures des Montagnards, non sans atrocités de part et d'autre. Une fois tombé Robespierre (juillet 1794), le Directoire traita avec Charette en 1795, et le général Hoche rétablit la liberté du culte et accorda une amnistie.

L'apaisement de 1796 était en fait une paix armée. La Vendée fut relayée, en Bretagne, en Normandie, dans le Maine, par la chouannerie, qui couvait depuis 1793 autour d'un ancien contrebandier, Jean Cottereau alias Jean Chouan, et du marquis de La Rouerie, et qui avait été (mal) soutenue par un débarquement d'émigrés à Quiberon en été 1795. Si la chouannerie n'eut pas l'ampleur de la guerre précédente, c'est que, quoique plus cléricales et plus soumises à la propagande monarchique que la Vendée, les régions qu'elle toucha étaient plus prospères, plus urbaines, dotées de meilleurs moyens de communication ; les idées républicaines y pénétrèrent mieux. Les bandes

Jean Cottereau, *alias* Jean Chouan.
Le chef éponyme de la Chouannerie.

chouannes, pillardes et incontrôlées, étaient méprisées et souvent haïes des populations. À leurs actions de guérilla répliquèrent les stratagèmes des « contre-chouans », recrutés localement et commandés par des patriotes. Les hostilités dégénérèrent fréquemment, avec exécutions sommaires et sévices des « chauffeurs ».

C'est en septembre 1799, après trois ans d'accalmie,

que commença ce que Balzac appelle la « seconde guerre des chouans » — celle que relate son roman. Pour bien en apprécier les enjeux, un bref retour en arrière sur la situation nationale s'impose. Après la chute de Robespierre le 9 thermidor an II, les bourgeois modérés qui rédigèrent la Constitution de l'an III, et définirent les principes de liberté et d'égalité de façon fort restrictive, eurent d'abord pour souci d'éviter le retour d'une démocratie autoritaire, et de museler les masses populaires. La république censitaire qu'ils instaurèrent, et qui resta en place du 4 brumaire an IV au 18 brumaire an VIII, soit du 26 octobre 95 au 9 novembre 99, fut travaillée de conflits entre le législatif, composé du Conseil des Cinq-Cents et du Conseil des Anciens, et un exécutif fort, confié au Directoire de cinq membres qui donna son nom au régime. Confrontés à une situation financière, économique et sociale désastreuse, les Directeurs pratiquèrent une politique de bascule entre la gauche et la droite. En 1796, après avoir fait exécuter les Vendéens Stofflet et Charette au printemps, ils entreprirent de se concilier l'Ouest royaliste. Mais en 1797, devant la montée des royalistes aux Conseils, ils demandèrent l'appui de Bonaparte et de son armée et, par le « coup d'État » du 18 fructidor, cassèrent les élections ; ils passèrent alors contre les émigrés et les prêtres réfractaires des lois très strictes, dont Balzac fait mention. Au printemps de l'année suivante, c'est contre les jacobins triomphants qu'ils se retournèrent. Mais, en juin 1799, nouvelle poussée à gauche ; la loi du 10 messidor (12 juillet) an VII décréta la levée en masse, et celle du 19 thermidor (6 août) un emprunt forcé de cent millions, ce qui, Balzac le rappelle aussi, mécontenta les populations. Confusion, corruption et incertitude régnaient. À Paris, Sieyès, Barras, Fouché, Talleyrand appelaient de leurs vœux une révision de la Constitution, qu'ils ne pouvaient effectuer sans l'aide d'un militaire — on pensait à Joubert, après sa mort à Moreau...

Le Directoire cependant poursuivait activement la guerre. En 1796-1797, Bonaparte s'était fait connaître par la brillante campagne d'Italie, dirigée contre l'Autriche. Nommé général en chef de l'armée d'Angleterre, il partit en mai 1798 pour l'expédition d'Égypte, où il fut bientôt prisonnier de ses conquêtes sur les Turcs, les Anglais ayant détruit sa flotte à Aboukir. Devant la politique de plus en plus envahissante du Directoire en Italie et en Suisse, Angleterre, Autriche et Russie formèrent fin 1798 une deuxième coalition. D'abord victorieuses, les armées françaises se firent battre en Allemagne, puis en Italie, qu'elles perdirent ; en août 1799, le territoire national était menacé, et seules les victoires de Brune et de Masséna rétablirent *in extremis* la situation.

Contesté à l'intérieur, battu à l'extérieur, le Directoire se trouvait en outre en butte aux menées contre-révolutionnaires du sud-est, qu'il parvint à contenir, malgré l'activisme des Compagnons de Jéhu. En septembre 1799, il venait d'écraser une insurrection dans la région de Toulouse. C'est alors que se réveilla la chouannerie — et que commencent *Les Chouans*.

En juin 1799, le comte d'Artois, frère de Louis XVI et futur Charles X, avait convoqué les leaders chouans à Édimbourg, où il se trouvait en exil, et, en août, s'était prononcé pour une prise d'armes générale. Les chefs réunis à La Jonchère (Maine-et-Loire) le 15 septembre en fixèrent la date à un mois plus tard. Les paysans se mobilisèrent, sous l'impulsion de Châtillon et d'Autichamp sur la Loire, de Cadoudal dans le Morbihan, de Bourmont dans le Maine et de Frotté en Normandie. Leurs coups de main visaient en priorité les villes et leurs garnisons républicaines. Mais ils furent sans lendemain, les assaillants ne pouvant conserver leurs positions. Dans l'hiver 1800, leurs généraux traitèrent les uns après les autres avec le nouvel arbitre de la situation, Bonaparte.

Balzac, qui rend bien l'atmosphère de cette « guerre des mécontents » et en reprend des motifs spécifiques — la réunion des chefs, l'attaque des cités, le pillage, les tortures —, laisse deviner, à l'arrière-plan, les bouleversements qui avaient lieu dans la capitale ; bouleversements que nous ne percevons qu'avec et comme les personnages eux-mêmes, provinciaux ignorants, émigrés aveugles, Parisiens sans nouvelles de Paris. Alors que l'autre frère de Louis XVI, le comte de Provence, qui n'était pas encore le Louis XVIII de la Charte mais un ultra hostile à tout compromis, enlevait par son intransigeance toute chance à une Restauration, Bonaparte, débarquant d'Égypte à Fréjus le 9 octobre 1799, s'était trouvé l'homme cherché par Sieyès et ses amis. Le jeune général, chargé par le Conseil des Anciens de garantir « la sûreté de la représentation nationale » avec l'appui d'importants effectifs militaires, imposa sans coup férir, par le coup d'État du 18 Brumaire, une révision de la Constitution et la désignation de trois consuls provisoires, dont lui-même. Deux mois après fut proclamée la Constitution de l'an VIII.

Dans l'énorme travail de redressement économique et administratif qu'il entama, le Premier Consul prit des mesures de réconciliation, rappela les proscrits de toutes tendances, déclara close la liste des émigrés, lutta contre le banditisme. Il étouffa les restes de la chouannerie, et assura le retour à l'ordre dans l'Ouest, moyennant quelques exécutions exemplaires, l'application de directives économiques judicieuses, et un compromis religieux. Le Concordat de 1801, qui rendait la France à l'obédience de Rome, mais en faisant des prêtres des salariés de l'État, et en laissant les biens arrachés au clergé à leurs nouveaux possesseurs, contribua beaucoup à calmer les esprits. Sous l'Empire, des tentatives royalistes éparpillées, à caractère plus criminel qu'idéologique, se soldèrent par des procès et plusieurs dizaines de condamnations à mort — Balzac s'en inspirera pour *L'Envers de l'histoire contemporaine*. Le dernier soulèvement de la Vendée eut lieu en 1815, pendant les Cent-Jours, avec un ultime sursaut en 1832, à l'appel de la duchesse de Berry. Revenus sur le trône, les Bourbons s'empressèrent d'« oublier » ces épisodes ambigus de leur interrègne, qu'ils ne surent pas soutenir, et ces chouans que, a-t-on dit, ils n'aimaient que morts.

Quoique honni de la République, le Vendéen fut longtemps auréolé, dans l'Ouest et au-delà, du prestige de l'héroïsme martyr. Au contraire, même dans l'Ouest, le mot « chouan » était flétrissant : il évoquait le rustre, au mieux borné, au pis brutal ou sournois. « L'on peut dire

Hachette

Signature du Concordat (1801). Tableau de Gérard.
Le compromis religieux proposé par Bonaparte contribua
à apaiser l'Ouest catholique.

avec assurance que si la Vendée fit du brigandage une
guerre, la Bretagne fit de la guerre un brigandage »,
déclare Balzac, en accord avec d'autres commentateurs
de l'époque (p. 85). Aussi le Vendéen a-t-il suscité plus
de témoignages, plus d'histoires, plus de romans que son
voisin — sans préjudice d'une confusion fréquente entre
les deux figures, voire, aujourd'hui, d'un renversement
de valeurs, le chouan devenant l'incarnation d'une pay-
sannerie primitive et naïve.

Les Chouans de Balzac s'inscrivent dans une abondante production de « romans de la Vendée et de la
chouannerie », qui, avec le recul du temps, prendront de
plus en plus nettement l'aspect de romans historiques.
Avant Balzac, mentionnons *Les Amants vendéens*
d'Etienne Gosse (1799) et *Thérèse Aubert* de Charles
Nodier (1819) — encore que dans cette nouvelle l'histoire d'amour malheureux éclipse la crise politique, et le

travestissement du protagoniste en femme ses problèmes d'Alsacien au service de la Vendée. Après lui, Jules Janin, Jules Sandeau, Etienne Arago, Jules Verne, Elémir Bourges exploiteront le thème, sans oublier les écrivains du crû, tels Emile Souvestre. Nerval a donné un *Marquis de Fayolle* (1849) inspiré par la conjuration bretonne de La Rouerie en 1792, et fort redevable à l'ouvrage de Balzac ; mais la complication des antagonismes idéologiques (que répercute un récit entamé par le fils supposé de Jean Le Chouan et narré par deux Parisiens progressistes), et plus encore les méandres de la quête familiale, chez un noble bâtard républicain de père naturel royaliste et de mère religieuse, expliquent l'inachèvement du roman. Le sujet a bien sûr attiré les feuilletonnistes, Emmanuel Gonzalès, Frédéric Soulié, Alexandre Dumas. *Les Blancs et les Bleus* de Dumas (1868) reprennent le motif balzacien de la belle aristocrate espionnant les leaders blancs au profit des Bleus. Dans *Les Compagnons de Jéhu* (1857), situé, comme *Les Chouans*, autour du 18 Brumaire, les Blancs de l'Est et du Midi pillent les diligences gouvernementales pour défrayer la chouannerie de Cadoudal, dépeint en Titan rustique et chevaleresque, au milieu de soldats en sabots disciplinés comme des soldats de plomb ; le primat de l'aventure nuit cependant à une appréhension convaincante de l'Histoire. Beaucoup plus complexe est l'approche de George Sand dans *Cadio* (1867), roman dialogué qui illustre la dégradation de la Vendée en chouannerie, et les partages tant des Blancs — le royaliste modéré, la jeune noble romanesque, le petit peuple fanatisé ou prudent, les chefs mégalomanes ou sceptiques — que des Bleus — le ci-devant tourné républicain, les fonctionnaires consciencieux ou vendus, les terroristes implacables ou compatissants — ; des mariages croisés, blanc-bleu et noble-plébéien, semblent promettre *in extremis* le raccommodement des camps et des rangs, tandis que Cadio, l'enfant trouvé, passé de la sauvagerie à la chouannerie puis au jacobinisme intransigeant, finit par représenter le nouveau patriote, valeureux et magnanime. Les humbles Vendéens du *Quatre-vingt-treize* de Hugo (1873) sont beaucoup plus schématiquement « primitifs » et « exotiques » que les Bretons de

Sand ou de Balzac, et leur chef n'a pas d'états d'âme ; les chefs bleus par contre, ci-devant et prêtre convertis l'un à une démocratie idéale, l'autre à une démocratie dogmatique, ne viennent pas à bout de leurs déchirements ; le démocrate Hugo en est réduit, un peu comme Sand, à mettre son espoir dans l'adoption, par une République fraternelle, des « orphelins » de l'Ouest. *L'Ensorcelée* (1854) et *Le Chevalier Des Touches* (1864) de Barbey d'Aurevilly déplorent, eux, la fin de la prouesse chouanne et la disparition des traditions royalistes et folkloriques normandes, que ne chante plus qu'une littérature fantastique ou fabuleuse. Au XXe siècle, aux évocations pittoresques du théâtre de Jean Yole et des contes de La Varende *(Les Derniers Chouans, Le Dîner de la Fosse)* répond le profond pessimisme historique des romans de Michel Ragon *(Les Mouchoirs rouges de Cholet*, 1984).

Marginale historiquement sinon littérairement, la chouannerie l'est encore sur d'autres plans. Spatialement, d'abord. Située dans les marges du pays, la Bretagne balzacienne est excentrée et excentrique ; la République française tente en vain de l'intégrer en remodelant sa toponymie — en la morcelant en « départements », entités dépourvues de connotations sentimentales, mais auxquelles ne se réfèrent ni les habitants, ni même l'auteur. Cette marge est fermée sur elle-même : si les indigènes refusent de quitter leur clocher, les instances centralisatrices ont le plus grand mal à y faire pénétrer leurs régiments, leurs ressources, leurs idées. Et Balzac — à qui il arrive de distendre les bornes de la Basse-Bretagne ou d'y inclure des réalités normandes — montre comment la province s'oppose à ses voisines, Maine, Vendée, Normandie, parfois avec effusion de sang. Enfin, alors que les allégeances nationales de la Bretagne sont douteuses, sa proximité onomastique, géographique et idéologique avec la Grande-Bretagne la rendent suspecte ; la Grande-Bretagne y a bâti des villages, comme Saint-James, et de ses côtes émergent des émigrés conspirateurs.

Le paysage breton correspond bien, mythiquement,

Collection Viollet

Breton armé.
Le guerrier en sabots.

aux incertitudes de la révolte chouanne. « Sillonné de ravins, de torrents, de lacs et de marais ; hérissé de haies (...) privé de routes et de canaux », il interdit « et la concentration des individus, et les bienfaits amenés par la comparaison, par l'échange des idées » (pp. 84-85) ; il entrave la communication dans son double sens, matériel et sémiotique. L'élément le plus typique de ce paysage, le bocage, apparemment géométrique et en réalité irrégulier, voire anarchique, est, sous le brouillard qui souvent le couvre, proprement « déroutant ». Ses dénivellations et ses embûches empêchent toute attaque de front et toute guerre de ligne ; dans cet « immense dédale » (p. 325) se dérobent les guerriers en sabots et se perdent les fantassins en brodequins. « Là était tout le secret de la guerre des Chouans » (p. 327). La guérilla rendant inopérants les mouvements des armées régulières, la République devra concevoir une nouvelle stratégie, également retorse : « étouffer la discorde plutôt par des moyens de police et de diplomatie, que par l'inutile emploi de la force militaire » (p. 327). Analyse étonnamment moderne, à l'époque des Clausewitz et des Jomini.

Dans ce cadre vont surgir des indigènes que le regard ethnographique de l'auteur tend à assimiler à des « sauvages », appellation qui ne va pas sans problèmes. Le sauvage est d'abord un *topos* littéraire, qui, des Cannibales de Montaigne aux Naturels des Lumières ou aux Indiens de Chateaubriand, a hanté l'Europe moderne ; l'Introduction de 1829 le récuse à propos des « sauvages de la tragédie d'*Alzire* et de l'opéra-comique d'*Azémia* » (p. 471), mais le romancier y échappe difficilement. Plus qu'aux High-landers de Scott, les Bretons de Balzac font penser aux « Peaux-Rouges de l'Amérique septentrionale » ou aux « Mohicans » chers à Fenimore Cooper (p. 84). Ces rap-prochements contribuent à acclimater dans nos codes de lecture réalistes ces « êtres bizarres » (p. 79), « sem-blables à une figure fantasmagorique » (p. 101) et ressor-tissant « plutôt à la féerie qu'à la vérité » (p. 208).

Dans la France du XIXe siècle, le sauvage a cessé d'être « bon ». Il est surtout, péjorativement, l'asocial, celui qui refuse de se plier aux normes de la culture de référence. Quoique Balzac n'identifie pas sommairement, comme trop souvent les autorités révolutionnaires et leurs histo-riographes, les chouans à des « brigands », il les compare une fois à des « criminels emmenés au bagne » (p. 68) — puisque aussi bien les criminels sont, à en croire *L'En-vers de l'histoire contemporaine*, les « Sauvages de la civilisation[1] ». Mais le sauvage *(salvaticus)* est surtout celui qui, dans le mythe occidental, reste lié à la sylve, à la nature brute. Les personnages des *Paysans* (1844) représenteraient ainsi le « sauvage de France ». Marche-à-terre, chouan au surnom éloquent, et ses « gars insou-ciants et barbares » (p. 261) émergent « du sein de la terre » (p. 281) ; ils gardent, sous leur « noueuse écorce », « l'apparence d'une nature inerte » (p. 424) ; leurs faces anguleuses offrent « une vague analogie avec le granit qui forme le sol de ces contrées » (p. 79). Et après le végétal et le minéral, voici l'animal : leur tête est « presque aussi grosse que celle d'un bœuf, avec laquelle elle avait plus d'une ressemblance » (p. 78) ; et la peau de chèvre dont ils sont revêtus les enveloppe si bien « qu'on pouvait faci-lement prendre cette peau pour la leur » (p. 66).

Plus précisément, le chouan est une chouette, bien plus proche du rapace nocturne, myope et de mauvais augure des superstitions populaires que de l'oiseau de Minerve. Espèce de totem (ancêtre et modèle) des chouans, la chouette leur a donné son nom, ce nom ono-

---

1. *La Comédie humaine*, VIII, p. 279.

matopéique encore enraciné dans son cri ; les premiers chefs, les frères Cottereau, « employaient, pendant la nuit, certaines intonations de ce cri pour s'avertir des embuscades, de leurs dangers et de tout ce qui les intéressait. De là leur était venu le surnom de *Chuin*, qui signifie chouette ou hibou dans le patois de ce pays » (p. 96). Dans le texte, l'appel du chat-huant fonctionne à la fois comme signal pour les combattants et comme indice pour le lecteur : « sombre avis » (p. 172), il prélude immanquablement à quelque retournement de situation. Hélas ! Sa pseudo-naturalité, sa « sauvagerie » même lui permet d'être imité par les adversaires, eux-mêmes soumis, pour les plus frustes d'entre eux, au trope ornithologique — « linottes » républicaines dirigées par un capitaine « Merle » et un commandant « Hulot », lequel est à l'occasion qualifié de « corneille » (p. 90) !

Alimentation grossière à base de galette de sarrasin et de cidre, vêtements qui garderaient des traces du costume gaulois, logis élémentaire partagé avec les bêtes, technologie défectueuse, obscurantisme, brutalité, voire barbarie : même si, cédant au cliché pastoral, Balzac lui reconnaît parfois une certaine poésie, dans l'ensemble il fait du mode de vie de ces indigènes une peinture fort peu flatteuse. « Entouré de lumières dont la bienfaisante chaleur ne l'atteint pas, ce pays ressemble à un charbon glacé qui resterait obscur et noir au sein d'un brillant foyer » (p. 84).

L'une des caractéristiques du « barbare » est de mal maîtriser l'idiome dominant, qu'il émaille de « barbarismes » ou à tout le moins de maladresses, de mots dialectaux ou régionaux, d'onomatopées, éventuellement de cris inarticulés. Balzac (qui suppose bretonnants certains groupes tout à fait francophones) s'est efforcé d'enchâsser l'idiolecte chouan dans le français standard qui est le code du texte réaliste, où il détonne plus que la verve soldatesque républicaine, plus aisément transposée par l'auteur [1]. Transposer n'est pas reproduire : Balzac s'arrange

---

1. Verve fortement exploitée plus tard dans *Le Médecin de campagne* et *Le Colonel Chabert*.

pour que l'effet de réel ou de pittoresque produit par ces écarts reste, de par le ccntexte ou parfois grâce à une glose, parfaitement intelligible. Et il évite de systématiser le procédé, excès qui, ailleurs dans *La Comédie humaine*, finit par détourner l'effet de réel en effet, voire en tic, de rhétorique. Enfin, il tombe peu dans l'utopie « cratylique [1] », et ne prête que rarement un sens plus pur aux mots de la tribu armoricaine. Mais l'enquête philologique fait partie de son entreprise « sociologique », et le souci étymologique de son besoin de relier le présent au passé.

Prenons la longue digression sur le mot « gars », communément utilisé par les Vendéens. « Le mot *gars*, que l'on prononce *gâ*, est un débris de la langue celtique. Il a passé du bas-breton dans le français, et ce mot est, de notre langage actuel, celui qui contient le plus de souvenirs antiques. Le *gais* était l'arme principale des Gaëls ou Gaulois ; *gaisde* signifiait arme ; *gais*, bravoure ; *gas*, force. Ces rapprochements prouvent la parenté du mot *gars* avec ces expressions de la langue de nos ancêtres. Ce mot a de l'analogie avec le mot latin *vir*, homme, racine de *virtus*, force, courage. Cette dissertation trouve son excuse dans sa nationalité ; puis, peut-être, servira-t-elle à réhabiliter, dans l'esprit de quelques personnes, les mots : *gars*, *garçon*, *garçonnette*, *garce*, *garcette*, généralement proscrits du discours comme mal séants » (p. 83). Cette reconstitution fantaisiste, qui conjugue surmotivation celtique et analogie latine, faisant du lexème un parfait représentant des origines gallo-romaines du français, prétend ici revivifier ce dernier : laver certains de ses termes de leurs connotations péjoratives, en y réinjectant leur teneur guerrière et virile de départ. L'homme de lettres fait ainsi œuvre patriotique, non par les armes comme ses personnages, mais par sa plume. Les régions restées les plus fidèles à une coutume immémoriale sont appelées « le pays des Gars » (p. 83). Et « le Gars » est le nom, le nom « de guerre » choisi

---

1. On sait que, dans le dialogue de Platon qui porte son nom, Cratyle soutient que les mots sont tirés de la nature des choses, alors qu'Hermogène affirme qu'ils sont de convention.

par le héros fictif Montauran, qui le transmit un temps à son roman. Mais ce nom à la fois modeste et prestigieux entre tous est compromis par son homonymie avec « Gua », désignation de la gênante complice et de la pseudo-mère de Montauran. Et le titre du roman, jugé trop provocateur, sera modifié de la façon que l'on sait.

Alors que la République « une et indivisible » vise à la centralisation et à l'uniformisation de la nation, le « peuple » de l'Ouest refuse de voir sa solidarité fondamentale avec le peuple français, « peuple » étant pris à la fois dans son sens social (le tiers-État, les exploités) et dans son sens national (les enfants de la patrie). Et il se caractérise par la dispersion. Symptomatique à cet égard, dès l'ouverture du roman, l'évocation des réquisitionnaires de l'endroit, « collection de costumes bizarres », « réunion d'individus appartenant à des localités ou à des professions diverses » (p. 65), « étonnés de se voir ensemble » (p. 68), et parmi lesquels le romancier doit opérer une classification. Certes, la discipline militaire va promptement les égaliser ; que si cependant ils lui résistent, la République les matera « en armant les citoyens les uns contre les autres » (p. 71) : en augmentant la division pour régner. La division n'est que trop le partage d'une province où chaque paysan vit en autarcie, enfermé sur son lopin « comme dans un désert » (p. 85), où les querelles entre « paroisses » abondent, où villes et campagne se détestent. Au peuple républicain, l'Ouest réplique au mieux par ses hordes anarchiques.

Le seul ciment entre les Bretons est l'Église, et le « seul maître de ces esprits grossiers » le recteur, ou curé, non assermenté (p. 85). En plein air, dans un décor rustique à souhait, devant une assistance fanatisée, le recteur Gudin célèbre une messe à laquelle les exemples historiques ne manquèrent pas, et qui doit aussi quelque chose au *Génie du christianisme*. Balzac la montre d'abord parée de ce « caractère de naïveté qui distingua les premières époques du christianisme », supposées plus pures (p. 329). Malheureusement, elle prend vite un aspect de messe maudite. Elle accueille d'anciennes

superstitions (le *paganus*, le paysan, étant aussi le
« païen »). L'abbé, qui « manie tout son public comme
un seul homme » (p. 334), fait de la cérémonie sacrée
une vaste mise en scène profane, allant jusqu'à monter
l'« apparition » d'une sainte du terroir. Enfin, à l'instar
du véritable abbé Bernier, ce « boute-feu de la guerre »
(p. 231) « prostitue le sacerdoce aux intérêts politiques »
(p. 334).

La dévotion des humbles du reste n'exclut pas le calcul : « Chaque Bleu jeté par terre vaut une indulgence »
(p. 186). Bien que Balzac constate en Bretagne « une
ignorance de tous les principes commerciaux, même les
plus vulgaires » (p. 324), pour les chouans détrousseurs
« les coups de fusil sont un commerce » (p. 115). « Voleur comme une chouette », dit le proverbe (p. 118). Et
cela n'est pas moins vrai de certains nobles qui les escortent. La marquise du Gua a organisé le pillage d'une
diligence, ce qu'elle appelle « lever sur les Républicains
une contribution nécessaire » (p. 119) ; et lorsque son
compagnon, le non moins marquis Alphonse de Montauran, s'élève contre cette violation au nom d'une conception tout aristocratique de l'argent, conçu comme un
privilège dont on jouit sans devoir le chercher ou le produire, et comme un avoir sans incidence sur l'essentielle
supériorité de l'être, Mme du Gua bourgeoisement
rétorque : « Eh ! bien (...) j'aurai votre part, et je vous
remercie de me l'abandonner » (p. 119).

La relation entre le Gars et Mme du Gua, cette amante
qui, à sa grande frustration, se fait passer pour mère, fait
penser aux liaisons de Balzac avec des femmes plus
âgées que lui, Laure de Berny, la duchesse d'Abrantès,
auprès desquelles le jeune homme cherchait quelque
compensation aux déficiences maternelles. Mais le Gars
et Mme du Gua sont à la fois trop semblables et trop
différents. Trop semblables, par leur milieu, leur projet
militant, et jusqu'à l'homonymie de leurs titres, trop
semblables pour s'unir sans faire surgir le spectre de
l'inceste ; mais trop différents — comme le trahit l'orthographe de leurs noms —, elle la « cruelle Vendéenne » (p. 250), lui l'émigré armoricain, encore porteur
d'illusions, pour pouvoir vraiment s'allier. Ancienne

maîtresse de Charette, Mme du Gua a plus l'allure d'une déclassée que d'une femme de race. Chez le Gars, qui tient et du brillant et volage Vendéen Charette (mort en 1796), et du chouan Frotté (exécuté en 1800), se conjuguent trois modèles : celui, féodal, du preux épique, auréolé d'« une certaine poésie de convention » (p. 107) ; celui, Ancien Régime, du courtisan libertin ; celui, moderne, de l'aventurier leader de peuple ; Lancelot, Valmont, et... Bonaparte, dont il a d'ailleurs le menton. Montauran, dont les tribulations passionnelles nous occupent au moins autant que les exploits ou plus souvent les déboires martiaux, aura du mal à s'intégrer au roman réaliste, auquel l'initie assez brutalement Mme du Gua. Il n'arrive guère à se faire obéir de ses troupes, avec lesquelles, patoisantes, il communique mal, et qui, au château de la Vivetière, organisent contre sa volonté le massacre des Bleus auxquels il avait promis la sécurité. Et il ne s'entend pas mieux avec les autres chefs insurgés.

C'est que, chez les ci-devant des *Chouans*, « l'amour de la gloire », vertu des aïeux mythiques, a cédé le terrain au « besoin d'intrigue » (p. 227). En cette fin de siècle, plus d'un « avait pris la vie comme une plaisanterie dont on doit tirer le meilleur parti possible » (p. 245) ; le sérieux est désormais l'apanage de la bourgeoisie, qui tire les fils de l'Histoire. Au fond, depuis la chute de Louis XVI, tous ces nobles sont moralement décapités ; « si quelques têtes originales se faisaient distinguer entre les autres, elles étaient rapetissées par les formules et par l'étiquette de l'aristocratie » (p. 227). Et fragile s'avère leur allégeance à l'héritier du trône — lequel, réfugié à l'étranger, ne participe que de loin aux luttes qu'on mène en son nom. Si sa réserve ou son indifférence n'entame guère le fanatisme des humbles, elle laisse proliférer les rivalités au sommet ; et son ingratitude offusque des grands qui espèrent bien être grandement récompensés. « Je ne veux plus commander (...) qu'à ceux qui verront un Roi dans le Roi, et non une proie à dévorer », s'indigne Montauran en brûlant les lettres patentes par lesquelles le futur Louis XVIII lui a délégué les pleins pouvoirs dans l'Ouest (p. 347) ; geste ambivalent : le marquis ne profane-t-il pas, tout en s'en réclamant, la signature et la volonté souveraines ?

Tandis que les guerres de l'Ouest s'essoufflent et que l'élan de la résistance se consume en conflits internes, l'énergie révolutionnaire elle aussi s'épuise face aux périls qui la menacent, sur les frontières, aux marges du territoire, à Paris même : guerre étrangère, guerre civile, guerre politique hantent cette fin de siècle à la veille du coup d'État de Brumaire. Balzac montre combien le Directoire a perdu la force combative de la Révolution. Il ne manie plus des substances, mais seulement des mots ; « n'ayant ni troupes ni argent », et « ne pouvant rien envoyer aux départements insurgés, il leur donnait sa confiance » ; « les décrets de la République créaient des millions et des soldats dont rien n'entrait ni au trésor ni à l'armée » (pp. 70-71). « Gasconnade législative » (p. 71) : les parlementaires ont évincé les militaires, la robe a remplacé l'épée, et les palabres l'action. Plus que des gendarmes, la police emploie des espionnes : Fouché a chargé Marie de Verneuil de séduire et de livrer le Gars ; plus que sur des opérations tactiques, elle compte sur l'efficacité du langage amoureux [1]. Du langage : car en amour aussi les mots priment sur les actes, le désir s'attarde longuement dans des conversations. « Nous vivons dans un temps où rien de ce qui se passe n'est naturel » (p. 172) : fin de siècle, moment des décadences, irruption de l'« à rebours »...

Hulot, le brave et loyal commandant, a du mal à comprendre les nouvelles directives. Il incarne au début les anciennes valeurs militaires : la domination paternaliste — ses fantassins l'imitent et l'adorent — et le service chevaleresque : « il se réjouit d'avoir à combattre pour la République » (p. 87), voire à mourir pour elle,

---

1. Recul des militaires et promotion des courtisanes : on lit, bien des années plus tard, dans le *Dictionnaire des idées reçues* de Flaubert (Le Livre de Poche, p. 70) : « Directoire (Le). Dans ce temps-là, l'honneur s'était réfugié aux armées. Les femmes à Paris se promenaient toutes nues. »

comme les preux de jadis pour leur Dame. Mais l'autorité de Hulot père et paladin va être contestée par Marie, qui se comporte en « fille » insoumise et en « dame » équivoque. Troublé par sa coquetterie et sans recours devant les certificats officiels qu'elle sort de son corsage, Hulot « tira son épée du fourreau, la prit, la cassa sur son genou » (p. 176) : la destruction de ce phallique insigne du pouvoir fait tomber le viril démocrate au rang des « eunuques » qui plient devant la nouvelle loi.

Dans la fiction, l'inquiétant Corentin représente parfaitement les « rebours » de la fin du siècle. Ce personnage offre « un exact tableau de la mode qui valut en ce temps les caricatures des Incroyables » (p. 147). Son accoutrement fait de ce corps une caricature, et de cet être de l'incroyable, de l'invraisemblable devenu monstrueusement vrai. Notons qu'il annule le visage, écrasé entre une longue frange de cheveux et une énorme cravate, et curieusement comparé à « un bouquet dans un cornet de papier » (p. 147) : emblème du désarroi d'une société qui, depuis la décapitation du roi, se trouve symboliquement sans tête, sans chef. Enfin, « mode » extravagante, ce costume dit la confusion d'une Histoire qui, prise entre « le temps qui était en si peu d'années devenu l'*ancien régime* » (p. 317) et un nouveau régime manifestement provisoire, « ne trouve plus de liens pour se rattacher au passé, ni dans l'avenir » (p. 211). Reste le présent, un présent sans antécédents ni engagements. Corentin vit dans cette durée opportuniste ; ce républicain âgé d'une vingtaine d'années, mais déjà usé, serait prêt à se rallier au Premier Consul, voire à pactiser avec les Bourbons s'il y trouve avantage.

Le double jeu n'est pas le monopole des Bleus. Mais il ne profite qu'aux gens assez forts pour s'être dépouillés de toute attache et de tout scrupule, comme Corentin, ou encore comme l'usurier d'Orgemont. Car, l'argent n'ayant ni odeur ni couleur, d'Orgemont fait passer son magot tantôt pour blanc, tantôt pour bleu, au gré des vicissitudes politiques. Mal en prend, en revanche, au chouan Galope-chopine de manger aussi au râtelier républicain ; ses compagnons trahis le punis-

sent par le supplice républicain par excellence, assorti
d'une cruauté spécifiquement
« barbare » : en lui coupant le
cou avec un couteau. Mal en
prend, réciproquement, à
Hulot — lequel a d'ailleurs
plus d'un point commun avec
les « sauvages » — de déguiser son escouade en chouans :
les soldats travestis se font
mitrailler par les leurs, qui
n'ont pas su les reconnaître.

Le double jeu, ou plus profondément la dualité, définit
l'héroïne du roman, figure de
révoltée romantique oscillant
entre les extrêmes. Est-elle
bien « Marie de Verneuil »,
comme elle le dit, ou simplement « Marie Verneuil », ou
encore « une fille qui (...)
s'empare d'un grand nom
pour le souiller » (p. 226) ?
Bretonne et Parisienne, pu-
pille d'un vieux duc lascif,
puis épouse de Danton, enfin

B.N.F.

Un Incroyable, élégant
du Directoire à la mise
recherchée et excentrique.

envoyée de Fouché, ici défendant avec conviction les
positions de la République, ailleurs pleine de nostalgie
pour les manières de l'Ancien Régime, comment, socio-
politiquement, la classer ? Psychologiquement, même
incertitude. « Reine ou esclave » (p. 172), « ange et
démon », chaste et prostituée, « ce n'est pas d'aujour-
d'hui », confesse-t-elle, « que je reconnais ma double
nature » (p. 195). Elle aspire tantôt à la domination, tantôt
à l'assujettissement. Androgyne dont les moitiés, au lieu
de se rejoindre comme celles de Séraphitüs et Séraphîta,
se heurtent sans cesse, tantôt elle envie les privilèges de
l'homme, tantôt elle profite de ses ressources, toutes « féminines », de séduction et de ruse. Un moment elle se pas-
sionne pour son rôle historique, un autre se laisse

obnubiler par ses angoisses sentimentales. Analogue en cela à sa rivale, Mme du Gua, et aux autres femmes supérieures de *La Comédie humaine* : « nous luttons toutes, plus ou moins, contre une destinée incomplète » (p. 195). Il ne sera pas pour elle, le poncif du baptême d'innocence apporté à la courtisane romantique par l'amour vrai ; comme la plupart des demi-mondaines balzaciennes, celle-ci contribue avant tout au dynamisme et à la problématisation des rapports entre les êtres, les rangs et les camps.

Dans la gabegie ambiante, le pouvoir est aux mains de figures qui promettent à la fois une réconciliation nationale et un raffermissement des instances étatiques, et qui se dessinent dans l'ombre sans se manifester directement — d'où l'accroissement de leur influence. La première est Bonaparte, qui s'affirme à travers des décrets bonhommes, que ses victoires rendent impérieux ; car, et c'est ce qui fait sa force, Bonaparte seul dispose et du verbe, et du sabre. En l'absence de Sieyès, « cerveau » du 18 Brumaire que Balzac ne cite pas, la seconde de ces figures est Fouché, champion du double jeu, régicide qui servira l'Empire puis la Restauration, mais dont Balzac ne mentionne pas les revirements. Fouché « tient tout par la police » (p. 99). Il contrôle à la fois l'Histoire — les conflits de l'Ouest —, la petite histoire — les amours de l'espionne et de sa victime désignée —, et l'histoire, le roman, dont la partie centrale s'intitule « Une idée de Fouché ». C'est par l'idée en effet, c'est par l'intelligence que le ministre, sans jamais apparaître dans l'intrigue, la téléguide efficacement. Ses manœuvres clandestines sont seules à même de répondre aux conspirations et aux embuscades des rebelles. Et si Fouché intimide Hulot, prostitue Marie, joue ses adversaires les uns contre les autres, c'est que l'autorité, dont le jeune Balzac « de gauche » proclame déjà la nécessité, implique inévitablement oppression.

« Création moderne la plus immense », le roman, constate Blondet dans *Illusions perdues*, concentre « tous les genres, la comédie et le drame, les descriptions, les caractères, le dialogue sertis par les nœuds brillants d'une intrigue intéressante[1] ». Dans *Les Chouans*, « Scène » de la vie militaire incluse dans une « Comédie » humaine, il faut faire une place particulière au modèle théâtral, cultivé par Balzac depuis le *Cromwell* de 1819 ou les *Tableaux d'une vie privée* de 1828, et alors renouvelé par les premiers drames historiques romantiques de Hugo et de Dumas ; le modèle théâtral constamment informe — et à l'occasion déforme — le roman historique.

Le premier chapitre, « L'embuscade », est une exposition. Couvrant un peu plus d'un mois (de la fin septembre à novembre 1799), il nous transporte de Fougères à Mayenne par le col de la Pellerine, où Balzac place un combat fictif puis l'attaque d'une diligence, et nous renseigne sur les enjeux idéologiques et stratégiques du roman historique. L'intrigue se noue vraiment au chapitre II, avec l'introduction de Marie et de la problématique psychologique. Entre Marie et son amant il y aura, on l'a noté, cinq grandes rencontres, qui, analogues aux cinq actes classiques, scandent les étapes d'une progression tragique[2].

Le chapitre II, « Une idée de Fouché », se concentre sur trois jours, et nous fait revenir, par les étapes d'Alençon et de la Vivetière, à Fougères. À l'auberge d'Alençon, où Marie joue l'élégante d'Ancien Régime, Montauran en polytechnicien et Mme du Gua en sa mère ont bien du mal à ajuster leurs masques de républicains, tandis que, réfractaire au théâtre, Hulot se voit disqualifier, et que le lecteur, à peine mieux informé, démêle difficilement le simulé de l'authentique. Sur le chemin de la Vivetière, scènes de marivaudage et de dépit amoureux entre le Blanc et la Bleue n'empêchent pas le registre dominant de se mettre en place : « la tragédie a

1. *La Comédie humaine*, V, p. 459. — 2. Ces cinq rencontres sont : « la rencontre qui les rapproche (auberge des Trois-Maures), la scène où l'on révèle la vérité et qui les sépare (la Vivetière), la scène où Marie prend sa revanche (le bal de Saint-James), la scène de la décision (l'entrevue dans la chaumière de Galope-chopine) et enfin la scène du dénouement (le mariage et la mort à Fougères) ». René Guise, Introduction des *Chouans* dans la précédente édition du Livre de Poche (Paris, Hachette, 1972), p. XII.

commencé » (p. 196), dans son « mélange de terreur et
d'amour » ; et en voici amorcée l'angoissante formule :
comment « donner un avenir à cette journée » (p. 198) ?
Au sinistre manoir de la Vivetière, Marie « tomba tout
à coup dans le vrai » (p. 227) : dans le roman historique
(coloré d'éléments gothiques), avec le perfide carnage
des Bleus par les Blancs et l'humiliation de la jeune
femme, qui ne vivra désormais que pour venger sur le
Gars cette double offense, collective et personnelle ;
« Dieu m'entendra, marquis, je lui demanderai pour
vous une belle journée sans lendemain ! » (p. 253).

« Un jour sans lendemain », tel est le titre du chapitre
final. Il nous enferme à Fougères, où l'intrigue va mettre
six jours à se résoudre, dans une atmosphère de plus en
plus explicitement tragique, malgré quelques intermèdes
de farce macabre ou grotesque. Au bal royaliste de
Saint-James, Marie costumée en « merveilleuse » se
pose en reine de pacotille, relativisant les ambitions des
ci-devant et du roman historique au profit de son intrigue
psychologique. C'est Corentin, laisse-t-elle entendre à
Montauran subjugué, qui imagina le scénario de l'espionne séductrice, sans en prévoir la suite mélodramatique : que cette « Judith des rues » (p. 230) s'éprendrait
de sa victime. Or la tenue « grecque » ici arborée par
Marie conviendrait bien à la scène tragique ; et Corentin
a aussi été l'auxiliaire d'un « terrible destin » (p. 365)
— d'un *fatum* inéluctable. Un sombre quiproquo
machiné par lui exacerbe la soif de vengeance de Marie,
et hâte la perte des amants ; au sortir du lit nuptial insi-
dieusement préparé par sa maîtresse, le Gars est accueilli
par les fusils des Bleus. Mais, dans un ultime rebondis-
sement, Marie détrompée va revêtir les habits de Montauran, et assumer le rôle inédit de... chouan. Après avoir
tiré sur ses anciens subordonnés, elle agonise aux côtés
de son époux, dans une étreinte qui confirme le leitmotiv
narratif : « Un jour sans lendemain !... Dieu m'a trop
bien exaucée » (p. 439).

Le chef chouan et la Bleue qu'il a conquise sont éli-
minés, pis : par ses dernières volontés, Montauran
engage son jeune frère émigré à ne pas poursuivre la
guerre civile, marquant ainsi non seulement l'échec de

l'insurrection de 1799, mais la vanité de toute insurrection à venir. Or, paradoxalement, c'est Hulot qu'il choisit comme exécuteur testamentaire : l'opposition politique entre Blancs et Bleus le cède alors à l'opposition éthique entre magnanimes — Montauran et Hulot, qu'unit, outre un halo chevaleresque archaïque, un moderne idéal patriotique — et scélérats — Corentin, qui ne se bat que pour soi. Malheureusement, puisque Montauran et Hulot sont, l'un vaincu, l'autre honteux d'une victoire due à la ruse, le dernier mot reste à Corentin, disant de Hulot : « Voilà encore un de mes honnêtes gens qui ne feront jamais fortune » (p. 439). La fortune semble promise à ce « Machiavel subalterne ».

Dans plus d'un roman historique, l'amour compromet la dimension historique du roman, soit en l'égarant dans le sentimental (qu'on pense à *L'Enfant maudit* de Balzac, aux *Trois Mousquetaires* de Dumas, aux œuvres à décor ancien ou antique de Gautier), soit en promouvant utopiquement la réconciliation finale des partis ou des classes (ainsi dans *Ivanhoé*, où l'homme-lige du roi normand épouse l'héritière saxonne, ou dans *Nanon* de George Sand, où la bergère se marie avec le gentilhomme). Dans *Les Chouans*, l'amour éclaire jusqu'au bout les tensions de l'Histoire. Il est omniprésent : outre le Gars, Marie fait rêver la plupart des personnages masculins, à quelque rang et quelque camp qu'ils appartiennent ; et sa servante ou plutôt, en termes de théâtre, sa confidente Francine, Bretonne « francisée » comme le suggère son prénom, a pour soupirant le lieutenant du Gars, Marche-à-terre. Même partagées, ces attractions sont conflictuelles, les métaphores de la conquête, de la résistance et de la guerre y interviennent constamment. En rapprochant les adversaires bleus et blancs (Marie et Montauran, Francine et Marche-à-terre), elles divisent les alliés blancs (Montauran et Mme du Gua) et bleus (Marie et Corentin, Marie et sa suivante), faisant de chaque personnage un rival pour un autre : Marie pour Mme du Gua, Montauran pour Corentin, Marie pour Marche-à-terre. Sont ainsi soulignées les dissensions internes des camps. Quant aux oppositions historiques entre les camps, amants et surtout amantes ont beau tenter, à grands renforts de stéréotypes idéalistes, de les renier ou de les ignorer, ils sont finalement entraînés par elles, et immolés à elles.

L'intrigue a pour ressort deux serments, l'un, celui du Gars à Marie, non tenu, l'autre, celui de Marie au Gars, trop bien tenu. Montauran avait affirmé, sur sa « foi de gentilhomme », que les républicains n'auraient rien à craindre au château de la Vivetière, où ils seraient sous sa protection (p. 223). Mais, s'emparant de ses propos, Mme du Gua a ajouté en aparté : « Ne tiendrai-je pas bien ta parole de gentilhomme ? » (p. 223) ; et sous son impulsion, les chouans ont décimé les Bleus, et démenti les dires de leur leader. En retour, Marie a juré d'offrir à Montauran « une belle journée sans lendemain » (p. 253) — la plus belle journée : celle de son mariage et de sa consommation ; mais sans lendemain, car débouchant sur la mort. Le premier serment, celui du Gars, devait être rompu, pour créer un déséquilibre et propulser le récit. Si celui de Marie est trop bien tenu, c'est que la jeune femme l'a au fond passé avec « le destin », un destin entièrement narratif bien sûr : il renvoie au contrat qui lie tacitement l'auteur et son récepteur, et sa réalisation devient nécessaire à la conclusion du livre. Les personnages se sont laissé prendre aux mots. La formule de Montauran, celle de l'hospitalité, a été détournée par un autre personnage. La formule de Marie, celle de la vengeance, a été détournée par le narrateur lui-même ; croyant n'émettre qu'une phrase banale, Montauran avait « prononcé lui-même son arrêt : *un jour sans lendemain* ! » (p. 269) ; quand cet arrêt prend effet, Marie se trouve « trop bien exaucée » (p. 439).

En offrant l'hospitalité de la Vivetière, le Gars proposait une trêve dans l'assaut des Blancs pour « venger Dieu et le Roi ». Marie a remis en marche le mécanisme des représailles. Le système judiciaire étant aux mains des plus forts, en l'occurrence les Bleus, les représailles sont la ressource des démunis — vaincus ou femmes. L'héroïne n'est pas seule à y recourir. Barbette, l'épouse de Galope-chopine, l'agent double assassiné par les chouans, prend sa revanche en dénonçant le Gars aux républicains, contribuant ainsi, avant Corentin, à sa perte

— du coup cependant, sa fureur de vengeance se trouve récupérée par le système dominant.

Marie redoute cette récupération. Or l'acte meurtrier qui, dans son désespoir, devient toute sa raison d'être recoupe la mission que lui a confiée le gouvernement, attirer Montauran et le perdre : « la France me volerait donc ma vengeance ? » (p. 269). Le couronnement de son drame psychologique risque de lui être confisqué par le roman historique, et ce, quoi qu'elle en dise, légalement, puisque l'aventurière a été « payée » par la France pour accomplir cette mission. Ce n'est pas tout. Montauran était prêt à faire amende honorable ; ce qui précipite l'acharnement homicide de Marie, c'est la fausse lettre que lui remet Corentin, lettre dans laquelle l'espion prête au Gars des phrases railleuses sur Marie. Décidée à « mourir pour se venger » (p. 267), Marie meurt en définitive de la manipulation de sa vengeance. Il est vrai que Corentin, qui lui aussi aspirait à se venger (des mépris de Marie pour sa personne), sert moins, par son stratagème, ses intérêts que le pouvoir.

Ce pouvoir, on l'a dit, est confié au « génie » occulte de Fouché. En ces temps de crise, Fouché est l'un de ces « hommes assez puissants pour voir tout un empire d'un regard, et dont les actions, criminelles aux yeux de la foule, ne sont que les jeux d'une pensée immense » (p. 328) ; on songe à Gobseck, à Vautrin, à Catherine de Médicis surtout [1]... Or quelle est la stratégie d'un Fouché ? « Employer les intérêts particuliers de chacun pour arriver à un grand but » (p. 231) — « la grandeur du résultat absout la petitesse des moyens » (p. 426). Ou encore : « Employer habilement les passions des hommes ou des femmes comme des ressorts que l'on fait mouvoir au profit de l'État, mettre les rouages à leur place dans cette grande machine que nous appelons un

---

1. Aux prises avec une guerre civile, les guerres de religion, qui, comme les guerres contre-révolutionnaires, déchirait la France et menaçait le pouvoir central, Catherine aurait incarné, au XVIᵉ siècle, « l'intelligence qui plane sur une nation ». Elle n'a pas reculé devant l'usage de la violence, et « a employé l'arme la plus dangereuse, mais la plus certaine de la politique, l'adresse ! » *Sur Catherine de Médicis*, *La Comédie humaine*, XI, p. 453 et 170.

gouvernement, et se plaire à y renfermer les plus indomptables sentiments comme des détentes que l'on s'amuse à surveiller... » (p. 367). Intérêts et passions, amours et vengeances, individus des deux sexes sont ainsi pris dans des engrenages qui fonctionnent sans égards pour eux, et où leurs aspirations sont au mieux exploitées, au pis écrasées. La part d'aléatoire qu'introduit l'engouement de Marie pour sa cible assignée, le Gars, dans la machination ou dans la « machine » dirigée par Fouché est finalement annulée, en même temps que Marie et le Gars. Il n'est pas jusqu'aux pièces maîtresses — le Roi, les Directeurs, Bonaparte, Fouché lui-même — qui ne soient, à quelque chose près, interchangeables.

Disposer, comme Fouché, de cette « pensée immense », « n'est-ce pas créer, et, comme Dieu, se placer au centre de l'univers ? » (p. 367). Or ce que le ministre — à qui, on s'en souvient, est attribuée l'« idée » constitutive de l'intrigue — fait au gouvernement, Balzac théoricien le réalise dans son texte ; au mythe démiurgique de l'homme d'État répond celui de l'homme de lettres. Et ce qui est une pragmatique d'un côté devient une méthodologie de l'autre : c'est en organisant la « petite histoire » que Balzac nous fait entrevoir les ressorts de la grande, en peignant, sur l'endroit de l'histoire, les tribulations des individus qu'il en dévoile, combien plus décisifs, les envers, en détaillant une scène de la vie privée, dans ses heurts avec la vie publique, qu'il reconstitue la Comédie collective.

Comme le ministre, Balzac joue sur les « passions », notamment érotiques. Là est la faiblesse de Scott : « il manque à sa lyre les cordes sur lesquelles on peut chanter l'amour, qu'il nous présente tout venu et qu'il ne montre jamais naissant et grandissant », déplore l'Avertissement du *Gars* (p. 462). Et l'Avant-propos de *La Comédie humaine* : « La passion est toute l'humanité. Sans elle, la religion, l'histoire, le roman, l'art seraient inutiles ». Or, en puritain, « Walter Scott a été faux, relativement à l'humanité, dans la peinture de la femme » ; c'est que « la femme protestante n'a pas d'idéal. Elle peut être chaste, pure, vertueuse ; mais son amour sans expansion sera toujours calme et rangé comme un devoir accompli (...) Aussi n'existe-t-il qu'une seule femme pour l'écrivain protestant, tandis que l'écrivain catholique trouve une femme nouvelle, dans chaque nouvelle situation[1] ». Des passions, Balzac ne traite pas d'abord en moraliste mais en historien, parce qu'elles ne relèvent pas seulement d'une nature humaine, mais d'une « situation » ; et il en traite moins en historien qu'en romancier historique, parce qu'il les saisit dans leur teneur individuelle et non pas statistique, et dans leur intériorité vécue et non pas abstraitement. Leur jeu vient éclairer de façon suggestive, et souvent dramatique, les mœurs de l'Histoire contemporaine ou passée dans laquelle elles se déploient.

Enfin, même quand il aboutit, assez conventionnellement, à la mort des protagonistes, un roman historique ne se termine pas tout à fait comme un autre roman : reste l'« historique ». Ce qui nous incite à confronter la fin de l'histoire avec la suite de l'Histoire, puisque, quand les héros succombent, et le récit, cette Histoire continue. Or la formule-clé du récit, « une belle journée sans lendemain », qui, même mal lue par des personnages trop confiants, alarmait sans incertitude le lecteur, cette formule dénie aussi tout lendemain à la chouannerie. Certes, après le long intervalle impérial, la monarchie sera restaurée — mais assortie d'une Charte, puis flanquée de l'épithète « bourgeoise », si suspecte aux ci-devant comme aux paysans attachés à l'Ancien Régime ; et elle sera définitivement balayée, deux ans avant la mort de Balzac. Néanmoins, si tout avenir historique semble refusé aux chouans, un bel avenir littéraire est promis aux *Chouans*, destinés à devenir le premier en date des volumes de *La Comédie humaine*.

Un bref épilogue rédigé en 1845 nous fait sauter de 1799 à 1827. À Fougères, Marche-à-terre, dont le nom jadis redouté paraît aussi oublié que les péripéties de la guerre civile, marchande tranquillement des bestiaux : comme au théâtre, tout finit avec Sganarelle ; ou, comme dans un bon roman réaliste, par la réassertion prosaïque du socio-économique. Mais 1827 serait aussi la date de

---

1. *La Comédie humaine*, I, p. 15-16.

l'acte d'écriture. Dans ce post-scriptum, qui semble tirer un trait sur le chapitre chouan de l'Histoire, s'amorce surtout une suite romanesque. Qui est la femme de Marche-à-terre ? Francine, qu'il courtisait ? On nous dit que Pille-miche, son complice, a péri sur l'échafaud : comment ? Qu'est-ce que « l'effroyable tumulte » qui entoura à Alençon le « fameux procès » de Rifoël, Bryond et La Chanterie (p. 440) ? Pour une réponse à ces questions, se reporter à... *La Comédie humaine*, à venir en 1829, quand s'achève notre texte, mais largement réalisée en 1834 puis en 1845, quand Balzac le révise.

La Comédie humaine : cet ensemble essentiellement réuni après coup reste ponctué de trous, de décalages, voire de discordances. C'est donc sur le mode élusif, et allusif, qu'y réapparaîtront certains personnages des *Chouans* ; les révoltes de 1799 y seront moins éclaircies qu'enrichies, dotées d'une complexité supplémentaire. Ces révoltes sont évoquées avec une pointe de nostalgie par un ancien partisan dans *Béatrix* ; avec ironie dans *Pierre Grassou*, où le peintre a commis une croûte intitulée « Toilette d'un chouan condamné à mort » ; et de façon assez ambiguë dans *La Vieille Fille*. Là, un malicieux vieillard rappelle « quelques bons tours joués à un vieux républicain nommé Hulot[1] », tandis que Suzanne du Val-Noble, charmée par le mélodramatique récit des aventures de Marie, va tenter, une fois devenue courtisane, d'égaler celle-ci... Dangereux pour les lectrices naïves, le roman pour le narrateur féconde, et pour le récepteur met en perspective d'autres romans. « Le souvenir des expéditions du fameux Marche-à-terre » et « la mort du marquis de Montauran » sont encore mentionnés dans *L'Envers de l'histoire contemporaine*[2], où l'un des vœux des Frères de la Consolation, sous la monarchie de Juillet, est d'expier les exactions des « chauffeurs » de l'Ouest. Dans ces pages, la relation de

---

1. *La Comédie humaine*, IV, p. 852. — **2.** *La Comédie humaine*, VIII, p. 307.

certaine attaque du courrier de Mortagne, dirigée en 1808 par une noble dame téméraire, maîtresse de Rifoël et assistée par Pille-miche, fait penser et à la tentative historique du vicomte d'Aché [1], et à l'épisode romanesque du pillage de la voiture publique par Mme du Gua ; deux points de vue sont proposés sur l'événement, celui, défavorable, d'un acte d'accusation et celui, plus compréhensif, de son commentateur. Le « Monsieur Nicolas » de ce livre n'est autre que le frère cadet de Montauran, qui a troqué les complots royalistes contre les entreprises charitables.

Sauf exception, les anciens comploteurs ont été, comme ils le craignaient, mal récompensés par les rois revenus au pouvoir. « Qu'a-t-on fait pour les du Guénic, pour les Ferdinand, pour les Fontaine et pour le frère de Montauran qui ne se sont jamais soumis », déplore l'un de ces nobles dans *Le Cabinet des antiques* ; « À ceux qui ont lutté le plus courageusement, on a jeté de misérables pensions, quelque lieutenance du Roi dans une forteresse, à la frontière, un bureau de loterie à la comtesse de Bauvan... [2] » Le baron du Guénic, le comte de Fontaine, le frère de Montauran, le comte de Bauvan font partie des comparses renommés ou introduits dans l'édition de 1845 des *Chouans*, parce qu'ils existaient déjà dans *La Comédie humaine* ; de même, le major Brigaut, la Billardière, Rifoël... Quant à la vieille comtesse de Bauvan, qui se profile également dans *La Rabouilleuse*, peut-être n'est-elle autre que l'ex-Mme du Gua. Cette dernière occupe surtout *Mademoiselle du Vissard ou la France sous le Consulat* (1847), où l'on entrevoit aussi Marche-à-terre et ses acolytes. Dans cette ébauche, aux sympathies légitimistes marquées, Cadoudal débarquant d'Angleterre a pour mission, comme naguère le Gars, de rallier les insurgés, contre Bonaparte cette fois ; mais le véritable avatar du Gars est le tout jeune Rifoël, chevalier du Vissard, beaucoup plus flatté que dans *Les Chouans*, et dont Mme du Gua, maintenant usée et fière, est éprise comme naguère de Montauran.

---

1. *Cf.* pp. 8-9 de cette Introduction. — 2. *La Comédie humaine*, IV, p. 998.

La duchesse de Berry.
Elle essaya de soulever l'Ouest en 1832.

Hulot a fait mentir la prédiction finale de Corentin et fait une brillante carrière, dont témoigne *La Muse du département*. Il a encore combattu, dans l'Ouest, l'équipée de la duchesse de Berry contre Louis-Philippe en 1832, et s'éteint comte de Fortzheim et maréchal d'Empire dans *La Cousine Bette* ; toujours honnête homme, toujours patriote, il garde à ses côtés le soldat Beaupied, passé capitaine. Mais s'il rassemble autour de son cercueil l'Armée, la Cour et le Peuple, sans oublier ce cadet de Montauran dont il a sauvé les biens d'émigré, il demeure victime — des débordements de son frère le baron Hulot. Son ex-associé Corentin se retrouve, « Tristan secret de ce Louis XI au petit pied [1] », âme damnée de ce Fouché dont le pouvoir inquiète Napoléon lui-même, dans *Une ténébreuse affaire*, roman qui relate l'enlèvement d'un sénateur par les chauffeurs en 1800, et où Corentin se venge de Laurence de Cinq-Cygne un peu comme jadis de Marie. Il reprendra du service sous Louis XVIII ; et dans *Splendeurs et Misères des courtisanes*, nous apprendrons comment l'impeccable et implacable mouchard eut l'idée de « se servir d'une maîtresse qui le dédaignait comme d'un hameçon à prendre un homme [2] ».

La rédaction de *La Comédie humaine* a obligé Balzac à en retoucher le roman inaugural : à renommer tel ou tel acteur, à modifier tel trait de caractère, à annoncer telle destinée, imprévisible en 1829. Si la totalisation fragmentaire de *La Comédie humaine* ne peut qu'imparfaitement mimer la totalité fluctuante et ouverte du réel, synchronique et *a fortiori* diachronique, elle la reflète pourtant en cela justement que sans cesse son avenir contraint à repenser et à reconstruire son passé. Et lorsque l'auteur ne peut plus se livrer à ce travail, il est relayé par le lecteur, en fonction du nombre, de l'ordre et de la profondeur de ses lectures.

C.B.

1. *Une ténébreuse affaire*, *La Comédie humaine*, VIII, p. 554. — 2. *La Comédie humaine*, VI, p. 533.

RÉSUMÉ DE L'ACTION

Chapitre premier : L'embuscade

De Fougères à Mayenne
De la fin septembre à la mi-novembre 1799

— Les troupes du commandant républicain Hulot.
— Combat de la Pèlerine, entre les troupes de Hulot et les chouans de Montauran alias le Gars. Apparition de Marche-à-terre. Apparition de Mme du Gua.
— Un peu plus tard le même jour, attaque de la turgotine par les chouans.
— Rançonnement de l'usurier d'Orgemont.

Chapitre II : Une idée de Fouché

De Mayenne à Fougères
Mi-novembre 1799 (environ trois jours)

— Hulot et ses soldats, qui reprennent l'offensive, escortent, avec Corentin, la voiture de Marie de Verneuil.
— Déjeuner à l'auberge des Trois-Maures à Alençon ; première rencontre de Marie et de Montauran (en compagnie de Madame du Gua).
— Le soir, massacre des Bleus par les chouans à la Vivetière. Au terme de cette deuxième rencontre, Marie décide de se venger du Gars.
— Marie fuit, et s'installe le lendemain à Fougères.

Chapitre III : Un jour sans lendemain

Fougères
Novembre 1799 (environ six jours)

— Marie poursuit le Gars à travers la vallée, et sauve d'Orgemont torturé par les chouans.
— Au matin, elle se réfugie dans la cabane de Galope-chopine, où elle « capture » le comte de Bauvan.
— Cette nuit-là, Marie se rend au bal royaliste de Saint-James. En chemin, spectacle d'une messe en plein air.
— À Saint-James, lors de leur troisième rencontre, Marie reconquiert Montauran.
— Quatrième et brève rencontre des amants chez Galope-chopine. La femme de celui-ci trahit involontairement aux « contre-chouans » la présence du Gars, qui s'échappe.
— Exécution de Galope-chopine par les chouans. Sa femme se venge en révélant aux républicains le rendez-vous prévu pour le surlendemain entre le Gars et Marie.
— Ulcérée contre Montauran à la suite d'une fausse lettre écrite par Corentin, Marie révèle elle aussi le rendez-vous à Hulot. Cinquième et dernière rencontre des amants : détrompée, Marie épouse Montauran, puis tous deux meurent sous les coups des Bleus.

Épilogue

Fougères
1827

Marche-à-terre au marché aux bestiaux.

BIBLIOGRAPHIE

Éditions des *Chouans*

Le Dernier Chouan, ou la Bretagne en 1800, Paris, Urbain Canel, 1829.

Les Chouans, ou la Bretagne en 1799, Paris, Vimont, 1834.

Les Chouans, ou la Bretagne en 1799, in Balzac, *Oeuvres complètes*, Paris, Furne et Cie, 1842-48, tome XIII.

Les Chouans, Paris, Garnier, 1964 (introduction et notes par Maurice Regard).

Les Chouans, Paris, Gallimard, Folio, 1972 (préface de Pierre Gascar, notice de Roger Pierrot).

Les Chouans, Paris, Livre de Poche, 1972 (introduction et commentaires de René Guise).

Les Chouans, in *La Comédie humaine*, Paris, Gallimard, Pléiade, 1976-81, tome VIII (texte présenté et annoté par Lucienne Frappier-Mazur).

Les Chouans, Paris, Flammarion, 1988 (introduction et notes par Maurice Ménard).

Les Chouans, Paris, Presses-Pocket, 1990 (préface et commentaires de Pierre-Louis Rey).

Ouvrages d'histoire sur la chouannerie et la France de 1799

Témoignages

ABRANTÈS, duchesse d', *Mémoires*, Paris, Cité des Livres, 1929.

CRÉTINEAU-JOLY, Jacques, *Histoire de la Vendée militaire*, Paris, Plon, 1851.

DUCHEMIN DE SCÉPEAUX, J., *Lettre sur l'origine de la chouannerie et les Chouans du Bas-Maine*, Saint-Malo, L'Ancre de Marine, 1986.

LA ROCHEJAQUELEIN, Marie-Louise de, *Mémoires* rédigés par M. de Barante, Paris, Baudoin, 1823.

SAVARY, Jean-Julien, *Guerres des Vendéens et des Chouans contre la République française*, Paris, Pays et Terroirs, 1993.

Études

BERNET, Anne, *Les Grandes Heures de la chouannerie*, Paris, Perrin, 1993.

CHIAPPE, Jean-François, *La Vendée en armes*, Paris, Perrin, 1982.

DU PONTAVICE, Gabriel, *La Chouannerie*, Paris, Presses Universitaires de France, Que sais-je ?, 1991.

DUPUY, Roger, *De la Révolution à la Chouannerie*, Paris, Flammarion, 1990.

FURET, François et RICHET, Denis, *La Révolution*, Paris, Hachette, 1965-66.

GABORY, Emile, *Les Guerres de Vendée*, Paris, Laffont, 1989.

GODECHOT, Jacques, *La Contre-Révolution, doctrine et action*, Paris, Presses Universitaires de France, 1961.

Historia 412 bis, « Les Chouans », Paris, Tallandier, 1981.

LEFEBVRE, Georges, *La France sous le Directoire*, Paris, Messidor-Éditions Sociales, 1984.

MADELIN, Louis, *Histoire du Consulat et de l'Empire*, Paris, Hachette, 1937.

MARTIN, Jean-Clément, *La Vendée et la France*, Paris, Seuil, 1987.

MITCHELL, Harvey, *The Underground War Against Revolutionary France*, Oxford, Clarendon, 1965.

SUTHERLAND, Donald, *The Chouans*, Oxford, Clarendon, 1982.

TILLY, Charles, *La Vendée, Révolution et contre-Révolution*, traduction P. Martory, Paris, Fayard, 1970.

TULARD, Jean, *Histoire de la Révolution*, Paris, Laffont, 1989.

TULARD, Jean, *Le Directoire et le Consulat*, Paris, Presses Universitaires de France, 1991.

TULARD, Jean, (sous la direction de), *La Contre-Révolution*, Paris, Perrin, 1990.

Ouvrages critiques sur Les Chouans

ABRAHAM, Pierre, *Créatures chez Balzac*, Paris, Gallimard, 1931.

AMOSSY, Ruth et HAROUVI, Dina, « Éternel féminin et condition de la femme dans *Les Chouans* de Balzac », in *Vendée, Chouannerie, Littérature*, sous la direction de Georges Cesbron, Angers, Presses de l'Université d'Angers, 1986.

ANSEL, Yves, *Les Chouans de Balzac*, Paris, Larousse, Textes pour aujourd'hui, 1979.

ARLETTAZ, Renée, « Balzac, la duchesse d'Abrantès et les romans chouans de *La Comédie humaine* », *Année balzacienne* 1975.

AUBRÉE, Étienne, *Balzac à Fougères*, Paris, Perrin, 1939.

BALCOU, Jean, « Les Bretons, ce sont nos Indiens », in *Ouest et romantisme*, sous la direction de Georges Cesbron, Angers, Presses de l'Université d'Angers, 1991.

BARBÉRIS, Pierre, « L'Accueil de la critique aux premières grandes œuvres de Balzac (1829-30) », *L'Année balzacienne* 1967.

BARBÉRIS, Pierre, *Balzac et le mal du siècle*, Paris, Gallimard, 1970.

BARBÉRIS, Pierre, « Roman historique et roman d'amour,

lecture du *Dernier Chouan* », *Revue d'Histoire littéraire de la France* 75e année, mars-juin 1975.

BARBÉRIS, Pierre, *Le Prince et le marchand, Idéologiques : la littérature, l'Histoire*, Paris, Fayard, 1980.

BARDÈCHE, Maurice, *Balzac romancier, la formation de l'art du roman chez Balzac*, Paris, Plon, 1940.

BÉRARD, Suzanne, « À propos des *Chouans* », *Revue d'Histoire littéraire de la France* 56e année, octobre-décembre 1956.

BÉREST, Eugène, « *Les Chouans* et *Béatrix* », in *Histoire littéraire et culturelle de la Bretagne*, Paris, Champion, 1987.

BERNARD, Claudie, *Le Chouan romanesque, Balzac, Barbey d'Aurevilly, Hugo*, Paris, Presses Universitaires de France, 1989.

CAMARD-NOUVET, Anne, « Amour, masque et secret dans *Les Chouans* », *Année balzacienne* 1987.

FARGEAUD, Madeleine, « Sur la route des *Chouans* et de *La Femme abandonnée* », *Année balzacienne* 1962.

FRAPPIER-MAZUR, Lucienne, *L'Expression métaphorique dans La Comédie humaine*, Paris, Klincksieck, 1976.

GIBB, Margaret Murray, *Le Roman de Bas-de-Cuir, étude sur Fenimore Cooper et son influence en France*, Paris, Champion, 1927.

GUISE, René, « Balzac et le roman historique, notes sur quelques projets », *Revue d'Histoire Littéraire de la France* 75e année, mars-juin 1975.

GUYON, Bernard, *La Pensée politique et sociale de Balzac*, Paris, Armand Colin, 1947.

JACQUES, Georges, *Paysages et structures dans La Comédie humaine*, Louvain, Publications Universitaires de Louvain, 1975.

LABOURET, Mireille, « Le Sublime de la terreur dans *Les Chouans* et *Une ténébreuse affaire* », *Année balzacienne* 1990.

LEBÈGUE, Raymond, « Esquisse d'une étude sur Balzac et la Bretagne », *Revue d'Histoire littéraire de la France* 50e année, avril-juin 1950.

LE GUILLOU, Louis, « Bon et mauvais sauvage : *Les Chouans* de Balzac », in *Vendée, Chouannerie, Littérature*.

LE HUENEN, Roland, « *Les Chouans, Quatre-vingt-treize* : modèles de vérité et mise en fiction », in *Vendée, Chouannerie, Littérature*.

LUKÀCS, Georges, *Le Roman historique*, traduction R. Sailley, Paris, Payot, 1965.

MAIGRON, Louis, *Le Roman historique à l'époque romantique*, Paris, Hachette, 1898.

MEHLMANN, Jeffrey, *Revolution and Repetition, Marx, Hugo, Balzac*, Berkeley, University of California Press, 1977.

MICHEL, Arlette, *Le Mariage chez Honoré de Balzac, amour et féminisme*, Paris, Belles-Lettres, 1978.

MOZET, Nicole, *La Ville de province dans l'œuvre de Balzac*, Paris, SEDES, 1982.

MOZET, Nicole, *Balzac au pluriel*, Paris, Presses Universitaires de France, 1990.

NYKROG, Per, *La Pensée de Balzac dans La Comédie humaine, esquisse de quelques concepts clés*, Copenhague, Munksgaard, 1965.

PESCHOT, Bernard, *Bibliographie des romans consacrés aux guerres de Vendée et de chouannerie*, in *Vendée, chouannerie, Littérature*.

QUEFFÉLEC, Lise, « L'Herméneutique balzacienne : le jeu de l'interprétation et le jeu de la séduction dans *Les Chouans* », *Recherches et Travaux* 38, 1990.

SAINT-PAULIEN, *Napoléon Balzac et l'empire de La Comédie humaine*, Paris, Albin Michel, 1979.

SCHUEREWEGEN, Franc, « L'Histoire et le secret, à propos des *Chouans* de Balzac », in *Vendée, Chouannerie, Littérature*.

SERVAL, Maurice, *Autour d'un roman de Balzac, « Les Chouans »*, Paris, Conard, 1921.

TROUBETZKOY, Vladimir, « *Les Chouans* de Balzac, essai de lecture idéologique », *Pluriel* 10, 1977.

VAN DER GUN, W. H., *La Courtisane romantique et son rôle dans La Comédie humaine de Balzac*, Assen, Pays-Bas, Van Gorcum, 1963.

VANONCINI, André, *Figures de la modernité, essai d'épistémologie sur l'invention du discours balzacien*, Paris, Corti, 1984.

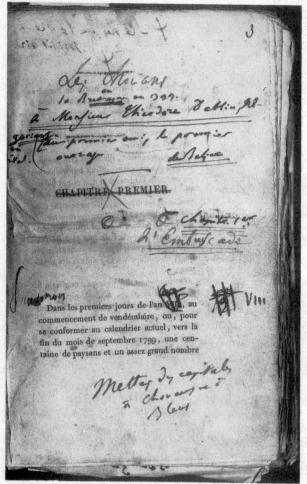

Première épreuve des *Chouans* corrigée par Balzac.

LES CHOUANS,

OU

LA BRETAGNE EN 1799 [1].

1. Rappelons que *Les Chouans* eurent d'abord pour titre, dans l'esprit de Balzac, « Le Gars », puis « Les Chouans ou la Bretagne il y a trente ans » ; ils parurent en 1829 sous le titre *Le Dernier Chouan ou la Bretagne en 1800*, et acquirent leur titre actuel dans l'édition de 1834. L'édition originale, celle de 1829, comportait une épigraphe tirée du Livre de Judith dans l'*Ancien Testament* :

« Elle était parfaitement belle.

Elle lui dit : Qui suis-je pour résister aux désirs de mon Seigneur ? Faire votre volonté sera un sujet de joie jusqu'à ma mort.

Elle frappa fortement deux fois son cou et lui sépara la tête du corps. »

La citation combine plusieurs versets des chapitres VIII à XIII du Livre de Judith. L'héroïne du roman, Marie de Verneuil, sera qualifiée de « Judith des rues » (p. 230). Dans la France assiégée par les contre-révolutionnaires comme Béthulie par Holopherne, elle doit elle aussi charmer et assassiner le chef ennemi ; seulement, investie, à la différence de l'héroïne biblique, d'une mission mercenaire et non plus divine qui lui répugne de plus en plus, elle finira par partager le sort de sa victime. Signalons ici que le manuscrit des *Chouans* présentait un certain nombre d'épigraphes, conformément à l'usage du temps et à la pratique générale de Scott et des romanciers historiques romantiques. Victor Morillon s'insurge déjà contre ces excès : « J'abhorre les épigraphes. Elles me coupent ma satisfaction, pour me servir d'une expression parisienne, mais j'ai voulu défier l'imitation et tout en ayant soin de ne leur rien faire annoncer au lecteur, j'en ai poussé le luxe jusqu'au ridicule » (*cf.* Documents, p. 463). Balzac les supprima complètement dans l'édition Furne de *La Comédie humaine*.

À MONSIEUR THÉODORE DABLIN, NÉGOCIANT.

Au premier ami, le premier ouvrage[1].

DE BALZAC.

---

1. Théodore Dablin, ancien quincaillier enrichi, était une vieille relation de famille ainsi qu'un créancier, longtemps accommodant, de Balzac.

CHAPITRE PREMIER

L'EMBUSCADE [1]

Dans les premiers jours de l'an VIII, au commencement de vendémiaire, ou, pour se conformer au calendrier actuel, vers la fin du mois de septembre 1799, une centaine de paysans et un assez grand nombre de bourgeois, partis le matin de Fougères pour se rendre à Mayenne, gravissaient la montagne de la Pèlerine [2], située à mi-chemin environ de Fougères à Ernée, petite ville où les voyageurs ont coutume de se reposer. Ce détachement, divisé en groupes plus ou moins nombreux, offrait une collection de costumes si bizarres et une réunion d'individus appartenant à des localités ou à des professions si diverses, qu'il ne sera pas inutile de décrire leurs différences caractéristiques pour donner à cette histoire les couleurs vives auxquelles on met tant de prix aujourd'hui, quoique, selon certains critiques, elles nuisent à la peinture de sentiments [3].

Quelques-uns des paysans, et c'était le plus grand nombre, allaient pieds nus, ayant pour tout vêtement une grande peau de chèvre qui les couvrait depuis le col jus-

---

1. Les premières éditions étaient divisées en trente-deux chapitres sans titres. L'édition définitive comporte trois parties munies de titres évocateurs. — **2.** La colline de la Pèlerine, ou plus usuellement Pellerine, de 238 mètres d'altitude, se situe à la frontière du Maine et de la Bretagne. — **3.** L'ouverture des *Chouans* est très proche des ouvertures de Scott, qui, avant d'entrer dans le vif de l'action, nous présente, par quelques traits de couleur locale, l'époque dont il va traiter ; ainsi, dans *Ivanhoé* (1819), l'époque de Richard Cœur-de-Lion. La description des recrues qui suit rappelle d'abord, dans ce même *Ivanhoé*, celle de Gurth et Wamba, deux « sauvages » saxons vêtus de peaux de bêtes.

qu'aux genoux, et un pantalon de toile blanche très grossière, dont le fil mal tondu accusait l'incurie industrielle du pays[1]. Les mèches plates de leurs longs cheveux s'unissaient si habituellement aux poils de la peau de chèvre et cachaient si complètement leurs visages baissés vers la terre, qu'on pouvait facilement prendre cette peau pour la leur, et confondre, à la première vue, ces malheureux avec les animaux dont les dépouilles leur servaient de vêtement. Mais à travers ces cheveux l'on voyait bientôt briller leurs yeux comme des gouttes de rosée dans une épaisse verdure ; et leurs regards, tout en annonçant l'intelligence humaine, causaient certainement plus de terreur que de plaisir. Leurs têtes étaient surmontées d'une sale toque en laine rouge, semblable à ce bonnet phrygien que la République adoptait alors comme emblème de la liberté. Tous avaient sur l'épaule un gros bâton de chêne noueux, au bout duquel pendait un long bissac[2] de toile, peu garni. D'autres portaient, par-dessus leur bonnet, un grossier chapeau de feutre à larges bords et orné d'une espèce de chenille en laine de diverses couleurs qui en entourait la forme. Ceux-ci, entièrement vêtus de la même toile dont étaient faits les pantalons et les bissacs des premiers, n'offraient presque rien dans leur costume qui appartînt à la civilisation nouvelle. Leurs longs cheveux retombaient sur le collet d'une veste ronde à petites poches latérales et carrées qui n'allait que jusqu'aux hanches, vêtement particulier aux paysans de l'Ouest. Sous cette veste ouverte on distinguait un gilet de même toile, à gros boutons. Quelques-uns d'entre eux marchaient avec des sabots ; tandis que, par économie, d'autres tenaient leurs souliers à la main. Ce costume, sali par un long usage, noirci par la sueur ou par la poussière, et moins original que le précédent, avait pour mérite historique de servir de transition à l'habillement presque somptueux de quelques hommes qui, dispersés çà et là, au milieu de la troupe, y brillaient comme des fleurs. En effet, leurs pantalons

---

1. Le retard économique de la Bretagne est l'un des leitmotive du livre (*cf.* p. 307, p. 324, p. 327). — 2. Le bissac, ou besace, est un sac formant deux poches, que l'on porte à cheval sur l'épaule.

de toile bleue, leurs gilets rouges ou jaunes ornés de deux rangées de boutons de cuivre parallèles, et semblables à des cuirasses carrées, tranchaient aussi vivement sur les vêtements blancs et les peaux de leurs compagnons, que des bluets et des coquelicots dans un champ de blé. Quelques-uns étaient chaussés avec ces sabots que les paysans de la Bretagne savent faire eux-mêmes ; mais presque tous avaient de gros souliers ferrés et des habits de drap fort grossier, taillés comme les anciens habits français, dont la forme est encore religieusement gardée par nos paysans. Le col de leur chemise était attaché par des boutons d'argent qui figuraient ou des cœurs ou des ancres. Enfin, leurs bissacs paraissaient mieux fournis que ne l'étaient ceux de leurs compagnons ; puis, plusieurs d'entre eux joignaient à leur équipage de route une gourde sans doute pleine d'eau-de-vie, et suspendue par une ficelle à leur cou. Quelques citadins apparaissaient au milieu de ces hommes à demi sauvages, comme pour marquer le dernier terme de la civilisation de ces contrées. Coiffés de chapeaux ronds, de claques [1] ou de casquettes, ayant des bottes à revers ou des souliers maintenus par des guêtres, ils présentaient comme les paysans des différences remarquables dans leurs costumes. Une dizaine d'entre eux portaient cette veste républicaine connue sous le nom de carmagnole [2]. D'autres, de riches artisans sans doute, étaient vêtus de la tête aux pieds en drap de la même couleur. Les plus recherchés dans leur mise se distinguaient par des fracs et des redingotes de drap bleu ou vert plus ou moins râpé. Ceux-là, véritables personnages, portaient des bottes de diverses formes, et badi-

---

1. Le (chapeau) claque est un chapeau haut-de-forme qui s'aplatit pour être rangé. — **2.** La carmagnole, veste d'origine piémontaise à courtes basques et à grand collet, fut introduite en 1792 à Paris par les fédérés marseillais, et adoptée par les révolutionnaires. Dans toute cette description, entièrement fondée sur l'idée que l'extérieur répond à l'intérieur, que l'habit révèle l'être, Balzac « ethnographe » nous fait graduellement passer des représentants les plus « primitifs » de la culture indigène, encore proches de l'animalité, à ceux qui incarnent « le dernier terme de la civilisation dans ces contrées » ; des premiers aux derniers se dessine une évolution sociale et humaine.

naient avec de grosses cannes en gens qui font contre
fortune bon cœur. Quelques têtes soigneusement pou-
drées, des queues assez bien tressées annonçaient cette
espèce de recherche que nous inspire un commencement
de fortune ou d'éducation. En considérant ces hommes
étonnés de se voir ensemble, et ramassés comme au
hasard, on eût dit la population d'un bourg chassée de ses
foyers par un incendie. Mais l'époque et les lieux donnaient un tout autre intérêt à cette masse d'hommes. Un
observateur initié au secret des discordes civiles qui agitaient alors la France aurait pu facilement reconnaître le
petit nombre de citoyens sur la fidélité desquels la République devait compter dans cette troupe, presque entièrement composée de gens qui, quatre ans auparavant,
avaient guerroyé contre elle. Un dernier trait assez saillant
ne laissait aucun doute sur les opinions qui divisaient ce
rassemblement. Les républicains seuls marchaient avec
une sorte de gaieté. Quant aux autres individus de la
troupe, s'ils offraient des différences sensibles dans leurs
costumes, ils montraient sur leurs figures et dans leurs
attitudes cette expression uniforme que donne le malheur.
Bourgeois et paysans, tous gardaient l'empreinte d'une
mélancolie profonde ; leur silence avait quelque chose de
farouche, et ils semblaient courbés sous le joug d'une
même pensée, terrible sans doute, mais soigneusement
cachée, car leurs figures étaient impénétrables ; seulement, la lenteur peu ordinaire de leur marche pouvait trahir de secrets calculs. De temps en temps, quelques-uns
d'entre eux, remarquables par des chapelets suspendus à
leur cou, malgré le danger qu'ils couraient à conserver ce
signe d'une religion plutôt supprimée que détruite,
secouaient leurs cheveux et relevaient la tête avec
défiance. Ils examinaient alors à la dérobée les bois, les
sentiers et les rochers qui encaissaient la route, mais de
l'air avec lequel un chien, mettant le nez au vent, essaie
de subodorer le gibier ; puis, en n'entendant que le bruit
monotone des pas de leurs silencieux compagnons, ils
baissaient de nouveau leurs têtes et reprenaient leur contenance de désespoir, semblables à des criminels emmenés
au bagne pour y vivre, pour y mourir.

La marche de cette colonne sur Mayenne, les éléments

« *Ces soldats appartenaient au dépôt d'une demi-brigade d'infanterie.* » Gravure d'Edouard Detaille.

hétérogènes qui la composaient et les divers sentiments qu'elle exprimait s'expliquaient assez naturellement par la présence d'une autre troupe formant la tête du détachement. Cent cinquante soldats environ marchaient en avant avec armes et bagages, sous le commandement d'un *chef de demi-brigade*[1]. Il n'est pas inutile de faire observer à ceux qui n'ont pas assisté au drame de la Révolution, que

1. « Chef de brigade » (et non de « demi-brigade ») remplaçait en effet, depuis 1793, l'appellation de « colonel » normale dans l'armée d'Ancien Régime. Dans la suite, Hulot sera couramment appelé « commandant » (sauf lorsque, pour le flatter, on revient au titre de colonel ; *cf.* p. 173 et 366). Comme un certain nombre d'autres précisions historiques, celle-ci est empruntée aux savantes recherches de Lucienne Frappier-Mazur (elle-même parfois redevable à Madeleine Fargeau) dans l'édition Pléiade des *Chouans* (*La Comédie Humaine*, Paris, Gallimard, 1976-1981, tome VIII).

cette dénomination remplaçait le titre de colonel, proscrit par les patriotes comme trop aristocratique. Ces soldats appartenaient au dépôt d'une demi-brigade d'infanterie en séjour à Mayenne. Dans ces temps de discorde, les habitants de l'Ouest avaient appelé tous les soldats de la République, des *Bleus*. Ce surnom était dû à ces premiers uniformes bleus et rouges dont le souvenir est encore assez frais pour rendre leur description superflue. Le détachement des Bleus servait donc d'escorte à ce rassemblement d'hommes presque tous mécontents d'être dirigés sur Mayenne, où la discipline militaire devait promptement leur donner un même esprit, une même livrée et l'uniformité d'allure qui leur manquait alors si complètement.

Cette colonne était le contingent péniblement obtenu du district de Fougères, et dû par lui dans la levée que le Directoire exécutif de la République française avait ordonnée par une loi du 10 messidor précédent[1]. Le gouvernement avait demandé cent millions et cent mille hommes, afin d'envoyer de prompts secours à ses armées, alors battues par les Autrichiens en Italie, par les Prussiens en Allemagne, et menacées en Suisse par les Russes, auxquels Souvarov faisait espérer la conquête de la France. Les départements de l'Ouest, connus sous le nom de Vendée, la Bretagne et une portion de la Basse-Normandie, pacifiés depuis trois ans par les soins du général Hoche après une guerre de quatre années[2], paraissaient avoir saisi ce moment pour recommencer la lutte. En présence de tant d'agressions[3], la République retrouva sa primitive énergie. Elle avait d'abord pourvu à la défense des départements attaqués, en en remettant le soin aux habitants patriotes par un des articles de cette loi de messidor. En effet, le gouvernement, n'ayant ni troupes ni argent dont il pût disposer à

---

1. Balzac rend fidèlement compte de cette loi du 10 messidor an VII, soit du 28 juin 1799, dont il cite, quelques lignes plus bas, l'article 5. — 2. Après le traité de La Jaunaye (février 1795), compromis par la reprise des hostilités suite au débarquement de Quiberon, Hoche combattit vigoureusement Stofflet et Charette et força la Vendée, puis le Morbihan, à se soumettre. La pacification — provisoire — fut acquise en juillet 1796. — 3. Le mot « agressions » est assurément tendancieux : les guerres révolutionnaires sont loin d'être purement défensives.

l'intérieur, éluda la difficulté par une gasconnade législative : ne pouvant rien envoyer aux départements
insurgés, il leur donnait sa confiance. Peut-être espérait-
il aussi que cette mesure, en armant les citoyens les uns
contre les autres, étoufferait l'insurrection dans son principe. Cet article, source de funestes représailles, était
ainsi conçu : *Il sera organisé des compagnies franches*[1]
dans les départements de l'Ouest. Cette disposition
impolitique fit prendre à l'Ouest une attitude si hostile,
que le Directoire désespéra d'en triompher de prime
abord. Aussi, peu de jours après, demanda-t-il aux
Assemblées des mesures particulières relativement aux
légers contingents dus en vertu de l'article qui autorisait
les compagnies franches. Donc, une nouvelle loi promul-
guée quelques jours avant le commencement de cette
histoire, et rendue le troisième jour complémentaire de
l'an VII, ordonnait d'organiser en légions ces faibles
levées d'hommes. Les légions devaient porter le nom
des départements de la Sarthe, de l'Orne, de la Mayenne,
d'Ille-et-Vilaine, du Morbihan, de la Loire-Inférieure et
de Maine-et-Loire. *Ces légions*, disait la loi, *spéciale-
ment employées à combattre les Chouans, ne pourraient,
sous aucun prétexte, être portées aux frontières*[2]. Ces
détails fastidieux, mais ignorés, expliquent à la fois l'état
de faiblesse où se trouva le Directoire et la marche de
ce troupeau d'hommes conduit par les Bleus. Aussi,
peut-être n'est-il pas superflu d'ajouter que ces belles et
patriotiques déterminations directoriales n'ont jamais
reçu d'autre exécution que leur insertion au Bulletin des
Lois. N'étant plus soutenus par de grandes idées
morales, par le patriotisme ou par la terreur, qui les rendait naguère exécutoires, les décrets de la République
créaient des millions et des soldats dont rien n'entrait ni
au trésor ni à l'armée. Le ressort de la Révolution s'était
usé en des mains inhabiles, et les lois recevaient dans

---

1. Détachements spéciaux, ne faisant pas partie d'un régiment.
— 2. Cette clause de la loi du troisième jour complémentaire de l'an
VII, soit du 19 septembre 1799, était destinée à rassurer un contingent
de paysans fortement attachés à leur sol, et inquiets de ne pouvoir
accomplir leurs travaux agricoles.

leur application l'empreinte des circonstances au lieu de les dominer.

Les départements de la Mayenne et d'Ille-et-Vilaine étaient alors commandés par un vieil officier qui, jugeant sur les lieux de l'opportunité des mesures à prendre, voulut essayer d'arracher à la Bretagne ses contingents, et surtout celui de Fougères, l'un des plus redoutables foyers de la chouannerie. Il espérait ainsi affaiblir les forces de ces districts menaçants. Ce militaire dévoué profita des prévisions illusoires de la loi pour affirmer qu'il équiperait et armerait sur-le-champ les *réquisitionnaires*[1], et qu'il tenait à leur disposition un mois de la solde promise par le gouvernement à ces troupes d'exception. Quoique la Bretagne se refusât alors à toute espèce de service militaire, l'opération réussit tout d'abord sur la foi de ces promesses, et avec tant de promptitude que cet officier s'en alarma. Mais c'était un de ces vieux chiens de guérite difficiles à surprendre. Aussitôt qu'il vit accourir au district une partie des contingents, il soupçonna quelque motif secret à cette prompte réunion d'hommes, et peut-être devina-t-il bien en croyant qu'ils voulaient se procurer des armes. Sans attendre les retardataires, il prit alors des mesures pour tâcher d'effectuer sa retraite sur Alençon, afin de se rapprocher des pays soumis ; quoique l'insurrection croissante de ces contrées rendît le succès de ce projet très problématique. Cet officier, qui, selon ses instructions, gardait le plus profond secret sur les malheurs de nos armées et sur les nouvelles peu rassurantes parvenues de la Vendée, avait donc tenté, dans la matinée où commence cette histoire, d'arriver par une marche for-

---

1. Réquisitionnaires, mot du temps désignant les civils « réquisitionnés » par la Patrie en danger pour sa défense. Balzac donnera en 1831 une nouvelle tragique intitulée *Le Réquisitionnaire*, qui, quoique sans personnages reparaissants, s'inscrit dans le cycle « chouan » de *La Comédie humaine*, entre *Les Chouans* et *L'Envers de l'histoire contemporaine*. Située en Normandie en 1793, elle met en scène un réquisitionnaire plein d'entrain malgré les menaces pesant sur la République dominée par la Terreur, et un jeune chef chouan qui paiera de sa vie sa participation aux expéditions du prestigieux La Rochejaquelein. Balzac, qui a alors viré à droite, insiste plus que dans *Les Chouans* sur les périls et le dévouement des nobles de l'Ouest.

« *Cet officier qui, selon ses instructions, gardait le plus profond secret sur les malheurs de nos armées...* »
Gravure d'Edouard Detaille.

cée à Mayenne, où il se promettait bien d'exécuter la loi suivant son bon vouloir, en remplissant les cadres de sa demi-brigade avec ses *conscrits* bretons. Ce mot de conscrit, devenu plus tard si célèbre, avait remplacé pour la première fois, dans les lois, le nom de réquisitionnaires, primitivement donné aux recrues républicaines[1]. Avant de quitter Fougères, le commandant avait fait prendre secrètement à ses soldats les cartouches et les rations de pain nécessaires à tout son monde, afin de ne pas éveiller l'attention des conscrits sur la longueur de

1. La « conscription » est en effet, à partir du Directoire, le nom donné à l'inscription au rôle des jeunes gens parmi lesquels on désignait les « conscrits », c'est-à-dire ceux qui devaient partir au service militaire. Aménagée par l'Empire, la conscription, odieuse aux populations, fut abolie par la Charte de 1814.

la route ; et il comptait bien ne pas s'arrêter à l'étape
d'Ernée, où, revenus de leur étonnement, les hommes du
contingent auraient pu s'entendre avec les Chouans, sans
doute répandus dans les campagnes voisines. Le morne
silence qui régnait dans la troupe des réquisitionnaires
surpris par la manœuvre du vieux républicain, et la lenteur de leur marche sur cette montagne, excitaient au
plus haut degré la défiance de ce chef de demi-brigade,
nommé Hulot[1] ; les traits les plus saillants de la description qui précède étaient pour lui d'un vif intérêt ; aussi
marchait-il silencieusement, au milieu de cinq jeunes
officiers qui, tous, respectaient la préoccupation de leur
chef. Mais au moment où Hulot parvint au faîte de la
Pèlerine, il tourna tout à coup la tête, comme par instinct, pour inspecter les visages inquiets des réquisitionnaires, et ne tarda pas à rompre le silence. En effet, le
retard progressif de ces Bretons avait déjà mis entre eux
et leur escorte une distance d'environ deux cents pas.
Hulot fit alors une grimace qui lui était particulière.

— Que diable ont donc tous ces muscadins-là ?
s'écria-t-il d'une voix sonore. Nos conscrits ferment le
compas au lieu de l'ouvrir, je crois[2] !

À ces mots, les officiers qui l'accompagnaient se
retournèrent par un mouvement spontané assez semblable
au réveil en sursaut que cause un bruit soudain. Les ser-
gents, les caporaux les imitèrent, et la compagnie s'arrêta
sans avoir entendu le mot souhaité de : — Halte ! Si
d'abord les officiers jetèrent un regard sur le détachement qui, semblable à une longue tortue, gravissait la
montagne de la Pèlerine, ces jeunes gens, que la défense

---

1. Il y eut plusieurs officiers réels nommés Hulot, mais n'importe.
Hulot, qui a aussi des traits de Kléber et de Hoche (sous lequel il aurait
combattu en Vendée), correspond surtout à une certaine image de l'officier républicain ou impérial, brave, rude, paternel, astucieux, généreux et conciliant. Né en 1766 d'après *La Cousine Bette*, Hulot n'aurait
eu en 1799 que trente-trois ans : le « vieux républicain » n'est
« vieux » que comme la République, bien usée au pouvoir sous le
Directoire. — 2. « Muscadin » désigne, péjorativement, après le
9 Thermidor et la chute de Robespierre, une jeunesse dorée au costume
extravagant et aux cheveux poudrés et flottants, ainsi nommée en raison de son usage du musc. « Fermer le compas », c'est, en argot militaire, fermer les jambes, avancer lentement.

de la patrie avait arrachés, comme tant d'autres, à des études distinguées, et chez lesquels la guerre n'avait pas encore éteint le sentiment des arts, furent assez frappés du spectacle qui s'offrit à leurs regards pour laisser sans réponse une observation dont l'importance leur était inconnue. Quoiqu'ils vinssent de Fougères, où le tableau qui se présentait alors à leurs yeux se voit également, mais avec les différences que le changement de perspective lui fait subir, ils ne purent se refuser à l'admirer une dernière fois, semblables à ces *dilettanti* auxquels une musique donne d'autant plus de jouissances qu'ils en connaissent mieux les détails.

Du sommet de la Pèlerine apparaît aux yeux du voyageur la grande vallée du Couësnon, dont l'un des points culminants est occupé à l'horizon par la ville de Fougères. Son château domine, en haut du rocher où il est bâti, trois ou quatre routes importantes, position qui la rendait jadis une des clés de la Bretagne. De là les officiers découvrirent, dans toute son étendue, ce bassin aussi remarquable par la prodigieuse fertilité de son sol que par la variété de ses aspects. De toutes parts, des montagnes de schiste s'élèvent en amphithéâtre, elles déguisent leurs flancs rougeâtres sous des forêts de chênes, et recèlent dans leurs versants des vallons pleins de fraîcheur. Ces rochers décrivent une vaste enceinte, circulaire en apparence, au fond de laquelle s'étend avec mollesse une immense prairie dessinée comme un jardin anglais. La multitude de haies vives qui entourent d'irréguliers et de nombreux héritages, tous plantés d'arbres, donnent à ce tapis de verdure une physionomie rare parmi les paysages de la France, et il enferme de féconds secrets de beauté dans ses contrastes multipliés dont les effets sont assez larges pour saisir les âmes les plus froides. En ce moment, la vue de ce pays était animée de cet éclat fugitif par lequel la nature se plaît à rehausser parfois ses impérissables créations. Pendant que le détachement traversait la vallée, le soleil levant avait lentement dissipé ces vapeurs blanches et légères qui, dans les matinées de septembre, voltigent sur les prairies. À l'instant où les soldats se retournèrent, une invisible main semblait enlever à ce paysage le dernier des voiles dont elle l'aurait enveloppé,

nuées fines, semblables à ce linceul de gaze diaphane qui
couvre les bijoux précieux et à travers lequel ils excitent
la curiosité. Dans le vaste horizon que les officiers
embrassèrent, le ciel n'offrait pas le plus léger nuage qui
pût faire croire, par sa clarté d'argent, que cette immense
voûte bleue fût le firmament. C'était plutôt un dais de soie
supporté par les cimes inégales des montagnes, et placé
dans les airs pour protéger cette magnifique réunion de
champs, de prairies, de ruisseaux et de bocages. Les officiers ne se lassaient pas d'examiner cet espace où jaillis-
sent tant de beautés champêtres. Les uns hésitaient
longtemps avant d'arrêter leurs regards parmi l'étonnante
multiplicité de ces bosquets que les teintes sévères de
quelques touffes jaunies enrichissaient des couleurs du
bronze, et que le vert émeraude des prés irrégulièrement
coupés faisait encore ressortir. Les autres s'attachaient
aux contrastes offerts par des champs rougeâtres où le sarrasin récolté se dressait en gerbes coniques semblables
aux faisceaux d'armes que le soldat amoncelle au
bivouac, et séparés par d'autres champs que doraient les
guérets[1] des seigles moissonnés. Çà et là, l'ardoise
sombre de quelques toits d'où sortaient de blanches
fumées, puis les tranchées vives et argentées que produisaient les ruisseaux tortueux du Couësnon, attiraient l'œil
par quelques-uns de ces pièges d'optique qui rendent, sans
qu'on sache pourquoi, l'âme indécise et rêveuse. La fraîcheur embaumée des brises d'automne, la forte senteur
des forêts, s'élevaient comme un nuage d'encens et eni-
vraient les admirateurs de ce beau pays, qui contemplaient
avec ravissement ses fleurs inconnues, sa végétation
vigoureuse, sa verdure rivale de celle d'Angleterre, sa
voisine, dont le nom est commun aux deux pays[2].

---

1. Le guéret est une terre labourée et non encore ensemencée.
— **2.** « Bretagne » est dans « Grande-Bretagne », ne l'oublions pas.
Balzac du reste se fait de la Bretagne une idée un peu extensive ;
connaissant bien la Normandie depuis son séjour de 1822 à Bayeux
chez sa sœur, il a tendance à en projeter les sites et les usages sur la
province voisine. L'aspect « théâtral » du panorama offert aux regards
charmés des officiers républicains, quand la brume se lève comme un
rideau, est souligné par des expressions comme « amphithéâtre »,
« dais de soie », « pièges d'optique », « dramatique », « magique spec-

Quelques bestiaux animaient cette scène déjà si dramatique. Les oiseaux chantaient, et faisaient ainsi rendre à la vallée une suave, une sourde mélodie qui frémissait dans les airs. Si l'imagination recueillie veut apercevoir pleinement les riches accidents d'ombre et de lumière, les horizons vaporeux des montagnes, les fantastiques perspectives qui naissaient des places où manquaient les arbres, où s'étendaient les eaux, où fuyaient de coquettes sinuosités ; si le souvenir colorie, pour ainsi dire, ce dessin aussi fugace que le moment où il est pris, les personnes pour lesquelles ces tableaux ne sont pas sans mérite auront une image imparfaite du magique spectacle par lequel l'âme encore impressionnable des jeunes officiers fut comme surprise [1].

Pensant alors que ces pauvres gens abandonnaient à regret leur pays et leurs chères coutumes pour aller mourir peut-être en des terres étrangères, ils leur pardonnèrent involontairement un retard qu'ils comprirent. Puis, avec cette générosité naturelle aux soldats, ils déguisèrent leur condescendance sous un feint désir d'examiner les positions militaires de cette belle contrée. Mais Hulot, qu'il est nécessaire d'appeler le commandant, pour éviter de lui donner le nom peu harmonieux de chef de demi-brigade, était un de ces militaires qui, dans un danger pressant, ne sont pas hommes à se laisser prendre aux charmes des paysages, quand même ce seraient ceux du paradis terrestre. Il secoua donc la tête par un geste négatif, et contracta deux gros sourcils noirs qui donnaient une expression sévère à sa physionomie.

— Pourquoi diable ne viennent-ils pas ? demanda-t-il pour la seconde fois de sa voix grossie par les fatigues de la guerre. Se trouve-t-il dans le village quelque bonne Vierge à laquelle ils donnent une poignée de main ?

— Tu demandes pourquoi ? répondit une voix.

En entendant des sons qui semblaient partir de la corne avec laquelle les paysans de ces vallons rassem-

---

tacle », etc. ; expressions appropriées dans cette « Scène » de la vie militaire.

1. Au sens, plus fort qu'aujourd'hui, de « prise par surprise », « frappée alors qu'on ne s'y attendait pas ».

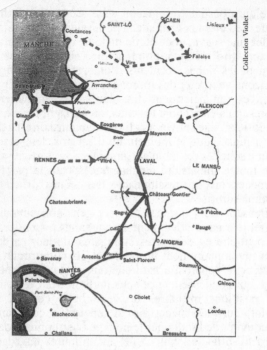

Collection Viollet

La guerre de Vendée. Localisation des événements (1793).

blent leurs troupeaux, le commandant se retourna brusquement comme s'il eût senti la pointe d'une épée, et vit à deux pas un personnage encore plus bizarre qu'aucun de ceux emmenés à Mayenne pour servir la République. Cet inconnu, homme trapu, large des épaules, lui montrait une tête presque aussi grosse que celle d'un bœuf, avec laquelle elle avait plus d'une ressemblance. Des narines épaisses faisaient paraître son nez encore plus court qu'il ne l'était. Ses larges lèvres retroussées par des dents blanches comme de la neige, ses grands et ronds yeux noirs garnis de sourcils menaçants, ses oreilles pendantes et ses cheveux roux appartenaient moins à notre belle race caucasienne qu'au genre des herbivores. Enfin l'absence complète des autres caractères de l'homme social rendait cette tête nue plus remarquable encore. La face, comme bronzée par le soleil et dont les anguleux contours offraient une vague analogie avec le granit qui forme le sol de ces contrées, était la seule partie visible du corps de cet être singulier. À partir du cou, il était enveloppé d'un sarrau, espèce de blouse en toile rousse plus grossière encore que celle des pantalons des conscrits les moins fortunés. Ce sarrau, dans lequel un antiquaire[1] aurait reconnu la *saye (saga)* ou le *sayon* des Gaulois[2], finissait à mi-corps, en se rattachant à deux fourreaux de peau de chèvre par des morceaux de bois grossièrement travaillés et dont quelques-uns gardaient leur écorce. Les peaux de bique, pour parler la langue du pays, qui lui garnissaient les jambes et les cuisses, ne laissaient distinguer aucune forme humaine. Des sabots énormes lui cachaient les pieds. Ses longs cheveux luisants, semblables aux poils de ses peaux de chèvres, tombaient de chaque côté de sa figure, séparés en deux parties égales, et pareils aux chevelures de ces statues du moyen âge qu'on voit encore dans quelques cathédrales. Au lieu du bâton noueux que les conscrits portaient sur leurs épaules, il tenait appuyé sur sa poitrine, en guise de fusil, un gros fouet dont le cuir habilement tressé paraissait avoir une longueur double de celle des fouets ordinaires. La brusque apparition de cet être bizarre semblait facile à expliquer. Au premier aspect, quelques officiers supposèrent que l'inconnu était un réquisitionnaire ou conscrit (l'un se disait encore pour l'autre) qui se repliait sur la colonne en la voyant arrêtée. Néanmoins, l'arrivée de cet homme étonna singulièrement le commandant ; s'il

---

1. Conformément à l'usage classique et encore fréquent dans la première moitié du XIXe siècle, l'« antiquaire » n'est pas d'abord, ou pas seulement, un vendeur d'antiquités (comme celui de *La Peau de chagrin*), mais un érudit, quelqu'un qui connaît dans son détail l'Histoire passée, en particulier antique ; tandis que l'« historien », qui écrit l'Histoire, est surtout un homme de lettres. Avec les romantiques s'effectuera la fusion de l'« antiquaire », archéologue ou savant, et de l'« historien », de l'écrivain. — 2. Saye désigne, aux XVIIe et XVIIIe siècles, une serge légère ; sayon, une casaque ouverte portée par les soldats et les paysans. Quant au « sarrau », c'est une blouse à manches boutonnée dans le dos.

n'en parut pas le moins du monde intimidé, son front
devint soucieux ; et, après avoir toisé l'étranger, il répéta
machinalement et comme occupé de pensées sinistres :
— Oui, pourquoi ne viennent-ils pas ? Le sais-tu, toi ?

— C'est que, répondit le sombre interlocuteur avec
un accent qui prouvait une assez grande difficulté de
parler français, c'est que là, dit-il en étendant sa rude
et large main vers Ernée, là est le Maine, et là finit la
Bretagne.

Puis il frappa fortement le sol en jetant le pesant
manche de son fouet aux pieds du commandant. L'impression produite sur les spectateurs de cette scène par
la harangue laconique de l'inconnu, ressemblait assez à
celle que donnerait un coup de tam-tam frappé au milieu
d'une musique. Le mot de harangue suffit à peine pour
rendre la haine, les désirs de vengeance qu'exprimèrent
un geste hautain, une parole brève et la contenance
empreinte d'une énergie farouche et froide. La grossièreté de cet homme taillé comme à coups de hache, sa
noueuse écorce, la stupide ignorance gravée sur ses
traits, en faisaient une sorte de demi-dieu barbare. Il gardait une attitude prophétique et apparaissait là comme le
génie même de la Bretagne, qui se relevait d'un sommeil
de trois années, pour recommencer une guerre où la victoire ne se montra jamais sans de doubles crêpes [1].

— Voilà un joli coco, dit Hulot en se parlant à lui-
même. Il m'a l'air d'être l'ambassadeur de gens qui
s'apprêtent à parlementer à coups de fusil.

Après avoir grommelé ces paroles entre ses dents, le
commandant promena successivement ses regards de cet
homme au paysage, du paysage au détachement, du
détachement sur les talus abrupts de la route, dont les
crêtes étaient ombragées par les hauts genêts de la Bretagne ; puis il les reporta tout à coup sur l'inconnu, auquel
il fit subir comme un muet interrogatoire qu'il termina
en lui demandant brusquement : — D'où viens-tu ?

---

1. Le crêpe étant un tissu noir que l'on porte en signe de deuil,
Balzac suggère ici que les victoires de la chouannerie furent toujours
en un sens des défaites, soit de par leur caractère meurtrier, soit parce
qu'elles étaient, à plus ou moins long terme, condamnées à être annu-
lées par le rapport des forces affrontées.

Pille-miche et Marche-à-terre.
« La grossièreté de cet homme taillé comme à coups de hache... en faisait
une sorte de demi-dieu barbare. »
Illustration de l'édition Marescq et Havard, 1852.

Son œil avide et perçant cherchait à deviner les secrets de ce visage impénétrable qui, pendant cet intervalle, avait pris la niaise expression de torpeur dont s'enveloppe un paysan au repos.

— Du pays des *Gars*[1], répondit l'homme sans manifester aucun trouble.

---

1. Balzac glose ce terme de « Gars », d'abord envisagé comme titre pour *Les Chouans*, à la page 83.

— Ton nom ?

— *Marche-à-terre*.

— Pourquoi portes-tu, malgré la loi, ton surnom de Chouan ?

Marche-à-terre, puisqu'il se donnait ce nom, regarda le commandant d'un air d'imbécillité si profondément vraie, que le militaire crut n'avoir pas été compris.

— Fais-tu partie de la réquisition de Fougères ?

À cette demande, Marche-à-terre répondit par un de ces *je ne sais pas*, dont l'inflexion désespérante arrête tout entretien. Il s'assit tranquillement sur le bord du chemin, tira de son sarrau quelques morceaux d'une mince et noire galette de sarrasin, repas national dont les tristes délices ne peuvent être comprises que des Bretons, et se mit à manger avec une indifférence stupide. Il faisait croire à une absence si complète de toute intelligence, que les officiers le comparèrent tour à tour, dans cette situation, à un des animaux qui broutaient les gras pâturages de la vallée, aux sauvages de l'Amérique ou à quelque naturel du cap de Bonne-Espérance [1]. Trompé par cette attitude, le commandant lui-même n'écoutait déjà plus ses inquiétudes, lorsque, jetant un dernier regard de prudence à l'homme qu'il soupçonnait être le héraut d'un prochain carnage, il en vit les cheveux, le sarrau, les peaux de chèvre couverts d'épines, de débris de feuilles, de brins de bois et de broussailles, comme si ce Chouan eût fait une longue route à travers les halliers. Il lança un coup d'œil significatif à son adjudant Gérard, près duquel il se trouvait, lui serra fortement la main et dit à voix basse : — Nous sommes allés chercher de la laine, et nous allons revenir tondus.

---

1. L'édition de 1834 donne : « aux sauvages de l'Ohio et à un Hottentot du cap de Bonne-Espérance ». Ohio et Amérique font naturellement penser à Fenimore Cooper. Marche-à-terre n'est d'ailleurs pas sans ressemblances avec Magua, le perfide Huron du *Dernier des Mohicans* (1826), accointé avec les Français de Montcalm contre les Anglais du colonel Munro ; mais on lui découvrira aussi certaines des qualités d'Uncas, le bon Mohican — et le « dernier » d'entre eux, comme en un sens Marche-à-terre et ses congénères, vestiges d'une culture en voie d'absorption par une autre. Il n'y a pas dans *Les Chouans* le manichéisme qu'on trouve dans les romans de Bas-de-cuir.

Les officiers étonnés se regardèrent en silence.

Il convient de placer ici une digression pour faire partager les craintes du commandant Hulot à certaines personnes casanières habituées à douter de tout, parce qu'elles ne voient rien, et qui pourraient contredire l'existence de Marche-à-terre et des paysans de l'Ouest dont alors la conduite fut sublime.

Le mot *gars*, que l'on prononce *gâ*, est un débris de la langue celtique. Il a passé du bas-breton dans le français, et ce mot est, de notre langage actuel, celui qui contient le plus de souvenirs antiques. Le *gais* était l'arme principale des Gaëls ou Gaulois ; *gaisde* signifiait armé ; *gais*, bravoure ; *gas*, force. Ces rapprochements prouvent la parenté du mot *gars* avec ces expressions de la langue de nos ancêtres. Ce mot a de l'analogie avec le mot latin *vir*, homme, racine de *virtus*, force, courage. Cette dissertation trouve son excuse dans sa nationalité ; puis, peut-être, servira-t-elle à réhabiliter, dans l'esprit de quelques personnes, les mots : *gars, garçon, garçonnette, garce, garcette*, généralement proscrits du discours comme mal séants, mais dont l'origine est si guerrière et qui se montreront çà et là dans le cours de cette histoire. — « C'est une fameuse garce ! » est un éloge peu compris que recueillit Mme de Staël dans un petit canton de Vendômois où elle passa quelques jours d'exil[1]. La Bretagne est, de toute la France, le pays où les mœurs gauloises ont laissé les plus fortes empreintes. Les parties de cette province où, de nos jours encore, la vie sauvage et l'esprit superstitieux de nos rudes aïeux sont restés, pour ainsi dire, flagrants, se nomment le pays des Gars. Lorsqu'un canton est habité par nombre de Sauvages semblables à celui qui vient de comparaître dans cette Scène, les gens de la contrée disent : Les Gars de telle paroisse ; et ce nom classique est comme une récompense de la fidélité avec laquelle ils s'efforcent de conserver les traditions du langage et des mœurs gaëli-

---

1. Ou plutôt quelques mois, en 1810 ; au cours de cet exil, évoqué au début de *Louis Lambert*, Mme de Staël serait devenue la protectrice du héros de ce roman. Sur cette digression linguistique, *cf.* l'Introduction, p. 34-35.

ques ; aussi leur vie garde-t-elle de profonds vestiges des
croyances et des pratiques superstitieuses des anciens
temps. Là, les coutumes féodales sont encore respectées.
Là, les antiquaires retrouvent debout les monuments des
Druides[1]. Là, le génie de la civilisation moderne s'ef-
fraie de pénétrer à travers d'immenses forêts primor-
diales. Une incroyable férocité, un entêtement brutal,
mais aussi la foi du serment ; l'absence complète de nos
lois, de nos mœurs, de notre habillement, de nos mon-
naies nouvelles, de notre langage, mais aussi la simplicité patriarcale et d'héroïques vertus s'accordent à
rendre les habitants de ces campagnes plus pauvres de
combinaisons intellectuelles que ne le sont les Mohicans
et les Peaux-Rouges de l'Amérique septentrionale, mais
aussi grands, aussi rusés, aussi durs qu'eux. La place
que la Bretagne occupe au centre de l'Europe[2] la rend
beaucoup plus curieuse à observer que ne l'est le
Canada. Entouré de lumières dont la bienfaisante chaleur
ne l'atteint pas, ce pays ressemble à un charbon glacé
qui resterait obscur et noir au sein d'un brillant foyer.
Les efforts tentés par quelques grands esprits pour
conquérir à la vie sociale et à la prospérité cette belle
partie de la France, si riche de trésors ignorés, tout,
même les tentatives du gouvernement, meurt au sein de
l'immobilité d'une population vouée aux pratiques d'une
immémoriale routine. Ce malheur s'explique assez par
la nature d'un sol encore sillonné de ravins, de torrents,
de lacs et de marais ; hérissé de haies, espèces de bas-
tions en terre qui font, de chaque champ, une citadelle ;
privé de routes et de canaux ; puis, par l'esprit d'une
population ignorante, livrée à des préjugés dont les dangers seront accusés par les détails de cette histoire, et qui
ne veut pas de notre moderne agriculture. La disposition
pittoresque de ce pays, les superstitions de ses habitants
excluent et la concentration des individus et les bienfaits

---

1. Qu'on se reporte au décor de la messe célébrée en plein air par
l'abbé Gudin, p. 329. — **2.** Notation géographique surprenante, l'un
des *topoi* de l'historiographie et du roman de la chouannerie étant au
contraire l'aspect périphérique, marginal, de la Bretagne. Sans doute
faut-il simplement comprendre « en Europe même ».

amenés par la comparaison, par l'échange des idées. Là
point de villages. Les constructions précaires que l'on
nomme des logis sont clairsemées à travers la contrée.
Chaque famille y vit comme dans un désert. Les seules
réunions connues sont les assemblées éphémères que le
dimanche ou les fêtes de la religion consacrent à la
paroisse. Ces réunions silencieuses, dominées par le
Recteur[1], le seul maître de ces esprits grossiers, ne
durent que quelques heures. Après avoir entendu la voix
terrible de ce prêtre, le paysan retourne pour une
semaine dans sa demeure insalubre ; il en sort pour le
travail, il y rentre pour dormir. S'il y est visité, c'est par
ce recteur, l'âme de la contrée. Aussi, fut-ce à la voix
de ce prêtre que des milliers d'hommes se ruèrent sur la
République, et que ces parties de la Bretagne fournirent,
cinq ans avant l'époque à laquelle commence cette histoire, des masses de soldats à la première chouannerie.
Les frères Cottereau, hardis contrebandiers qui donnèrent leur nom à cette guerre[2], exerçaient leur périlleux
métier de Laval à Fougères. Mais les insurrections de
ces campagnes n'eurent rien de noble, et l'on peut dire
avec assurance que si la Vendée fit du brigandage une
guerre, la Bretagne fit de la guerre un brigandage. La
proscription des princes, la religion détruite ne furent
pour les Chouans que des prétextes de pillage, et les
événements de cette lutte intestine contractèrent quelque
chose de la sauvage âpreté qu'ont les mœurs en ces
contrées. Quand de vrais défenseurs de la monarchie
vinrent recruter des soldats parmi ces populations ignorantes et belliqueuses, ils essayèrent, mais en vain, de
donner, sous le drapeau blanc, quelque grandeur à ces
entreprises qui avaient rendu la chouannerie odieuse, et
les Chouans sont restés comme un mémorable exemple
du danger de remuer les masses peu civilisées d'un pays.
Le tableau de la première vallée offerte par la Bretagne

---

1. En Bretagne, curé desservant d'une paroisse. — 2. Les frères
Cottereau étaient quatre, Pierre, Jean (dit Jean Chouan, d'où le mot
« chouannerie »), François et René. Combattants de la première heure
dans le bas Maine, les trois premiers furent tués en 1794, tandis que
le plus jeune, René, vécut jusqu'en 1846.

aux yeux du voyageur, la peinture des hommes qui composaient le détachement des réquisitionnaires, la description du gars apparu sur le sommet de la Pèlerine, donnent en raccourci une fidèle image de la province et de ses habitants. Une imagination exercée peut, d'après ces détails, concevoir le théâtre et les instruments de la guerre ; là en étaient les éléments. Les haies si fleuries de ces belles vallées cachaient alors d'invisibles agresseurs. Chaque champ était alors une forteresse, chaque arbre méditait un piège, chaque vieux tronc de saule creux gardait un stratagème. Le lieu du combat était partout. Les fusils attendaient au coin des routes les Bleus que de jeunes filles attiraient en riant sous le feu des canons, sans croire être perfides ; elles allaient en pèlerinage avec leurs pères et leurs frères demander des ruses et des absolutions à des vierges de bois vermoulu. La religion ou plutôt le fétichisme de ces créatures ignorantes désarmait le meurtre de ses remords. Aussi une fois cette lutte engagée, tout dans le pays devenait-il dangereux : le bruit comme le silence, la grâce comme la terreur, le foyer domestique comme le grand chemin. Il y avait de la conviction dans ces trahisons. C'était des Sauvages qui servaient Dieu et le roi, à la manière dont les Mohicans font la guerre. Mais pour rendre exacte et vraie en tout point la peinture de cette lutte, l'historien doit ajouter qu'au moment où la paix de Hoche fut signée [1], la contrée entière redevint et riante et amie. Les familles, qui, la veille, se déchiraient encore, le lendemain soupèrent sans danger sous le même toit.

À l'instant où Hulot reconnut les perfidies secrètes que trahissait la peau de chèvre de Marche-à-terre, il resta convaincu de la rupture de cette heureuse paix due au génie de Hoche et dont le maintien lui parut impossible. Ainsi la guerre renaissait sans doute plus terrible qu'autrefois, à la suite d'une inaction de trois années. La Révolution, adoucie depuis le 9 thermidor, allait peut-être reprendre le caractère de terreur qui la rendit haïssable aux bons esprits. L'or des Anglais avait donc, comme toujours, aidé aux discordes de la France. La

---

1. Le 15 juillet 1796 donc. *Cf.* note 2 p. 70.

République, abandonnée du jeune Bonaparte, qui semblait en être le génie tutélaire[1], semblait hors d'état de résister à tant d'ennemis, et le plus cruel se montrait le dernier. La guerre civile, annoncée par mille petits soulèvements partiels, prenait un caractère de gravité tout nouveau, du moment où les Chouans concevaient le dessein d'attaquer une si forte escorte. Telles étaient les réflexions qui se déroulèrent dans l'esprit de Hulot, quoique d'une manière beaucoup moins succincte, dès qu'il crut apercevoir, dans l'apparition de Marche-à-terre, l'indice d'une embuscade habilement préparée, car lui seul fut d'abord dans le secret de son danger.

Le silence qui suivit la phrase prophétique du commandant à Gérard, et qui termine la scène précédente, servit à Hulot pour recouvrer son sang-froid. Le vieux soldat avait presque chancelé. Il ne put chasser les nuages qui couvrirent son front quand il vint à penser qu'il était environné déjà des horreurs d'une guerre dont les atrocités eussent été peut-être reniées par les Cannibales. Le capitaine Merle et l'adjudant Gérard, ses deux amis, cherchaient à s'expliquer la crainte, si nouvelle pour eux, dont témoignait la figure de leur chef, et contemplaient Marche-à-terre mangeant sa galette au bord du chemin, sans pouvoir établir le moindre rapport entre cette espèce d'animal et l'inquiétude de leur intrépide commandant. Mais le visage de Hulot s'éclaircit bientôt. Tout en déplorant les malheurs de la République, il se réjouit d'avoir à combattre pour elle, il se promit joyeusement de ne pas être la dupe des Chouans et de pénétrer l'homme si ténébreusement rusé qu'ils lui faisaient l'honneur d'employer contre lui. Avant de prendre aucune résolution, il se mit à examiner la position dans laquelle ses ennemis voulaient le surprendre.

---

1. Bonaparte avait bien sauvé la République en 1796-1797, en écartant la menace autrichienne en Italie, puis en intervenant contre les royalistes à Paris. Mais il devenait encombrant, tant par son ascendant militaire que par ses talents d'organisateur politique. Si l'expédition d'Égypte, destinée à couper la route des Indes aux Anglais, lui fut confiée au printemps 1798, c'était aussi pour éloigner cet ambitieux de la métropole — où il revint « magiquement » (*cf.* p. 136) dès qu'il eut vent de la situation critique du Directoire.

En voyant que le chemin au milieu duquel il se trouvait
engagé passait dans une espèce de gorge peu profonde
à la vérité, mais flanquée de bois, et où aboutissaient
plusieurs sentiers, il fronça fortement ses gros sourcils
noirs, puis il dit à ses deux amis d'une voix sourde et
très émue : — Nous sommes dans un drôle de guêpier.

— Et de quoi donc avez-vous peur ? demanda
Gérard.

— Peur ?... reprit le commandant, oui, peur. J'ai toujours eu peur d'être fusillé comme un chien au détour
d'un bois sans qu'on vous crie : Qui vive !

— Bah ! dit Merle en riant, qui vive ! est aussi un
abus.

— Nous sommes donc vraiment en danger ? demanda
Gérard aussi étonné du sang-froid de Hulot qu'il l'avait
été de sa passagère terreur.

— Chut ! dit le commandant, nous sommes dans la
gueule du loup, il y fait noir comme dans un four, et il
faut y allumer une chandelle. Heureusement, reprit-il,
que nous tenons le haut de cette côte. Il la décora d'une
épithète énergique, et ajouta : — Je finirai peut-être bien
par y voir clair. Le commandant, attirant à lui les deux
officiers, cerna Marche-à-terre ; le Gars feignit de croire
qu'il les gênait, il se leva promptement. — Reste là,
chenapan ! lui cria Hulot en le poussant et le faisant
retomber sur le talus où il s'était assis. Dès ce moment,
le chef de demi-brigade ne cessa de regarder attentivement l'insouciant Breton. — Mes amis, reprit-il alors en
parlant à voix basse aux deux officiers, il est temps de
vous dire que la boutique est enfoncée là-bas. Le Directoire, par suite d'un remue-ménage qui a eu lieu aux
Assemblées, a encore donné un coup de balai à nos
affaires. Ces pentarques, ou pantins, c'est plus français,
de directeurs [1] viennent de perdre une bonne lame, Bernadotte n'en veut plus.

— Qui le remplace ? demanda vivement Gérard.

_____

1. Les « pentarques » sont les cinq Directeurs alors au pouvoir, Barras, Carnot, La Révellière-Lépeaux, Letourneur et Reubell ; « pantins »
est évidemment « plus français » que ce terme formé sur deux mots
grecs, *pente*, cinq, et *arkhein*, commander.

— Milet-Mureau[1], une vieille perruque. On choisit là un bien mauvais temps pour laisser naviguer des mâchoires ! Voilà des fusées anglaises qui partent sur les côtes. Tous ces hannetons de Vendéens et de Chouans sont en l'air, et ceux qui sont derrière ces marionnettes-là ont bien su prendre le moment où nous succombons.

— Comment ! dit Merle.

— Nos armées sont battues sur tous les points, reprit Hulot en étouffant sa voix de plus en plus. Les Chouans ont déjà intercepté deux fois les courriers, et je n'ai reçu mes dépêches et les derniers décrets qu'au moyen d'un exprès envoyé par Bernadotte au moment où il quittait le Ministère. Des amis m'ont heureusement écrit confidentiellement sur cette débâcle. Fouché a découvert que le tyran Louis XVIII a été averti par des traîtres de Paris d'envoyer un chef à ses canards de l'intérieur. On pense que Barras trahit la République[2]. Bref, Pitt et les princes ont envoyé, ici, un ci-devant, homme vigoureux, plein de talent, qui voudrait, en réunissant les efforts des Vendéens à ceux des Chouans, abattre le bonnet de la République. Ce camarade-là a débarqué dans le Morbihan[3], je l'ai su le premier, je l'ai appris aux malins de Paris, le *Gars* est le nom qu'il s'est donné. Tous ces animaux-là, dit-il en montrant Marche-à-terre, chaussent des noms qui donneraient la colique à un honnête patriote s'il les

1. Milet de Mureau remplaça Bernadotte au ministère de la Guerre le 14 septembre 1799, pour quelques jours seulement, avant Dubois-Crancé puis Berthier. Les « mâchoires », les beaux parleurs, s'opposent aux « bonnes lames », aux militaires efficaces. — **2.** Le comte de Provence, frère de Louis XVI, prit le titre de Louis XVIII en 1795, à la mort de Louis XVII, fils de Louis XVI ; fin 1799, il se trouvait à Mitau, en Lettonie, hôte du tsar ; il ne rentra en France qu'en 1814. Barras, ancien Conventionnel régicide puis thermidorien, opportuniste, aimant le luxe et les femmes, fut l'un des cinq Directeurs élus à l'entrée en vigueur du régime, en octobre 1795, et le resta jusqu'au coup d'État du 18 Brumaire. — **3.** Plusieurs émissaires de Pitt et des Princes débarquèrent alors dans l'Ouest, entre autres le comte de Châtillon et le comte de Frotté. La jonction des Vendéens, glorieux combattants des débuts, et des chouans dispersés qui les relayèrent fut l'un des enjeux constants, et l'une des difficultés majeures, de la guérilla de l'Ouest.

portait[1]. Or, notre homme est dans ce district. L'arrivée
de ce Chouan-là, et il indiqua de nouveau Marche-à-
terre, m'annonce qu'il est sur notre dos. Mais on n'apprend pas à un vieux singe à faire la grimace, et vous
allez m'aider à ramener mes linottes à la cage *et pus vite
que ça !* Je serais un joli coco si je me laissais engluer
comme une corneille par ce ci-devant qui arrive de
Londres sous prétexte d'avoir à épousseter nos chapeaux !

En apprenant ces circonstances secrètes et critiques,
les deux officiers, sachant que leur commandant ne
s'alarmait jamais en vain, prirent alors cette contenance
grave qu'ont les militaires au fort du danger, lorsqu'ils
sont fortement trempés et habitués à voir un peu loin
dans les affaires humaines. Gérard, que son grade, supprimé depuis, rapprochait de son chef[2], voulut répondre,
et demander toutes les nouvelles politiques dont une partie était évidemment passée sous silence ; mais un signe
de Hulot lui imposa silence ; et tous les trois ils se mirent
à regarder Marche-à-terre. Ce Chouan ne donna pas la
moindre marque d'émotion en se voyant sous la surveillance de ces hommes aussi redoutables par leur intelligence que par leur force corporelle. La curiosité des
deux officiers, pour lesquels cette sorte de guerre était
nouvelle, fut vivement excitée par le commencement
d'une affaire qui offrait un intérêt presque romanesque ;
aussi voulurent-ils en plaisanter ; mais, au premier mot
qui leur échappa, Hulot les regarda gravement et leur
dit : — Tonnerre de Dieu ! n'allons pas fumer sur le
tonneau de poudre, citoyens. C'est s'amuser à porter de
l'eau dans un panier que d'avoir du courage hors de
propos. — Gérard, dit-il ensuite en se penchant à
l'oreille de son adjudant, approchez-vous insensiblement
de ce brigand ; et au moindre mouvement suspect, soyez
prêt à lui passer votre épée au travers du corps. Quant à

---

1. On objectera que les sobriquets bleus sont de même acabit...
— 2. L'adjudant-major (*cf.* p. 183) était en effet chargé d'assister
ou éventuellement de remplacer l'officier supérieur commandant l'unité
— ici Hulot. Ce grade était alors équivalent à l'ancien grade de capitaine.

moi, je vais prendre des mesures pour soutenir la conversation, si nos inconnus veulent bien l'entamer.

Gérard inclina légèrement la tête en signe d'obéis-
sance, puis il se mit à contempler les points de vue de
cette vallée avec laquelle on a pu se familiariser ; il parut
vouloir les examiner plus attentivement et marcha pour
ainsi dire sur lui-même et sans affectation ; mais on
pense bien que le paysage était la dernière chose qu'il
observa. De son côté, Marche-à-terre laissa complètement ignorer si la manœuvre de l'officier le mettait en
péril ; à la manière dont il jouait avec le bout de son
fouet, on eût dit qu'il pêchait à la ligne dans le fossé.

Pendant que Gérard essayait ainsi de prendre position
devant le Chouan, le commandant dit tout bas à Merle :
— Donnez dix hommes d'élite à un sergent et allez les
poster vous-même au-dessus de nous, à l'endroit du
sommet de cette côte où le chemin s'élargit en formant
un plateau, et d'où vous apercevrez un bon ruban de
queue de la route d'Ernée. Choisissez une place où le
chemin ne soit pas flanqué de bois et d'où le sergent
puisse surveiller la campagne. Appelez La-clef-des-
cœurs, il est intelligent. Il n'y a point de quoi rire, je ne
donnerais pas un décime de notre peau, si nous ne prenons pas notre bisque[1].

Pendant que le capitaine Merle exécutait cet ordre
avec une promptitude dont l'importance fut comprise, le
commandant agita la main droite pour réclamer un profond silence des soldats qui l'entouraient et causaient en
jouant. Il ordonna, par un autre geste, de reprendre les
armes. Lorsque le calme fut établi, il porta les yeux d'un
côté de la route à l'autre, écoutant avec une attention
inquiète, comme s'il espérait surprendre quelque bruit
étouffé, quelques sons d'armes ou des pas précurseurs
de la lutte attendue. Son œil noir et perçant semblait
sonder les bois à des profondeurs extraordinaires ; mais
ne recueillant aucun indice, il consulta le sable de la

---

1. Le décime est la dixième partie du franc, créé en 1793 par la
Convention. La bisque, au jeu de paume, désigne l'avantage qu'un
joueur accorde à un autre ; prendre sa bisque, c'est donc s'emparer de
l'avantage, ou prendre les devants.

route, à la manière des Sauvages [1], pour tâcher de découvrir quelques traces de ces invisibles ennemis dont l'audace lui était connue. Désespéré de ne rien apercevoir qui justifiât ses craintes, il s'avança vers les côtés de la route, en gravit les légères collines avec peine, puis il en parcourut lentement les sommets. Tout à coup, il sentit combien son expérience était utile au salut de sa troupe, et descendit. Son visage devint plus sombre ; car, dans ces temps-là, les chefs regrettaient toujours de ne pas garder pour eux seuls la tâche la plus périlleuse. Les autres officiers et les soldats, ayant remarqué la préoccupation d'un chef dont le caractère leur plaisait et dont la valeur était connue, pensèrent alors que son extrême attention annonçait un danger ; mais incapables d'en soupçonner la gravité, s'ils restèrent immobiles et retinrent presque leur respiration, ce fut par instinct. Semblables à ces chiens qui cherchent à deviner les intentions de l'habile chasseur dont l'ordre est incompréhensible, mais qui lui obéissent ponctuellement, ces soldats regardèrent alternativement la vallée du Couësnon, les bois de la route et la figure sévère de leur commandant, en tâchant d'y lire leur sort. Ils se consultaient des yeux, et plus d'un sourire se répétait de bouche en bouche.

Quand Hulot fit sa grimace, Beau-pied, jeune sergent qui passait pour le bel esprit de la compagnie [2], dit à voix basse : — Où diable nous sommes-nous donc fourrés pour que ce vieux troupier de Hulot nous fasse une mine si marécageuse, il a l'air d'un conseil de guerre.

Hulot ayant jeté sur Beau-pied un regard sévère, le silence exigé sous les armes régna tout à coup. Au milieu de ce silence solennel, les pas tardifs des conscrits, sous les pieds desquels le sable criait sourdement, rendaient un son régulier qui ajoutait une vague émotion à cette anxiété générale. Ce sentiment indéfinissable sera compris seulement de ceux qui, en proie à une

---

1. Ceux de Cooper en l'occurrence. — **2.** De son vrai nom Jean Falcon, Beau-pied ne quittera guère Hulot ; il sera capitaine en Espagne en 1808 (*La Muse du département*), et homme à tout faire de son vieux commandant à Paris en 1840 (*La Cousine Bette*).

Hulot et Beau-pied.

*« Hulot ayant jeté sur Beau-Pied un regard sévère, le silence exigé sous
les armes régna tout à coup. »*

Illustration de l'édition Marescq et Havard, 1852.

attente cruelle, ont senti dans le silence des nuits les
larges battements de leur cœur, redoublés par quelque
bruit dont le retour monotone semblait leur verser la terreur, goutte à goutte. En se replaçant au milieu de la
route, le commandant commençait à se demander :
— Me trompé-je ? Il regardait déjà avec une colère
concentrée, qui lui sortait en éclairs par les yeux, le tranquille et stupide Marche-à-terre ; mais l'ironie sauvage
qu'il sut démêler dans le regard terne du Chouan lui
persuada de ne pas discontinuer de prendre ses mesures
salutaires. En ce moment, après avoir accompli les
ordres de Hulot, le capitaine Merle revint auprès de lui.
Les muets acteurs de cette scène, semblable à mille
autres qui rendirent cette guerre la plus dramatique de
toutes, attendirent alors avec impatience de nouvelles
impressions, curieux de voir s'illuminer par d'autres
manœuvres les points obscurs de leur situation militaire.
— Nous avons bien fait, capitaine, dit le comman-

dant, de mettre à la queue du détachement le petit nombre de patriotes que nous comptons parmi ces réquisitionnaires. Prenez encore une douzaine de bons lurons[1], à la tête desquels vous mettrez le sous-lieutenant Lebrun, et vous les conduirez rapidement à la queue du détachement ; ils appuieront les patriotes qui s'y trouvent, et feront avancer, et vivement, toute la troupe de ces oiseaux-là, afin de la ramasser en deux temps vers la hauteur occupée par les camarades. Je vous attends.

Le capitaine disparut au milieu de la troupe. Le commandant regarda tour à tour quatre hommes intrépides dont l'adresse et l'agilité lui étaient connues, il les appela silencieusement en les désignant du doigt et leur faisant ce signe amical qui consiste à ramener l'index vers le nez, par un mouvement rapide et répété ; ils vinrent.

— Vous avez servi avec moi sous Hoche, leur dit-il, quand nous avons mis à la raison ces brigands qui s'appellent *les Chasseurs du Roi* ; vous savez comment ils se cachaient pour canarder les Bleus.

À cet éloge de leur savoir-faire, les quatre soldats hochèrent la tête en faisant une moue significative. Ils montraient de ces figures héroïquement martiales dont l'insouciante résignation annonçait que, depuis la lutte commencée entre la France et l'Europe, leurs idées n'avaient pas dépassé leur giberne en arrière et leur baïonnette en avant. Les lèvres ramassées comme une bourse dont on serre les cordons, ils regardaient leur commandant d'un air attentif et curieux.

— Eh ! bien, reprit Hulot, qui possédait éminemment l'art de parler la langue pittoresque du soldat, il ne faut pas que de bons lapins comme nous se laissent embêter par des Chouans, et il y en a ici, ou je ne me nomme pas Hulot. Vous allez, à vous quatre, battre les deux côtés de cette route. Le détachement va filer le câble.

---

1. Luron a ici son sens premier de « personne décidée et énergique », plutôt que celui de bon vivant, boute-en-train.

Ainsi, suivez ferme, tâchez de ne pas descendre la garde[1], et éclairez-moi cela, vivement !

Puis il leur montra les dangereux sommets du chemin. Tous, en guise de remerciement, portèrent le revers de la main devant leurs vieux chapeaux à trois cornes dont le haut bord, battu par la pluie et affaibli par l'âge, se courbait sur la forme. L'un d'eux, nommé Larose, caporal connu de Hulot, lui dit en faisant sonner son fusil :

— On va leur siffler un air de clarinette, mon commandant.

Ils partirent les uns à droite, les autres à gauche. Ce ne fut pas sans une émotion secrète que la compagnie les vit disparaître des deux côtés de la route. Cette anxiété fut partagée par le commandant, qui croyait les envoyer à une mort certaine. Il eut même un frisson involontaire lorsqu'il ne vit plus la pointe de leurs chapeaux. Officiers et soldats écoutèrent le bruit graduellement affaibli des pas dans les feuilles sèches, avec un sentiment d'autant plus aigu qu'il était caché plus profondément. Il se rencontre à la guerre des scènes où quatre hommes risqués causent plus d'effroi que les milliers de morts étendus à Jemmapes[2]. Ces physionomies militaires ont des expressions si multipliées, si fugitives, que leurs peintres sont obligés d'en appeler aux souvenirs des soldats, et de laisser les esprits pacifiques étudier ces figures si dramatiques, car ces orages si riches en détails ne pourraient être complètement décrits sans d'interminables longueurs.

Au moment où les baïonnettes des quatre soldats ne brillèrent plus, le capitaine Merle revenait, après avoir accompli les ordres du commandant avec la rapidité de l'éclair. Hulot, par deux ou trois commandements, mit alors le reste de sa troupe en bataille au milieu du chemin ; puis il ordonna de regagner le sommet de la Pèlerine où stationnait sa petite avant-garde ; mais il marcha

---

1. Descendre la garde, c'est quitter le poste après son tour de garde, donc ici, cesser de faire le guet, d'être vigilant. « Descendre la garde » voulait aussi dire, familièrement : mourir. — 2. La sanglante victoire de Jemmapes, que Dumouriez remporta sur l'armée autrichienne en novembre 1792, assura la conquête de la Belgique.

le dernier et à reculons, afin d'observer les plus légers
changements qui surviendraient sur tous les points de
cette scène que la nature avait faite si ravissante, et que
l'homme rendait si terrible. Il atteignit l'endroit où
Gérard gardait Marche-à-terre, lorsque ce dernier, qui
avait suivi, d'un œil indifférent en apparence, toutes les
manœuvres du commandant, mais qui regardait alors
avec une incroyable intelligence les deux soldats
engagés dans les bois situés sur la droite de la route, se
mit à siffler trois ou quatre fois de manière à produire
le cri clair et perçant de la chouette. Les trois célèbres
contrebandiers dont les noms ont déjà été cités
employaient ainsi, pendant la nuit, certaines intonations
de ce cri pour s'avertir des embuscades, de leurs dangers
et de tout ce qui les intéressait. De là leur était venu le
surnom de *Chuin*, qui signifie chouette ou hibou dans le
patois de ce pays [1]. Ce mot corrompu servit à nommer
ceux qui dans la première guerre imitèrent les allures et
les signaux de ces trois frères. En entendant ce sifflement suspect, le commandant s'arrêta pour regarder
fixement Marche-à-terre. Il feignit d'être la dupe de la
niaise attitude du Chouan, afin de le garder près de lui
comme un baromètre qui lui indiquât les mouvements
de l'ennemi. Aussi arrêta-t-il la main de Gérard qui s'ap-
prêtait à dépêcher le Chouan. Puis il plaça deux soldats
à quelques pas de l'espion, et leur ordonna, à haute et
intelligible voix, de se tenir prêts à le fusiller au moindre
signe qui lui échapperait. Malgré son imminent danger,
Marche-à-terre ne laissa paraître aucune émotion, et le
commandant, qui l'étudiait, s'aperçut de cette insensibilité : — Le serin n'en sait pas long, dit-il à Gérard. Ah !
ah ! il n'est pas facile de lire sur la figure d'un Chouan ;

---

1. Les quatre (et non trois) frères Cottereau, en particulier Jean,
étaient soupçonnés de se livrer à la contrebande du sel. Il n'est pas
clair si le nom de « chouan » (« chat-huant », ou en patois « chuin »)
leur fut donné, comme le veulent Balzac et la plupart des commentateurs, parce que leurs signaux de reconnaissance reproduisaient le cri
de la chouette, ou, comme l'affirme Duchemin de Scépeaux dans ses
Souvenirs de la chouannerie de 1855, parce que leur grand-père Cottereau — qui aurait été le premier à bénéficier du surnom — était aussi
taciturne que l'oiseau de nuit.

mais celui-ci s'est trahi par le désir de montrer son intrépidité. Vois-tu, Gérard, s'il avait joué la terreur, j'allais
le prendre pour un imbécile. Lui et moi nous aurions fait
la paire. J'étais au bout de ma gamme. Oh ! nous allons
être attaqués ! Mais qu'ils viennent, maintenant je suis
prêt.

Après avoir prononcé ces paroles à voix basse et d'un
air de triomphe, le vieux militaire se frotta les mains,
regarda Marche-à-terre d'un air goguenard ; puis il se
croisa les bras sur la poitrine, resta au milieu du chemin
entre ses deux officiers favoris, et attendit le résultat de
ses dispositions. Sûr du combat, il contempla ses soldats
d'un air calme.

— Oh ! il va y avoir du foutreau[1], dit Beau-pied à
voix basse, le commandant s'est frotté les mains.

La situation critique dans laquelle se trouvaient placés
le commandant Hulot et son détachement, est une de
celles où la vie est si réellement mise au jeu que les
hommes d'énergie tiennent à honneur de s'y montrer
pleins de sang-froid et libres d'esprit. Là se jugent les
hommes en dernier ressort. Aussi le commandant, plus
instruit du danger que ses deux officiers, mit-il de
l'amour-propre à paraître le plus tranquille. Les yeux
tour à tour fixés sur Marche-à-terre, sur le chemin et sur
les bois, il n'attendait pas sans angoisse le bruit de la
décharge générale des Chouans qu'il croyait cachés,
comme des lutins, autour de lui ; mais sa figure restait
impassible. Au moment où tous les yeux des soldats
étaient attachés sur les siens, il plissa légèrement ses
joues brunes marquées de petite-vérole, retroussa fortement sa lèvre droite, cligna des yeux, grimace toujours
prise pour un sourire par ses soldats ; puis, il frappa
Gérard sur l'épaule en lui disant : — Maintenant nous
voilà calmes, que vouliez-vous me dire tout à l'heure ?

— Dans quelle crise nouvelle sommes-nous donc,
mon commandant ?

— La chose n'est pas neuve, reprit-il à voix basse.
L'Europe est toute contre nous, et cette fois elle a beau

---

1. Foutreau, de « foutre » : en argot militaire du temps, une échauf-
fourée.

jeu. Pendant que les Directeurs se battent entre eux comme des chevaux sans avoine dans une écurie, et que tout tombe par lambeaux dans leur gouvernement, ils laissent les armées sans secours. Nous sommes abîmés en Italie ! Oui, mes amis, nous avons évacué Mantoue à la suite des désastres de la Trebia, et Joubert vient de perdre la bataille de Novi. J'espère que Masséna gardera les défilés de la Suisse envahie par Souvarov. Nous sommes enfoncés sur le Rhin. Le Directoire y a envoyé Moreau. Ce lapin défendra-t-il les frontières ?... je le veux bien ; mais la coalition finira par nous écraser, et malheureusement le seul général qui puisse nous sauver est au diable, là-bas, en Égypte ! Comment reviendrait-il, au surplus ? l'Angleterre est maîtresse de la mer[1].

— L'absence de Bonaparte ne m'inquiète pas, commandant, répondit le jeune adjudant Gérard chez qui une éducation soignée avait développé un esprit supérieur. Notre révolution s'arrêterait donc ? Ah ! nous ne sommes pas seulement chargés de défendre le territoire de la France, nous avons une double mission. Ne devons-nous pas aussi conserver l'âme du pays, ces principes généreux de liberté, d'indépendance, cette raison humaine, réveillée par nos Assemblées, et qui gagnera, j'espère, de proche en proche ? La France est comme un voyageur chargé de porter une lumière, elle la garde d'une main et se défend de l'autre ; si vos nouvelles sont vraies, jamais, depuis dix ans, nous n'aurions été entourés de plus de gens qui cherchent à la souffler. Doctrines et pays, tout est près de périr.

— Hélas oui ! dit en soupirant le commandant Hulot. Ces polichinelles de Directeurs ont su se brouiller avec

---

1. Du 17 au 20 juin 1799, Souvarov et les Austro-Russes vainquirent MacDonald à La Trébie, en Emilie. Le 15 août 1799, à Novi, Souvarov infligea une rude défaite aux troupes de Joubert, qui fut tué. Il est vrai que Masséna battit Souvarov à Zurich les 25-26 septembre 1799. L'armée du Rhin se réorganisait ; Moreau, alors en Italie, n'y arriva qu'après le 18 Brumaire, moment où, pressenti par Sieyès pour le coup d'État, il s'effaça devant Bonaparte. Quant à ce dernier, paré de son prestige de vainqueur d'Italie et de héros de l'Orient, il devra, pour revenir d'Égypte où il se trouve bloqué, abandonner son armée et échapper à la flotte anglaise, maîtresse de la Méditerranée depuis le désastre d'Aboukir, l'été précédent.

tous les hommes qui pouvaient bien mener la barque. Bernadotte, Carnot, tout, jusqu'au citoyen Talleyrand, nous a quittés. Bref, il ne reste plus qu'un seul bon patriote, l'ami Fouché qui tient tout par la police [1] ; voilà un homme ! Aussi est-ce lui qui m'a fait prévenir à temps de cette insurrection. Encore nous voilà pris, j'en suis sûr, dans quelque traquenard.

— Oh ! si l'armée ne se mêle pas un peu de notre gouvernement, dit Gérard, les avocats [2] nous remettront plus mal que nous ne l'étions avant la Révolution. Est-ce que ces chafouins-là s'entendent à commander !

— J'ai toujours peur, reprit Hulot, d'apprendre qu'ils traitent avec les Bourbons. Tonnerre de Dieu ! s'ils s'entendaient, dans quelle passe nous serions ici, nous autres ?

— Non, non, commandant, nous n'en viendrons pas là, dit Gérard. L'armée, comme vous le dites, élèvera la voix, et, pourvu qu'elle ne prenne pas ses expressions dans le vocabulaire de Pichegru [3], j'espère que nous ne nous serons pas hachés pendant dix ans pour, après tout, faire pousser du lin et le voir filer à d'autres.

1. Bernadotte avait donc renoncé au ministère de la Guerre le 13 septembre 1799. Carnot, ardent révolutionnaire, puis l'un des auteurs du 9 Thermidor, fut porté au Directoire en octobre 1795 ; mais, désapprouvant le « coup d'État » du 18 fructidor an IV (4 septembre 1797) par lequel le Directoire prétendait sauver la Révolution, il quitta la France, où il ne reprit du service que sous Bonaparte. Talleyrand, devenu ministre des Relations extérieures grâce à Barras en 1797, démissionna le 20 juillet 1799, avant de prendre part au coup d'État de brumaire. Joseph Fouché, Conventionnel régicide et terroriste qui s'illustra tristement dans les représailles de Lyon, contribua à la chute de Robespierre en thermidor ; nommé ministre de la Police en juillet 1799, il se fit, sans être sollicité, complice du 18 Brumaire, et fut maintenu dans son poste par Bonaparte ; il découvrit en 1804 le complot de Cadoudal contre l'Empereur, lequel le fera plus tard sénateur et duc d'Otrante ; ce qui ne l'empêchera pas de se rallier à Louis XVIII, et de conserver sous lui ses fonctions ! — 2. Avocats : c'est ce qu'étaient les Directeurs Reubell, La Révellière-Lépeaux, Roger Ducos, Gohier... — 3. Le général Pichegru, glorieux vainqueur de l'armée du Rhin-et-Moselle, trahit la République pour la cause monarchique. Devenu président du Conseil des Cinq-Cents, à majorité royaliste, il fut arrêté au 18 fructidor an IV et déporté, s'évada, et ne cessa de conspirer, notamment avec Cadoudal ; il mourut en prison, à Paris, en avril 1804.

— Oh ! oui, s'écria le commandant, il nous en a furieusement coûté pour changer de costume.

— Eh bien, dit le capitaine Merle, agissons toujours ici en bons patriotes, et tâchons d'empêcher nos Chouans de communiquer avec la Vendée ; car s'ils s'entendent et que l'Angleterre s'en mêle, cette fois je ne répondrais pas du bonnet de la République, une et indivisible.

Là, le cri de la chouette, qui se fit entendre à une distance assez éloignée, interrompit la conversation. Le commandant, plus inquiet, examina derechef[1] Marche-à-terre, dont la figure impassible ne donnait, pour ainsi dire, pas signe de vie. Les conscrits, rassemblés par un officier, étaient réunis comme un troupeau de bétail au milieu de la route, à trente pas environ de la compagnie en bataille. Puis derrière eux, à dix pas, se trouvaient les soldats et les patriotes commandés par le lieutenant Lebrun. Le commandant jeta les yeux sur cet ordre de bataille et regarda une dernière fois le piquet d'hommes postés en avant sur la route. Content de ses dispositions, il se retournait pour ordonner de se mettre en marche, lorsqu'il aperçut les cocardes tricolores des deux soldats qui revenaient après avoir fouillé les bois situés sur la gauche. Le commandant, ne voyant point reparaître les deux éclaireurs de droite, voulut attendre leur retour.

« Peut-être est-ce de là que la bombe va partir », dit-il à ses deux officiers en leur montrant le bois où ses deux enfants perdus étaient comme ensevelis.

Pendant que les deux tirailleurs lui faisaient une espèce de rapport, Hulot cessa de regarder Marche-à-terre. Le Chouan se mit alors à siffler vivement, de manière à faire retentir son cri à une distance prodigieuse ; puis, avant qu'aucun de ses surveillants ne l'eût même couché en joue, il leur avait appliqué un coup de fouet qui les renversa sur la berme[2]. Aussitôt, des cris ou plutôt des hurlements sauvages surprirent les Républicains. Une décharge terrible, partie du bois qui surmontait le talus où le Chouan s'était assis, abattit sept ou huit sol-

---

1. Derechef : de nouveau. — 2. La berme est l'étroit palier horizontal coupant un talus pour éviter qu'il ne s'éboule.

dats. Marche-à-terre, sur lequel cinq ou six hommes tirèrent sans l'atteindre, disparut dans le bois après avoir grimpé le talus avec la rapidité d'un chat sauvage ; ses sabots roulèrent dans le fossé, et il fut aisé de lui voir alors aux pieds les gros souliers ferrés que portaient habituellement les Chasseurs du Roi. Aux premiers cris jetés par les Chouans, tous les conscrits sautèrent dans le bois à droite, semblables à ces troupes d'oiseaux qui s'envolent à l'approche d'un voyageur.

— Feu sur ces mâtins-là ! cria le commandant.

La compagnie tira sur eux, mais les conscrits avaient su se mettre tous à l'abri de cette fusillade en s'adossant à des arbres ; et, avant que les armes eussent été rechargées, ils avaient disparu.

— Décrétez donc des légions départementales ! hein ? dit Hulot à Gérard. Il faut être bête comme un Directoire pour vouloir compter sur la réquisition de ce pays-ci. Les Assemblées feraient mieux de ne pas nous voter tant d'habits, d'argent, de munitions, et de nous en donner.

— Voilà des crapauds qui aiment mieux leurs galettes que le pain de munition, dit Beau-pied, le *malin* de la compagnie.

À ces mots, des huées et des éclats de rire partis du sein de la troupe républicaine honnirent les déserteurs, mais le silence se rétablit tout à coup. Les soldats virent descendre péniblement du talus les deux chasseurs que le commandant avait envoyés battre les bois de la droite. Le moins blessé des deux soutenait son camarade, qui abreuvait le terrain de son sang. Les deux pauvres soldats étaient parvenus à moitié de la pente lorsque Marche-à-terre montra sa face hideuse, il ajusta si bien les deux Bleus qu'il les acheva d'un seul coup, et ils roulèrent pesamment dans le fossé. À peine avait-on vu sa grosse tête que trente canons de fusils se levèrent ; mais semblable à une figure fantasmagorique, il avait disparu derrière les fatales touffes de genêts. Ces événements, qui exigent tant de mots, se passèrent en un moment ; puis, en un moment aussi, les patriotes et les soldats de l'arrière-garde rejoignirent le reste de l'escorte.

— En avant ! s'écria Hulot.

La compagnie se porta rapidement à l'endroit élevé et découvert où le piquet avait été placé. Là, le commandant mit la compagnie en bataille ; mais il n'aperçut aucune démonstration hostile de la part des Chouans, et crut que la délivrance des conscrits était le seul but de cette embuscade.

— Leurs cris, dit-il à ses deux amis, m'annoncent qu'ils ne sont pas nombreux. Marchons au pas accéléré, nous atteindrons peut-être Ernée sans les avoir sur le dos.

Ces mots furent entendus d'un conscrit patriote qui sortit des rangs et se présenta devant Hulot.

— Mon général [1], dit-il, j'ai déjà fait cette guerre-là en contre-chouan. Peut-on vous toucher deux mots ?

— C'est un avocat, cela se croit toujours à l'audience, dit le commandant à l'oreille de Merle. — Allons, plaide, répondit-il au jeune Fougerais.

— Mon commandant, les Chouans ont sans doute apporté des armes aux hommes avec lesquels ils viennent de se recruter. Or, si nous levons la semelle devant eux, ils iront nous attendre à chaque coin de bois, et nous tueront jusqu'au dernier avant que nous arrivions à Ernée. Il faut plaider, comme tu le dis, mais avec des cartouches. Pendant l'escarmouche, qui durera encore plus de temps que tu ne le crois, l'un de mes camarades ira chercher la garde nationale et les compagnies franches de Fougères. Quoique nous ne soyons que des conscrits, tu verras alors si nous sommes de la race des corbeaux.

— Tu crois donc les Chouans bien nombreux ?

— Juges-en toi-même, citoyen commandant !

Il amena Hulot à un endroit du plateau où le sable avait été remué comme avec un râteau ; puis, après le lui avoir fait remarquer, il le conduisit assez avant dans un sentier où ils virent les vestiges du passage d'un

---

1. Titre qui vise à flatter Hulot, appelé par le même conscrit, quelques lignes plus bas, « mon commandant ». Breton et neveu d'un recteur chouan fanatique, le jeune Gudin possède la technique des « sauvages » que, p. 92, Hulot tâchait de mettre en pratique : il va déchiffrer sur le sable la trace des rebelles. Il incarne ainsi le « contre-chouan » idéal.

grand nombre d'hommes. Les feuilles y étaient empreintes dans la terre battue.

— Ceux-là sont les Gars de Vitré, dit le Fougerais, ils sont allés se joindre aux Bas-Normands.

— Comment te nommes-tu, citoyen ? demanda Hulot.

— Gudin, mon commandant.

— Eh ! bien, Gudin, je te fais caporal de tes bourgeois. Tu m'as l'air d'un homme solide. Je te charge de choisir celui de tes camarades qu'il faut envoyer à Fougères. Tu te tiendras à côté de moi. D'abord, va avec tes réquisitionnaires prendre les fusils, les gibernes [1] et les habits de nos pauvres camarades que ces brigands viennent de coucher dans le chemin. Vous ne resterez pas ici à manger des coups de fusil sans en rendre.

Les intrépides Fougerais allèrent chercher la dépouille des morts, et la compagnie entière les protégea par un feu bien nourri dirigé sur le bois de manière qu'ils réussirent à dépouiller les morts sans perdre un seul homme.

— Ces Bretons-là, dit Hulot à Gérard, feront de fameux fantassins, si jamais la gamelle leur va.

L'émissaire de Gudin partit en courant par un sentier détourné dans les bois de gauche. Les soldats, occupés à visiter leurs armes, s'apprêtèrent au combat, le commandant les passa en revue, leur sourit, alla se planter à quelques pas en avant avec ses deux officiers favoris, et attendit de pied ferme l'attaque des Chouans. Le silence régna de nouveau pendant un instant, mais il ne fut pas de longue durée. Trois cents Chouans, dont les costumes étaient identiques avec ceux des réquisitionnaires, débouchèrent par les bois de la droite et vinrent sans ordre, en poussant de véritables hurlements, occuper toute la route devant le faible bataillon des Bleus [2]. Le commandant rangea ses soldats en deux parties égales qui présentaient chacune un front de dix hommes.

---

1. La giberne est la boîte à cartouches du soldat. — 2. L'attaque de la colonne républicaine par les chouans est à rapprocher des assauts de Robin des Bois et de ses proscrits dans *Ivanhoé*, de Rob Roy et de ses rebelles dans *Rob Roy* (1818), mais surtout du massacre, par les Indiens, en pleine forêt, de la garnison anglaise du colonel Munro dans *Le Dernier des Mohicans*.

J.-L. Charmet

Chouans au bivouac.
« Si la Vendée fit du brigandage une guerre, la Bretagne fit de la guerre un brigandage. »

Il plaça au milieu de ces deux troupes ses douze réquisitionnaires équipés en toute hâte, et se mit à leur tête. Cette petite armée était protégée par deux ailes de vingt-cinq hommes chacune, qui manœuvrèrent sur les deux côtés du chemin sous les ordres de Gérard et de Merle. Ces deux officiers devaient prendre à propos les Chouans en flanc et les empêcher de *s'égailler*[1]. Ce mot du patois de ces contrées exprime l'action de se répandre dans la campagne, où chaque paysan allait se poster de manière à tirer les Bleus sans danger ; les troupes républicaines ne savaient plus alors où prendre leurs ennemis.

Ces dispositions, ordonnées par le commandant avec la rapidité voulue en cette circonstance, communiquèrent sa confiance aux soldats, et tous marchèrent en silence sur les Chouans. Au bout de quelques minutes exigées par la marche des deux corps l'un vers l'autre, il se fit

---

1. S'égailler (à ne pas confondre avec « s'égayer »), mot de l'Ouest, signifie, comme l'explique Balzac, se disperser ; du bas latin* *aequaliare* (de *aequalis*, égal), rendre égal, d'où répandre de façon égale.

une décharge à bout portant qui répandit la mort dans les deux troupes. En ce moment, les deux ailes républicaines, auxquelles les Chouans n'avaient pu rien opposer, arrivèrent sur leurs flancs, et par une fusillade vive et serrée, semèrent la mort et le désordre au milieu de leurs ennemis. Cette manœuvre rétablit presque l'équilibre numérique entre les deux partis. Mais le caractère des Chouans comportait une intrépidité et une constance à toute épreuve ; ils ne bougèrent pas, leur perte ne les ébranla point, ils se serrèrent et tâchèrent d'envelopper la petite troupe noire et bien alignée des Bleus, qui tenait si peu d'espace qu'elle ressemblait à une reine d'abeilles au milieu d'un essaim. Il s'engagea donc un de ces combats horribles où le bruit de la mousqueterie, rarement entendu, est remplacé par le cliquetis de ces luttes à armes blanches pendant lesquelles on se bat corps à corps, et où, à courage égal, le nombre décide de la victoire. Les Chouans l'auraient emporté de prime abord si les deux ailes, commandées par Merle et Gérard, n'avaient réussi à opérer deux ou trois décharges qui prirent en écharpe la queue de leurs ennemis. Les Bleus de ces deux ailes auraient dû rester dans leurs positions et continuer ainsi d'ajuster avec adresse leurs terribles adversaires ; mais, animés par la vue des dangers que courait cet héroïque bataillon de soldats alors complètement entouré par les Chasseurs du Roi, ils se jetèrent sur la route comme des furieux, la baïonnette en avant, et rendirent la partie plus égale pour quelques instants. Les deux troupes se livrèrent alors à un acharnement aiguisé par toute la fureur et la cruauté de l'esprit de parti qui firent de cette guerre une exception. Chacun, attentif à son danger, devint silencieux. La scène fut sombre et froide comme la mort. Au milieu de ce silence, on n'entendait, à travers le cliquetis des armes et le grincement du sable sous les pieds, que les exclamations sourdes et graves échappées à ceux qui, blessés grièvement ou mourants, tombaient à terre. Au sein du parti républicain, les douze réquisitionnaires défendaient avec un tel courage le commandant, occupé à donner des avis et des ordres multipliés, que plus d'une fois deux ou trois soldats crièrent : — Bravo ! les recrues.

Hulot, impassible et l'œil à tout, remarqua bientôt parmi les Chouans un homme qui, entouré comme lui d'une troupe d'élite, devait être le chef. Il lui parut nécessaire de bien connaître cet officier ; mais il fit à plusieurs reprises de vains efforts pour en distinguer les traits que lui dérobaient toujours les bonnets rouges et les chapeaux à grands bords. Seulement, il aperçut Marche-à-terre qui, placé à côté de son général, répétait les ordres d'une voix rauque, et dont la carabine ne restait jamais inactive. Le commandant s'impatienta de cette contrariété renaissante. Il mit l'épée à la main, anima ses réquisitionnaires, chargea sur le centre des Chouans avec une telle furie qu'il troua leur masse et put entrevoir le chef, dont malheureusement la figure était entièrement cachée par un grand feutre à cocarde blanche. Mais l'inconnu, surpris d'une si audacieuse attaque, fit un mouvement rétrograde en relevant son chapeau avec brusquerie ; alors il fut permis à Hulot de prendre à la hâte le signalement de ce personnage. Ce jeune chef, auquel Hulot ne donna pas plus de vingt-cinq ans, portait une veste de chasse en drap vert. Sa ceinture blanche contenait des pistolets. Ses gros souliers étaient ferrés comme ceux des Chouans. Des guêtres de chasseur[1] montant jusqu'aux genoux et s'adaptant à une culotte de coutil très grossier complétaient ce costume qui laissait voir une taille moyenne, mais svelte et bien prise. Furieux de voir les Bleus arrivés jusqu'à sa personne, il abaissa son chapeau et s'avança vers eux ; mais il fut promptement entouré par Marche-à-terre et par quelques Chouans alarmés. Hulot crut apercevoir, à travers les intervalles laissés par les

---

1. La guêtre est l'enveloppe de tissu ou de cuir qui couvre le haut de la chaussure, et parfois le bas de la jambe. Veste de « chasse », guêtres de « chasseur » : n'oublions pas que les chouans, que vient commander le Gars, s'appellent les Chasseurs du Roi. Le Gars, jeune marquis que Lucienne Frappier-Mazur rapproche de ces autres héritiers de vieilles races, le Calyste du Guénic de *Béatrix* et le Victurnien d'Esgrignon du *Cabinet des antiques*, doit n'apparaître ici qu'indistinctement, pour la vraisemblance de l'intrigue (afin qu'Hulot ne puisse pas le reconnaître lorsqu'il le retrouvera plus tard), ainsi que pour la stylisation du type aristocratique qu'il incarne.

têtes qui se pressaient autour de ce jeune homme, un large cordon rouge sur une veste entrouverte. Les yeux du commandant, attirés d'abord par cette royale décoration[1], alors complètement oubliée, se portèrent soudain sur un visage qu'il perdit bientôt de vue, forcé par les accidents du combat de veiller à la sûreté et aux évolutions de sa petite troupe. Aussi, à peine vit-il des yeux étincelants dont la couleur lui échappa, des cheveux blonds et des traits assez délicats, brunis par le soleil. Cependant il fut frappé de l'éclat d'un cou nu dont la blancheur était rehaussée par une cravate noire, lâche et négligemment nouée. L'attitude fougueuse et animée du jeune chef était militaire, à la manière de ceux qui veulent dans un combat une certaine poésie de convention. Sa main bien gantée agitait en l'air une épée qui flamboyait au soleil. Sa contenance accusait tout à la fois de l'élégance et de la force. Son exaltation consciencieuse, relevée encore par les charmes de la jeunesse, par des manières distinguées, faisait de cet émigré une gracieuse image de la noblesse française ; il contrastait vivement avec Hulot, qui, à quatre pas de lui, offrait à son tour une image vivante de cette énergique République pour laquelle ce vieux soldat combattait, et dont la figure sévère, l'uniforme bleu à revers rouges usés, les épaulettes noircies et pendant derrière les épaules, peignaient si bien les besoins et le caractère.

La pose gracieuse et l'expression du jeune homme n'échappèrent pas à Hulot, qui s'écria en voulant le joindre : — Allons, danseur d'Opéra, avance donc que je te démolisse.

Le chef royaliste, courroucé de son désavantage momentané, s'avança par un mouvement de désespoir ; mais au moment où ses gens le virent se hasardant ainsi, tous se ruèrent sur les Bleus. Soudain une voix douce et claire domina le bruit du combat : — Ici saint Lescure est mort[2] ! Ne le vengerez-vous pas ?

À ces mots magiques, l'effort des Chouans devint ter-

---

1. La décoration de l'ordre militaire de Saint-Louis, créée en 1693 par Louis XIV. — 2. Lescure, général vendéen surnommé « le saint du Poitou », vint mourir en novembre 1793 près de la Pellerine.

Le Gars.
« L'attitude fougueuse et animée du jeune chef était militaire... »
Illustration de l'édition Marescq et Havard, 1852.

rible, et les soldats de la République eurent grande peine à se maintenir, sans rompre leur petit ordre de bataille.

— Si ce n'était pas un jeune homme, se disait Hulot en rétrogradant pied à pied, nous n'aurions pas été attaqués. A-t-on jamais vu les Chouans livrant bataille ? Mais tant mieux, on ne nous tuera pas comme des chiens le long de la route. Puis, élevant la voix de manière à

Collection Viollet

Le comte de Frotté, l'un des modèles possibles du Gars.
Gravure par Belliard (1829).

faire retentir les bois : — Allons, vivement, mes lapins !
Allons-nous nous laisser *embêter* par des brigands ?

Le verbe par lequel nous remplaçons ici l'expression
dont se servit le brave commandant n'en est qu'un faible
équivalent ; mais les vétérans sauront y substituer le
véritable, qui certes est d'un plus haut goût soldatesque.

— Gérard, Merle, reprit le commandant, rappelez vos
hommes, formez-les en bataillon, reformez-vous en
arrière, tirez sur ces chiens-là et finissons-en.

L'ordre de Hulot fut difficilement exécuté ; car en
entendant la voix de son adversaire, le jeune chef
s'écria : — Par sainte Anne d'Auray, ne les lâchez pas !
égaillez-vous, mes gars.

Quand les deux ailes commandées par Merle et
Gérard se séparèrent du gros de la mêlée, chaque petit
bataillon fut alors suivi par des Chouans obstinés et bien
supérieurs en nombre. Ces vieilles peaux de biques
entourèrent de toutes parts les soldats de Merle et de
Gérard, en poussant de nouveau leurs cris sinistres et
pareils à des hurlements.

— Taisez-vous donc, *messieurs*, on ne s'entend pas tuer ! s'écria Beau-pied.

Cette plaisanterie ranima le courage des Bleus. Au lieu de se battre sur un seul point, les Républicains se défendirent sur trois endroits différents du plateau de la Pèlerine, et le bruit de la fusillade éveilla tous les échos de ces vallées naguère si paisibles. La victoire aurait pu rester indécise pendant des heures entières, ou la lutte se serait terminée faute de combattants. Bleus et Chouans déployaient une égale valeur. La furie allait croissant de part et d'autre, lorsque dans le lointain un tambour résonna faiblement ; et, d'après la direction du bruit, le corps qu'il annonçait devait traverser la vallée de Couësnon.

— C'est la garde nationale de Fougères[1] ! s'écria Gudin d'une voix forte, Vannier l'aura rencontrée.

À cette exclamation qui parvint à l'oreille du jeune chef des Chouans et de son féroce aide de camp, les royalistes firent un mouvement rétrograde, que réprima bientôt un cri bestial jeté par Marche-à-terre. Sur deux ou trois ordres donnés à voix basse par le chef et transmis par Marche-à-terre aux Chouans en bas-breton[2], ils opérèrent leur retraite avec une habileté qui déconcerta les Républicains et même leur commandant. Au premier ordre, les plus valides des Chouans se mirent en ligne et présentèrent un front respectable, derrière lequel les blessés et le reste des leurs se retirèrent pour charger leurs fusils. Puis tout à coup, avec cette agilité dont l'exemple a déjà été donné par Marche-à-terre, les blessés gagnèrent le haut de l'éminence qui flanquait la route à droite, et y furent suivis par la moitié des Chouans, qui la gravirent lestement pour en occuper le sommet, en ne montrant plus aux Bleus que leurs têtes

---

1. La garde nationale, d'abord garde bourgeoise parce que formée de civils, fut créée à Paris à la veille de la prise de la Bastille pour défendre l'ordre public, et réorganisée en 1791 puis en 1795. Il en existait aussi dans les villes de provinces. À travers ses vicissitudes et ses fluctuations jusqu'à sa suppression en 1871, elle restera dans l'ensemble fidèle aux valeurs du libéralisme bourgeois. — 2. Comme l'ont fait observer plusieurs critiques, les chouans de la région de Fougères ne parlaient pas bas-breton.

énergiques. Là, ils se firent un rempart des arbres, et dirigèrent les canons de leurs fusils sur le reste de l'escorte qui, d'après les commandements réitérés de Hulot, s'était rapidement mis en ligne, afin d'opposer sur la route un front égal à celui des Chouans. Ceux-ci reculèrent lentement et défendirent le terrain en pivotant de manière à se ranger sous le feu de leurs camarades. Quand ils atteignirent le fossé qui bordait la route, ils grimpèrent à leur tour le talus élevé dont la lisière était occupée par les leurs, et les rejoignirent en essuyant bravement le feu des Républicains qui les fusillèrent avec assez d'adresse pour joncher de corps le fossé. Les gens qui couronnaient l'escarpement répondirent par un feu non moins meurtrier. En ce moment, la garde nationale de Fougères arriva sur le lieu du combat au pas de course, et sa présence termina l'affaire. Les gardes nationaux et quelques soldats échauffés dépassaient déjà la berme de la route pour s'engager dans les bois ; mais le commandant leur cria de sa voix martiale : — Voulez-vous vous faire démolir là-bas !

Ils rejoignirent alors le bataillon de la République, à qui le champ de bataille était resté non sans de grandes pertes. Tous les vieux chapeaux furent mis au bout des baïonnettes, les fusils se hissèrent, et les soldats crièrent unanimement, à deux reprises : Vive la République ! Les blessés eux-mêmes, assis sur l'accotement de la route, partagèrent cet enthousiasme, et Hulot pressa la main de Gérard en lui disant : — Hein ! voilà ce qui s'appelle des lapins ?

Merle fut chargé d'ensevelir les morts dans un ravin de la route. D'autres soldats s'occupèrent du transport des blessés. Les charrettes et les chevaux des fermes voisines furent mis en réquisition, et l'on s'empressa d'y placer les camarades souffrants sur les dépouilles des morts. Avant de partir, la garde nationale de Fougères remit à Hulot un Chouan dangereusement blessé qu'elle avait pris au bas de la côte abrupte par où s'échappèrent les Chouans, et où il avait roulé, trahi par ses forces expirantes.

— Merci de votre coup de main, citoyens, dit le commandant. Tonnerre de Dieu ! sans vous, nous pouvions passer un rude quart d'heure. Prenez garde à vous ! la guerre est commencée. Adieu, mes braves. Puis, Hulot se tournant vers le prisonnier : — Quel est le nom de ton général ? lui demanda-t-il.

— Le Gars.

— Qui ? Marche-à-terre.

— Non, le Gars.

— D'où le Gars est-il venu ?

À cette question, le Chasseur du Roi, dont la figure rude et sauvage était abattue par la douleur, garda le silence, prit son chapelet et se mit à réciter des prières.

— Le Gars est sans doute ce jeune ci-devant à cravate noire ? Il a été envoyé par le tyran et ses alliés Pitt et Cobourg[1].

À ces mots, le Chouan, qui n'en savait pas si long, releva fièrement la tête : — Envoyé par Dieu et le Roi ! Il prononça ces paroles avec une énergie qui épuisa ses forces. Le commandant vit qu'il était difficile de questionner un homme mourant dont toute la contenance trahissait un fanatisme obscur, et détourna la tête en fronçant le sourcil. Deux soldats, amis de ceux que Marche-à-terre avait si brutalement dépêchés d'un coup de fouet sur l'accotement de la route, car ils y étaient morts, se reculèrent de quelques pas, ajustèrent le Chouan, dont les yeux fixes ne se baissèrent pas devant les canons dirigés sur lui, le tirèrent à bout portant, et il tomba. Lorsque les soldats s'approchèrent pour dépouiller le mort, il cria fortement encore : — Vive le Roi !

— Oui, oui, sournois, dit La-clef-des-cœurs, va-t-en manger de la galette chez ta bonne Vierge. Ne vient-il pas nous crier au nez vive le tyran, quand on le croit frit !

---

1. « Le tyran » est le comte de Provence, Louis XVIII. L'expression « les agents de Pitt et Cobourg » était dès 1793 devenue proverbiale pour désigner la contre-Révolution. Elle fait allusion au Premier ministre anglais William Pitt (1759-1806), qui mena une guerre implacable et fut l'ouvrier des coalitions contre la France républicaine puis impériale, et au commandant en chef des troupes autrichiennes, le duc de Saxe-Cobourg.

Insigne vendéen.
« Envoyé par Dieu et le Roi ! »

— Tenez, mon commandant, dit Beau-pied, voici les papiers du brigand.

— Oh ! oh ! s'écria La-clef-des-cœurs, venez donc voir ce fantassin du bon Dieu qui a des couleurs sur l'estomac ?

Hulot et quelques soldats vinrent entourer le corps entièrement nu du Chouan, et ils aperçurent sur sa poitrine une espèce de tatouage de couleur bleuâtre qui représentait un cœur enflammé. C'était le signe de ralliement des initiés de la confrérie du *Sacré-Cœur*[1]. Au-dessous de cette image Hulot put lire : *Marie Lambrequin*, sans doute le nom du Chouan.

— Tu vois bien, La-clef-des-cœurs ! dit Beau-pied. Eh ! bien, tu resterais cent décades sans deviner à quoi sert ce fourniment-là[2].

— Est-ce que je me connais aux uniformes du pape ! répliqua La-clef-des-cœurs.

---

1. Les Vendéens et les chouans avaient une dévotion particulière pour le Sacré-Cœur (de Jésus), qu'on imprimait généralement, surmonté d'une croix, non sur le corps, mais sur un morceau de tissu ou de papier accroché aux vêtements. Plusieurs associations ou congrégations du Sacré-Cœur se formèrent, notamment au XIXe siècle, en France. Le tatouage évoque les peintures rituelles dont se parent les « sauvages ». — 2. La décade se compose de dix jours (la décennie, de dix ans). Le fourniment est d'abord l'ensemble des objets composant l'équipement du soldat ; puis l'ensemble des objets propres à une profession, à un groupe, à un individu.

— Méchant pousse-caillou, tu ne t'instruiras donc jamais ! reprit Beau-pied. Comment ne vois-tu pas qu'on a promis à ce coco-là qu'il ressusciterait, et qu'il s'est peint le gésier pour se reconnaître.

À cette saillie, qui n'était pas sans fondement, Hulot lui-même ne put s'empêcher de partager l'hilarité générale. En ce moment Merle avait achevé de faire ensevelir les morts, et les blessés avaient été, tant bien que mal, arrangés dans deux charrettes par leurs camarades. Les autres soldats, rangés d'eux-mêmes sur deux files le long de ces ambulances improvisées, descendaient le revers de la montagne qui regarde le Maine, et d'où l'on aperçoit la belle vallée de la Pèlerine, rivale de celle du Couësnon. Hulot, accompagné de ses deux amis, Merle et Gérard, suivit alors lentement ses soldats, en souhaitant d'arriver sans malheur à Ernée, où les blessés devaient trouver des secours. Ce combat, presque ignoré [1] au milieu des grands événements qui se préparaient en France, prit le nom du lieu où il fut livré. Cependant il obtint quelque attention dans l'Ouest, dont les habitants occupés de cette seconde prise d'armes y remarquèrent un changement dans la manière dont les Chouans recommençaient la guerre. Autrefois ces gens-là n'eussent pas attaqué des détachements si considérables. Selon les conjectures de Hulot, le jeune royaliste qu'il avait aperçu devait être le Gars, nouveau général envoyé en France par les princes, et qui, selon la coutume des chefs royalistes, cachait son titre et son nom sous un de ces sobriquets appelés *noms de guerre*. Cette circonstance rendait le commandant aussi inquiet après sa triste victoire qu'au moment où il soupçonna l'embuscade, il se retourna à plusieurs reprises pour contempler le plateau de la Pèlerine qu'il laissait derrière lui, et d'où arrivait encore, par intervalles, le son étouffé des tambours de la garde nationale qui descendait dans la vallée du Couësnon en même temps que les Bleus descendaient dans la vallée de la Pèlerine.

— Y a-t-il un de vous, dit-il brusquement à ses deux amis, qui puisse deviner le motif de l'attaque des

---

1. Et pour cause : il est entièrement fictif.

Chouans ? Pour eux, les coups de fusil sont un commerce, et je ne vois pas encore ce qu'ils gagnent à ceux-ci. Ils auront au moins perdu cent hommes, et nous, ajouta-t-il en retroussant sa joue droite et clignant des yeux pour sourire, nous n'en avons pas perdu soixante. Tonnerre de Dieu ! je ne comprends pas la spéculation. Les drôles pouvaient bien se dispenser de nous attaquer, nous aurions passé comme des lettres à la poste, et je ne vois pas à quoi leur a servi de trouer nos hommes. Et il montra par un geste triste les deux charrettes de blessés. — Ils auront peut-être voulu nous dire bonjour, ajouta-t-il.

— Mais, mon commandant, ils y ont gagné nos cent cinquante serins, répondit Merle.

— Les réquisitionnaires auraient sauté comme des grenouilles dans le bois que nous ne serions pas allés les y repêcher, surtout après avoir essuyé une bordée, répliqua Hulot. — Non, non, reprit-il, il y a quelque chose là-dessous. Il se retourna encore vers la Pèlerine. — Tenez, s'écria-t-il, voyez ?

Quoique les trois officiers fussent déjà éloignés de ce fatal plateau, leurs yeux exercés reconnurent facilement Marche-à-terre et quelques Chouans qui l'occupaient de nouveau.

— Allez au pas accéléré ! cria Hulot à sa troupe, ouvrez le compas et faites marcher vos chevaux plus vite que ça. Ont-ils les jambes gelées ? Ces bêtes-là seraient-elles aussi des Pitt et Cobourg ?

Ces paroles imprimèrent à la petite troupe un mouvement rapide.

— Quant au mystère dont l'obscurité me paraît difficile à percer, Dieu veuille, mes amis, dit-il aux deux officiers, qu'il ne se débrouille point par des coups de fusil à Ernée. J'ai bien peur d'apprendre que la route de Mayenne nous est encore coupée par les sujets du roi.

Le problème de stratégie qui hérissait la moustache du commandant Hulot ne causait pas, en ce moment, une moins vive inquiétude aux gens qu'il avait aperçus sur le sommet de la Pèlerine. Aussitôt que le bruit du tambour de la garde nationale fougeraise n'y retentit plus, et que Marche-à-terre eut aperçu les Bleus au bas de la longue rampe qu'ils avaient descendue, il fit entendre gaiement le cri de la chouette, et les Chouans reparurent, mais moins nombreux. Plusieurs d'entre eux étaient sans doute occupés à placer les blessés dans le village de la Pèlerine, situé sur le revers de la montagne qui regarde la vallée du Couësnon. Deux ou trois chefs des Chasseurs du Roi vinrent auprès de Marche-à-terre. À quatre pas d'eux, le jeune noble, assis sur une roche de granit, semblait absorbé dans les nombreuses pensées excitées par les difficultés que son entreprise présentait déjà. Marche-à-terre fit avec sa main une espèce d'auvent au-dessus de son front pour se garantir les yeux de l'éclat du soleil, et contempla tristement la route que suivaient les Républicains à travers la vallée de la Pèlerine. Ses petits yeux noirs et perçants essayaient de découvrir ce qui se passait sur l'autre rampe, à l'horizon de la vallée.

— Les Bleus vont intercepter le courrier, dit d'une voix farouche celui des chefs qui se trouvait le plus près de Marche-à-terre.

— Par sainte Anne d'Auray ! reprit un autre, pourquoi nous as-tu fait battre ? Était-ce pour sauver ta peau ?

Marche-à-terre lança sur le questionneur un regard comme venimeux et frappa le sol de sa lourde carabine.

— Suis-je le chef ? demanda-t-il. Puis après une pause : — Si vous vous étiez battus tous comme moi, pas un de ces Bleus-là n'aurait échappé, reprit-il en montrant les restes du détachement de Hulot. Peut-être la voiture serait-elle alors arrivée jusqu'ici.

— Crois-tu, reprit un troisième, qu'ils penseraient à l'escorter ou à la retenir, si nous les avions laissé passer tranquillement ? Tu as voulu sauver ta peau de chien, parce que tu ne croyais pas les Bleus en route. — Pour la santé de son groin, ajouta l'orateur en se tournant vers les autres, il nous a fait saigner, et nous perdrons encore vingt mille francs de bon or...

— Groin toi-même ! s'écria Marche-à-terre en se reculant de trois pas et ajustant son agresseur. Ce n'est pas les Bleus que tu hais, c'est l'or que tu aimes. Tiens, tu mourras sans confession, vilain damné, qui n'as pas communié cette année.

Cette insulte irrita le Chouan au point de le faire pâlir,

et un sourd grognement sortit de sa poitrine pendant qu'il se mit en mesure d'ajuster Marche-à-terre. Le jeune chef s'élança entre eux, il leur fit tomber les armes des mains en frappant leurs carabines avec le canon de la sienne ; puis il demanda l'explication de cette dispute, car la conversation avait été tenue en bas-breton, idiome qui ne lui était pas très familier.

— Monsieur le marquis, dit Marche-à-terre en achevant son discours, c'est d'autant plus mal à eux de m'en vouloir que j'ai laissé en arrière Pille-miche qui saura peut-être sauver la voiture des griffes des voleurs.

Et il montra les Bleus qui, pour ces fidèles serviteurs de l'Autel et du Trône, étaient tous les assassins de Louis XVI et des brigands.

— Comment ! s'écria le jeune homme en colère, c'est donc pour arrêter une voiture que vous restez encore ici, lâches qui n'avez pu remporter une victoire dans le premier combat où j'ai commandé ! Mais comment triompherait-on avec de semblables intentions ? Les défenseurs de Dieu et du Roi sont-ils donc des pillards ? Par sainte Anne d'Auray ! nous avons à faire la guerre à la République et non aux diligences [1]. Ceux qui désormais se rendront coupables d'attaques si honteuses ne recevront pas l'absolution et ne profiteront pas des faveurs réservées aux braves serviteurs du Roi.

Un sourd murmure s'éleva du sein de cette troupe. Il était facile de voir que l'autorité du nouveau chef, si difficile à établir sur ces hordes indisciplinées, allait être compromise. Le jeune homme, auquel ce mouvement n'avait pas échappé, cherchait déjà à sauver l'honneur du commandement, lorsque le trot d'un cheval retentit au milieu du silence. Toutes les têtes se tournèrent dans la direction présumée du personnage qui survenait. C'était une jeune femme assise en travers sur un petit

---

1. Les attaques de diligences ou de voitures postales étaient fréquentes dans une guerre où se confondaient souvent partisans et malfaiteurs. Trouver de l'argent pour la cause monarchique en était le motif (ou le prétexte) ; ce fut celui du vicomte d'Aché dans l'histoire vraie de 1808 qui inspira Balzac ; celui aussi des Compagnons de Jéhu dans le roman de Dumas qui porte leur nom, et qui se situe également en 1799.

cheval breton, qu'elle mit au galop pour arriver promptement auprès de la troupe des Chouans en y apercevant le jeune homme.

— Qu'avez-vous donc ? demanda-t-elle en regardant tour à tour les Chouans et leur chef.

— Croiriez-vous, madame, qu'ils attendent la correspondance de Mayenne à Fougères, dans l'intention de la piller, quand nous venons d'avoir, pour délivrer nos gars de Fougères, une escarmouche qui nous a coûté beaucoup d'hommes sans que nous ayons pu détruire les Bleus.

— Eh ! bien, où est le mal ? demanda la jeune dame, à laquelle un tact naturel aux femmes révéla le secret de la scène. Vous avez perdu des hommes, nous n'en manquerons jamais. Le courrier porte de l'argent, et nous en manquerons toujours ! Nous enterrerons nos hommes qui iront au ciel, et nous prendrons l'argent qui ira dans les poches de tous ces braves gens. Où est la difficulté ?

Les Chouans approuvèrent ce discours par des sourires unanimes.

— N'y a-t-il donc rien là-dedans qui vous fasse rougir ? demanda le jeune homme à voix basse. Êtes-vous donc dans un tel besoin d'argent qu'il vous faille en prendre sur les routes ?

— J'en suis tellement affamée, marquis, que je mettrais, je crois, mon cœur en gage s'il n'était pas pris, dit-elle en lui souriant avec coquetterie. Mais d'où venez-vous donc, pour croire que vous vous servirez des Chouans sans leur laisser piller par-ci par-là quelques Bleus ? Ne savez-vous pas le proverbe : *Voleur comme une chouette*. Or, qu'est-ce qu'un Chouan ? D'ailleurs, dit-elle en élevant la voix, n'est-ce pas une action juste ? Les Bleus n'ont-ils pas pris tous les biens de l'Église et les nôtres ?

Un autre murmure, bien différent du grognement par lequel les Chouans avaient répondu au marquis, accueillit ces paroles. Le jeune homme, dont le front se rembrunissait, prit alors la jeune dame à part et lui dit avec la vive bouderie d'un homme bien élevé : — Ces messieurs viendront-ils à la Vivetière au jour fixé ?

— Oui, dit-elle, tous, l'Intimé, Grand-Jacques et peut-être Ferdinand[1].

— Permettez donc que j'y retourne ; car je ne saurais sanctionner de tels brigandages par ma présence. Oui, madame, j'ai dit brigandages. Il y a de la noblesse à être volé, mais...

— Eh ! bien, dit-elle en l'interrompant, j'aurai votre part, et je vous remercie de me l'abandonner. Ce surplus de prise me fera grand bien. Ma mère a tellement tardé à m'envoyer de l'argent que je suis au désespoir.

— Adieu, s'écria le marquis.

Et il disparut ; mais la jeune dame courut vivement après lui.

— Pourquoi ne restez-vous pas avec moi ? demandat-elle en lui lançant le regard à demi despotique, à demi caressant par lequel les femmes qui ont des droits au respect d'un homme savent si bien exprimer leurs désirs.

— N'allez-vous pas piller la voiture ?

— Piller ? reprit-elle, quel singulier terme ! Laissezmoi vous expliquer...

— Rien, dit-il en lui prenant les mains et en les lui baisant avec la galanterie superficielle d'un courtisan. — Écoutez-moi, reprit-il après une pause, si je demeurais là pendant la capture de cette diligence, nos gens me tueraient, car je les...

— Vous ne les tueriez pas, reprit-elle vivement, car ils vous lieraient les mains avec les égards dus à votre rang ; et, après avoir levé sur les Républicains une contribution nécessaire à leur équipement, à leur subsistance, à des achats de poudre, ils vous obéiraient aveuglément.

— Et vous voulez que je commande ici ? Si ma vie est nécessaire à la cause que je défends, permettez-moi de sauver l'honneur de mon pouvoir. En me retirant, je

---

1. « L'Intimé », littéralement celui qui est assigné en justice, le défendeur dans une instance d'appel, est le nom d'un personnage des *Plaideurs* de Racine, et chez Balzac le surnom du baron du Guénic. « Grand-Jacques » est le surnom du comte de Fontaine, personnage du *Bal de Sceaux*. Et « Ferdinand » aurait été, a découvert Lucienne Frappier-Mazur, l'un des pseudonymes de Frotté.

puis ignorer cette lâcheté. Je reviendrai pour vous accompagner.

Et il s'éloigna rapidement. La jeune dame écouta le bruit des pas avec un sensible déplaisir. Quand le bruissement des feuilles séchées eut insensiblement cessé, elle resta comme interdite, puis elle revint en grande hâte vers les Chouans. Elle laissa brusquement échapper un geste de dédain, et dit à Marche-à-terre, qui l'aidait à descendre de cheval : — Ce jeune homme-là voudrait pouvoir faire une guerre régulière à la République !... ah ! bien, encore quelques jours, et il changera d'opinion. — Comme il m'a traitée, se dit-elle après une pause.

Elle s'assit sur la roche qui avait servi de siège au marquis, et attendit en silence l'arrivée de la voiture. Ce n'était pas un des moindres phénomènes de l'époque que cette jeune dame noble jetée par de violentes passions dans la lutte des monarchies contre l'esprit du siècle, et poussée par la vivacité de ses sentiments à des actions dont pour ainsi dire elle n'était pas complice ; semblable en cela à tant d'autres qui furent entraînées par une exaltation souvent fertile en grandes choses. Comme elle, beaucoup de femmes jouèrent des rôles ou héroïques ou blâmables dans cette tourmente[1]. La cause royaliste ne trouva pas d'émissaires ni plus dévoués ni plus actifs que ces femmes, mais aucune des héroïnes de ce parti ne paya les erreurs du dévouement, ou le malheur de ces situations interdites à leur sexe, par une expiation aussi terrible que le fut le désespoir de cette dame, lorsque, assise sur le granit de la route, elle ne put refuser son admiration au noble dédain et à la loyauté du jeune chef. Insensiblement, elle tomba dans une profonde rêverie. D'amers souvenirs lui firent désirer l'innocence de ses premières années et regretter de n'avoir pas été une victime de cette révolution dont la marche,

---

1. On peut songer ici à plusieurs femmes titrées qui participèrent à l'action et éventuellement en relatèrent les péripéties : Mme de La Rochejaquelein, la marquise de Bonchamps, Mme d'Elbée...

Hachette

Turgot, Contrôleur général des Finances de Louis XVI.
Il réforma les transports publics en 1774.
Gravure de L. Capitaine

alors victorieuse, ne pouvait pas être arrêtée par de si faibles mains.

La voiture qui entrait pour quelque chose dans l'attaque des Chouans avait quitté la petite ville d'Ernée quelques instants avant l'escarmouche des deux partis. Rien ne peint mieux un pays que l'état de son matériel social. Sous ce rapport, cette voiture mérite une mention honorable. La Révolution elle-même n'eut pas le pouvoir de la détruire, elle roule encore de nos jours. Lorsque Turgot remboursa le privilège qu'une compagnie obtint sous Louis XIV de transporter exclusivement les voyageurs par tout le royaume, et qu'il institua les entreprises nommées *les turgotines*[1], les vieux carrosses des

---

1. Turgot (1727-1781), physiocrate et ministre de Louis XIV de 1774 à 1776, tenta de réaliser d'importantes réformes libérales, qui le rendirent impopulaire auprès des masses. Les turgotines, diligences des Messageries royales, furent établies à Paris en 1775.

« Cette turgotine était un méchant cabriolet à deux roues très hautes, au fond duquel deux personnes un peu grasses auraient difficilement tenu. »

sieurs de Vouges, Chanteclaire et veuve Lacombe refluèrent dans les provinces. Une de ces mauvaises voitures établissait donc la communication entre Mayenne et Fougères. Quelques entêtés l'avaient jadis nommée, par antiphrase, *la turgotine*, pour singer Paris ou en haine d'un ministre qui tentait des innovations. Cette turgotine était un méchant cabriolet à deux roues très hautes, au fond duquel deux personnes un peu grasses auraient difficilement tenu. L'exiguïté de cette frêle machine ne permettant pas de la charger beaucoup, et le coffre qui formait le siège étant exclusivement réservé au service de la poste, si les voyageurs avaient quelque bagage, ils étaient obligés de le garder entre leurs jambes déjà torturées dans une petite caisse que sa forme faisait assez ressembler à un soufflet. Sa couleur primitive et celle des roues fournissait aux voyageurs une insoluble énigme. Deux rideaux de cuir, peu maniables malgré de longs services, devaient protéger les patients contre le froid et la pluie. Le conducteur, assis sur une banquette semblable à celle des plus mauvais coucous parisiens, participait forcément à la conversation par la manière dont il était placé entre ses victimes bipèdes et quadrupèdes. Cet équipage offrait de fantastiques similitudes avec ces vieillards décrépits qui ont essuyé bon nombre de catarrhes, d'apoplexies, et que la mort semble respecter, il geignait en marchant, il criait par moments. Semblable à un voyageur pris par un lourd sommeil, il se penchait alternativement en arrière et en avant, comme s'il eût essayé de résister à l'action violente de deux petits chevaux bretons qui le traînaient sur une route passablement raboteuse. Ce monument d'un autre âge contenait trois voyageurs qui, à la sortie d'Ernée, où l'on avait relayé, continuèrent avec le conducteur une conversation entamée avant le relais.

— Comment voulez-vous que les Chouans se soient montrés par ici ? disait le conducteur. Ceux d'Ernée viennent de me dire que le commandant Hulot n'a pas encore quitté Fougères.

— Oh ! oh ! l'ami, lui répondit le moins âgé des voyageurs, tu ne risques que ta carcasse ! Si tu avais, comme moi, trois cents écus sur toi, et que tu fusses connu pour être un bon patriote, tu ne serais pas si tranquille.

— Vous êtes en tout cas bien bavard, répondit le conducteur en hochant la tête.

— Brebis comptées, le loup les mange, reprit le second personnage.

Ce dernier, vêtu de noir, paraissait avoir une quarantaine d'années et devait être quelque recteur des environs. Son menton s'appuyait sur un double étage, et son teint fleuri devait appartenir à l'ordre ecclésiastique. Quoique gros et court, il déployait une certaine agilité chaque fois qu'il fallait descendre de voiture ou y remonter.

— Seriez-vous des Chouans ? s'écria l'homme aux trois cents écus dont l'opulente peau de bique couvrait un pantalon de bon drap et une veste fort propre [1] qui annonçaient quelque riche cultivateur. Par l'âme de saint Robespierre, je jure que vous seriez mal reçus.

Puis, il promena ses yeux gris du conducteur au voyageur, en leur montrant deux pistolets à sa ceinture.

— Les Bretons n'ont pas peur de cela, dit avec dédain

---

1. Ne signifie pas ici « bien nettoyée », mais « de bonne qualité ».

le recteur. D'ailleurs avons-nous l'air d'en vouloir à
votre argent ?

Chaque fois que le mot argent était prononcé, le
conducteur devenait taciturne, et le recteur avait précisément assez d'esprit pour douter que le patriote eût des
écus et pour croire que leur guide en portait.

— Es-tu chargé aujourd'hui, Coupiau ? demanda
l'abbé.

— Oh ! monsieur Gudin, je n'ai quasiment *rin*,
répondit le conducteur.

L'abbé Gudin[1] ayant interrogé la figure du patriote
et celle de Coupiau, les trouva, pendant cette réponse,
également imperturbables.

— Tant mieux pour toi, répliqua le patriote, je pourrai prendre alors mes mesures pour sauver mon avoir en
cas de malheur.

Une dictature si despotiquement réclamée révolta
Coupiau, qui reprit brutalement : — Je suis le maître de
ma voiture, et pourvu que je vous conduise...

— Es-tu patriote, es-tu Chouan ? lui demanda vivement son adversaire en l'interrompant.

— Ni l'un ni l'autre, lui répondit Coupiau. Je suis
postillon, et Breton qui plus est ; partant, je ne crains ni
les Bleus ni les gentilshommes.

— Tu veux dire les gens-pille-hommes, reprit le
patriote avec ironie.

— Ils ne font que reprendre ce qu'on leur a ôté, dit
vivement le recteur.

Les deux voyageurs se regardèrent, s'il est permis
d'emprunter ce terme à la conversation, jusque dans le
blanc des yeux. Il existait au fond de la voiture un troisième voyageur qui gardait, au milieu de ces débats, le
plus profond silence. Le conducteur, le patriote et même
Gudin ne faisaient aucune attention à ce muet personnage. C'était en effet un de ces voyageurs incommodes
et peu sociables qui sont dans une voiture comme un
veau résigné que l'on mène, les pattes liées, au marché
voisin. Ils commencent par s'emparer de toute leur place

---

1. Nous retrouverons cet ancien jésuite prêchant la guerre sainte
dans la messe en plein air du chapitre III.

légale, et finissent par dormir sans aucun respect humain
sur les épaules de leurs voisins. Le patriote, Gudin et le
conducteur l'avaient donc laissé à lui-même sur la foi
de son sommeil, après s'être aperçu qu'il était inutile de
parler à un homme dont la figure pétrifiée annonçait une
vie passée à mesurer des aunes de toiles et une intelligence occupée à les vendre tout bonnement plus cher
qu'elles ne coûtaient. Ce gros petit homme, pelotonné
dans son coin, ouvrait de temps en temps ses petits yeux
d'un bleu faïence, et les avait successivement portés sur
chaque interlocuteur avec des expressions d'effroi, de
doute et de défiance pendant cette discussion. Mais il
paraissait ne craindre que ses compagnons de voyage et
se soucier fort peu des Chouans. Quand il regardait le
conducteur, on eût dit de deux francs-maçons. En ce
moment la fusillade de la Pèlerine commença. Coupiau,
déconcerté, arrêta sa voiture.

— Oh ! oh ! dit l'ecclésiastique qui paraissait s'y
connaître, c'est un engagement sérieux, il y a beaucoup
de monde.

— L'embarrassant, monsieur Gudin, est de savoir qui
l'emportera ? s'écria Coupiau.

Cette fois les figures furent unanimes dans leur
anxiété.

— Entrons la voiture, dit le patriote, dans cette
auberge là-bas, et nous l'y cacherons en attendant le
résultat de la bataille.

Cet avis parut si sage que Coupiau s'y rendit. Le
patriote aida le conducteur à cacher la voiture à tous les
regards, derrière un tas de fagots. Le prétendu recteur
saisit une occasion de dire tout bas à Coupiau : — Est-
ce qu'il aurait réellement de l'argent ?

— Hé ! monsieur Gudin, si qu'il en a entrait dans
les poches de Votre Révérence, elles ne seraient pas
lourdes.

Les Républicains, pressés de gagner Ernée, passèrent
devant l'auberge sans y entrer. Au bruit de leur marche
précipitée, Gudin et l'aubergiste stimulés par la curiosité
avancèrent sur la porte de la cour pour les voir. Tout à
coup le gros ecclésiastique courut à un soldat qui restait
en arrière.

— Eh ! bien, Gudin ! s'écria-t-il, entêté, tu vas donc avec les Bleus. Mon enfant, y penses-tu ?

— Oui, mon oncle, répondit le caporal. J'ai juré de défendre la France.

— Eh ! malheureux, tu perds ton âme ! dit l'oncle en essayant de réveiller chez son neveu les sentiments religieux si puissants dans le cœur des Bretons.

— Mon oncle, si le Roi s'était mis à la tête de ses armées, je ne dis pas que...

— Eh ! imbécile, qui te parle du Roi ? Ta République donne-t-elle des abbayes ? Elle a tout renversé. À quoi veux-tu parvenir ? Reste avec nous, nous triompherons, un jour ou l'autre, et tu deviendras conseiller à quelque parlement.

— Des parlements ?... dit Gudin d'un ton moqueur. Adieu, mon oncle.

— Tu n'auras pas de moi trois louis vaillant, dit l'oncle en colère. Je te déshérite !

— Merci, dit le Républicain[1].

Ils se séparèrent. Les fumées du cidre versé par le patriote à Coupiau pendant le passage de la petite troupe avaient réussi à obscurcir l'intelligence du conducteur ; mais il se réveilla tout joyeux quand l'aubergiste, après s'être informé du résultat de la lutte, annonça que les Bleus avaient eu l'avantage. Coupiau remit alors en route sa voiture, qui ne tarda pas à se montrer au fond de la vallée de la Pèlerine, où il était facile de l'apercevoir et des plateaux du Maine et de ceux de la Bretagne, semblable à un débris de vaisseau qui nage sur les flots après une tempête.

Arrivé sur le sommet d'une côte que les Bleus gravissaient alors et d'où l'on apercevait encore la Pèlerine dans le lointain, Hulot se retourna pour voir si les Chouans y séjournaient toujours ; le soleil, qui faisait reluire les canons de leurs fusils, les lui indiqua comme des points brillants. En jetant un dernier regard sur la vallée qu'il allait quitter pour entrer dans celle d'Ernée, il crut distinguer sur la grande route l'équipage de Coupiau.

---

1. Le jeune Gudin peut bien se moquer de son oncle le recteur : ni les parlements ni les louis n'existent plus sous le nouveau régime.

— N'est-ce pas la voiture de Mayenne ? demanda-t-il à ses deux amis.

Les deux officiers, qui dirigèrent leurs regards sur la vieille turgotine, la reconnurent parfaitement.

— Hé ! bien, dit Hulot, comment ne l'avons-nous pas rencontrée ?

Ils se regardèrent en silence.

— Voilà encore une énigme ! s'écria le commandant. Je commence à entrevoir la vérité cependant.

En ce moment Marche-à-terre, qui reconnaissait aussi la turgotine, la signala à ses camarades, et les éclats d'une joie générale tirèrent la jeune dame de sa rêverie. L'inconnue s'avança et vit la voiture qui s'approchait du revers de la Pèlerine avec une fatale rapidité. La malheureuse turgotine arriva bientôt sur le plateau. Les Chouans, qui s'y étaient cachés de nouveau, fondirent alors sur leur proie avec une avide célérité. Le voyageur muet se laissa couler au fond de la voiture et se blottit soudain en cherchant à garder l'apparence d'un ballot.

— Ah ! bien, s'écria Coupiau de dessus son siège en leur désignant le paysan, vous avez senti le patriote que voilà, car il a de l'or, un plein sac !

Les Chouans accueillirent ces paroles par un éclat de rire général et s'écrièrent : — Pille-miche ! Pille-miche ! Pille-miche !

Au milieu de ce rire, auquel Pille-miche lui-même répondit comme un écho, Coupiau descendit tout honteux de son siège. Lorsque le fameux Cibot, dit Pille-miche, aida son voisin à quitter la voiture, il s'éleva un murmure de respect [1].

— C'est l'abbé Gudin ! crièrent plusieurs hommes.

À ce nom respecté, tous les chapeaux furent ôtés, les

---

1. Ce nom de Cibot, commun à Pille-miche et à son cousin Galope-chopine, fait penser à celui des cupides concierges du *Cousin Pons*. Il sera de nouveau question de Jean Cibot, dit Pille-miche, « l'un des plus hardis brigands du corps formé par Montauran en l'an VII », dans le Premier Épisode, intitulé « Madame de La Chanterie », de *L'Envers de l'histoire contemporaine* ; là, nous apprendrons que Pille-miche a été condamné, en 1809, comme « l'un des auteurs de l'attaque du courrier de Mortagne » l'année précédente *(La Comédie humaine*, VIII, p. 294).

Chouans s'agenouillèrent devant le prêtre et lui demandèrent sa bénédiction, que l'abbé leur donna gravement.

— Il tromperait saint Pierre et lui volerait les clefs du paradis, dit le recteur en frappant sur l'épaule de Pillemiche. Sans lui, les Bleus nous interceptaient.

Mais, en apercevant la jeune dame, l'abbé Gudin alla s'entretenir avec elle à quelques pas de là. Marche-à-terre, qui avait ouvert lestement le coffre du cabriolet, fit voir avec une joie sauvage un sac dont la forme annonçait des rouleaux d'or. Il ne resta pas longtemps à faire les parts. Chaque Chouan reçut de lui son contingent [1] avec une telle exactitude, que ce partage n'excita pas la moindre querelle. Puis il s'avança vers la jeune dame et le prêtre, en leur présentant six mille francs environ.

— Puis-je accepter en conscience, monsieur Gudin ? dit-elle en sentant le besoin d'une approbation.

— Comment donc, madame ? l'Église n'a-t-elle pas autrefois approuvé la confiscation du bien des Protestants ; à plus forte raison, celle des Révolutionnaires qui renient Dieu, détruisent les chapelles et persécutent la religion. L'abbé Gudin joignit l'exemple à la prédication, en acceptant sans scrupule la dîme de nouvelle espèce que lui offrait Marche-à-terre. — Au reste, ajouta-t-il, je puis maintenant consacrer tout ce que je possède à la défense de Dieu et du Roi. Mon neveu part avec les Bleus !

Coupiau se lamentait et criait qu'il était ruiné.

— Viens avec nous, lui dit Marche-à-terre, tu auras ta part.

— Mais on croira que j'ai fait exprès de me laisser voler, si je reviens sans avoir essuyé de violence.

— N'est-ce que ça ?... dit Marche-à-terre.

Il fit un signal, et une décharge cribla la turgotine. À cette fusillade imprévue, la vieille voiture poussa un cri si lamentable, que les Chouans, naturellement superstitieux, reculèrent d'effroi ; mais Marche-à-terre avait vu sauter et retomber dans un coin de la caisse la figure pâle du voyageur taciturne.

— Tu as encore une volaille dans ton poulailler, dit tout bas Marche-à-terre à Coupiau.

---

1. C'est-à-dire la somme qui lui revient.

Pille-miche, qui comprit la question, cligna des yeux en signe d'intelligence.

— Oui, répondit le conducteur ; mais je mets pour condition à mon enrôlement avec vous autres, que vous me laisserez conduire ce brave homme sain et sauf à Fougères. Je m'y suis engagé au nom de la sainte d'Auray.

— Qui est-ce ? demanda Pille-miche.

— Je ne puis pas vous le dire, répondit Coupiau.

— Laisse-le donc ! reprit Marche-à-terre en poussant Pille-miche par le coude, il a juré par sainte Anne d'Auray, faut qu'il tienne ses promesses.

— Mais, dit le Chouan en s'adressant à Coupiau, ne descends pas trop vite la montagne, nous allons te rejoindre, et pour cause. Je veux voir le museau de ton voyageur, et nous lui donnerons un passeport.

En ce moment on entendit le galop d'un cheval dont le bruit se rapprochait vivement de la Pèlerine. Bientôt le jeune chef apparut. La dame cacha promptement le sac qu'elle tenait à la main.

— Vous pouvez garder cet argent sans scrupule, dit le jeune homme en ramenant en avant le bras de la dame. Voici une lettre que j'ai trouvée pour vous parmi celles qui m'attendaient à la Vivetière, elle est de madame votre mère. Après avoir tour à tour regardé les Chouans qui regagnaient le bois, et la voiture qui descendait la vallée du Couësnon, il ajouta : — Malgré ma diligence, je ne suis pas arrivé à temps. Fasse le ciel que je me sois trompé dans mes soupçons !

— C'est l'argent de ma pauvre mère, s'écria la dame après avoir décacheté la lettre dont les premières lignes lui arrachèrent cette exclamation.

Quelques rires étouffés retentirent dans le bois. Le jeune homme lui-même ne put s'empêcher de sourire en voyant la dame gardant à la main le sac qui renfermait sa part dans le pillage de son propre argent. Elle-même se mit à rire.

— Eh bien, marquis, Dieu soit loué ! pour cette fois je m'en tire sans blâme, dit-elle au chef.

— Vous mettez donc de la légèreté en toute chose, même dans vos remords ?... dit le jeune homme.

Elle rougit et regarda le marquis avec une contrition

si véritable, qu'il en fut désarmé. L'abbé rendit poliment, mais d'un air équivoque, la dîme qu'il venait d'accepter ; puis il suivit le jeune chef qui se dirigeait vers
le chemin détourné par lequel il était venu. Avant de les
rejoindre, la jeune dame fit un signe à Marche-à-terre,
qui vint près d'elle.

— Vous vous porterez en avant de Mortagne, lui dit-
elle à voix basse. Je sais que les Bleus doivent envoyer
incessamment à Alençon une forte somme en numéraire
pour subvenir aux préparatifs de la guerre. Si j'abandonne
à tes camarades la prise d'aujourd'hui, c'est à condition
qu'ils sauront m'en indemniser. Surtout, que le Gars ne
sache rien du but de cette expédition, peut-être s'y oppo-
serait-il ; mais, en cas de malheur, je l'adoucirai.

— Madame, dit le marquis, sur le cheval duquel elle
se mit en croupe en abandonnant le sien à l'abbé, nos
amis de Paris m'écrivent de prendre garde à nous. La
République veut essayer de nous combattre par la ruse
et par la trahison.

— Ce n'est pas trop mal, répondit-elle. Ils ont d'assez
bonnes idées, ces gens-là ! Je pourrai prendre part à la
guerre et trouver des adversaires.

— Je le crois, s'écria le marquis. Pichegru[1] m'engage
à être scrupuleux et circonspect dans mes amitiés de
toute espèce. La République me fait l'honneur de me
supposer plus dangereux que tous les Vendéens
ensemble, et compte sur mes faiblesses pour s'emparer
de ma personne.

— Vous défieriez-vous de moi ? dit-elle en lui frappant le cœur avec la main par laquelle elle se crampon-
nait à lui.

— Seriez-vous là ?... madame, dit-il en tournant vers
elle son front qu'elle embrassa.

— Ainsi, reprit l'abbé, la police de Fouché sera plus
dangereuse pour nous que ne le sont les bataillons
mobiles et les contre-Chouans.

— Comme vous le dites, mon révérend.

— Ha ! ha ! s'écria la dame, Fouché va donc envoyer

1. *Cf.* note 3 p. 99.

Joseph Fouché (1759-1820).
« *La police de Fouché sera plus dangereuse pour nous que ne le sont les
bataillons mobiles...* »

des femmes contre vous ?... je les attends, ajouta-t-elle
d'un son de voix profond et après une légère pause.

À trois ou quatre portées de fusil du plateau désert
que les chefs abandonnaient, il se passait une de ces
scènes qui, pendant quelque temps encore, devinrent
assez fréquentes sur les grandes routes. Au sortir du petit
village de la Pèlerine, Pille-miche et Marche-à-terre
avaient arrêté de nouveau la voiture dans un enfonce-
ment du chemin. Coupiau était descendu de son siège
après une molle résistance. Le voyageur taciturne,
exhumé de sa cachette par les deux Chouans, se trouvait
agenouillé dans un genêt.

— Qui es-tu ? lui demanda Marche-à-terre d'une voix
sinistre.

Le voyageur gardait le silence, lorsque Pille-miche

recommença la question en lui donnant un coup de crosse.

— Je suis, dit-il alors en jetant un regard sur Coupiau, Jacques Pinaud, un pauvre marchand de toile.

Coupiau fit un signe négatif, sans croire enfreindre ses promesses. Ce signe éclaira Pille-miche, qui ajusta le voyageur, pendant que Marche-à-terre lui signifia catégoriquement ce terrible ultimatum : — Tu es trop gras pour avoir les soucis des pauvres ! Si tu te fais encore demander une fois ton véritable nom, voici mon ami Pille-miche qui par un seul coup de fusil acquerra l'estime et la reconnaissance de tes héritiers. — Qui es-tu ? ajouta-t-il après une pause.

— Je suis d'Orgemont de Fougères.

— Ah ! ah ! s'écrièrent les deux Chouans.

— Ce n'est pas moi qui vous ai nommé, monsieur d'Orgemont, dit Coupiau. La sainte Vierge m'est témoin que je vous ai bien défendu.

— Puisque vous êtes monsieur d'Orgemont de Fougères, reprit Marche-à-terre d'un air respectueusement ironique, nous allons vous laisser aller bien tranquillement. Mais comme vous n'êtes ni un bon Chouan, ni un vrai Bleu, quoique ce soit vous qui ayez acheté les biens de l'abbaye de Juvigny, vous nous payerez, ajouta le Chouan en ayant l'air de compter ses associés, trois cents écus de six francs pour votre rançon. La neutralité vaut bien cela.

— Trois cents écus de six francs ! répétèrent en chœur le malheureux banquier, Pille-miche et Coupiau, mais avec des expressions diverses.

— Hélas ! mon cher monsieur, continua d'Orgemont, je suis ruiné. *L'emprunt forcé* de cent millions fait par cette République du diable, qui me taxe à une somme énorme, m'a mis à sec [1].

— Combien t'a-t-elle donc demandé, ta République ?

— Mille écus, mon cher monsieur, répondit le banquier d'un air piteux en croyant obtenir une remise.

---

1. Cet emprunt fut décidé par la loi du 10 messidor an VII, qui établissait aussi la levée de compagnies franches dans l'Ouest, et que Balzac a évoquée au début de ce chapitre.

— Si ta République t'arrache des emprunts forcés si considérables, tu vois bien qu'il y a tout à gagner avec nous autres, notre gouvernement est moins cher. Trois cents écus, est-ce donc trop pour ta peau ?

— Où les prendrai-je ?

— Dans ta caisse, dit Pille-miche. Et que tes écus ne soient pas rognés, ou nous te rognerons les ongles au feu.

— Où vous les paierai-je ? demanda d'Orgemont.

— Ta maison de campagne de Fougères n'est pas loin de la ferme de Gibarry, où demeure mon cousin Galope-chopine, autrement dit le grand Cibot, tu les lui remettras, dit Pille-miche.

— Cela n'est pas régulier, dit d'Orgemont.

— Qu'est-ce que cela nous fait ? reprit Marche-à-terre. Songe que, s'ils ne sont pas remis à Galope-chopine d'ici à quinze jours, nous te rendrons une petite visite qui te guérira de la goutte, si tu l'as aux pieds[1].

— Quant à toi, Coupiau, reprit Marche-à-terre, ton nom désormais sera *Mène-à-bien*.

À ces mots les deux Chouans s'éloignèrent. Le voyageur remonta dans la voiture, qui, grâce au fouet de Coupiau, se dirigea rapidement vers Fougères.

— Si vous aviez eu des armes, lui dit Coupiau, nous aurions pu nous défendre un peu mieux.

— Imbécile, j'ai dix mille francs là, reprit d'Orgemont en montrant ses gros souliers. Est-ce qu'on peut se défendre avec une si forte somme sur soi ?

Mène-à-bien se gratta l'oreille et regarda derrière lui, mais ses nouveaux camarades avaient complètement disparu.

Hulot et ses soldats s'arrêtèrent à Ernée pour déposer les blessés à l'hôpital de cette petite ville ; puis, sans que

---

1. Allusion aux tortures infligées par les « chauffeurs » à leurs victimes, dont ils brûlaient les pieds pour leur arracher des révélations. D'Orgemont sera effectivement soumis à ce supplice, p. 285. Les chauffeurs, dont les motivations étaient moins souvent politiques que crapuleuses, « répandirent une terreur profonde dans les campagnes », lit-on dans *L'Envers de l'histoire contemporaine* (*La Comédie humaine*, VIII, p. 290). Leur peinture a peut-être été influencée par celle des « chasseurs de peau » *(Skinners)* de Cooper (*L'Espion*, 1821).

nul événement fâcheux interrompit la marche des troupes
républicaines, elles arrivèrent à Mayenne. Là le commandant put, le lendemain, résoudre tous ses doutes relativement à la marche du messager ; car le lendemain, les
habitants apprirent le pillage de la voiture. Peu de jours
après, les autorités dirigèrent sur Mayenne assez de
conscrits patriotes pour que Hulot pût y remplir le cadre
de sa demi-brigade. Bientôt se succédèrent des ouï-dire
peu rassurants sur l'insurrection. La révolte était complète
sur tous les points où, pendant la dernière guerre, les
Chouans et les Vendéens avaient établi les principaux
foyers de cet incendie. En Bretagne, les royalistes
s'étaient rendus maîtres de Pontorson, afin de se mettre en
communication avec la mer. La petite ville de Saint-
James, située entre Pontorson et Fougères, avait été prise
par eux, et ils paraissaient vouloir en faire momentanément leur place d'armes, le centre de leurs magasins ou de
leurs opérations [1]. De là, ils pouvaient correspondre sans
danger avec la Normandie et le Morbihan. Les chefs
subalternes parcouraient ces trois pays pour y soulever les
partisans de la monarchie et arriver à mettre de l'ensemble
dans leur entreprise. Ces menées coïncidaient avec les
nouvelles de la Vendée, où des intrigues semblables agitaient la contrée, sous l'influence de quatre chefs célèbres,
messieurs l'abbé Vernal, le comte de Fontaine, de Châtillon et Suzannet. Le chevalier de Valois, le marquis d'Esgrignon et les Troisville étaient, disait-on, leurs
correspondants dans le département de l'Orne [2]. Le chef
du vaste plan d'opérations, qui se déroulait lentement,
mais d'une manière formidable, était réellement le Gars,

---

1. C'est à Saint-James, localité de la Manche, qu'aura lieu, au chapitre III, la réunion des chefs vendéens et chouans, ainsi qu'une
confrontation décisive entre Montauran et Marie de Verneuil.
— 2. Dans l'édition de 1845, Balzac substitua aux authentiques abbé
Bernier et comte d'Autichamp les fictifs abbé Vernal et comte de Fontaine. Les très réels Châtillon et Suzannet, émigrés en Angleterre,
revinrent chacun de son côté un peu avant l'époque qui nous occupe
pour soulever l'Ouest, mais durent rapidement se soumettre. Le comte
de Fontaine apparaît dans *Le Bal de Sceaux* et *César Birotteau*, le
chevalier de Valois dans *La Vieille Fille* et *Le Cabinet des antiques*,
le marquis d'Esgrignon dans *Le Cabinet des antiques*, et les Troisville
dans *La Vieille Fille* essentiellement.

Le comte de Suzannet. Le comte d'Autichamp.
Deux chefs vendéens.

surnom donné par les Chouans à M. le marquis de Montauran, lors de son débarquement[1]. Les renseignements transmis aux ministres par Hulot se trouvaient exacts en tout point. L'autorité de ce chef envoyé du dehors avait été aussitôt reconnue. Le marquis prenait même assez d'empire sur les Chouans pour leur faire concevoir le véritable but de la guerre et leur persuader que les excès dont ils se rendaient coupables souillaient la cause généreuse qu'ils avaient embrassée. Le caractère hardi, la bravoure, le sang-froid, la capacité de ce jeune seigneur réveillaient les espérances des ennemis de la République et flattaient si vivement la sombre exaltation de ces contrées que les moins zélés coopéraient à y préparer des événements décisifs pour la monarchie abattue. Hulot ne recevait aucune réponse aux demandes et aux rapports

---

1. Dans l'édition Garnier des *Chouans* (Paris, 1977, p. 77), Maurice Regard fait du nom « Montauran » l'altération possible soit de « Montéran », nom d'un émigré qui débarqua en Bretagne en l'an VIII, soit de « Montaran », nom d'anciens voisins de la famille Balzac. Sur les modèles historiques et littéraires de Montauran, *cf.* notre Introduction, p. 37.

réitérés qu'il adressait à Paris. Ce silence étonnant annonçait, sans doute, une nouvelle crise révolution-naire.

— En serait-il maintenant, disait le vieux chef à ses amis, en fait de gouvernement comme en fait d'argent, met-on néant à toutes les pétitions ?

Mais le bruit du magique retour du général Bonaparte et des événements du Dix-huit Brumaire ne tarda pas à se répandre [1]. Les commandants militaires de l'Ouest comprirent alors le silence des ministres. Néanmoins ces chefs n'en furent que plus impatients d'être délivrés de la responsabilité qui pesait sur eux, et devinrent assez curieux de connaître les mesures qu'allait prendre le nouveau gouvernement. En apprenant que le général Bonaparte avait été nommé premier consul de la Répu-blique, les militaires éprouvèrent une joie très vive : ils voyaient, pour la première fois, un des leurs arrivant au maniement des affaires. La France, qui avait fait une idole de ce jeune général, tressaillit d'espérance. L'éner-gie de la nation se renouvela. La capitale, fatiguée de sa sombre attitude, se livra aux fêtes et aux plaisirs des-quels elle était depuis si longtemps sevrée. Les premiers actes du Consulat ne diminuèrent aucun espoir, et la Liberté ne s'en effaroucha pas. Le premier consul fit une proclamation aux habitants de l'Ouest. Ces éloquentes allocutions adressées aux masses et que Bonaparte avait, pour ainsi dire, inventées, produisaient, dans ces temps de patriotisme et de miracles, des effets prodigieux. Sa voix retentissait dans le monde comme la voix d'un pro-phète, car aucune de ces proclamations n'avait encore été démentie par la victoire.

---

1. Bonaparte arrivant d'Égypte débarqua à Fréjus le 9 octobre 1799, et entra dans Paris le 14, sans avoir prévenu les autorités, et après avoir quasi miraculeusement échappé à la flotte anglaise en Méditerranée. Par le coup d'État sans violence du 18 brumaire an VIII, soit du 9 novembre 1799, préparé par Sieyès et favorisé par Lucien Bonaparte, président du Conseil des Anciens, il devint, en tant que Premier Consul, chef de l'État et des armées, et dicta la Constitution autoritaire de l'an VIII.

« HABITANTS,

« Une guerre impie embrase une seconde fois les départements de l'Ouest.

« Les artisans de ces troubles sont des traîtres vendus à l'Anglais ou des brigands qui ne cherchent dans les discordes civiles que l'aliment et l'impunité de leurs forfaits.

« À de tels hommes le gouvernement ne doit ni ménagements, ni déclaration de ses principes.

« Mais il est des citoyens chers à la patrie qui ont été séduits par leurs artifices ; c'est à ces citoyens que sont dues les lumières et la vérité.

« Des lois injustes ont été promulguées et exécutées ; des actes arbitraires ont alarmé la sécurité des citoyens et la liberté des consciences ; partout des inscriptions hasardées sur des listes d'émigrés ont frappé des citoyens ; enfin de grands principes d'ordre social ont été violés.

« Les consuls déclarent que la liberté des cultes étant garantie par la Constitution, la loi du 11 prairial an III, qui laisse aux citoyens l'usage des édifices destinés aux cultes religieux, sera exécutée.

« Le gouvernement pardonnera : il fera grâce au repentir, l'indulgence sera entière et absolue ; mais il frappera quiconque, après cette déclaration, oserait encore résister à la souveraineté nationale [1]. »

— Eh ! bien, disait Hulot après la lecture publique de ce discours consulaire, est-ce assez paternel ? Vous verrez cependant que pas un brigand royaliste ne changera d'opinion.

Le commandant avait raison. Cette proclamation ne servit qu'à raffermir chacun dans son parti. Quelques jours après, Hulot et ses collègues reçurent des renforts. Le nouveau ministre de la guerre leur manda que le

---

1. Balzac modifie quelque peu, en la raccourcissant, une proclamation effective de décembre 1799, qui comportait diverses mesures d'apaisement.

B.N.F.

« Le général Brune était désigné pour aller prendre le commandement des troupes dans l'ouest de la France. »

général Brune était désigné pour aller prendre le commandement des troupes dans l'ouest de la France[1]. Hulot, dont l'expérience était connue, eut provisoirement l'autorité dans les départements de l'Orne et de la Mayenne. Une activité inconnue anima bientôt tous les ressorts du gouvernement. Une circulaire du ministre de la Guerre et du ministre de la Police Générale annonça que des mesures vigoureuses confiées aux chefs des commandements militaires avaient été prises pour étouffer l'insurrection *dans son principe*. Mais les Chouans et les Vendéens avaient déjà profité de l'inaction de la République pour soulever les campagnes et s'en emparer entièrement. Aussi, une nouvelle proclamation consulaire fut-elle adressée. Cette fois le général parlait aux troupes.

---

1. Le nouveau ministre de la Guerre est alors Berthier. Le général Brune, qui avait combattu en Normandie en 1793 avant de s'illustrer en Italie puis en Hollande, fut nommé par Bonaparte à la tête de la nouvelle armée de l'Ouest en janvier 1800.

« SOLDATS,

« Il ne reste plus dans l'Ouest que des brigands, des émigrés, des stipendiés de l'Angleterre.

« L'armée est composée de plus de soixante mille braves ; que j'apprenne bientôt que les chefs des rebelles ont vécu. La gloire ne s'acquiert que par les fatigues ; si on pouvait l'acquérir en tenant son quartier général dans les grandes villes, qui n'en aurait pas ?...

« Soldats, quel que soit le rang que vous occupiez dans l'armée, la reconnaissance de la nation vous attend. Pour en être dignes, il faut braver l'intempérie des saisons, les glaces, les neiges, le froid excessif des nuits ; surprendre vos ennemis à la pointe du jour et exterminer ces misérables, le déshonneur du nom français.

« Faites une campagne courte et bonne ; soyez inexorables pour les brigands, mais observez une discipline sévère.

« Gardes nationales, joignez les efforts de vos bras à celui des troupes de ligne.

« Si vous connaissez parmi vous des hommes partisans des brigands, arrêtez-les ! Que nulle part ils ne trouvent d'asile contre le soldat qui va les poursuivre ; et s'il était des traîtres qui osassent les recevoir et les défendre, qu'ils périssent avec eux [1] ! »

— Quel compère ! s'écria Hulot, c'est comme à l'armée d'Italie, il sonne la messe et il la dit. Est-ce parler, cela ?

— Oui, mais il parle tout seul et en son nom, dit Gérard, qui commençait à s'alarmer des suites du Dix-huit Brumaire.

— Hé ! sainte guérite, qu'est-ce que cela fait, puisque c'est un militaire, s'écria Merle.

À quelques pas de là, plusieurs soldats s'étaient attroupés devant la proclamation affichée sur le mur. Or, comme pas un d'eux ne savait lire, ils la contemplaient, les uns d'un air insouciant, les autres avec curiosité, pen-

---

1. Balzac combine ici, avec quelques changements, deux agressives proclamations de Bonaparte adressées, en janvier 1800, l'une aux soldats, l'autre aux habitants de l'Ouest.

dant que deux ou trois cherchaient parmi les passants un citoyen qui eût la mine d'un savant.

— Vois donc, La-clef-des-cœurs, ce que c'est que ce chiffon de papier-là, dit Beau-pied d'un air goguenard à son camarade.

— C'est bien facile à deviner, répondit La-clef-des-cœurs.

À ces mots, tous regardèrent les deux camarades toujours prêts à jouer leurs rôles.

— Tiens, regarde, reprit La-clef-des-cœurs en montrant en tête de la proclamation une grossière vignette où, depuis peu de jours, un compas [1] remplaçait le niveau de 1793. Cela veut dire qu'il faudra que, nous autres troupiers, nous marchions ferme ! Ils ont mis là un compas toujours ouvert, c'est un emblème.

— Mon garçon, ça ne te va pas de faire le savant, cela s'appelle un problème. J'ai servi d'abord dans l'artillerie, reprit Beau-pied, mes officiers ne mangeaient que de ça.

— C'est un emblème.

— C'est un problème.

— Gageons !

— Quoi ?

— Ta pipe allemande !

— Tope !

— Sans vous commander, mon adjudant, n'est-ce pas que c'est un emblème, et non un problème, demanda La-clef-des-cœurs à Gérard, qui, tout pensif, suivait Hulot et Merle.

— C'est l'un et l'autre, répondit-il gravement.

— L'adjudant s'est moqué de nous, reprit Beaupied. Ce papier-là veut dire que notre général d'Italie est passé consul, ce qui est un fameux grade, et que nous allons avoir des capotes et des souliers.

---

1. « Les géomètres étaient les hommes de Bonaparte, les écrivains le faisaient trembler : c'était le siècle du compas » (Lamartine, cité au mot « compas » dans le Grand Dictionnaire Larousse du XIXᵉ siècle).

CHAPITRE II

UNE IDÉE DE FOUCHÉ

Vers les derniers jours du mois de brumaire[1], au moment où, pendant la matinée, Hulot faisait manœuvrer sa demi-brigade, entièrement concentrée à Mayenne par des ordres supérieurs, un exprès[2] venu d'Alençon lui remit des dépêches pendant la lecture desquelles une assez forte contrariété se peignit sur sa figure.

— Allons, en avant ! s'écria-t-il avec humeur en serrant les papiers au fond de son chapeau. Deux compagnies vont se mettre en marche avec moi et se diriger sur Mortagne. Les Chouans y sont.

— Vous m'accompagnerez, dit-il à Merle et à Gérard. Si je comprends un mot à ma dépêche, je veux être fait noble. Je ne suis peut-être qu'une bête, n'importe, en avant ! Il n'y a pas de temps à perdre.

— Mon commandant, qu'y a-t-il donc de si barbare dans cette carnassière-là ! dit Merle en montrant du bout de sa botte l'enveloppe ministérielle de la dépêche.

— Tonnerre de Dieu ! il n'y a rien si ce n'est qu'on nous embête.

Lorsque le commandant laissait échapper cette expression militaire, déjà l'objet d'une réserve, elle annonçait toujours quelque tempête. Les diverses intonations de cette phrase formaient des espèces de degrés qui, pour la demi-brigade, étaient un sûr thermomètre de la patience du chef ; et la franchise de ce vieux soldat en avait rendu la connaissance si facile, que le plus méchant tambour savait bientôt son Hulot par cœur, en observant les variations de la petite grimace par laquelle le commandant retroussait sa joue et clignait les yeux. Cette fois, le ton de la sourde colère par lequel il accompagna ce mot rendit les deux amis silencieux et circonspects. Les marques même de petite vérole qui sillonnaient ce visage guerrier parurent plus profondes

---

1. Soit à la fin novembre 1799. — 2. Messager envoyé expressément, pour transmettre un courrier urgent.

et le teint plus brun que de coutume. Sa large queue
bordée de tresses étant revenue sur une des épaulettes
quand il remit son chapeau à trois cornes, Hulot la rejeta
avec tant de fureur que les cadenettes [1] en furent déran-
gées. Cependant comme il restait immobile, les poings
fermés, les bras croisés avec force sur la poitrine, la
moustache hérissée, Gérard se hasarda à lui demander :
— Part-on sur l'heure ?

— Oui, si les gibernes sont garnies, répondit-il en
grommelant.

— Elles le sont.

— Portez arme ! par file à gauche, en avant, marche !
dit Gérard à un geste de son chef.

Et les tambours se mirent en tête des deux compagnies
désignées par Gérard. Au son du tambour, le commandant
plongé dans ses réflexions parut se réveiller, et il sortit de la
ville accompagné de ses deux amis, auxquels il ne dit pas un
mot. Merle et Gérard se regardèrent silencieusement à plusieurs reprises comme pour se demander : — Nous tiendra-
t-il longtemps rigueur ? Et, tout en marchant, ils jetèrent à la
dérobée des regards observateurs sur Hulot qui continuait à
dire entre ses dents de vagues paroles. Plusieurs fois ces
phrases résonnèrent comme des juremens aux oreilles des
soldats ; mais pas un d'eux n'osa souffler mot ; car, dans
l'occasion, tous savaient garder la discipline sévère à
laquelle étaient habitués les troupiers jadis commandés en
Italie par Bonaparte. La plupart d'entre eux étaient comme
Hulot, les restes de ces fameux bataillons qui capitulèrent à
Mayence sous la promesse de ne pas être employés sur les
frontières, et l'armée les avait nommés les *Mayençais* [2]. Il

---

1. Sous l'Ancien Régime, certains corps de troupes portaient deux
tresses de cheveux de chaque côté de la figure ; ces « cadenettes » passèrent
de mode sous la Révolution, pour être adoptées de nouveau par la jeunesse
dorée thermidorienne. Cette coiffure surprend un peu chez le républicain
Hulot. — 2. Occupée par Custine en octobre 1792, Mayence fut assiégée
par les Prussiens d'avril à juillet 1793 ; après une capitulation héroïque, la
garnison française obtint le droit de rentrer en France, à la condition de ne
plus porter les armes contre la Prusse. Ce qui en restait fut envoyé combattre
en Vendée en 1794 (et non, comme le dit Balzac, en 1799).

Un « Mayençais ».
« Les restes de ces fameux bataillons qui capitulèrent à Mayence. »

était difficile de rencontrer des soldats et des chefs qui se comprissent mieux.

Le lendemain de leur départ, Hulot et ses deux amis se trouvaient de grand matin sur la route d'Alençon, à une lieue environ de cette dernière ville, vers Mortagne, dans la partie du chemin qui côtoie les pâturages arrosés par la Sarthe. Les vues pittoresques de ces prairies se déploient successivement sur la gauche, tandis que la droite, flanquée des bois épais qui se rattachent à la grande forêt de Menil-Broust, forme, s'il est permis d'emprunter ce terme à la peinture, un *repoussoir* aux délicieux aspects de la rivière. Les bermes [1] du chemin

---

1. *Cf.* note 1 p. 100.

sont encaissées par des fossés dont les terres sans cesse rejetées sur les champs y produisent de hauts talus couronnés d'*ajoncs*, nom donné dans tout l'Ouest au genêt épineux. Cet arbuste, qui s'étale en buissons épais, fournit pendant l'hiver une excellente nourriture aux chevaux et aux bestiaux ; mais tant qu'il n'était pas récolté, les Chouans se cachaient derrière ses touffes d'un vert sombre. Ces talus et ces ajoncs, qui annoncent au voyageur l'approche de la Bretagne, rendaient donc alors cette partie de la route aussi dangereuse qu'elle est belle. Les périls qui devaient se rencontrer dans le trajet de Mortagne à Alençon et d'Alençon à Mayenne, étaient la cause du départ de Hulot ; et, là, le secret de sa colère finit par lui échapper. Il escortait alors une vieille malle traînée par des chevaux de poste que ses soldats fatigués obligeaient à marcher lentement. Les compagnies de Bleus appartenant à la garnison de Mortagne et qui avaient accompagné cette horrible voiture jusqu'aux limites de leur étape, où Hulot était venu les remplacer dans ce service, à juste titre nommé par ses soldats *une scie*[1] patriotique, retournaient à Mortagne et se voyaient dans le lointain comme des points noirs. Une des deux compagnies du vieux Républicain se tenait à quelques pas en arrière, et l'autre en avant de cette calèche. Hulot, qui se trouva entre Merle et Gérard, à moitié chemin de l'avant-garde et de la voiture, leur dit, tout à coup :

— Mille tonnerres ! croiriez-vous que c'est pour accompagner les deux cotillons[2] qui sont dans ce vieux fourgon que le général nous a détachés de Mayenne ?

— Mais, mon commandant, quand nous avons pris position tout à l'heure auprès des citoyennes, répondit

---

1. Une « scie », c'est-à-dire une corvée, une tâche ennuyeuse.
— **2.** Le cotillon était un jupon porté surtout par les paysannes. « Deux cotillons » signifie ici, par synecdoque, « deux femmes ». Quand on sait que « courir le cotillon », c'était rechercher les conquêtes féminines, on mesure le côté méprisant de l'expression dans la bouche de Hulot. Le loyal militaire s'oppose complètement, sur le plan amoureux, à son frère le baron Hulot de *La Cousine Bette* — encore que... voyez la tirade de Gérard qui suit. Hulot devra se raidir contre les charmes de Mlle de Verneuil, dont « la dangereuse beauté lui troublait déjà le cœur » (p. 179).

Gérard, vous les avez saluées d'un air qui n'était pas déjà si gauche.

— Hé ! voilà l'infamie. Ces *muscadins*[1] de Paris ne nous recommandent-ils pas les plus grands égards pour leurs damnées femelles ! Peut-on déshonorer de bons et braves patriotes comme nous, en les mettant à la suite d'une jupe. Oh ! moi, je vais droit mon chemin et n'aime pas les zigzags chez les autres. Quand j'ai vu à Danton des maîtresses, à Barras des maîtresses, je leur ai dit : — « Citoyens, quand la République vous a requis de la gouverner, ce n'était pas pour autoriser les amusements de l'ancien régime. » Vous me direz à cela que les femmes ? Oh ! on a des femmes ! c'est juste. À de bons lapins, voyez-vous, il faut des femmes et de bonnes femmes. Mais, assez causé quand vient le danger. À quoi donc aurait servi de balayer les abus de l'ancien temps si les patriotes les recommençaient. Voyez le premier consul, c'est là un homme : pas de femmes, toujours à son affaire. Je parierais ma moustache gauche qu'il ignore le sot métier qu'on nous fait faire ici.

— Ma foi, commandant, répondit Merle en riant, j'ai aperçu le bout du nez de la jeune dame cachée au fond de la malle, et j'avoue que tout le monde pourrait sans déshonneur se sentir, comme je l'éprouve, la démangeaison d'aller tourner autour de cette voiture pour nouer avec les voyageurs un petit bout de conversation.

— Gare à toi, Merle, dit Gérard. Les corneilles coiffées sont accompagnées d'un citoyen assez rusé pour te prendre dans un piège.

— Qui ? Cet *incroyable*[2] dont les petits yeux vont incessamment d'un côté du chemin à l'autre, comme s'il y voyait des Chouans ; ce muscadin à qui on aperçoit à peine les jambes ; et qui, dans le moment où celles de son cheval sont cachées par la voiture, a l'air d'un

---

1. *Cf.* note 2 p. 74. — 2. Incroyables : élégants du Directoire et du commencement du Consulat qui affectaient, par opposition à la simplicité républicaine et par prétention aristocratique, une recherche excentrique dans leur habillement, exactement décrit par Balzac, et un parler précieux où abondait l'expression « c'est incroyable », et d'où était proscrit le « r ». Il est symptomatique que Corentin, qui sert la République, arbore cette tenue propre aux parvenus d'opinion royaliste.

canard dont la tête sort d'un pâté ! Si ce dadais-là [1] m'empêche jamais de caresser sa jolie fauvette...

— Canard, fauvette ! Oh ! mon pauvre Merle, tu es furieusement dans les volatiles. Mais ne te fie pas au canard ! Ses yeux verts me paraissent perfides comme ceux d'une vipère et fins comme ceux d'une femme qui pardonne à son mari. Je me défie moins des Chouans que de ces avocats dont les figures ressemblent à des carafes de limonade.

— Bah ! s'écria Merle gaiement, avec la permission du commandant, je me risque ! Cette femme-là a des yeux qui sont comme des étoiles, on peut tout mettre au jeu [2] pour les voir.

— Il est pris, le camarade, dit Gérard au commandant, il commence à dire des bêtises.

Hulot fit la grimace, haussa les épaules et répondit :
— Avant de prendre le potage, je lui conseille de le sentir.

— Brave Merle, reprit Gérard en jugeant à la lenteur de sa marche qu'il manœuvrait pour se laisser graduellement gagner par la malle, est-il gai ! C'est le seul homme qui puisse rire de la mort d'un camarade sans être taxé d'insensibilité.

— C'est le vrai soldat français, dit Hulot d'un ton grave.

— Oh ! le voici qui ramène ses épaulettes sur son épaule pour faire voir qu'il est capitaine, s'écria Gérard en riant, comme si le grade y faisait quelque chose.

La voiture vers laquelle pivotait l'officier renfermait en effet deux femmes, dont l'une semblait être la servante de l'autre.

— Ces femmes-là vont toujours deux par deux, disait Hulot.

Un petit homme sec et maigre caracolait, tantôt en avant, tantôt en arrière de la voiture ; mais quoiqu'il parût accompagner les deux voyageuses privilégiées, personne ne l'avait encore vu leur adressant la parole. Ce silence, preuve de dédain ou de respect, les bagages

---

1. Dadais : jeune homme sot et gauche, niais — ce que Corentin n'est certainement pas. — **2.** C'est-à-dire tout risquer.

nombreux, et les cartons de celle que le commandant appelait une *princesse*, tout, jusqu'au costume de son cavalier servant, avait encore irrité la bile de Hulot. Le costume de cet inconnu présentait un exact tableau de la mode qui valut en ce temps les caricatures des Incroyables. Qu'on se figure ce personnage affublé d'un habit dont les basques étaient si courtes, qu'elles laissaient passer cinq à six pouces du gilet, et les pans si longs qu'ils ressemblaient à une queue de morue[1], terme alors employé pour les désigner. Une cravate énorme décrivait autour de son cou de si nombreux contours, que la petite tête qui sortait de ce labyrinthe de mousseline justifiait presque la comparaison gastronomique du capitaine Merle. L'inconnu portait un pantalon collant et des bottes à la Souvarov[2]. Un immense camée blanc et bleu servait d'épingle à sa chemise. Deux chaînes de montre s'échappaient parallèlement de sa ceinture ; puis ses cheveux, pendant en tire-bouchons de chaque côté des faces[3], lui couvraient presque tout le front. Enfin, pour dernier enjolivement, le col de sa chemise et celui de l'habit montaient si haut, que sa tête paraissait enveloppée comme un bouquet dans un cornet de papier. Ajoutez à ces grêles accessoires qui juraient entre eux sans produire d'ensemble, l'opposition burlesque des couleurs du pantalon jaune, du gilet rouge, de l'habit cannelle, et l'on aura une image fidèle du suprême bon ton auquel obéissaient les élégants au commencement du Consulat. Ce costume, tout à fait baroque[4], semblait avoir été inventé pour servir d'épreuve à la grâce, et montrer qu'il n'y a rien de si ridicule que la mode ne sache consacrer. Le cavalier paraissait avoir atteint l'âge de trente ans, mais il en avait à peine vingt-deux ; peut-être devait-il cette apparence soit à la débauche, soit aux périls de cette époque. Malgré cette toilette d'empiri-

---

1. « Queue de morue » désignait en effet un habit de cérémonie à longs pans. — 2. Sous le Directoire, les bottes à la Souvarov étaient plissées, et terminées en cœur. — 3. « Face » peut signifier « les cheveux qui couvrent les tempes », ou peut-être « les tempes ». — 4. C'est-à-dire « non classique », donc, péjorativement, excentrique, bizarre, choquant.

que[1], sa tournure accusait une certaine élégance de
manières à laquelle on reconnaissait un homme bien
élevé. Lorsque le capitaine se trouva près de la calèche,
le muscadin parut deviner son dessein, et le favorisa en
retardant le pas de son cheval ; Merle, qui lui avait jeté
un regard sardonique, rencontra un de ces visages impénétrables, accoutumés par les vicissitudes de la Révolution à cacher toutes les émotions, même les moindres.
Au moment où le bout recourbé du vieux chapeau triangulaire et l'épaulette du capitaine furent aperçus par les
dames, une voix d'une angélique douceur lui demanda :
— Monsieur l'officier, auriez-vous la bonté de nous dire
en quel endroit de la route nous nous trouvons ?

Il existe un charme inexprimable dans une question
faite par une voyageuse inconnue, le moindre mot
semble alors contenir toute une aventure ; mais si la
femme sollicite quelque protection, en s'appuyant sur sa
faiblesse et sur une certaine ignorance des choses,
chaque homme n'est-il pas légèrement enclin à bâtir une
fable impossible où il se fait heureux ? Aussi les mots
de « Monsieur l'officier », la forme polie de la demande,
portèrent-ils un trouble inconnu dans le cœur du capitaine. Il essaya d'examiner la voyageuse et fut singulièrement désappointé, car un voile jaloux lui en cachait
les traits ; à peine même put-il en voir les yeux, qui, à
travers la gaze, brillaient comme deux onyx frappés par
le soleil.

— Vous êtes maintenant à une lieue d'Alençon,
madame.

— Alençon, déjà ! Et la dame inconnue se rejeta, ou
plutôt se laissa aller au fond de la voiture, sans plus rien
répondre.

— Alençon, répéta l'autre femme en paraissant se
réveiller. Vous allez revoir le pays.

Elle regarda le capitaine et se tut. Merle, trompé dans
son espérance de voir la belle inconnue, se mit à en

---

1. Un empirique est un médecin sans instruction sérieuse, dont la
pratique se fonde entièrement sur l'expérience empirique. Le mot
désigne ici un homme sans instruction et sans intelligence, ou encore
d'un conformisme désolant.

Entrée d'Alençon par la route de Bretagne.
« Vous êtes maintenant à une lieue d'Alençon, madame. »

examiner la compagne. C'était une fille d'environ vingt-six ans, blonde, d'une jolie taille, et dont le teint avait cette fraîcheur de peau, cet éclat nourri qui distingue les femmes de Valognes, de Bayeux et des environs d'Alençon [1]. Le regard de ses yeux bleus n'annonçait pas d'esprit, mais une certaine fermeté mêlée de tendresse. Elle portait une robe d'étoffe commune. Ses cheveux, relevés sous un petit bonnet à la mode cauchoise, et sans aucune prétention, rendaient sa figure charmante de simplicité. Son attitude, sans avoir la noblesse convenue des salons, n'était pas dénuée de cette dignité naturelle à une jeune fille modeste qui pouvait contempler le tableau de sa vie passée sans y trouver un seul sujet de repentir. D'un coup d'œil, Merle sut deviner en elle une de ces fleurs champêtres qui, transportée dans les serres parisiennes où se concentrent tant de rayons flétrissants, n'avait rien perdu de ses couleurs pures ni de sa rustique franchise. L'attitude naïve de la jeune fille et la modestie de son

1. Villes de Normandie, alors que Francine est présentée comme Bretonne...

regard apprirent à Merle qu'elle ne voulait pas d'audi-
teur. En effet, quand il s'éloigna, les deux inconnues
commencèrent à voix basse une conversation dont le
murmure parvint à peine à son oreille.

— Vous êtes partie si précipitamment, dit la jeune
campagnarde, que vous n'avez pas seulement pris le
temps de vous habiller. Vous voilà belle ! Si nous allons
plus loin qu'Alençon, il faudra nécessairement y faire
une autre toilette...

— Oh ! oh ! Francine, s'écria l'inconnue.

— Plaît-il ?

— Voici la troisième tentative que tu fais pour
apprendre le terme et la cause de ce voyage.

— Ai-je dit la moindre chose qui puisse me valoir ce
reproche...

— Oh ! j'ai bien remarqué ton petit manège. De candide et simple que tu étais, tu as pris un peu de ruse à
mon école. Tu commences à avoir les interrogations en
horreur. Tu as bien raison, mon enfant. De toutes les
manières connues d'arracher un secret, c'est, à mon avis,
la plus niaise.

— Eh ! bien, reprit Francine, puisqu'on ne peut rien
vous cacher, convenez-en, Marie ? votre conduite n'ex-
citerait-elle pas la curiosité d'un saint. Hier matin sans
ressources, aujourd'hui les mains pleines d'or, on vous
donne à Mortagne la malle-poste pillée dont le conducteur a été tué, vous êtes protégée par les troupes du gouvernement, et suivie par un homme que je regarde
comme votre mauvais génie...

— Qui, Corentin ?... demanda la jeune inconnue en
accentuant ces deux mots par deux inflexions de voix
pleines d'un mépris qui déborda même dans le geste par
lequel elle montra le cavalier. Écoute, Francine, reprit-
elle, te souviens-tu de *Patriote*, ce singe que j'avais
habitué à contrefaire Danton [1], et qui nous amusait tant ?

— Oui, mademoiselle.

— Eh bien, en avais-tu peur ?

---

1. Nous apprendrons, p. 363, que Marie a été « mariée », on ne
sait trop en quel sens, à Danton. « Patriote » était alors synonyme de
« partisan de la Révolution ».

— Il était enchaîné.

— Mais Corentin est muselé, mon enfant.

— Nous badinions avec Patriote pendant des heures entières, dit Francine, je le sais, mais il finissait toujours par nous jouer quelque mauvais tour. À ces mots, Francine se rejeta vivement au fond de la voiture, près de sa maîtresse, lui prit les mains pour les caresser avec des manières câlines, en lui disant d'une voix affectueuse :

— Mais vous m'avez devinée, Marie, et vous ne me répondez pas. Comment, après ces tristesses qui m'ont fait tant de mal, oh ! bien du mal, pouvez-vous en vingt-quatre heures devenir d'une gaieté folle, comme lorsque vous parliez de vous tuer. D'où vient ce changement ? J'ai le droit de vous demander un peu compte de votre âme[1]. Elle est à moi avant d'être à qui que ce soit, car jamais vous ne serez mieux aimée que vous ne l'êtes par moi. Parlez, mademoiselle.

— Eh ! bien, Francine, ne vois-tu pas autour de nous le secret de ma gaieté. Regarde les houppes jaunies de ces arbres lointains ? pas une ne se ressemble. À les contempler de loin, ne dirait-on pas d'une vieille tapisserie de château. Vois ces haies derrière lesquelles il peut se rencontrer des Chouans à chaque instant. Quand je regarde ces ajoncs, il me semble apercevoir des canons de fusil. J'aime ce renaissant péril qui nous environne. Toutes les fois que la route prend un aspect sombre, je suppose que nous allons entendre des détonations, alors mon cœur bat, une sensation inconnue m'agite. Et ce n'est ni les tremblements de la peur, ni les émotions du plaisir ; non, c'est mieux, c'est le jeu de tout ce qui se meut en moi, c'est la vie. Quand je ne serais joyeuse que d'avoir un peu animé ma vie !

— Ah ! vous ne me dites rien, cruelle. Sainte Vierge, ajouta Francine en levant les yeux au ciel avec douleur, à qui se confessera-t-elle, si elle se tait avec moi ?

— Francine, reprit l'inconnue d'un ton grave, je ne peux pas t'avouer mon entreprise. Cette fois-ci, c'est horrible.

---

[1]. Parce que, comme nous le découvrirons plus tard (p. 186 et 361), elle est la sœur de lait de Marie.

— Pourquoi faire le mal en connaissance de cause ?

— Que veux-tu, je me surprends à penser comme si j'avais cinquante ans, et à agir comme si j'en avais encore quinze. Tu as toujours été ma raison, ma pauvre fille ; mais dans cette affaire-ci, je dois étouffer ma conscience. Et, dit-elle après une pause, en laissant échapper un soupir, je n'y parviens pas. Or, comment veux-tu que j'aille encore mettre après moi un confesseur aussi rigide que toi ? Et elle lui frappa doucement dans la main.

— Hé ! quand vous ai-je reproché vos actions ? s'écria Francine. Le mal en vous a de la grâce. Oui, sainte Anne d'Auray, que je prie tant pour votre salut, vous absoudrait de tout. Enfin ne suis-je pas à vos côtés sur cette route, sans savoir où vous allez ? Et dans son effusion, elle lui baisa les mains.

— Mais, reprit Marie, tu peux m'abandonner, si ta conscience...

— Allons, taisez-vous, madame, reprit Francine en faisant une petite moue chagrine. Oh ! ne me direz-vous pas...

— Rien, dit la jeune demoiselle d'une voix ferme. Seulement sache-le bien ! je hais cette entreprise encore plus que celui dont la langue dorée me l'a expliquée[1]. Je veux être franche, je t'avouerai que je ne me serais pas rendue à leurs désirs, si je n'avais entrevu dans cette ignoble farce un mélange de terreur et d'amour qui m'a tentée. Puis, je n'ai pas voulu m'en aller de ce bas monde sans avoir essayé d'y cueillir les fleurs que j'en espère, dussé-je périr ! Mais souviens-toi, pour l'honneur de ma mémoire, que si j'avais été heureuse, l'aspect de leur gros couteau prêt à tomber sur ma tête ne m'aurait pas fait accepter un rôle dans cette tragédie, car c'est une tragédie. Maintenant, reprit-elle en laissant échapper un geste de dégoût, si elle était décommandée, je me jetterais à l'instant dans la Sarthe ; et ce ne serait point un suicide, je n'ai pas encore vécu.

— Oh ! sainte Vierge d'Auray, pardonnez-lui !

— De quoi t'effraies-tu ? Les plates vicissitudes de

---

1. *Cf.* la confession de Marie au chapitre III, p. 363.

la vie domestique n'excitent pas mes passions, tu le sais. Cela est mal pour une femme ; mais mon âme s'est fait une sensibilité plus élevée, pour supporter de plus fortes épreuves [1]. J'aurais été peut-être, comme toi, une douce créature. Pourquoi me suis-je élevée au-dessus ou abaissée au-dessous de mon sexe ? Ah ! que la femme du général Bonaparte est heureuse. Tiens, je mourrai jeune, puisque j'en suis déjà venue à ne pas m'effrayer d'une partie de plaisir où il y a du sang à boire, comme disait ce pauvre Danton. Mais oublie ce que je te dis ; c'est la femme de cinquante ans qui a parlé. Dieu merci ! la jeune fille de quinze ans va bientôt reparaître.

La jeune campagnarde frémit. Elle seule connaissait le caractère bouillant et impétueux de sa maîtresse. Elle seule était initiée aux mystères de cette âme riche d'exaltation, aux sentiments de cette créature qui, jusque-là, avait vu passer la vie comme une ombre insaisissable, en voulant toujours la saisir. Après avoir semé à pleines mains sans rien récolter, cette femme était restée vierge [2], mais irritée par une multitude de désirs trompés. Lassée d'une lutte sans adversaire, elle arrivait alors dans son désespoir à préférer le bien au mal quand il s'offrait comme une jouissance, le mal au bien quand il présentait quelque poésie, la misère à la médiocrité comme quelque chose de plus grand, l'avenir sombre et inconnu de la mort à une vie pauvre d'espérances ou même de souffrances. Jamais tant de poudre ne s'était amassée

---

1. Signalons ici une variante intéressante de l'édition originale, remaniée ensuite pour atténuer le caractère romantiquement extrême de l'héroïne : « Il y a en moi un instinct qui m'avertit que je suis réservée à je ne sais quoi de grand, ou à une jeune mort. — Madame Tallien n'a-t-elle pas fait le 9 Thermidor ? Ne puis-je donc pas l'imiter. Elle a eu un tort à mes yeux, c'est de ne pas avoir continué de dominer la révolution. Quand une femme s'est élevée au-dessus des deux sexes, elle ne doit pas quitter l'horizon. — Mais Tallien est un pauvre instrument. — Veux-tu savoir ce que je cherche ici ? — *Un homme* !... — Un homme pour lequel je ne sois pas, comme je te l'ai dit, une poupée, mais une compagne. Si je ne suis pas Dieu, je veux être son prophète. Aussi, ma chère enfant, si j'envie le sort d'une femme au monde, c'est celui de madame Bonaparte, même quand on viendrait me dire qu'elle est malheureuse. » — 2. La « virginité », plutôt sentimentale que réelle *(cf.* p. 363), de Marie est soulignée par le choix de son prénom, celui de la Vierge, justement.

pour l'étincelle, jamais tant de richesses à dévorer pour l'amour, enfin jamais aucune fille d'Ève[1] n'avait été pétrie avec plus d'or dans son argile. Semblable à un ange terrestre, Francine veillait sur cet être en qui elle adorait la perfection, croyant accomplir un céleste message si elle le conservait au chœur des séraphins d'où il semblait banni en expiation d'un péché d'orgueil.

— Voici le clocher d'Alençon, dit le cavalier en s'approchant de la voiture.

— Je le vois, répondit sèchement la jeune dame.

— Ah ! bien, dit-il en s'éloignant avec les marques d'une soumission servile malgré son désappointement.

— Allez, allez plus vite, dit la dame au postillon. Maintenant il n'y a rien à craindre. Allez au grand trot ou au galop, si vous pouvez. Ne sommes-nous pas sur le pavé d'Alençon.

En passant devant le commandant elle lui cria d'une voix douce :

— Nous nous retrouverons à l'auberge, commandant. Venez m'y voir.

— C'est cela, répliqua le commandant. À l'auberge ! Venez me voir ! Comme ça vous parle à un chef de demi-brigade...

Et il montrait du poing la voiture qui roulait rapidement sur la route.

— Ne vous en plaignez pas, commandant, elle a votre grade de général dans sa manche, dit en riant Corentin qui essayait de mettre son cheval au galop pour rejoindre la voiture.

— Ah ! je ne me laisserai pas embêter par ces paroissiens-là, dit Hulot à ses deux amis en grognant. J'aimerais mieux jeter l'habit de général dans un fossé que de le gagner dans un lit. Que veulent-ils donc, ces canards-là ? Y comprenez-vous quelque chose, vous autres ?

— Oh ! oui, dit Merle, je sais que c'est la femme la plus belle que j'aie jamais vue ! Je crois que vous entendez mal la métaphore. C'est la femme du Premier consul, peut-être ?

---

1. *Une fille d'Ève* sera le titre d'une Scène de la vie privée de 1839, dont l'héroïne s'appelle également Marie (de Vendenesse).

— Bah ! la femme du Premier consul est vieille[1], et celle-ci est jeune, reprit Hulot. D'ailleurs, l'ordre que j'ai reçu du ministre m'apprend qu'elle se nomme mademoiselle de Verneuil[2]. C'est une ci-devant. Est-ce que je ne connais pas ça ! Avant la révolution, elles faisaient toutes ce métier-là ; on devenait alors, en deux temps et six mouvements, chef de demi-brigade, il ne s'agissait que de leur bien dire deux ou trois fois : *Mon cœur !*

Pendant que chaque soldat ouvrait le compas, pour employer l'expression du commandant, la voiture horrible qui servait alors de malle avait promptement atteint l'hôtel des Trois-Maures[3], situé au milieu de la grande rue d'Alençon. Le bruit de ferraille que rendait cette informe voiture amena l'hôte sur le pas de la porte. C'était un hasard auquel personne dans Alençon ne devait s'attendre que la descente de la malle à l'auberge des Trois-Maures ; mais l'affreux événement de Mortagne[4] la fit suivre par tant de monde, que les deux voyageuses, pour se dérober à la curiosité générale, entrèrent lestement dans la cuisine, inévitable antichambre des auberges dans tout l'Ouest ; et l'hôte se disposait à les suivre après avoir examiné la voiture, lorsque le postillon l'arrêta par le bras.

— Attention, citoyen Brutus, dit-il, il y a escorte de Bleus. Comme il n'y a ni conducteur ni dépêches, c'est moi qui t'amène les citoyennes, elles paieront sans doute comme de ci-devant princesses, ainsi...

---

1. En 1799, Joséphine n'avait que trente-six ans. — **2.** Balzac aimait, dans sa généalogie imaginaire, rattacher sa famille à la noble famille de Verneuil. Marie de « Verneuil » fait d'autre part penser à la Diana « Vernon » du *Rob Roy* de Scott — comme, dans l'*Histoire des Treize*, « Ferragus » fera penser au « Fergus » de *Waverley* (1814). Aussi belle, fière et hardie que l'héroïne scottienne, Marie la Bleue va s'éprendre du leader blanc comme Diana l'Écossaise, jacobite et catholique, de son cousin anglais, whig et presbytérien ; avec cette différence, que les amours de Diana et de Frank finissent bien. — **3.** Il existait à Alençon une « Auberge du More », mentionnée dans *La Vieille Fille* à propos, justement, de notre aventure de 1799. — **4.** « L'affreux événement de Mortagne » fait sans doute référence à un assaut lancé par les chouans contre la malle-poste à Mesnil-Brout, entre Alençon et Mortagne ; un tel assaut eut réellement lieu le 16 octobre 1799.

— Ainsi, nous boirons un verre de vin ensemble tout à l'heure, mon garçon, lui dit l'hôte.

Après avoir jeté un coup d'œil sur cette cuisine noircie par la fumée et sur une table ensanglantée par des viandes crues, mademoiselle de Verneuil se sauva dans la salle voisine avec la légèreté d'un oiseau, car elle craignit l'aspect et l'odeur de cette cuisine, autant que la curiosité d'un chef malpropre et d'une petite femme grasse qui déjà l'examinaient avec attention.

— Comment allons-nous faire, ma femme ? dit l'hôte. Qui diable pouvait croire que nous aurions tant de monde par le temps qui court ? Avant que je puisse lui servir un déjeuner convenable, cette femme-là va s'impatienter. Ma foi, il me vient une bonne idée : puisque c'est des gens comme il faut, je vais leur proposer de se réunir à la personne que nous avons là-haut. Hein ?

Quand l'hôte chercha la nouvelle arrivée, il ne vit plus que Francine, à laquelle il dit à voix basse en l'emmenant au fond de la cuisine du côté de la cour pour l'éloigner de ceux qui pouvaient l'écouter : — Si ces dames désirent se faire servir à part, comme je n'en doute point, j'ai un repas très délicat tout préparé pour une dame et pour son fils. Ces voyageurs ne s'opposeront sans doute pas à partager leur déjeuner avec vous, ajouta-t-il d'un air mystérieux. C'est des personnes de condition.

À peine avait-il achevé sa dernière phrase, que l'hôte se sentit appliquer dans le dos un léger coup de manche de fouet, il se retourna brusquement, et vit derrière lui un petit homme trapu, sorti sans bruit d'un cabinet voisin, et dont l'apparition avait glacé de terreur la grosse femme, le chef et son marmiton. L'hôte pâlit en retournant la tête. Le petit homme secoua ses cheveux qui lui cachaient entièrement le front et les yeux, se dressa sur ses pieds pour atteindre à l'oreille de l'hôte, et lui dit : — Vous savez ce que vaut une imprudence, une dénonciation, et de quelle couleur est la monnaie avec laquelle nous les payons. Nous sommes généreux.

Il joignit à ses paroles un geste qui en fut un épouvantable commentaire. Quoique la vue de ce personnage fût dérobée à Francine par la rotondité de l'hôte, elle saisit

quelques mots des phrases qu'il avait sourdement prononcées, et resta comme frappée par la foudre en entendant les sons rauques d'une voix bretonne. Au milieu de
la terreur générale, elle s'élança vers le petit homme ;
mais celui-ci, qui semblait se mouvoir avec l'agilité d'un
animal sauvage, sortait déjà par une porte latérale donnant sur la cour. Francine crut s'être trompée dans ses
conjectures, car elle n'aperçut que la peau fauve et noire
d'un ours de moyenne taille. Étonnée, elle courut à la
fenêtre. À travers les vitres jaunies par la fumée, elle
regarda l'inconnu qui gagnait l'écurie d'un pas traînant.
Avant d'y entrer, il dirigea deux yeux noirs sur le premier étage de l'auberge, et, de là, sur la malle, comme
s'il voulait faire part à un ami de quelque importante
observation relative à cette voiture. Malgré les peaux de
biques, et grâce à ce mouvement qui lui permit de distinguer le visage de cet homme, Francine reconnut alors à
son énorme fouet et à sa démarche rampante, quoique
agile dans l'occasion, le Chouan surnommé Marche-à-
terre ; elle l'examina, mais indistinctement, à travers
l'obscurité de l'écurie où il se coucha dans la paille en
prenant une position d'où il pouvait observer tout ce qui
se passerait dans l'auberge. Marche-à-terre était ramassé
de telle sorte que, de loin comme de près, l'espion le
plus rusé l'aurait facilement pris pour un de ces gros
chiens de roulier, tapi en rond et qui dorment, la gueule
placée sur leurs pattes. La conduite de Marche-à-terre
prouvait à Francine que le Chouan ne l'avait pas reconnue. Or, dans les circonstances délicates où se trouvait
sa maîtresse, elle ne sut pas si elle devait s'en applaudir
ou s'en chagriner. Mais le mystérieux rapport qui existait entre l'observation menaçante du Chouan et l'offre
de l'hôte, assez commune chez les aubergistes qui cherchent toujours à tirer deux moutures du sac [1], piqua sa
curiosité ; elle quitta la vitre crasseuse d'où elle regardait
la masse informe et noire qui, dans l'obscurité, lui indiquait la place occupée par Marche-à-terre, se retourna

---

1. La mouture est l'action de moudre des céréales, ou le produit
résultant de cette action. Tirer deux moutures du sac, c'est tirer un
double profit d'une même affaire.

vers l'aubergiste, et le vit dans l'attitude d'un homme qui a fait un pas de clerc et ne sait comment s'y prendre pour revenir en arrière. Le geste du Chouan avait pétrifié ce pauvre homme. Personne, dans l'Ouest, n'ignorait les cruels raffinements des supplices par lesquels les Chasseurs du Roi punissaient les gens soupçonnés seulement d'indiscrétion, aussi l'hôte croyait-il déjà sentir leurs couteaux sur son cou. Le chef regardait avec terreur l'âtre du feu où souvent ils *chauffaient* les pieds de leurs dénonciateurs [1]. La grosse petite femme tenait un couteau de cuisine d'une main, de l'autre une pomme de terre à moitié coupée, et contemplait son mari d'un air hébété. Enfin le marmiton cherchait le secret, inconnu pour lui, de cette silencieuse terreur. La curiosité de Francine s'anima naturellement à cette scène muette, dont l'acteur principal était vu par tous, quoique absent. La jeune fille fut flattée de la terrible puissance du Chouan, et encore qu'il n'entrât guère dans son humble caractère de faire des malices de femme de chambre, elle était cette fois trop fortement intéressée à pénétrer ce mystère pour ne pas profiter de ses avantages.

— Eh bien, mademoiselle accepte votre proposition, dit-elle gravement à l'hôte, qui fut comme réveillé en sursaut par ces paroles.

— Laquelle ? demanda-t-il avec une surprise réelle.

— Laquelle ? demanda Corentin survenant.

— Laquelle ? demanda mademoiselle de Verneuil.

— Laquelle ? demanda un quatrième personnage qui se trouvait sur la dernière marche de l'escalier et qui sauta légèrement dans la cuisine.

— Eh ! bien, de déjeuner avec vos personnes de distinction, répondit Francine impatiente.

— De distinction, reprit d'une voix mordante et ironique le personnage arrivé par l'escalier. Ceci, mon cher, me semble une mauvaise plaisanterie d'auberge ; mais si c'est cette jeune citoyenne que tu veux nous donner pour convive, il faudrait être fou pour s'y refuser, brave homme, dit-il en regardant mademoiselle de Verneuil.

---

1. Sur ce supplice « chouan » par excellence, *cf.* note 1 p. 133.

En l'absence de ma mère, j'accepte, ajouta-t-il en frappant sur l'épaule de l'aubergiste stupéfait.

La gracieuse étourderie de la jeunesse déguisa la hauteur insolente de ces paroles qui attira naturellement l'attention de tous les acteurs de cette scène sur ce nouveau personnage. L'hôte prit alors la contenance de Pilate cherchant à se laver les mains de la mort de Jésus-Christ, il rétrograda de deux pas vers sa grosse femme, et lui dit à l'oreille : — Tu es témoin que, s'il arrive quelque malheur, ce ne sera pas ma faute. Mais au surplus, ajouta-t-il encore plus bas, va prévenir de tout ça monsieur Marche-à-terre.

Le voyageur, jeune homme de moyenne taille, portait un habit bleu et de grandes guêtres noires qui lui montaient au-dessus du genou, sur une culotte de drap également bleu. Cet uniforme simple et sans épaulettes appartenait aux élèves de l'École Polytechnique [1]. D'un seul regard, Mlle de Verneuil sut distinguer sous ce costume sombre des formes élégantes et *ce je ne sais quoi* qui annoncent une noblesse native. Assez ordinaire au premier aspect, la figure du jeune homme se faisait bientôt remarquer par la conformation de quelques traits où se révélait une âme capable de grandes choses. Un teint bruni, des cheveux blonds et bouclés, des yeux bleus étincelants, un nez fin, des mouvements pleins d'aisance ; en lui, tout décelait et une vie dirigée par des sentiments élevés et l'habitude du commandement. Mais les signes les plus caractéristiques de son génie se trouvaient dans un menton à la Bonaparte, et dans sa lèvre inférieure qui se joignait à la supérieure en décrivant la courbe gracieuse de la feuille d'acanthe sous le chapiteau corinthien. La nature avait mis dans ces deux traits d'irrésistibles enchantements. — Ce jeune homme est

---

1. L'École Polytechnique fut fondée en 1794, sur l'initiative de Monge et Carnot, et reçut son nom actuel l'année suivante ; Napoléon la transforma en école militaire en 1804. Notons que, comme au théâtre, les personnages changent très facilement de costume. Comme au théâtre aussi, tous les principaux acteurs du drame se trouvent, sans trop d'égards pour la vraisemblance, réunis sur le même plateau, cette auberge d'Alençon qui évoque d'autre part les auberges du roman picaresque.

singulièrement distingué pour un républicain, se dit Mlle de Verneuil. Voir tout cela d'un clin d'œil, s'animer par l'envie de plaire, pencher mollement la tête de côté, sourire avec coquetterie, lancer un de ces regards veloutés qui ranimeraient un cœur mort à l'amour ; voiler ses longs yeux noirs sous de larges paupières dont les cils fournis et recourbés dessinèrent une ligne brune sur sa joue ; chercher les sons les plus mélodieux de sa voix pour donner un charme pénétrant à cette phrase banale : « — Nous vous sommes bien obligées, monsieur ? », tout ce manège n'employa pas le temps nécessaire à le décrire. Puis mademoiselle de Verneuil, s'adressant à l'hôte, demanda son appartement, vit l'escalier, et disparut avec Francine en laissant à l'étranger le soin de deviner si cette réponse contenait une acceptation ou un refus.

— Quelle est cette femme-là ? demanda lestement l'élève de l'École Polytechnique à l'hôte immobile et de plus en plus stupéfait.

— C'est la citoyenne Verneuil, répondit aigrement Corentin en toisant le jeune homme avec jalousie[1], une ci-devant, qu'en veux-tu faire ?

L'inconnu, qui fredonnait une chanson républicaine, leva la tête avec fierté vers Corentin. Les deux jeunes gens se regardèrent alors pendant un moment comme deux coqs prêts à se battre, et ce regard fit éclore la haine entre eux pour toujours. Autant l'œil bleu du militaire était franc, autant l'œil vert de Corentin annonçait de malice et de fausseté ; l'un possédait nativement des manières nobles, l'autre n'avait que des façons insinuantes ; l'un s'élançait, l'autre se courbait ; l'un commandait le respect, l'autre cherchait à l'obtenir ; l'un devait dire : Conquérons ! l'autre : Partageons ?

— Le citoyen du Gua-Saint-Cyr est-il ici ? dit un paysan en entrant.

— Que lui veux-tu ? répondit le jeune homme en s'avançant.

Le paysan salua profondément, et remit une lettre que

---

1. Nous comprenons ici que Corentin est lui aussi touché par les charmes de Marie.

le jeune élève jeta dans le feu après l'avoir lue ; pour toute réponse, il inclina la tête, et l'homme partit.

— Tu viens sans doute de Paris, citoyen ? dit alors Corentin en s'avançant vers l'étranger avec une certaine aisance de manières, avec un air souple et liant qui parurent être insupportables au citoyen du Gua.

— Oui, répondit-il sèchement.

— Et tu es sans doute promu à quelque grade dans l'artillerie ?

— Non, citoyen, dans la marine.

— Ah ! tu te rends à Brest ? demanda Corentin d'un ton insouciant.

Mais le jeune marin tourna lestement sur les talons de ses souliers sans vouloir répondre, et démentit bientôt les belles espérances que sa figure avait fait concevoir à mademoiselle de Verneuil. Il s'occupa de son déjeuner avec une légèreté enfantine, questionna le chef et l'hôtesse sur leurs recettes, s'étonna des habitudes de province en Parisien arraché à sa coque enchantée, manifesta des répugnances de petite-maîtresse, et montra enfin d'autant moins de caractère que sa figure et ses manières en annonçaient davantage ; Corentin sourit de pitié en lui voyant faire la grimace quand il goûta le meilleur cidre de Normandie.

— Pouah ! s'écria-t-il, comment pouvez-vous avaler cela, vous autres ? Il y a là-dedans à boire et à manger. La République a bien raison de se défier d'une province où l'on vendange à coups de gaule et où l'on fusille sournoisement les voyageurs sur les routes. N'allez pas nous mettre sur la table une carafe de cette médecine-là, mais de bon vin de Bordeaux blanc et rouge. Allez voir surtout s'il y a bon feu là-haut. Ces gens-là m'ont l'air d'être bien retardés en fait de civilisation. — Ah ! reprit-il en soupirant, il n'y a qu'un Paris au monde, et c'est grand dommage qu'on ne puisse pas l'emmener en mer ! — Comment, gâte-sauce, dit-il au chef, tu mets du vinaigre dans cette fricassée de poulet, quand tu as là des citrons... — Quant à vous, madame l'hôtesse, vous m'avez donné des draps si gros que je n'ai pas fermé l'œil pendant cette nuit. Puis il se mit à jouer avec une grosse canne en exécutant avec un soin puéril des évolu-

Corentin.

« Cet homme-là [...] est quelque espion de Fouché ! »
Illustration de l'édition Marescq et Havard, 1852.

tions dont le plus ou le moins de fini et d'habileté annonçaient le degré plus ou moins honorable qu'un jeune
homme occupait dans la classe des incroyables.

— Et c'est avec des muscadins comme ça, dit confidentiellement Corentin à l'hôte en en épiant le visage,
qu'on espère relever la marine de la République ?

— Cet homme-là, disait le jeune marin à l'oreille de
l'hôtesse, est quelque espion de Fouché. Il a la police
gravée sur la figure, et je jurerais que la tache qu'il
conserve au menton est de la boue de Paris. Mais à bon
chat, bon...

En ce moment une dame, vers laquelle le marin s'élança avec tous les signes d'un respect extérieur, entra dans la cuisine de l'auberge.

— Ma chère maman, lui dit-il, arrivez donc. Je crois avoir, en votre absence, recruté des convives.

— Des convives, lui répondit-elle, quelle folie !

— C'est mademoiselle de Verneuil, reprit-il à voix basse.

— Elle a péri sur l'échafaud après l'affaire de Savenay[1], elle était venue au Mans pour sauver son frère le prince de Loudon, lui dit brusquement sa mère.

— Vous vous trompez, madame, reprit avec douceur Corentin en appuyant sur le mot *madame*, il y a deux demoiselles de Verneuil, les grandes maisons ont toujours plusieurs branches.

L'étrangère, surprise de cette familiarité, se recula de quelques pas comme pour examiner cet interlocuteur inattendu ; elle arrêta sur lui ses yeux noirs pleins de cette vive sagacité si naturelle aux femmes, et parut chercher dans quel intérêt il venait affirmer l'existence de mademoiselle de Verneuil. En même temps Corentin, qui étudiait cette dame à la dérobée, la destitua de tous les plaisirs de la maternité pour lui accorder ceux de l'amour ; il refusa galamment le bonheur d'avoir un fils de vingt ans à une femme dont la peau éblouissante, les sourcils arqués encore bien fournis, les cils peu dégarnis furent l'objet de son admiration, et dont les abondants cheveux noirs séparés en deux bandeaux sur le front faisaient ressortir la jeunesse d'une tête spirituelle. Les faibles rides du front, loin d'annoncer les années, trahissaient des passions jeunes. Enfin, si les yeux perçants étaient un peu voilés, on ne savait si cette altération venait de la fatigue du voyage ou de la trop fréquente expression du plaisir. Enfin Corentin remarqua que l'inconnue était enveloppée dans une mante d'étoffe anglaise, et que la forme de son chapeau, sans doute étrangère, n'appartenait à aucune des modes dites à la

---

1. Les 22-23 décembre 1793, le désastre de Savenay (dans la Loire-Atlantique), consécutif à la défaite du Mans, porta un grand coup à l'insurrection vendéenne.

grecque qui régissaient encore les toilettes parisiennes [1].
Corentin était un de ces êtres portés par leur caractère à
toujours soupçonner le mal plutôt que le bien, et il
conçut à l'instant des doutes sur le civisme des deux
voyageurs. De son côté, la dame, qui avait aussi fait avec
une égale rapidité ses observations sur la personne de
Corentin, se tourna vers son fils avec un air significatif
assez fidèlement traduit par ces mots : — Quel est cet
original-là ? Est-il de notre bord ? À cette mentale inter-
rogation, le jeune marin répondit par une attitude, par un
regard et par un geste de main qui disaient : — Je n'en
sais, ma foi, rien, et il m'est encore plus suspect qu'à
vous. Puis, laissant à sa mère le soin de deviner ce mystère, il se tourna vers l'hôtesse, à laquelle il dit à
l'oreille : — Tâchez donc de savoir ce qu'est ce drôle-
là, s'il accompagne effectivement cette demoiselle et
pourquoi.

— Ainsi, dit Mme du Gua en regardant Corentin, tu
es sûr, citoyen, que mademoiselle de Verneuil existe ?

— Elle existe aussi certainement en chair et en os,
madame, que le citoyen du Gua-Saint-Cyr.

Cette réponse renfermait une profonde ironie dont le
secret n'était connu que de la dame, et toute autre qu'elle
en aurait été déconcertée. Son fils regarda tout à coup
fixement Corentin qui tirait froidement sa montre sans
paraître se douter du trouble que produisait sa réponse.
La dame, inquiète et curieuse de savoir sur-le-champ si
cette phrase couvrait une perfidie, ou si elle était seulement l'effet du hasard, dit à Corentin de l'air le plus
naturel : — Mon Dieu ! combien les routes sont peu
sûres ! Nous avons été attaqués au-delà de Mortagne par
les Chouans. Mon fils a manqué de rester sur la place,
il a reçu deux balles dans son chapeau en me défendant.

— Comment, madame, vous étiez dans le courrier
que les brigands ont dévalisé malgré l'escorte, et qui
vient de nous amener ? Vous devez connaître alors la
voiture ! On m'a dit à mon passage à Mortagne que les
Chouans s'étaient trouvés au nombre de deux mille à

---

1. Marie, elle, se prévaudra plus loin d'une « parure grecque » *(cf.*
p. 322).

l'attaque de la malle et que tout le monde avait péri, même le voyageur. Voilà comme on écrit l'histoire ! Le ton musard[1] que prit Corentin et son air niais le firent en ce moment ressembler à un habitué de la petite Provence[2] qui reconnaîtrait avec douleur la fausseté d'une nouvelle politique. — Hélas ! madame, continua-t-il, si l'on assassine les voyageurs si près de Paris, jugez combien les routes de la Bretagne vont être dangereuses. Ma foi, je vais retourner à Paris sans vouloir aller plus loin.

— Mademoiselle de Verneuil est-elle belle et jeune ? demanda la dame frappée d'une idée soudaine et s'adressant à l'hôtesse.

En ce moment l'hôte interrompit cette conversation dont l'intérêt avait quelque chose de cruel pour ces trois personnages, en annonçant que le déjeuner était servi. Le jeune marin offrit la main à sa mère avec une fausse familiarité qui confirma les soupçons de Corentin, auquel il dit tout haut en se dirigeant vers l'escalier : — Citoyen, si tu accompagnes la citoyenne Verneuil et qu'elle accepte la proposition de l'hôte, ne te gêne pas...

Quoique ces paroles fussent prononcées d'un ton leste et peu engageant, Corentin monta. Le jeune homme serra vivement la main de la dame, et quand ils furent séparés du Parisien par sept à huit marches : — Voilà, dit-il à voix basse, à quels dangers sans gloire nous exposent vos imprudentes entreprises. Si nous sommes découverts, comment pourrons-nous échapper ? Et quel rôle me faites-vous jouer !

Tous trois arrivèrent dans une chambre assez vaste. Il ne fallait pas avoir beaucoup cheminé dans l'Ouest pour reconnaître que l'aubergiste avait prodigué pour recevoir ses hôtes tous ses trésors et un luxe peu ordinaire. La table était soigneusement servie. La chaleur d'un grand feu avait chassé l'humidité de l'appartement. Enfin, le linge, les sièges, la vaisselle, n'étaient pas trop malpropres. Aussi Corentin s'aperçut-il que l'aubergiste

---

1. Musard signifie ici désinvolte (de muser, perdre son temps à des riens). — **2.** La Petite Provence était une partie bien ensoleillée du Jardin des Tuileries, où se rassemblaient des vieillards oisifs.

s'était, pour nous servir d'une expression populaire, mis en quatre, afin de plaire aux étrangers. — Donc, se dit-il, ces gens ne sont pas ce qu'ils veulent paraître. Ce petit jeune homme est rusé ; je le prenais pour un sot, mais maintenant je le crois aussi fin que je puis l'être moi-même.

Le jeune marin, sa mère et Corentin attendirent mademoiselle de Verneuil que l'hôte alla prévenir. Mais la belle voyageuse ne parut pas. L'élève de l'École Polytechnique se douta bien qu'elle devait faire des difficultés, il sortit en fredonnant *Veillons au salut de l'empire*[1], et se dirigea vers la chambre de mademoiselle de Verneuil, dominé par un piquant désir de vaincre ses scrupules et de l'amener avec lui. Peut-être voulait-il résoudre les doutes qui l'agitaient, ou peut-être essayer sur cette inconnue le pouvoir que tout homme a la prétention d'exercer sur une jolie femme.

— Si c'est là un républicain, se dit Corentin en le voyant sortir, je veux être pendu ! Il a dans les épaules le mouvement des gens de cour. Et si c'est là sa mère, se dit-il encore en regardant madame du Gua, je suis le pape ! Je tiens des Chouans. Assurons-nous de leur qualité.

La porte s'ouvrit bientôt, et le jeune marin parut en tenant par la main mademoiselle de Verneuil, qu'il conduisit à table avec une suffisance[2] pleine de courtoisie. L'heure qui venait de s'écouler n'avait pas été perdue pour le diable[3]. Aidée par Francine, mademoiselle de Verneuil s'était armée d'une toilette de voyage plus redoutable peut-être que ne l'est une parure de bal. Sa simplicité avait cet attrait qui procède de l'art avec lequel une femme, assez belle pour se passer d'ornements, sait réduire la toilette à n'être plus qu'un agrément secondaire. Elle portait une robe verte dont la jolie

_____

1. « Veillons au salut de l'empire » : chanson révolutionnaire populaire, qui date d'avant l'instauration de l'Empire — « empire » a dans le refrain le sens de « pays », « nation ». — 2. Suffisance : sentiment de sa supériorité, hauteur, fatuité. — 3. Le diable étant celui qui induit en tentation, l'idée est que Marie n'a pas perdu de temps et a usé de toutes ses ressources afin de « tenter » celui que, pour son malheur, elle doit séduire.

coupe, dont le spencer orné de brandebourgs[1] dessinaient ses formes avec une affectation peu convenable à une jeune fille, et laissaient voir sa taille souple, son corsage élégant et ses gracieux mouvements. Elle entra en souriant avec cette aménité naturelle aux femmes qui peuvent montrer, dans une bouche rose, des dents bien rangées aussi transparentes que la porcelaine, et sur leurs joues, deux fossettes aussi fraîches que celles d'un enfant. Ayant quitté la capote[2] qui l'avait d'abord presque dérobée aux regards du jeune marin, elle put employer aisément les mille petits artifices, si naïfs en apparence, par lesquels une femme fait ressortir et admirer toutes les beautés de son visage et les grâces de sa tête. Un certain accord entre ses manières et sa toilette la rajeunissait si bien que madame du Gua se crut libérale en lui donnant vingt ans. La coquetterie de cette toilette, évidemment faite pour plaire, devait inspirer de l'espoir au jeune homme ; mais mademoiselle de Verneuil le salua par une molle inclinaison de tête sans le regarder, et parut l'abandonner avec une folâtre insouciance qui le déconcerta. Cette réserve n'annonçait aux yeux des étrangers ni précaution ni coquetterie, mais une indifférence naturelle ou feinte. L'expression candide que la voyageuse sut donner à son visage le rendit impénétrable. Elle ne laissa paraître aucune préméditation de triomphe et sembla douée de ces jolies petites manières qui séduisent, et qui avaient dupé déjà l'amour-propre du jeune marin. Aussi l'inconnu regagna-t-il sa place avec une sorte de dépit.

Mademoiselle de Verneuil prit Francine par la main, et s'adressant à madame du Gua : — Madame, lui dit-elle d'une voix caressante, auriez-vous la bonté de permettre que cette fille, en qui je vois plutôt une amie qu'une servante[3], dîne avec nous ? Dans ces temps d'orage, le dévouement ne peut se payer que par le cœur, et d'ailleurs, n'est-ce pas tout ce qui nous reste ?

---

1. Le spencer est une veste courte, ouverte et à revers, pour homme ou femme, et les brandebourgs les galons qui entourent ou même forment les boutonnières d'une veste. — 2. La capote est ici soit une grande mante de femme à capuchon, soit, plutôt, un chapeau à coulisses et à brides. — 3. *Cf.* note 1 p. 151.

Madame du Gua répondit à cette dernière phrase, prononcée à voix basse, par une demi-révérence un peu cérémonieuse, qui révélait son désappointement de rencontrer une femme si jolie. Puis se penchant à l'oreille de son fils : — Oh ! temps d'orage, dévouement, madame, et la servante ! dit-elle, ce ne doit pas être mademoiselle de Verneuil ; mais une fille envoyée par Fouché.

Les convives allaient s'asseoir, lorsque mademoiselle de Verneuil aperçut Corentin, qui continuait de soumettre à une sévère analyse les deux inconnus, assez inquiets de ses regards.

— Citoyen, lui dit-elle, tu es sans doute trop bien élevé pour suivre ainsi mes pas. En envoyant mes parents à l'échafaud [1], la République n'a pas eu la magnanimité de me donner de tuteur. Si, par une galanterie chevaleresque, inouïe, tu m'as accompagnée malgré moi (et là elle laissa échapper un soupir), je suis décidée à ne pas souffrir que les soins protecteurs dont tu es si prodigue aillent jusqu'à te causer de la gêne. Je suis en sûreté ici, tu peux m'y laisser.

Elle lui lança un regard fixe et méprisant. Elle fut comprise, Corentin réprima un sourire qui fronçait presque les coins de ses lèvres rusées, et la salua d'une manière respectueuse.

— Citoyenne, dit-il, je me ferai toujours un honneur de t'obéir. La beauté est la seule reine qu'un vrai républicain puisse volontiers servir.

En le voyant partir, les yeux de mademoiselle de Verneuil brillèrent d'une joie si naïve, elle regarda Francine avec un sourire d'intelligence empreint de tant de bonheur, que madame du Gua, devenue prudente en devenant jalouse, se sentit disposée à abandonner les soupçons que la parfaite beauté de mademoiselle de Verneuil venait de lui faire concevoir.

---

1. Dans le récit de son passé qu'elle fera plus loin à Montauran, Marie contredit cette version ; sa mère serait morte abbesse à Sées, et son père naturel, le duc de Verneuil, semble avoir péri de sa belle mort (*cf.* pp. 360-362). Marie introduit-elle ces détails pour se conformer à son rôle convenu, ou renforcer le pathétique de sa situation ?

— C'est peut-être mademoiselle de Verneuil, dit-elle à l'oreille de son fils.

— Et l'escorte ? lui répondit le jeune homme, que le dépit rendait sage. Est-elle prisonnière ou protégée, amie ou ennemie du gouvernement ?

Madame du Gua cligna des yeux comme pour dire qu'elle saurait bien éclaircir ce mystère. Cependant le départ de Corentin sembla tempérer la défiance du marin, dont la figure perdit son expression sévère, et il jeta sur mademoiselle de Verneuil des regards où se révélait un amour immodéré des femmes et non la respectueuse ardeur d'une passion naissante. La jeune fille n'en devint que plus circonspecte et réserva ses paroles affectueuses pour madame du Gua. Le jeune homme, se fâchant à lui tout seul, essaya, dans son amer dépit, de jouer aussi l'insensibilité. Mademoiselle de Verneuil ne parut pas s'apercevoir de ce manège, et se montra simple sans timidité, réservée sans pruderie. Cette rencontre de personnes qui ne paraissaient pas destinées à se lier, n'éveilla donc aucune sympathie bien vive. Il y eut même un embarras vulgaire, une gêne qui détruisirent tout le plaisir que mademoiselle de Verneuil et le jeune marin s'étaient promis un moment auparavant. Mais les femmes ont entre elles un si admirable tact des convenances, des liens si intimes ou de si vifs désirs d'émotions, qu'elles savent toujours rompre la glace dans ces occasions. Tout à coup, comme si les deux belles convives eussent eu la même pensée, elles se mirent à plaisanter innocemment leur unique cavalier, et rivalisèrent à son égard de moqueries, d'attentions et de soins ; cette unanimité d'esprit les laissait libres. Un regard ou un mot qui, échappés dans la gêne, ont de la valeur, devenaient alors insignifiants. Bref, au bout d'une demi-heure, ces deux femmes, déjà secrètement ennemies, parurent être les meilleures amies du monde. Le jeune marin se surprit alors à en vouloir autant à mademoiselle de Verneuil de sa liberté d'esprit que de sa réserve. Il était tellement contrarié, qu'il regrettait avec une sourde colère d'avoir partagé son déjeuner avec elle.

— Madame, dit mademoiselle de Verneuil à madame

du Gua, monsieur votre fils est-il toujours aussi triste
qu'en ce moment ?

— Mademoiselle, répondit-il, je me demandais à quoi
sert un bonheur qui va s'enfuir. Le secret de ma tristesse
est dans la vivacité de mon plaisir.

— Voilà des madrigaux, reprit-elle en riant, qui sen-
tent plus la Cour que l'École Polytechnique.

— Il n'a fait qu'exprimer une pensée bien naturelle,
mademoiselle, dit madame du Gua, qui avait ses raisons
pour apprivoiser l'inconnue.

— Allons, riez donc, reprit mademoiselle de Verneuil
en souriant au jeune homme. Comment êtes-vous donc
quand vous pleurez, si ce qu'il vous plaît d'appeler un
bonheur vous attriste ainsi ?

Ce sourire, accompagné d'un regard agressif qui
détruisit l'harmonie de ce masque de candeur, rendit un
peu d'espoir au marin. Mais inspirée par sa nature qui
entraîne la femme à toujours faire trop ou trop peu, tantôt mademoiselle de Verneuil semblait s'emparer de ce
jeune homme par un coup d'œil où brillaient les
fécondes promesses de l'amour ; puis, tantôt elle opposait à ses galantes expressions une modestie froide et
sévère ; vulgaire manège sous lequel les femmes cachent
leurs véritables émotions. Un moment, un seul, où chacun d'eux crut trouver chez l'autre des paupières baissées, ils se communiquèrent leurs véritables pensées ;
mais ils furent aussi prompts à voiler leurs regards qu'ils
l'avaient été à confondre cette lumière qui bouleversa
leurs cœurs en les éclairant. Honteux de s'être dit tant
de choses en un seul coup d'œil, ils n'osèrent plus se
regarder. Mademoiselle de Verneuil, jalouse de détrom-
per l'inconnu, se renferma dans une froide politesse, et
parut même attendre la fin du repas avec impatience.

— Mademoiselle, vous avez dû bien souffrir en prison ? lui demanda madame du Gua.

— Hélas ! madame, il me semble que je n'ai pas
cessé d'y être.

— Votre escorte est-elle destinée à vous protéger,
mademoiselle, ou à vous surveiller ? Êtes-vous précieuse
ou suspecte à la République ?

Mademoiselle de Verneuil comprit instinctivement

qu'elle inspirait peu d'intérêt à madame du Gua, et s'effaroucha de cette question.

— Madame, répondit-elle, je ne sais pas bien précisément quelle est en ce moment la nature de mes relations avec la République.

— Vous la faites peut-être trembler ? dit le jeune homme avec un peu d'ironie.

— Pourquoi ne pas respecter les secrets de mademoiselle ? reprit madame du Gua.

— Oh ! madame, les secrets d'une jeune personne qui ne connaît encore de la vie que ses malheurs, ne sont pas bien curieux.

— Mais, répondit madame du Gua pour continuer une conversation qui pouvait lui apprendre ce qu'elle voulait savoir, le premier consul paraît avoir des intentions parfaites. Ne va-t-il pas, dit-on, arrêter l'effet des lois contre les émigrés ?

— C'est vrai, madame, dit-elle avec trop de vivacité peut-être ; mais alors pourquoi soulevons-nous la Vendée et la Bretagne ? pourquoi donc incendier la France ?...

Ce cri généreux par lequel elle semblait se faire un reproche à elle-même, causa un tressaillement au marin. Il regarda fort attentivement mademoiselle de Verneuil, mais il ne put découvrir sur sa figure ni haine ni amour. Cette peau dont le coloris attestait la finesse était impénétrable. Une curiosité invincible l'attacha soudain à cette singulière créature vers laquelle il était attiré déjà par de violents désirs.

— Mais, dit-elle en continuant après une pause, madame, allez-vous à Mayenne ?

— Oui, mademoiselle, répondit le jeune homme d'un air interrogateur.

— Eh ! bien, madame, continua mademoiselle de Verneuil, puisque monsieur votre fils sert la République... Elle prononça ces paroles d'un air indifférent en apparence, mais elle jeta sur les deux inconnus un de ces regards furtifs qui n'appartiennent qu'aux femmes et aux diplomates. — Vous devez redouter les Chouans ? reprit-elle, une escorte n'est pas à dédaigner. Nous sommes devenus presque compagnons de voyage, venez avec nous jusqu'à Mayenne.

Le fils et la mère hésitèrent et parurent se consulter.

— Je ne sais, mademoiselle, répondit le jeune homme, s'il est bien prudent de vous avouer que des intérêts d'une haute importance exigent pour cette nuit notre présence aux environs de Fougères, et que nous n'avons pas encore trouvé de moyens de transport ; mais les femmes sont si naturellement généreuses que j'aurais honte de ne pas me confier à vous. Néanmoins, ajouta-t-il, avant de nous remettre entre vos mains, au moins devons-nous savoir si nous pourrons en sortir sains et saufs. Êtes-vous la reine ou l'esclave de votre escorte républicaine ? Excusez la franchise d'un jeune marin, mais je ne vois dans votre situation rien de bien naturel...

— Nous vivons dans un temps, monsieur, où rien de ce qui se passe n'est naturel. Ainsi vous pouvez accepter sans scrupule, croyez-le bien. Et surtout, ajouta-t-elle en appuyant sur ses paroles, vous n'avez à craindre aucune trahison dans une offre faite avec simplicité par une personne qui n'épouse point les haines politiques.

— Le voyage ainsi fait ne sera pas sans danger, reprit-il en mettant dans son regard une finesse qui donnait de l'esprit à cette vulgaire réponse.

— Que craignez-vous donc encore, demanda-t-elle avec un sourire moqueur, je ne vois de périls pour personne.

— La femme qui parle ainsi est-elle la même dont le regard partageait mes désirs ? se disait le jeune homme. Quel accent ! Elle me tend quelque piège.

En ce moment, le cri clair et perçant d'une chouette qui semblait perchée sur le sommet de la cheminée, vibra comme un sombre avis.

— Qu'est ceci ? dit mademoiselle de Verneuil. Notre voyage ne commencera pas sous d'heureux présages. Mais comment se trouve-t-il ici des chouettes qui chantent en plein jour ? demanda-t-elle en faisant un geste de surprise.

— Cela peut arriver quelquefois, dit le jeune homme froidement. — Mademoiselle, reprit-il, nous vous porte-

rions peut-être malheur. N'est-ce pas là votre pensée ?
Ne voyageons donc pas ensemble.

Ces paroles furent dites avec un calme et une réserve
qui surprirent mademoiselle de Verneuil.

— Monsieur, dit-elle avec une impertinence tout aristocratique, je suis loin de vouloir vous contraindre. Gar-
dons le peu de liberté que nous laisse la République. Si
madame était seule, j'insisterais...

Les pas pesants d'un militaire retentirent dans le corridor, et le commandant Hulot montra bientôt une mine
refrognée[1].

— Venez ici, mon colonel, dit en souriant mademoiselle de Verneuil qui lui indiqua de la main une chaise
auprès d'elle. — Occupons-nous, puisqu'il le faut, des
affaires de l'État. Mais riez donc ? Qu'avez-vous ? Y
a-t-il des Chouans ici ?

Le commandant était resté béant à l'aspect du jeune
inconnu, qu'il contemplait avec une singulière attention.

— Ma mère, désirez-vous encore du lièvre ? Mademoiselle, vous ne mangez pas, disait à Francine le marin
en s'occupant des convives.

Mais la surprise de Hulot et l'attention de mademoiselle de Verneuil avaient quelque chose de cruellement
sérieux qu'il était dangereux de méconnaître.

— Qu'as-tu donc, commandant, est-ce que tu me
connaîtrais ? reprit brusquement le jeune homme.

— Peut-être, répondit le républicain[2].

— En effet, je crois t'avoir vu venir à l'École.

— Je ne suis jamais allé à l'école, répliqua brusquement le commandant. Et de quelle école sors-tu donc,
toi ?

— De l'École Polytechnique.

— Ah ! ah ! oui, de cette caserne où l'on veut faire
des militaires dans des dortoirs, répondit le commandant
dont l'aversion était insurmontable pour les officiers sortis de cette savante pépinière. Mais dans quel corps sers-
tu ?

---

1. « Refrogné » — ridé, plissé par le mécontentement — se dit aussi
bien que « renfrogné » au XIXᵉ siècle. — 2. En effet, il l'a entrevu lors
de l'escarmouche au col de la Pellerine.

— Dans la marine.

— Ah ! dit Hulot en riant avec malice. Connais-tu beaucoup d'élèves de cette École-là dans la marine ? — Il n'en sort, reprit-il d'un accent grave, que des officiers d'artillerie et du génie.

Le jeune homme ne se déconcerta pas.

— J'ai fait exception à cause du nom que je porte, répondit-il. Nous avons tous été marins dans notre famille.

— Ah ! reprit Hulot, quel est donc ton nom de famille, citoyen ?

— Du Gua Saint-Cyr.

— Tu n'as donc pas été assassiné à Mortagne ?

— Ah ! il s'en est de bien peu fallu, dit vivement madame du Gua, mon fils a reçu deux balles...

— Et as-tu des papiers ? dit Hulot sans écouter la mère.

— Est-ce que vous voulez les lire ? demanda impertinemment le jeune marin dont l'œil bleu plein de malice étudiait alternativement la sombre figure du commandant et celle de mademoiselle de Verneuil.

— Un blanc-bec comme toi voudrait-il m'embêter, par hasard ? Allons, donne-moi tes papiers, ou sinon, en route !

— Là, là, mon brave, je ne suis pas un *serin*[1]. Ai-je donc besoin de te répondre ! Qui es-tu ?

— Le commandant du département, reprit Hulot.

— Oh ! alors mon cas peut devenir très grave, je serais pris les armes à la main. Et il tendit un verre de vin de Bordeaux au commandant.

— Je n'ai pas soif, répondit Hulot. Allons, voyons, tes papiers.

En ce moment, un bruit d'armes et les pas de quelques soldats ayant retenti dans la rue, Hulot s'approcha de la fenêtre et prit un air satisfait qui fit trembler mademoiselle de Verneuil. Ce signe d'intérêt réchauffa le jeune homme, dont la figure était devenue froide et fière. Après avoir fouillé dans la poche de son habit, il tira

---

1. Un « serin », c'est, familièrement, un étourdi, un crédule, un niais.

d'un élégant portefeuille et offrit au commandant des papiers que Hulot se mit à lire lentement, en comparant le signalement du passeport avec le visage du voyageur suspect. Pendant cet examen, le cri de la chouette recommença ; mais cette fois il ne fut pas difficile d'y distinguer l'accent et les jeux d'une voix humaine. Le commandant rendit alors au jeune homme les papiers d'un air moqueur.

— Tout cela est bel et bon, lui dit-il, mais il faut me suivre au District. Je n'aime pas la musique, moi !

— Pourquoi l'emmenez-vous au District ? demanda mademoiselle de Verneuil d'une voix altérée.

— Ma petite fille, répondit le commandant en faisant sa grimace habituelle, cela ne vous regarde pas.

Irritée du ton, de l'expression du vieux militaire, et plus encore de cette espèce d'humiliation subite [1] devant un homme à qui elle plaisait, mademoiselle de Verneuil se leva, quitta tout à coup l'attitude de candeur et de modestie dans laquelle elle s'était tenue jusqu'alors, son teint s'anima, et ses yeux brillèrent.

— Dites-moi, ce jeune homme a-t-il satisfait à tout ce qu'exige la loi ? s'écria-t-elle doucement, mais avec une sorte de tremblement dans la voix.

— Oui, en apparence, répondit ironiquement Hulot.

— Eh ! bien, j'entends que vous le laissiez tranquille *en apparence*, reprit-elle. Avez-vous peur qu'il ne vous échappe ? Vous allez l'escorter avec moi jusqu'à Mayenne, il sera dans la malle avec madame sa mère. Pas d'observation, je le veux. — Eh bien, quoi ?... reprit-elle en voyant Hulot qui se permit de faire sa petite grimace, le trouvez-vous encore suspect ?

— Mais un peu, je pense.

— Que voulez-vous donc en faire ?

— Rien, si ce n'est de lui rafraîchir la tête avec un peu de plomb. C'est un étourdi, reprit le commandant avec ironie.

— Plaisantez-vous, colonel ? s'écria mademoiselle de Verneuil.

---

1. On aurait ici envie de lire, comme dans les éditions précédant le Furne, « subie ».

— Allons, camarade, dit le commandant en faisant un signe de tête au marin. Allons, dépêchons !

À cette impertinence de Hulot, mademoiselle de Verneuil devint calme et sourit.

— N'avancez pas, dit-elle au jeune homme qu'elle protégea par un geste plein de dignité.

— Oh ! la belle tête, dit le marin à l'oreille de sa mère, qui fronça les sourcils.

Le dépit et mille sentiments irrités mais combattus déployaient alors des beautés nouvelles sur le visage de la Parisienne. Francine, madame du Gua, son fils, s'étaient levés tous. Mademoiselle de Verneuil se plaça vivement entre eux et le commandant qui souriait, et défit lestement deux brandebourgs de son spencer. Puis, agissant par suite de cet aveuglement dont les femmes sont saisies lorsqu'on attaque fortement leur amour-propre, mais flattée ou impatiente aussi d'exercer son pouvoir comme un enfant peut l'être d'essayer le nouveau jouet qu'on lui a donné, elle présenta vivement au commandant une lettre ouverte.

— Lisez, lui dit-elle avec un sourire sardonique.

Elle se retourna vers le jeune homme, à qui, dans l'ivresse du triomphe, elle lança un regard où la malice se mêlait à une expression amoureuse. Chez tous deux, les fronts s'éclaircirent ; la joie colora leurs figures agitées, et mille pensées contradictoires s'élevèrent dans leurs âmes. Par un seul regard, madame du Gua parut attribuer bien plus à l'amour qu'à la charité la générosité de mademoiselle de Verneuil, et certes elle avait raison. La jolie voyageuse rougit d'abord et baissa modestement les paupières en devinant tout ce que disait ce regard de femme. Devant cette menaçante accusation, elle releva fièrement la tête et défia tous les yeux. Le commandant, pétrifié, rendit cette lettre contresignée des ministres, et qui enjoignait à toutes les autorités d'obéir aux ordres de cette mystérieuse personne ; mais il tira son épée du fourreau, la prit, la cassa sur son genou, et jeta les morceaux.

— Mademoiselle, vous savez probablement bien ce que vous avez à faire ; mais un républicain a ses idées et sa fierté, dit-il. Je ne sais pas servir là où les belles filles commandent ; le premier Consul aura, dès ce soir, ma démission, et d'autres que Hulot vous obéiront. Là où je ne comprends plus, je m'arrête ; surtout, quand je suis tenu de comprendre.

Il y eut un moment de silence ; mais il fut bientôt rompu par la jeune Parisienne qui marcha au commandant, lui tendit la main et lui dit : — Colonel, quoique votre barbe soit un peu longue, vous pouvez m'embrasser, vous êtes un homme.

— Et je m'en flatte, mademoiselle, répondit-il en déposant assez gauchement un baiser sur la main de cette singulière fille. — Quant à toi, camarade, ajouta-t-il en menaçant du doigt le jeune homme, tu en reviens d'une belle !

— Mon commandant, reprit en riant l'inconnu, il est temps que la plaisanterie finisse, et si tu le veux, je vais te suivre au District.

— Y viendras-tu avec ton siffleur invisible, Marche-à-terre...

— Qui, Marche-à-terre ? demanda le marin avec tous les signes de la surprise la plus vraie.

— N'a-t-on pas sifflé tout à l'heure ?

— Eh ! bien, reprit l'étranger, qu'a de commun ce sifflement et moi, je te le demande. J'ai cru que les soldats que tu avais commandés, pour m'arrêter sans doute, te prévenaient ainsi de leur arrivée.

— Vraiment, tu as cru cela !

— Eh ! mon Dieu, oui. Mais bois donc ton verre de vin de Bordeaux, il est délicieux.

Surpris de l'étonnement naturel du marin, de l'incroyable légèreté de ses manières, de la jeunesse de sa figure, que rendaient presque enfantine les boucles de ses cheveux blonds soigneusement frisés, le commandant flottait entre mille soupçons. Il remarqua madame du Gua qui essayait de surprendre le secret des regards que son fils jetait à mademoiselle de Verneuil, et lui demanda brusquement : — Votre âge, citoyenne ?

— Hélas ! monsieur l'officier, les lois de notre République deviennent bien cruelles ! j'ai trente-huit ans.

— Quand on devrait me fusiller, je n'en croirais rien encore. Marche-à-terre est ici, il a sifflé, vous êtes des

Chouans déguisés. Tonnerre de Dieu, je vais faire entièrement cerner et fouiller l'auberge.

En ce moment, un sifflement irrégulier, assez semblable à ceux qu'on avait entendus, et qui partait de
la cour de l'auberge, coupa la parole au commandant ;
il se précipita fort heureusement dans le corridor, et
n'aperçut point la pâleur que ses paroles avaient répandue sur la figure de madame du Gua. Hulot vit, dans
le siffleur, un postillon qui attelait ses chevaux à la
malle ; il déposa ses soupçons, tant il lui sembla ridicule que des Chouans se hasardassent au milieu
d'Alençon, et il revint confus.

— Je lui pardonne, mais plus tard il paiera cher le
moment qu'il nous fait passer ici, dit gravement la mère
à l'oreille de son fils au moment où Hulot rentrait dans
la chambre.

Le brave officier offrait sur sa figure embarrassée
l'expression de la lutte que la sévérité de ses devoirs
livrait dans son cœur à sa bonté naturelle. Il conserva
son air bourru, peut-être parce qu'il croyait alors s'être
trompé ; mais il prit le verre de vin de Bordeaux et dit :
— Camarade, excuse-moi, mais ton École envoie à l'armée des officiers si jeunes...

— Les brigands en ont donc de plus jeunes encore ?
demanda en riant le prétendu marin.

— Pour qui preniez-vous donc mon fils ? reprit
madame du Gua.

— Pour le Gars, le chef envoyé aux Chouans et aux
Vendéens par le cabinet de Londres, et qu'on nomme le
marquis de Montauran.

Le commandant épia encore attentivement la figure
de ces deux personnages suspects, qui se regardèrent
avec cette singulière expression de physionomie que
prennent successivement deux ignorants présomptueux
et qu'on peut traduire par ce dialogue : — Connais-tu
cela ? — Non. Et toi ? — Connais pas, du tout.
— Qu'est-ce qu'il nous dit donc là ? — Il rêve. Puis le
rire insultant et goguenard de la sottise quand elle croit
triompher.

La subite altération des manières et la torpeur de
Marie de Verneuil, en entendant prononcer le nom du

général royaliste, ne furent sensibles que pour Francine, la seule à qui fussent connues les imperceptibles nuances de cette jeune figure. Tout à fait mis en déroute, le commandant ramassa les deux morceaux de son épée, regarda mademoiselle de Verneuil, dont la chaleureuse expression avait trouvé le secret d'émouvoir son cœur, et lui dit : — Quant à vous, mademoiselle, je ne m'en dédis pas, et demain, les tronçons de mon épée parviendront à Bonaparte, à moins que...

— Eh ! que me fait Bonaparte, votre République, les Chouans, le Roi et le Gars ! s'écria-t-elle en réprimant assez mal un emportement de mauvais goût.

Des caprices inconnus ou la passion donnèrent à cette figure des couleurs étincelantes, et l'on vit que le monde entier ne devait plus être rien pour cette jeune fille du moment où elle y distinguait une créature ; mais tout à coup elle rentra dans un calme forcé en se voyant, comme un acteur sublime, l'objet des regards de tous les spectateurs. Le commandant se leva brusquement. Inquiète et agitée, mademoiselle de Verneuil le suivit, l'arrêta dans le corridor, et lui demanda d'un ton solennel : — Vous aviez donc de bien fortes raisons de soupçonner ce jeune homme d'être le Gars ?

— Tonnerre de Dieu, mademoiselle, le fantassin qui vous accompagne est venu me prévenir que les voyageurs et le courrier avaient été assassinés par les Chouans, ce que je savais ; mais ce que je ne savais pas, c'était les noms des voyageurs morts, et ils s'appelaient du Gua Saint-Cyr !

— Oh ! s'il y a du Corentin là-dedans, je ne m'étonne plus de rien, s'écria-t-elle avec un mouvement de dégoût.

Le commandant s'éloigna, sans oser regarder mademoiselle de Verneuil dont la dangereuse beauté lui troublait déjà le cœur.

— Si j'étais resté deux minutes de plus, j'aurais fait la sottise de reprendre mon épée pour l'escorter, se disait-il en descendant l'escalier.

En voyant le jeune homme les yeux attachés sur la porte par où mademoiselle de Verneuil était sortie, madame du Gua lui dit à l'oreille : — Toujours le

même ! Vous ne périrez que par la femme. Une poupée
vous fait tout oublier. Pourquoi donc avez-vous souffert
qu'elle déjeunât avec nous ? Qu'est-ce qu'une demoiselle de Verneuil qui accepte le déjeuner de gens inconnus, que les Bleus escortent, et qui les désarme avec une
lettre mise en réserve comme un billet doux, dans son
spencer ? C'est une de ces mauvaises créatures à l'aide
desquelles Fouché veut s'emparer de vous, et la lettre
qu'elle a montrée est donnée pour requérir les Bleus
contre vous.

— Eh ! madame, répondit le jeune homme d'un ton
aigre qui perça le cœur de la dame et la fit pâlir, sa
générosité dément votre supposition. Souvenez-vous
bien que l'intérêt seul du Roi nous rassemble. Après
avoir eu Charette à vos pieds [1], l'univers ne serait-il donc
pas vide pour vous ? Ne vivriez-vous déjà plus pour le
venger ?

La dame resta pensive et debout comme un homme
qui, du rivage, contemple le naufrage de ses trésors, et
n'en convoite que plus ardemment sa fortune perdue.
Mademoiselle de Verneuil rentra, le jeune marin échangea avec elle un sourire et un regard empreint de douce
moquerie. Quelque incertain que parût l'avenir, quelque
éphémère que fût leur union, les prophéties de cet espoir
n'en étaient que plus caressantes. Quoique rapide, ce
regard ne put échapper à l'œil sagace de madame du
Gua, qui le comprit : aussitôt, son front se contracta
légèrement, et sa physionomie ne put entièrement cacher
de jalouses pensées. Francine observait cette femme ;
elle en vit les yeux briller, les joues s'animer ; elle crut
apercevoir un esprit infernal animer ce visage en proie
à quelque révolution terrible ; mais l'éclair n'est pas plus
vif, ni la mort plus prompte que ne le fut cette expression

---

1. Charette de la Contrie, l'un des chefs vendéens les plus prestigieux, fut entraîné dans l'insurrection royaliste en mars 1793. Il prit
part aux victoires de l'été 1793, et se rendit maître du Marais poitevin.
Après avoir signé le traité de pacification de La Jaunaye en 1795, il
reprit les armes pour appuyer la tentative de Quiberon ; capturé, il fut
fusillé en 1796. Il est connu pour ses disputes avec les autres leaders
vendéens, ainsi que pour ses conquêtes féminines. La toute fictive
Mme du Gua aurait donc été sa maîtresse.

passagère ; madame du Gua reprit son air enjoué, avec un tel aplomb que Francine crut avoir rêvé. Néanmoins, en reconnaissant chez cette femme une violence au moins égale à celle de mademoiselle de Verneuil, elle frémit en prévoyant les terribles chocs qui devaient survenir entre deux esprits de cette trempe, et frissonna quand elle vit mademoiselle de Verneuil allant vers le jeune officier, lui jetant un de ces regards passionnés qui enivrent, lui prenant les deux mains, l'attirant à elle et le menant au jour par un geste de coquetterie pleine de malice.

— Maintenant, avouez-le-moi, dit-elle en cherchant à lire dans ses yeux, vous n'êtes pas le citoyen du Gua Saint-Cyr.

— Si, mademoiselle.

— Mais sa mère et lui ont été tués avant-hier.

— J'en suis désolé, répondit-il en riant. Quoi qu'il en soit, je ne vous en ai pas moins une obligation pour laquelle je vous conserverai toujours une grande reconnaissance, et je voudrais être à même de vous la témoigner.

— J'ai cru sauver un émigré, mais je vous aime mieux républicain.

À ces mots, échappés de ses lèvres comme par étourderie, elle devint confuse ; ses yeux semblèrent rougir, et il n'y eut plus dans sa contenance qu'une délicieuse naïveté de sentiment ; elle quitta mollement les mains de l'officier, poussée non par la honte de les avoir pressées, mais par une pensée trop lourde à porter dans son cœur, et elle le laissa ivre d'espérance. Tout à coup elle parut s'en vouloir à elle seule de cette liberté, autorisée peut-être par ces fugitives aventures de voyage ; elle reprit son attitude de convention, salua ses deux compagnons de voyage et disparut avec Francine. En arrivant dans leur chambre, Francine se croisa les doigts, retourna les paumes de ses mains en se tordant les bras, et contempla sa maîtresse en lui disant : — Ah ! Marie, combien de choses en peu de temps ? Il n'y a que vous pour ces histoires-là !

Mademoiselle de Verneuil bondit et sauta au cou de Francine.

— Ah ! voilà la vie, je suis dans le ciel !

— Dans l'enfer, peut-être, répliqua Francine.

— Oh ! va pour l'enfer ! reprit mademoiselle de Verneuil avec gaieté. Tiens, donne-moi ta main. Sens mon cœur, comme il bat. J'ai la fièvre. Le monde entier est maintenant peu de chose ! Combien de fois n'ai-je pas vu cet homme dans mes rêves ! Oh ! comme sa tête est belle et quel regard étincelant !

— Vous aimera-t-il ? demanda d'une voix affaiblie la naïve et simple paysanne, dont le visage s'était empreint de mélancolie.

— Tu le demandes ? répondit mademoiselle de Verneuil. — Mais dis donc, Francine, ajouta-t-elle en se montrant à elle dans une attitude moitié sérieuse, moitié comique, il serait donc difficile.

— Oui, mais vous aimera-t-il toujours ? reprit Francine en souriant.

Elles se regardèrent un moment comme interdites, Francine de révéler tant d'expérience, Marie d'apercevoir pour la première fois un avenir de bonheur dans la passion ; aussi resta-t-elle comme penchée sur un précipice dont elle aurait voulu sonder la profondeur en attendant le bruit d'une pierre jetée d'abord avec insouciance.

— Hé ! c'est mon affaire, dit-elle en laissant échapper le geste d'un joueur au désespoir. Je ne plaindrai jamais une femme trahie, elle ne doit s'en prendre qu'à elle-même de son abandon. Je saurai bien garder, vivant ou mort, l'homme dont le cœur m'aura appartenu. — Mais, dit-elle avec surprise et après un moment de silence, d'où te vient tant de science, Francine ?...

— Mademoiselle, répondit vivement la paysanne, j'entends des pas dans le corridor.

— Ah ! dit-elle en écoutant, ce n'est pas *lui* ! — Mais, reprit-elle, voilà comment tu réponds ! Je te comprends : je t'attendrai ou je te devinerai.

Francine avait raison. Trois coups frappés à la porte interrompirent cette conversation. Le capitaine Merle se montra bientôt, après avoir entendu l'invitation d'entrer que lui adressa mademoiselle de Verneuil.

En faisant un salut militaire à mademoiselle de Verneuil, le capitaine hasarda de lui jeter une œillade, et tout ébloui par sa beauté, il ne trouva rien autre chose à lui dire que : — Mademoiselle, je suis à vos ordres !

— Vous êtes donc devenu mon protecteur par la démission de votre chef de demi-brigade. Votre régiment ne s'appelle-t-il pas ainsi ?

— Mon supérieur est l'adjudant-major Gérard qui m'envoie.

— Votre commandant a donc bien peur de moi ? demanda-t-elle.

— Faites excuse, mademoiselle, Hulot n'a pas peur ; mais les femmes, voyez-vous, ça n'est pas son affaire : et ça l'a chiffonné de trouver son général en cornette[1].

— Cependant, reprit mademoiselle de Verneuil, son devoir était d'obéir à ses supérieurs ! J'aime la subordination, je vous en préviens, et je ne veux pas qu'on me résiste.

— Cela serait difficile, répondit Merle.

— Tenons conseil, reprit mademoiselle de Verneuil. Vous avez ici des troupes fraîches, elles m'accompagneront à Mayenne, où je puis arriver ce soir. Pouvons-nous y trouver de nouveaux soldats pour en repartir sans nous y arrêter ? Les Chouans ignorent notre petite expédition. En voyageant ainsi nuitamment, nous aurions bien du malheur si nous les rencontrions en assez grand nombre pour être attaqués. Voyons, dites, croyez-vous que ce soit possible ?

— Oui, mademoiselle.

— Comment est le chemin de Mayenne à Fougères ?

— Rude. Il faut toujours monter et descendre, un vrai pays d'écureuil.

— Partons, partons, dit-elle ; et comme nous n'avons pas de dangers à redouter en sortant d'Alençon, allez en avant ; nous vous rejoindrons bien.

— On dirait qu'elle a dix ans de grade, se dit Merle en sortant. Hulot se trompe, cette jeune fille-là n'est pas de celles qui se font des rentes avec un lit de plume. Et, mille cartouches, si le capitaine Merle veut devenir

---

1. La cornette était une coiffure de femme (et plus spécifiquement de religieuse). On dirait aujourd'hui : général en jupon.

adjudant-major [1], je ne lui conseille pas de prendre saint Michel pour le diable [2].

Pendant la conférence de mademoiselle de Verneuil avec le capitaine, Francine était sortie dans l'intention d'examiner par une fenêtre du corridor un point de la cour vers lequel une irrésistible curiosité l'entraînait depuis son arrivée dans l'auberge. Elle contemplait la paille de l'écurie avec une attention si profonde qu'on l'aurait pu croire en prières devant une bonne vierge. Bientôt elle aperçut madame du Gua se dirigeant vers Marche-à-terre avec les précautions d'un chat qui ne veut pas se mouiller les pattes. En voyant cette dame, le Chouan se leva et garda devant elle l'attitude du plus profond respect. Cette étrange circonstance éveilla la curiosité de Francine, qui s'élança dans la cour, se glissa le long des murs de manière à ne point être vue par madame du Gua, et tâcha de se cacher derrière la porte de l'écurie ; elle marcha sur la pointe du pied, retint son haleine, évita de faire le moindre bruit, et réussit à se poser près de Marche-à-terre sans avoir excité son attention.

— Et si, après toutes ces informations, disait l'inconnue au Chouan, ce n'est pas son nom, tu tireras dessus sans pitié, comme sur une chienne enragée.

— Entendu, répondit Marche-à-terre.

La dame s'éloigna. Le Chouan remit son bonnet de laine rouge sur la tête, resta debout, et se grattait l'oreille à la manière des gens embarrassés, lorsqu'il vit Francine lui apparaître comme par magie.

— Sainte Anne d'Auray ! s'écria-t-il. Tout à coup il laissa tomber son fouet, joignit les mains et demeura en extase. Une faible rougeur illumina son visage grossier, et ses yeux brillèrent comme des diamants perdus dans de la fange. — Est-ce bien la garce à Cottin ? dit-il d'une

---

1. Le grade d'adjudant-major étant alors équivalent à l'ancien grade de capitaine (*cf*. note 2 p. 90), on s'étonne que le « capitaine » Merle aspire à être promu adjudant-major. — 2. Saint Michel, prince des anges, est souvent représenté en guerrier céleste combattant le diable. Il était particulièrement vénéré, dans l'Ouest, au Mont-Saint-Michel, dans l'abbaye bénédictine qui lui fut consacrée au VIIIᵉ siècle.

voix si sourde que lui seul pouvait s'entendre. — Êtes-vous *godaine* [1] ! reprit-il après une pause.

Ce mot assez bizarre de *godain, godaine*, est un superlatif du patois de ces contrées qui sert aux amoureux à exprimer l'accord d'une riche toilette et de la beauté.

— Je n'oserais point vous toucher, ajouta Marche-à-terre en avançant néanmoins sa large main vers Francine comme pour s'assurer du poids d'une grosse chaîne d'or qui tournait autour de son cou, et descendait jusqu'à sa taille.

— Et *vous* feriez bien, Pierre, répondit Francine inspirée par cet instinct de la femme qui la rend despote quand elle n'est pas opprimée. Elle se recula avec hauteur après avoir joui de la surprise du Chouan ; mais elle compensa la dureté de ses paroles par un regard plein de douceur, et se rapprocha de lui. — Pierre, reprit-elle, cette dame-là *te* parlait de la jeune demoiselle que je sers ? n'est-ce pas ?

Marche-à-terre resta muet et sa figure lutta comme l'aurore entre les ténèbres et la lumière. Il regarda tour à tour Francine, le gros fouet qu'il avait laissé tomber et la chaîne d'or qui paraissait exercer sur lui des séductions aussi puissantes que le visage de la Bretonne ; puis, comme pour mettre un terme à son inquiétude, il ramassa son fouet et garda le silence.

— Oh ! il n'est pas difficile de deviner que cette dame t'a ordonné de tuer ma maîtresse, reprit Francine qui connaissait la discrète fidélité du gars et qui voulut en dissiper les scrupules.

Marche-à-terre baissa la tête d'une manière significative. Pour la garce à Cottin, ce fut une réponse.

— Eh bien, Pierre, s'il lui arrive le moindre malheur, si un seul cheveu de sa tête est arraché, nous nous serons vus ici pour la dernière fois et pour l'éternité, car je serai dans le paradis, moi ! et toi, tu iras en enfer.

Le possédé que l'Église allait jadis exorciser en grande pompe n'était pas plus agité que Marche-à-terre

---

1. « La garce à Cottin » est sans doute la fille de Cottin. « Godaine » fait partie de l'arsenal verbal destiné à assurer la couleur locale dans le roman breton.

ne le fut sous cette prédiction prononcée avec une
croyance qui lui donnait une sorte de certitude. Ses
regards, d'abord empreints d'une tendresse sauvage,
puis combattus par les devoirs d'un fanatisme aussi exi-
geant que celui de l'amour, devinrent tout à coup
farouches quand il aperçut l'air impérieux de l'innocente
maîtresse qu'il s'était jadis donnée. Francine interpréta
le silence du Chouan à sa manière.

— Tu ne veux donc rien faire pour moi ? lui dit-elle
d'un ton de reproche.

À ces mots, le Chouan jeta sur sa maîtresse un coup
d'œil aussi noir que l'aile d'un corbeau.

— Es-tu libre ? demanda-t-il par un grognement que
Francine seule pouvait entendre.

— Serais-je là ?... répondit-elle avec indignation.
Mais toi, que fais-tu ici ? Tu chouannes encore, tu cours
par les chemins comme une bête enragée qui cherche à
mordre. Oh ! Pierre, si tu étais sage, tu viendrais avec
moi. Cette belle demoiselle qui, je puis te le dire, a été
jadis nourrie [1] chez nous, a eu soin de moi. J'ai maintenant deux cents livres de bonnes rentes. Enfin mademoiselle m'a acheté pour cinq cents écus la grande maison
à mon oncle Thomas, et j'ai deux mille livres d'éco-
nomies.

Mais son sourire et l'énumération de ses trésors
échouèrent devant l'impénétrable expression de Marche-
à-terre.

— Les Recteurs ont dit de se mettre en guerre, répondit-il. Chaque Bleu jeté par terre vaut une indulgence.

— Mais les Bleus te tueront peut-être.

Il répondit en laissant aller ses bras comme pour
regretter la modicité de l'offrande qu'il faisait à Dieu et
au Roi.

— Et que deviendrais-je, moi ? demanda douloureusement la jeune fille.

Marche-à-terre regarda Francine avec stupidité ; ses

---

1. « Nourrie », c'est-à-dire mise en « nourrice », allaitée, par la
mère de Francine *(cf.* p. 361) ; ce qui fait de Marie la sœur de lait de
Francine. D'où l'attachement de la jeune servante, et le fait qu'elle
nomme sa maîtresse simplement « Marie ».

yeux semblèrent s'agrandir, il s'en échappa deux larmes qui roulèrent parallèlement de ses joues velues sur les peaux de chèvre dont il était couvert, et un sourd gémissement sortit de sa poitrine.

— Sainte Anne d'Auray !... Pierre, voilà donc tout ce que tu me diras après une séparation de sept ans. Tu as bien changé.

— Je t'aime toujours, répondit le Chouan d'une voix brusque.

— Non, lui dit-elle à l'oreille, le Roi passe avant moi.

— Si tu me regardes ainsi, reprit-il, je m'en vais.

— Eh ! bien, adieu, reprit-elle avec tristesse.

— Adieu, répéta Marche-à-terre.

Il saisit la main de Francine, la serra, la baisa, fit un signe de croix, et se sauva dans l'écurie, comme un chien qui vient de dérober un os.

— Pille-miche, dit-il à son camarade, je n'y vois goutte. As-tu ta *chinchoire* [1] ?

— Oh ! *cré bleu...* [2] ! la belle chaîne, répondit Pille-miche en fouillant dans une poche pratiquée sous sa peau de bique.

Il tendit à Marche-à-terre ce petit cône en corne de bœuf dans lequel les Bretons mettent le tabac fin qu'ils lévigent [3] eux-mêmes pendant les longues soirées d'hiver. Le Chouan leva le pouce de manière à former dans son poignet gauche ce creux où les invalides se mesurent leurs prises de tabac, il y secoua fortement la chinchoire dont la pointe avait été dévissée par Pille-miche. Une poussière impalpable tomba lentement par le petit trou qui terminait le cône de ce meuble breton. Marche-à-terre recommença sept ou huit fois ce manège silencieux, comme si cette poudre eût possédé le pouvoir de changer la nature de ses pensées. Tout à coup, il laissa échapper un geste désespéré, jeta la chinchoire à Pille-miche et ramassa une carabine cachée dans la paille.

---

1. La « chinchoire », « meuble » (c'est-à-dire instrument, objet portatif) typiquement breton, est décrite en détail un peu plus bas ; il s'agit d'une tabatière de corne, dont l'une des extrémités se dévisse pour laisser couler la poudre de tabac. La « chinchée » est une petite quantité de cette poudre, une prise. — 2. Juron populaire, déformation de « Sacré Dieu ! ». — 3. Léviger, c'est réduire en poudre impalpable.

— Sept à huit *chinchées* comme ça de suite, ça ne vaut *rin*[1], dit l'avare Pille-miche.

— En route, s'écria Marche-à-terre d'une voix rauque. Nous avons de la besogne.

Une trentaine de Chouans qui dormaient sous les râteliers et dans la paille levèrent la tête, virent Marche-à-terre debout, et disparurent aussitôt par une porte qui donnait sur des jardins et d'où l'on pouvait gagner les champs. Lorsque Francine sortit de l'écurie, elle trouva la malle en état de partir. Mademoiselle de Verneuil et ses deux compagnons de voyage y étaient déjà montés. La Bretonne frémit en voyant sa maîtresse au fond de la voiture à côté de la femme qui venait d'en ordonner la mort. Le Suspect se mit en avant de Marie, et aussitôt que Francine se fut assise, la lourde voiture partit au grand trot.

Le soleil avait dissipé les nuages gris de l'automne, et ses rayons animaient la mélancolie des champs par un certain air de fête et de jeunesse. Beaucoup d'amants prennent ces hasards du ciel pour des présages. Francine fut étrangement surprise du silence qui régna d'abord entre les voyageurs. Mademoiselle de Verneuil avait repris son air froid, et se tenait les yeux baissés, la tête doucement inclinée, et les mains cachées sous une espèce de mante dans laquelle elle s'enveloppa. Si elle leva les yeux, ce fut pour voir les paysages qui s'enfuyaient en tournoyant avec rapidité. Certaine d'être admirée, elle se refusait à l'admiration ; mais son apparente insouciance accusait plus de coquetterie que de candeur. La touchante pureté qui donne tant d'harmonie aux diverses expressions par lesquelles se révèlent les âmes faibles, semblait ne pas pouvoir prêter son charme à une créature que ses vives impressions destinaient aux orages de l'amour. En proie au plaisir que donnent les commencements d'une intrigue, l'inconnu ne cherchait pas encore à s'expliquer la discordance qui existait entre la coquetterie et l'exaltation de cette singulière fille. Cette candeur jouée ne lui permettait-elle pas de contempler à son aise une figure que le calme embellissait alors

---

1. « Rien ».

autant qu'elle venait de l'être par l'agitation ? Nous
n'accusons guère la source de nos jouissances.

Il est difficile à une jolie femme de se soustraire, en
voiture, aux regards de ses compagnons, dont les yeux
s'attachent sur elle comme pour y chercher une distraction de plus à la monotonie du voyage. Aussi, très heureux de pouvoir satisfaire l'avidité de sa passion
naissante, sans que l'inconnue évitât son regard ou s'of-
fensât de sa persistance, le jeune officier se plut-il à étudier les lignes pures et brillantes qui dessinaient les
contours de ce visage. Ce fut pour lui comme un tableau.
Tantôt le jour faisait ressortir la transparence rose des
narines, et le double arc qui unissait le nez à la lèvre
supérieure ; tantôt un pâle rayon de soleil mettait en
lumière les nuances du teint, nacrées sous les yeux et
autour de la bouche, rosées sur les joues, mates vers les
tempes et sur le cou. Il admira les oppositions de clair
et d'ombre produites par des cheveux dont les rouleaux
noirs environnaient la figure, en y imprimant une grâce
éphémère ; car tout est si fugitif chez la femme ! Sa
beauté d'aujourd'hui n'est souvent pas celle d'hier, heureusement pour elle peut-être ! Encore dans l'âge où
l'homme peut jouir de ces riens qui sont tout l'amour,
le soi-disant marin attendait avec bonheur le mouvement
répété des paupières et les jeux séduisants que la respiration donnait au corsage. Parfois, au gré de ses pensées,
il épiait un accord entre l'expression des yeux et l'imper-
ceptible inflexion des lèvres. Chaque geste lui livrait une
âme, chaque mouvement une face nouvelle de cette
jeune fille. Si quelques idées venaient agiter ces traits
mobiles, si quelque soudaine rougeur s'y infusait, si le
sourire y répandait la vie, il savourait mille délices en
cherchant à deviner les secrets de cette femme mystérieuse. Tout était piège pour l'âme, piège pour les sens.
Enfin le silence, loin d'élever des obstacles à l'entente
des cœurs, devenait un lien commun pour les pensées.
Plusieurs regards où ses yeux rencontrèrent ceux de
l'étranger apprirent à Marie de Verneuil que ce silence
allait la compromettre ; elle fit alors à madame du Gua
quelques-unes de ces demandes insignifiantes qui prélu-

dent aux conversations, mais elle ne put s'empêcher d'y
mêler le fils.

— Madame, comment avez-vous pu, disait-elle, vous
décider à mettre monsieur votre fils dans la marine ?
N'est-ce pas vous condamner à de perpétuelles inquiétudes ?

— Mademoiselle, le destin des femmes, des mères,
veux-je dire, est de toujours trembler pour leurs plus
chers trésors.

— Monsieur vous ressemble beaucoup.

— Vous trouvez, mademoiselle.

Cette innocente *légitimation* de l'âge que madame du
Gua s'était donné fit sourire le jeune homme et inspira
à sa prétendue mère un nouveau dépit. La haine de cette
femme grandissait à chaque regard passionné que jetait
son fils sur Marie. Le silence, le discours, tout allumait
en elle une effroyable rage déguisée sous les manières
les plus affectueuses.

— Mademoiselle, dit alors l'inconnu, vous êtes dans
l'erreur. Les marins ne sont pas plus exposés que ne le
sont les autres militaires. Les femmes ne devraient pas
haïr la marine : n'avons-nous pas sur les troupes de terre
l'immense avantage de rester fidèles à nos maîtresses ?

— Oh ! de force, répondit en riant mademoiselle de
Verneuil.

— C'est toujours de la fidélité, répliqua madame du
Gua d'un ton presque sombre.

La conversation s'anima, se porta sur des sujets qui
n'étaient intéressants que pour les trois voyageurs ; car,
en ces sortes de circonstances, les gens d'esprit donnent
aux banalités des significations neuves ; mais l'entretien,
frivole en apparence, par lequel ces inconnus se plurent
à s'interroger mutuellement, cacha les désirs, les passions et les espérances qui les agitaient. La finesse et la
malice de Marie, qui fut constamment sur ses gardes,
apprirent à madame du Gua que la calomnie et la trahison pourraient seules la faire triompher d'une rivale
aussi redoutable par son esprit que par sa beauté. Les
voyageurs atteignirent l'escorte, et la voiture alla moins
rapidement. Le jeune marin aperçut une longue côte à
monter et proposa une promenade à mademoiselle de

Verneuil. Le bon goût, l'affectueuse politesse du jeune homme semblèrent décider la Parisienne, et son consentement le flatta.

— Madame est-elle de notre avis ? demanda-t-elle à madame du Gua. Veut-elle aussi se promener ?

— Coquette ! dit la dame en descendant de voiture.

Marie et l'inconnu marchèrent ensemble mais séparés. Le marin, déjà saisi par de violents désirs, fut jaloux de faire tomber la réserve qu'on lui opposait, et de laquelle il n'était pas la dupe. Il crut pouvoir y réussir en badinant avec l'inconnue à la faveur de cette amabilité française, de cet esprit parfois léger, parfois sérieux, toujours chevaleresque, souvent moqueur, qui distinguait les hommes remarquables de l'aristocratie exilée. Mais la rieuse Parisienne plaisanta si malicieusement le jeune Républicain, sut lui reprocher ses intentions de frivolité si dédaigneusement en s'attachant de préférence aux idées fortes et à l'exaltation qui perçaient malgré lui dans ses discours, qu'il devina facilement le secret de plaire. La conversation changea donc. L'étranger réalisa dès lors les espérances que donnait sa figure expressive. De moment en moment, il éprouvait de nouvelles difficultés en voulant apprécier la sirène de laquelle il s'éprenait de plus en plus, et fut forcé de suspendre ses jugements sur une fille qui se faisait un jeu de les infirmer tous. Après avoir été séduit par la contemplation de la beauté, il fut donc entraîné vers cette âme inconnue par une curiosité que Marie se plut à exciter. Cet entretien prit insensiblement un caractère d'intimité très étranger au ton d'indifférence que mademoiselle de Verneuil s'efforça d'y imprimer sans pouvoir y parvenir. Quoique madame du Gua eût suivi les deux amoureux, ils avaient insensiblement marché plus vite qu'elle, et ils s'en trouvèrent bientôt séparés par une centaine de pas environ. Ces deux charmants êtres foulaient le sable fin de la route, emportés par le charme enfantin d'unir le léger retentissement de leurs pas, heureux de se voir enveloppés par un même rayon de lumière qui paraissait appartenir au soleil du printemps, et de respirer ensemble ces parfums d'automne chargés de tant de dépouilles végétales, qu'ils semblent une nourriture apportée par les airs à la mélancolie de l'amour naissant. Quoiqu'ils ne parussent voir l'un et l'autre qu'une aventure ordinaire dans leur union momentanée, le ciel, le site et la saison communiquèrent à leurs sentiments une teinte de gravité qui leur donna l'apparence de la passion. Ils commencèrent à faire l'éloge de la journée, de sa beauté ; puis ils parlèrent de leur étrange rencontre, de la rupture prochaine d'une liaison si douce et de la facilité qu'on met en voyage à s'épancher avec les personnes aussitôt perdues qu'entrevues. À cette dernière observation, le jeune homme profita de la permission tacite qui semblait l'autoriser à faire quelques douces confidences, et essaya de risquer des aveux, en homme accoutumé à de semblables situations.

— Remarquez-vous, mademoiselle, lui dit-il, combien les sentiments suivent peu la route commune, dans le temps de terreur où nous vivons ? Autour de nous, tout n'est-il pas frappé d'une inexplicable soudaineté ? Aujourd'hui, nous aimons, nous haïssons sur la foi d'un regard. L'on s'unit pour la vie ou l'on se quitte avec la célérité dont on marche à la mort. On se dépêche en toute chose, comme la Nation dans ses tumultes. Au milieu des dangers, les étreintes doivent être plus vives que dans le train ordinaire de la vie. À Paris, dernièrement, chacun a su, comme sur un champ de bataille, tout ce que pouvait dire une poignée de main.

— On sentait la nécessité de vivre vite et beaucoup, répondit-elle, parce qu'on avait alors peu de temps à vivre. Et après avoir lancé à son jeune compagnon un regard qui semblait lui montrer le terme de leur court voyage, elle ajouta malicieusement : — Vous êtes bien instruit des choses de la vie, pour un jeune homme qui sort de l'École ?

— Que pensez-vous de moi ? demanda-t-il après un moment de silence. Dites-moi votre opinion sans ménagements.

— Vous voulez sans doute acquérir ainsi le droit de me parler de moi ?... répliqua-t-elle en riant.

— Vous ne répondez pas, reprit-il après une légère pause. Prenez garde, le silence est souvent une réponse.

— Ne deviné-je pas tout ce que vous voudriez pouvoir me dire ? Hé ! mon Dieu, vous avez déjà trop parlé.

— Oh ! si nous nous entendons, reprit-il en riant, j'obtiens plus que je n'osais espérer.

Elle se mit à sourire si gracieusement qu'elle parut accepter la lutte courtoise de laquelle tout homme se plaît à menacer une femme. Ils se persuadèrent alors, autant sérieusement que par plaisanterie, qu'il leur était impossible d'être jamais l'un pour l'autre autre chose que ce qu'ils étaient en ce moment. Le jeune homme pouvait se livrer à une passion qui n'avait point d'avenir, et Marie pouvait en rire. Puis quand ils eurent élevé ainsi entre eux une barrière imaginaire, ils parurent l'un et l'autre fort empressés de mettre à profit la dangereuse liberté qu'ils venaient de stipuler. Marie heurta tout à coup une pierre et fit un faux pas.

— Prenez mon bras, dit l'inconnu.

— Il le faut bien, étourdi ! Vous seriez trop fier si je refusais. N'aurais-je pas l'air de vous craindre ?

— Ah ! mademoiselle, répondit-il en lui pressant le bras pour lui faire sentir les battements de son cœur, vous allez me rendre fier de cette faveur.

— Eh ! bien, ma facilité vous ôtera vos illusions.

— Voulez-vous déjà me défendre contre le danger des émotions que vous causez ?

— Cessez, je vous prie, dit-elle, de m'entortiller dans ces petites idées de boudoir, dans ces logogriphes de ruelle[1]. Je n'aime pas à rencontrer chez un homme de votre caractère l'esprit que les sots peuvent avoir. Voyez ?... nous sommes sous un beau ciel, en pleine campagne ; devant nous, au-dessus de nous, tout est grand. Vous voulez me dire que je suis belle, n'est-ce pas ? mais vos yeux me le prouvent, et d'ailleurs, je le sais ; mais je ne suis pas une femme que des compli-

---

1. Un logogriphe est une énigme où l'on donne à deviner des mots, et par extension un discours inintelligible. Et la ruelle, espace ménagé entre le lit et la muraille, devint dans les maisons riches du XVIe et du XVIIe siècle un endroit où l'on se réunissait entre intimes pour causer, jouer aux cartes, faire de la musique ; équivalent du salon du XVIIIe siècle, la ruelle abrita souvent ces conversations précieuses que refuse ici Marie.

ments puissent flatter. Voudriez-vous, par hasard, me
parler de vos *sentiments ?* dit-elle avec une emphase sardonique[1]. Me supposeriez-vous donc la simplicité de
croire à des sympathies soudaines assez fortes pour
dominer une vie entière par le souvenir d'une matinée ?

— Non pas d'une matinée, répondit-il, mais d'une
belle femme qui s'est montrée généreuse.

— Vous oubliez, reprit-elle en riant, de bien plus
grands attraits, une femme inconnue, et chez laquelle
tout doit sembler bizarre, le nom, la qualité, la situation,
la liberté d'esprit et de manières.

— Vous ne m'êtes point inconnue, s'écria-t-il, j'ai su
vous deviner, et ne voudrais rien ajouter à vos perfec-
tions, si ce n'est un peu plus de foi dans l'amour que
vous inspirez tout d'abord.

— Ah ! mon pauvre enfant de dix-sept ans[2], vous
parlez déjà d'amour ? dit-elle en souriant. Eh ! bien, soit,
reprit-elle. C'est là un secret de conversation entre deux
personnes, comme la pluie et le beau temps quand nous
faisons une visite, prenons-le ? Vous ne trouverez en
moi ni fausse modestie, ni petitesse. Je puis écouter ce
mot sans rougir, il m'a été tant de fois prononcé sans
l'accent du cœur, qu'il est devenu presque insignifiant
pour moi. Il m'a été répété au théâtre, dans les livres,
dans le monde, partout ; mais je n'ai jamais rien rencontré qui ressemblât à ce magnifique sentiment.

— L'avez-vous cherché ?

— Oui.

Ce mot fut prononcé avec tant de laisser-aller, que le
jeune homme fit un geste de surprise et regarda fixement
Marie comme s'il eût tout à coup changé d'opinion sur
son caractère et sa véritable situation.

— Mademoiselle, dit-il avec une émotion mal déguisée, êtes-vous fille ou femme, ange ou démon ?

— Je suis l'un et l'autre, reprit-elle en riant. N'y a-t-il
pas toujours quelque chose de diabolique et d'angélique
chez une jeune fille qui n'a point aimé, qui n'aime pas,
et qui n'aimera peut-être jamais ?

---

1. Sardonique : moqueuse, sarcastique. — **2.** Marie sait évidemment que le pseudo-polytechnicien est plus âgé que cela.

— Et vous trouvez-vous heureuse ainsi ?... dit-il en prenant un ton et des manières libres, comme s'il eût déjà conçu moins d'estime pour sa libératrice.

— Oh ! heureuse, reprit-elle, non. Si je viens à penser que je suis seule, dominée par des conventions sociales qui me rendent nécessairement artificieuse, j'envie les privilèges de l'homme. Mais, si je songe à tous les moyens que la nature nous a donnés pour vous envelopper, vous autres, pour vous enlacer dans les filets invisibles d'une puissance à laquelle aucun de vous ne peut résister, alors mon rôle ici-bas me sourit ; puis, tout à coup, il me semble petit, et je sens que je mépriserais un homme, s'il était la dupe de séductions vulgaires. Enfin tantôt j'aperçois notre joug, et il me plaît, puis il me semble horrible et je m'y refuse ; tantôt je sens en moi ce désir de dévouement qui rend la femme si noblement belle, puis j'éprouve un désir de domination qui me dévore. Peut-être est-ce le combat naturel du bon et du mauvais principe qui fait vivre toute créature ici-bas. Ange et démon, vous l'avez dit. Ah ! ce n'est pas d'aujourd'hui que je reconnais ma double nature. Mais, nous autres femmes, nous comprenons encore mieux que vous notre insuffisance. N'avons-nous pas un instinct qui nous fait pressentir en toute chose une perfection à laquelle il est sans doute impossible d'atteindre. Mais, ajouta-t-elle en regardant le ciel et jetant un soupir, ce qui nous grandit à vos yeux...

— C'est ?... dit-il.

— Hé ! bien, répondit-elle, c'est que nous luttons toutes, plus ou moins, contre une destinée incomplète.

— Mademoiselle, pourquoi donc nous quittons-nous ce soir ?

— Ah ! dit-elle en souriant au regard passionné que lui lança le jeune homme, remontons en voiture, le grand air ne nous vaut rien.

Marie se retourna brusquement, l'inconnu la suivit, et lui serra le bras par un mouvement peu respectueux, mais qui exprima tout à la fois d'impérieux désirs et de l'admiration. Elle marcha plus vite ; le marin devina qu'elle voulait fuir une déclaration peut-être importune, il n'en devint que plus ardent, risqua tout pour arracher une première faveur à cette femme, et il lui dit en la regardant avec finesse : — Voulez-vous que je vous apprenne un secret ?

— Oh ! dites promptement, s'il vous concerne ?

— Je ne suis point au service de la République. Où allez-vous ? j'irai.

À cette phrase, Marie trembla violemment, elle retira son bras, et se couvrit le visage de ses deux mains pour dérober la rougeur ou la pâleur peut-être qui en altéra les traits ; mais elle dégagea tout à coup sa figure, et dit d'une voix attendrie : — Vous avez donc débuté comme vous auriez fini, vous m'avez trompée ?

— Oui, dit-il.

À cette réponse, elle tourna le dos à la grosse malle vers laquelle ils se dirigeaient, et se mit à courir presque.

— Mais, reprit l'inconnu, l'air ne nous valait rien ?...

— Oh ! il a changé, dit-elle avec un son de voix grave en continuant à marcher en proie à des pensées orageuses.

— Vous vous taisez, demanda l'étranger, dont le cœur se remplit de cette douce appréhension que donne l'attente du plaisir.

— Oh ! dit-elle d'un accent bref, la tragédie a bien promptement commencé.

— De quelle tragédie parlez-vous ? demanda-t-il.

Elle s'arrêta, toisa l'élève d'abord d'un air empreint d'une double expression de crainte et de curiosité ; puis elle cacha sous un calme impénétrable les sentiments qui l'agitaient, et montra que, pour une jeune fille, elle avait une grande habitude de la vie.

— Qui êtes-vous ? reprit-elle ; mais je le sais ! En vous voyant, je m'en étais doutée, vous êtes le chef royaliste nommé le Gars ? L'ex-évêque d'Autun a bien raison [1], en nous disant de toujours croire aux pressentiments qui annoncent des malheurs.

— Quel intérêt avez-vous donc à connaître ce garçon-là ?

---

1. L'ex-évêque d'Autun n'est autre que Talleyrand, qui se démit de ses fonctions et se rallia à la Constitution civile du clergé en 1790 *(cf.* note 1 p. 288).

— Quel intérêt aurait-il donc à se cacher de moi, si je lui ai déjà sauvé la vie ? Elle se mit à rire, mais forcément. — J'ai sagement fait de vous empêcher de me dire que vous m'aimez. Sachez-le bien, monsieur, je vous abhorre. Je suis républicaine, vous êtes royaliste, et je vous livrerais si vous n'aviez ma parole, si je ne vous avais déjà sauvé une fois, et si... Elle s'arrêta. Ces violents retours sur elle-même, ces combats qu'elle ne se donnait plus la peine de déguiser, inquiétèrent l'inconnu, qui tâcha, mais vainement, de l'observer. — Quittons-nous à l'instant, je le veux, adieu, dit-elle. Elle se retourna vivement, fit quelques pas et revint. — Mais non, j'ai un immense intérêt à apprendre qui vous êtes, reprit-elle. Ne me cachez rien, et dites-moi la vérité. Qui êtes-vous, car vous n'êtes pas plus un élève de l'École que vous n'avez dix-sept ans...

— Je suis un marin, tout prêt à quitter l'Océan pour vous suivre partout où votre imagination voudra me guider. Si j'ai le bonheur de vous offrir quelque mystère, je me garderai bien de détruire votre curiosité. Pourquoi mêler les graves intérêts de la vie réelle à la vie du cœur, où nous commencions à si bien nous comprendre ?

— Nos âmes auraient pu s'entendre, dit-elle d'un ton grave. Mais, monsieur, je n'ai pas le droit d'exiger votre confiance. Vous ne connaîtrez jamais l'étendue de vos obligations envers moi : je me tairai.

Ils avancèrent de quelques pas dans le plus profond silence.

— Combien ma vie vous intéresse ! reprit l'inconnu.

— Monsieur, dit-elle, de grâce, votre nom, ou taisez-vous. Vous êtes un enfant, ajouta-t-elle en haussant les épaules, et vous me faites pitié.

L'obstination que la voyageuse mettait à connaître son secret fit hésiter le prétendu marin entre la prudence et ses désirs. Le dépit d'une femme souhaitée a de bien puissants attraits ; sa soumission comme sa colère est si impérieuse, elle attaque tant de fibres dans le cœur de l'homme, elle le pénètre et le subjugue. Était-ce chez mademoiselle de Verneuil une coquetterie de plus ? Malgré sa passion, l'étranger eut la force de se défier d'une femme qui voulait lui violemment arracher un secret de vie ou de mort.

— Pourquoi, lui dit-il en lui prenant la main qu'elle laissa prendre par distraction, pourquoi mon indiscrétion, qui donnait un avenir à cette journée, en a-t-elle détruit le charme ?

Mademoiselle de Verneuil, qui paraissait souffrante, garda le silence.

— En quoi puis-je vous affliger, reprit-il, et que puis-je faire pour vous apaiser ?

— Dites-moi votre nom.

À son tour il marcha en silence, et ils avancèrent de quelques pas. Tout à coup mademoiselle de Verneuil s'arrêta, comme une personne qui a pris une importante détermination.

— Monsieur le marquis de Montauran, dit-elle avec dignité sans pouvoir entièrement déguiser une agitation qui donnait une sorte de tremblement nerveux à ses traits, quoi qu'il puisse m'en coûter, je suis heureuse de vous rendre un bon office. Ici nous allons nous séparer. L'escorte et la malle sont trop nécessaires à votre sûreté pour que vous n'acceptiez pas l'une et l'autre. Ne craignez rien des Républicains ; tous ces soldats, voyez-vous, sont des hommes d'honneur, et je vais donner à l'adjudant des ordres qu'il exécutera fidèlement. Quant à moi, je puis regagner Alençon à pied avec ma femme de chambre, quelques soldats nous accompagneront. Écoutez-moi bien, car il s'agit de votre tête. Si vous rencontriez, avant d'être en sûreté, l'horrible muscadin que vous avez vu dans l'auberge, fuyez, car il vous livrerait aussitôt. Quant à moi... — Elle fit une pause. — Quant à moi, je me rejette avec orgueil dans les misères de la vie, reprit-elle à voix basse en retenant ses pleurs. Adieu, monsieur. Puissiez-vous être heureux ! Adieu.

Et elle fit un signe au capitaine Merle qui atteignait alors le haut de la colline. Le jeune homme ne s'attendait pas à un si brusque dénoûment.

— Attendez ! cria-t-il avec une sorte de désespoir assez bien joué.

Ce singulier caprice d'une fille pour laquelle il aurait

alors sacrifié sa vie surprit tellement l'inconnu, qu'il inventa une déplorable ruse pour tout à la fois cacher son nom et satisfaire la curiosité de mademoiselle de Verneuil.

— Vous avez presque deviné, dit-il, je suis émigré, condamné à mort, et je me nomme le vicomte de Bauvan. L'amour de mon pays m'a ramené en France, près de mon frère. J'espère être radié de la liste[1] par l'influence de madame de Beauharnais, aujourd'hui la femme du premier Consul ; mais si j'échoue, alors je veux mourir sur la terre de mon pays en combattant auprès de Montauran, mon ami. Je vais d'abord en secret, à l'aide d'un passeport qu'il m'a fait parvenir, savoir s'il me reste quelques propriétés en Bretagne.

Pendant que le jeune gentilhomme parlait, mademoiselle de Verneuil l'examinait d'un œil perçant. Elle essaya de douter de la vérité de ces paroles, mais crédule et confiante, elle reprit lentement une expression de sérénité, et s'écria : — Monsieur, ce que vous me dites en ce moment est-il vrai ?

— Parfaitement vrai, répéta l'inconnu qui paraissait mettre peu de probité dans ses relations avec les femmes.

Mademoiselle de Verneuil soupira fortement comme une personne qui revient à la vie.

— Ah ! s'écria-t-elle, je suis bien heureuse.

— Vous haïssez donc bien mon pauvre Montauran.

— Non, dit-elle, vous ne sauriez me comprendre. Je n'aurais pas voulu que *vous* fussiez menacé des dangers contre lesquels je vais tâcher de le défendre, puisqu'il est votre ami.

— Qui vous a dit que Montauran fût en danger ?

— Hé ! monsieur, si je ne venais pas de Paris, où il n'est question que de son entreprise, le commandant d'Alençon nous en a dit assez sur lui, je pense.

— Je vous demanderai alors comment vous pourriez le préserver de tout danger.

---

1. Il s'agit de la liste des émigrés ; y être inscrit mettait en péril les biens et les personnes des ci-devant. Nous verrons apparaître plus loin le comte de Bauvan, contre-révolutionnaire dont Montauran se prétend ici le frère.

— Et si je ne voulais pas répondre ? dit-elle avec cet air dédaigneux sous lequel les femmes savent si bien cacher leurs émotions. De quel droit voulez-vous connaître mes secrets ?

— Du droit que doit avoir un homme qui vous aime.

— Déjà ?... dit-elle. Non, vous ne m'aimez pas, monsieur, vous voyez en moi l'objet d'une galanterie passagère, voilà tout. Ne vous ai-je pas sur-le-champ deviné ? Une personne qui a quelque habitude de la bonne compagnie peut-elle, par les mœurs qui courent, se tromper en entendant un élève de l'École Polytechnique se servir d'expressions choisies, et déguiser, aussi mal que vous l'avez fait, les manières d'un grand seigneur sous l'écorce des Républicains ; mais vos cheveux ont un reste de poudre, et vous avez un parfum de gentilhomme que doit sentir tout d'abord une femme du monde. Aussi, tremblant pour vous que mon surveillant, qui a toute la finesse d'une femme, ne vous reconnût, l'ai-je promptement congédié. Monsieur, un véritable officier républicain sorti de l'École ne se croirait pas près de moi en bonne fortune, et ne me prendrait pas pour une jolie intrigante. Permettez-moi, monsieur de Bauvan, de vous soumettre à ce propos un léger raisonnement de femme. Êtes-vous si jeune, que vous ne sachiez pas que, de toutes les créatures de notre sexe, la plus difficile à soumettre est celle dont la valeur est chiffrée et qui s'ennuie du plaisir. Cette sorte de femme exige, m'a-t-on dit, d'immenses séductions, ne cède qu'à ses caprices ; et, prétendre lui plaire, est chez un homme la plus grande des fatuités. Mettons à part cette classe de femmes dans laquelle vous me faites la galanterie de me ranger, car elles sont tenues toutes d'être belles, vous devez comprendre qu'une jeune femme noble, belle, spirituelle (vous m'accordez ces avantages) ne se vend pas, et ne peut s'obtenir que d'une seule façon, quand elle est aimée. Vous m'entendez ! Si elle aime, et qu'elle veuille faire une folie, elle doit être justifiée par quelque grandeur. Pardonnez-moi ce luxe de logique, si rare chez les personnes de notre sexe ; mais, pour votre honneur et... le mien, dit-elle en s'inclinant, je ne voudrais pas que nous nous trompassions sur notre mérite, ou que vous crussiez mademoiselle de Verneuil, ange ou démon, fille ou femme, capable de se laisser prendre à de banales galanteries.

— Mademoiselle, dit le marquis dont la surprise quoique dissimulée fut extrême et qui redevint tout à coup homme de grande compagnie[1], je vous supplie de croire que je vous accepte comme une très noble personne, pleine de cœur et de sentiments élevés, ou... comme une bonne fille[2], à votre choix !

— Je ne vous demande pas tant, monsieur, dit-elle en riant. Laissez-moi mon incognito. D'ailleurs, mon masque est mieux mis que le vôtre, et il me plaît à moi de le garder, ne fût-ce que pour savoir si les gens qui me parlent d'amour sont sincères... Ne vous hasardez donc pas légèrement près de moi. — Monsieur, écoutez, lui dit-elle en lui saisissant le bras avec force, si vous pouviez me prouver un véritable amour, aucune puissance humaine ne nous séparerait. Oui, je voudrais m'associer à quelque grande existence d'homme, épouser une vaste ambition, de belles pensées. Les nobles cœurs ne sont pas infidèles, car la constance est une force qui leur va ; je serais donc toujours aimée, toujours heureuse ; mais aussi, ne serais-je pas toujours prête à faire de mon corps une marche pour élever l'homme qui aurait mes affections, à me sacrifier pour lui, à tout supporter de lui, à l'aimer toujours, même quand il ne m'aimerait plus ? Je n'ai jamais osé confier à un autre cœur ni les souhaits du mien, ni les élans passionnés de l'exaltation qui me dévore ; mais je puis bien vous en dire quelque chose, puisque nous allons nous quitter aussitôt que vous serez en sûreté.

— Nous quitter ?... jamais ! dit-il électrisé par les sons que rendait cette âme vigoureuse qui semblait se débattre contre quelque immense pensée.

— Êtes-vous libre ? reprit-elle en lui jetant un regard dédaigneux qui le rapetissa.

---

1. C'est-à-dire « du grand monde ». — 2. Par opposition à la « noble personne », une « bonne fille » n'est pas de grande condition ; mais elle est franche, loyale et généreuse.

— Oh ! pour libre... oui, sauf la condamnation à mort[1].

Elle lui dit alors d'une voix pleine de sentiments amers : — Si tout ceci n'était pas un songe, quelle belle vie serait la vôtre ?... Mais si j'ai dit des folies, n'en faisons pas. Quand je pense à tout ce que vous devriez être pour m'apprécier à ma juste valeur, je doute de tout.

— Et moi je ne douterais de rien, si vous vouliez m'appar...

— Chut ! s'écria-t-elle en entendant cette phrase dite avec un véritable accent de passion, l'air ne nous vaut décidément plus rien, allons retrouver nos chaperons.

La malle ne tarda pas à rejoindre ces deux personnages, qui reprirent leurs places et firent quelques lieues dans le plus profond silence ; s'ils avaient l'un et l'autre trouvé matière à d'amples réflexions, leurs yeux ne craignirent plus désormais de se rencontrer. Tous deux, ils semblaient avoir un égal intérêt à s'observer et à se cacher un secret important ; mais ils se sentaient entraînés l'un vers l'autre par un même désir qui, depuis leur entretien, contractait l'étendue de la passion ; car ils avaient réciproquement reconnu chez eux des qualités qui rehaussaient encore à leurs yeux les plaisirs qu'ils se promettaient de leur lutte ou de leur union. Peut-être chacun d'eux, embarqué dans une vie aventureuse, était-il arrivé à cette singulière situation morale où, soit par lassitude, soit pour défier le sort, on se refuse à des réflexions sérieuses, et où l'on se livre aux chances du hasard en poursuivant une entreprise, précisément parce qu'elle n'offre aucune issue et qu'on veut en voir le dénoûment nécessaire. La nature morale n'a-t-elle pas, comme la nature physique, ses gouffres et ses abîmes où les caractères forts aiment à se plonger en risquant leur vie, comme un joueur aime à jouer sa fortune ? Le gentilhomme et mademoiselle de Verneuil eurent en quelque sorte une révélation de ces idées, qui leur furent communes après l'entretien dont elles étaient la consé-

---

1. Qu'entraîne soit l'inscription sur la liste des émigrés *(cf.* note 1 p. 199), soit la loi du 14 fructidor 1799, qui met hors la loi les départements insurgés *(cf.* p. 217).

quence, et ils firent ainsi tout à coup un pas immense, car la sympathie des âmes suivit celle de leurs sens. Néanmoins plus ils se sentirent fatalement entraînés l'un vers l'autre, plus ils furent intéressés à s'étudier, ne fût-ce que pour augmenter, par un involontaire calcul, la somme de leurs jouissances futures. Le jeune homme, encore étonné de la profondeur des idées de cette fille bizarre, se demanda tout d'abord comment elle pouvait allier tant de connaissances acquises à tant de fraîcheur et de jeunesse. Il crut découvrir alors un extrême désir de paraître chaste, dans l'extrême chasteté que Marie cherchait à donner à ses attitudes ; il la soupçonna de feinte, se querella sur son plaisir, et ne voulut plus voir dans cette inconnue qu'une habile comédienne : il avait raison. Mademoiselle de Verneuil, comme toutes les filles du monde, devenue d'autant plus modeste qu'elle ressentait plus d'ardeur, prenait fort naturellement cette contenance de pruderie sous laquelle les femmes savent si bien voiler leurs excessifs désirs. Toutes voudraient s'offrir vierges à la passion ; et, si elles ne le sont pas, leur dissimulation est toujours un hommage qu'elles rendent à leur amour. Ces réflexions passèrent rapidement dans l'âme du gentilhomme, et lui firent plaisir. En effet, pour tous deux, cet examen devait être un progrès, et l'amant en vint bientôt à cette phase de la passion où un homme trouve dans les défauts de sa maîtresse des raisons pour l'aimer davantage. Mademoiselle de Verneuil resta plus longtemps pensive que ne le fut l'émigré ; peut-être son imagination lui faisait-elle franchir une plus grande étendue de l'avenir. Le jeune homme obéissait à quelqu'un des mille sentiments qu'il devait éprouver dans sa vie d'homme, et la jeune fille apercevait toute une vie en se complaisant à l'arranger belle, à la remplir de bonheur, de grands et de nobles sentiments. Heureuse en idée, éprise autant de ses chimères que de la réalité, autant de l'avenir que du présent, Marie essaya de revenir sur ses pas pour mieux établir son pouvoir sur ce jeune cœur, agissant en cela instinctivement, comme agissent toutes les femmes. Après être convenue avec elle-même de se donner tout entière, elle désirait, pour ainsi dire, se disputer en détail ; elle aurait voulu pouvoir reprendre dans le passé toutes ses actions, ses paroles, ses regards pour les mettre en harmonie avec la dignité de la femme aimée. Aussi, ses yeux exprimèrent-ils parfois une sorte de terreur, quand elle songeait à l'entretien qu'elle venait d'avoir et où elle s'était montrée si agressive. Mais en contemplant cette figure empreinte de force, elle se dit qu'un être si puissant devait être généreux, et s'applaudit de rencontrer une part plus belle que celle de beaucoup d'autres femmes, en trouvant dans son amant un homme de caractère, un homme condamné à mort qui venait jouer lui-même sa tête et faire la guerre à la République. La pensée de pouvoir occuper sans partage une telle âme prêta bientôt à toutes les choses une physionomie différente. Entre le moment où, cinq heures auparavant, elle composa son visage et sa voix pour agacer le gentilhomme, et le moment actuel où elle pouvait le bouleverser d'un regard, il y eut la différence de l'univers mort à un vivant univers. De bons rires, de joyeuses coquetteries cachèrent une immense passion qui se présenta comme le malheur, en souriant. Dans les dispositions d'âme où se trouvait mademoiselle de Verneuil, la vie extérieure prit donc pour elle le caractère d'une fantasmagorie. La calèche passa par des villages, par des vallons, par des montagnes dont aucune image ne s'imprima dans sa mémoire. Elle arriva dans Mayenne, les soldats de l'escorte changèrent, Merle lui parla, elle répondit, traversa toute une ville, et se remit en route ; mais les figures, les maisons, les rues, les paysages, les hommes furent emportés comme les formes indistinctes d'un rêve. La nuit vint. Marie voyagea sous un ciel de diamants, enveloppée d'une douce lumière, et sur la route de Fougères, sans qu'il lui vint dans la pensée que le ciel eût changé d'aspect, sans savoir ce qu'était ni Mayenne ni Fougères, ni où elle allait. Qu'elle pût quitter dans peu d'heures l'homme de son choix et par qui elle se croyait choisie, n'était pas, pour elle, une chose possible. L'amour est la seule passion qui ne souffre ni passé ni avenir. Si parfois sa pensée se trahissait par des paroles, elle laissait échapper des phrases presque dénuées de sens, mais qui résonnaient dans le cœur de son amant comme des promesses de plaisir. Aux yeux des deux témoins de cette passion naissante, elle prenait une marche effrayante. Francine connaissait Marie aussi bien que l'étrangère connaissait le jeune homme, et cette expérience du passé leur faisait attendre en silence quelque terrible dénoûment. En effet, elles ne tardèrent pas à voir finir ce drame que mademoiselle de Verneuil avait si tristement, sans le savoir peut-être, nommé une tragédie[1].

Quand les quatre voyageurs eurent fait environ une lieue hors de Mayenne, ils entendirent un homme à cheval qui se dirigeait vers eux avec une excessive rapidité ; lorsqu'il atteignit la voiture, il se pencha pour y regarder mademoiselle de Verneuil, qui reconnut Corentin ; ce sinistre personnage se permit de lui adresser un signe d'intelligence dont la familiarité eut quelque chose de flétrissant pour elle, et il s'enfuit après l'avoir glacée par ce signe empreint de bassesse. L'émigré parut désagréablement affecté de cette circonstance qui n'échappa certes point à sa prétendue mère ; mais Marie le pressa légèrement, et sembla se réfugier par un regard dans son cœur, comme dans le seul asile qu'elle eût sur terre. Le front du jeune homme s'éclaircit alors en savourant l'émotion que lui fit éprouver le geste par lequel sa maîtresse lui avait révélé, comme par mégarde, l'étendue de son attachement. Une inexplicable peur avait fait évanouir toute coquetterie, et l'amour se montra pendant un moment sans voile. Ils se turent comme pour prolonger la douceur de ce moment. Malheureusement au milieu d'eux madame du Gua voyait tout ; et, comme un avare qui donne un festin, elle paraissait leur compter les morceaux et leur mesurer la vie. En proie à leur bonheur,

---

1. Phrase-clé au plan de l'esthétique comme de la structure de l'œuvre. Encore peu sûr de lui, le roman réaliste est à la recherche de modèles génériques, et le modèle théâtral, particulièrement prestigieux à l'époque, s'impose à lui (*cf.* Introduction p. 42-43, et les notes 2 p. 76 et 1 p. 159). *Les Chouans* oscillent essentiellement entre la vénérable tragédie, qui nous amènera à un dénouement plein de terreur et de pitié, et le drame romantique naissant, où la passion déchaînée se heurte de plein fouet aux tristes réalités historiques ou sociales ; ainsi dans *Hernani* et *Marion Delorme* de Hugo, *Antony* de Dumas, *Chatterton* de Vigny, produits de 1830 à 1835.

Madame du Gua.
Passionnée, rusée, implacable dans la guerre comme dans l'amour...
Illustration de l'édition Marescq et Havard, 1852.

les deux amants arrivèrent, sans se douter du chemin qu'ils avaient fait, à la partie de la route qui se trouve au fond de la vallée d'Ernée, et qui forme le premier des trois bassins à travers lesquels se sont passés les événements qui servent d'exposition à cette histoire. Là, Francine aperçut et montra d'étranges figures qui semblaient se mouvoir comme des ombres à travers les arbres et dans les ajoncs dont les champs étaient entourés. Quand la voiture arriva dans la direction de ces ombres, une décharge générale, dont les balles passèrent en sifflant au-dessus des têtes, apprit aux voyageurs que tout était positif dans cette apparition. L'escorte tombait dans une embuscade.

À cette vive fusillade, le capitaine Merle regretta vivement d'avoir partagé l'erreur de mademoiselle de Verneuil, qui, croyant à la sécurité d'un voyage nocturne et rapide, ne lui avait laissé prendre qu'une soixantaine d'hommes. Aussitôt le capitaine, commandé par Gérard, divisa la petite troupe en deux colonnes pour tenir les deux côtés de la route, et chacun des officiers se dirigea vivement au pas de course à travers les champs de genêts et d'ajoncs, en cherchant à combattre les assaillants avant de les compter. Les Bleus se mirent à battre à droite et à gauche ces épais buissons avec une intrépidité pleine d'imprudence, et répondirent à l'attaque des Chouans par un feu soutenu dans les genêts, d'où partaient les coups de fusil. Le premier mouvement de mademoiselle de Verneuil avait été de sauter hors de la calèche et de courir assez loin en arrière pour s'éloigner du champ de bataille ; mais, honteuse de sa peur, et mue par ce sentiment qui porte à se grandir aux yeux de l'être aimé, elle demeura immobile et tâcha d'examiner froidement le combat.

L'émigré la suivit, lui prit la main et la plaça sur son cœur.

— J'ai eu peur, dit-elle en souriant ; mais maintenant...

En ce moment sa femme de chambre effrayée lui cria : — Marie, prenez garde ! Mais Francine, qui voulait s'élancer hors de la voiture, s'y sentit arrêtée par une main vigoureuse. Le poids de cette main énorme lui arracha un cri violent, elle se retourna et garda le silence en reconnaissant la figure de Marche-à-terre.

— Je devrai donc à vos terreurs, disait l'étranger à mademoiselle de Verneuil, la révélation des plus doux secrets du cœur. Grâce à Francine, j'apprends que vous portez le nom gracieux de Marie. Marie, le nom que j'ai prononcé dans toutes mes angoisses ! Marie, le nom que je prononcerai désormais dans la joie, et que je ne dirai plus maintenant sans faire un sacrilège, en confondant la religion et l'amour[1]. Mais serait-ce donc un crime que de prier et d'aimer tout ensemble ?

À ces mots, ils se serrèrent fortement la main, se regardèrent en silence, et l'excès de leurs sensations leur ôta la force et le pouvoir de les exprimer.

— *Ce n'est pas pour vous autres qu'il y a du danger !* dit brutalement Marche-à-terre à Francine en donnant aux sons rauques et gutturaux de sa voix une sinistre expression de reproche et appuyant sur chaque mot de manière à jeter l'innocente paysanne dans la stupeur.

Pour la première fois la pauvre fille apercevait de la férocité dans les regards de Marche-à-terre. La lueur de la lune semblait être la seule qui convînt à cette figure. Ce sauvage Breton tenant son bonnet d'une main, sa lourde carabine de l'autre, ramassé comme un gnome et enveloppé par cette blanche lumière dont les flots donnent aux formes de si bizarres aspects, appartenait ainsi plutôt à la féerie qu'à la vérité. Cette apparition et son reproche eurent quelque chose de la rapidité des fantômes. Il se tourna brusquement vers madame du Gua, avec laquelle il échangea de vives paroles, et Francine, qui avait un peu oublié le bas-breton, ne put y rien comprendre. La dame paraissait donner à Marche-à-terre des ordres multipliés. Cette courte conférence fut terminée par un geste impérieux de cette femme qui désignait au Chouan les deux amants. Avant d'obéir, Marche-à-terre jeta un dernier regard à Francine, qu'il semblait plaindre, il aurait voulu lui parler ; mais la Bretonne sut que le silence de son amant était imposé. La peau rude et tannée de cet homme parvint à se plisser sur son front, et ses sourcils se rapprochèrent violemment. Résistait-il à l'ordre renouvelé de tuer mademoiselle de Verneuil ? Cette grimace le rendit sans doute plus hideux à madame du Gua, mais l'éclair de ses yeux devint presque doux pour Francine, qui, devinant par ce regard qu'elle pourrait faire plier l'énergie de ce sauvage sous sa volonté de femme, espéra régner encore, après Dieu, sur ce cœur grossier.

---

1. Confusion toute romantique, « Marie » étant le nom et de la bien-aimée et de la divinité (la Vierge).

Le doux entretien de Marie fut interrompu par madame du Gua qui vint la prendre en criant comme si quelque danger la menaçait ; mais elle voulait uniquement laisser l'un des membres du comité royaliste d'Alençon, qu'elle reconnut, libre de parler à l'émigré.

— Défiez-vous de la fille que vous avez rencontrée à l'hôtel des Trois-Maures.

Après avoir dit cette phrase à l'oreille du jeune homme, le chevalier de Valois qui montait un petit cheval breton disparut dans les genêts d'où il venait de sortir. En ce moment, le feu roulait avec une étonnante vivacité, mais sans que les deux partis en vinssent aux mains.

— Mon adjudant, ne serait-ce pas une fausse attaque pour enlever nos voyageurs et leur imposer une rançon ?... dit La-clef-des-cœurs.

— Tu as les pieds dans leurs souliers ou le diable m'emporte, répondit Gérard en volant sur la route.

En ce moment, le feu des Chouans se ralentit, car la communication faite au chef par le chevalier était le seul but de leur escarmouche ; Merle, qui les vit se sauvant en petit nombre à travers les haies, ne jugea pas à propos de s'engager dans une lutte inutilement dangereuse. Gérard, en deux mots, fit reprendre à l'escorte sa position sur le chemin, et se remit en marche sans avoir essuyé de perte. Le capitaine put offrir la main à mademoiselle de Verneuil pour remonter en voiture, car le gentilhomme resta comme frappé de la foudre. La Parisienne étonnée monta sans accepter la politesse du Républicain ; elle tourna la tête vers son amant, le vit immobile et fut stupéfaite du changement subit que les mystérieuses paroles du cavalier venaient d'opérer en lui. Le jeune émigré revint lentement, et son attitude décelait un profond sentiment de dégoût.

— N'avais-je pas raison ? dit à l'oreille du jeune homme madame du Gua en le ramenant à la voiture, nous sommes certes entre les mains d'une créature [1] avec laquelle on a trafiqué de votre tête ; mais puisqu'elle est

---

1. « Créature » pouvait alors signifier courtisane, femme de mauvaise vie.

assez sotte pour s'amouracher de vous, au lieu de faire
son métier, n'allez pas vous conduire en enfant, et fei-
gnez de l'aimer jusqu'à ce que nous ayons gagné la
Vivetière... Une fois là !...

— Mais l'aimerait-il donc déjà ?... se dit-elle en
voyant le jeune homme à sa place, dans l'attitude d'un
homme endormi.

La calèche roula sourdement sur le sable de la route.
Au premier regard que mademoiselle de Verneuil jeta
autour d'elle, tout lui parut avoir changé. La mort se
glissait déjà dans son amour. Ce n'était peut-être que
des nuances ; mais aux yeux de toute femme qui aime,
ces nuances sont aussi tranchées que de vives couleurs.
Francine avait compris, par le regard de Marche-à-terre,
que le destin de mademoiselle de Verneuil, sur laquelle
elle lui avait ordonné de veiller, était entre d'autres
mains que les siennes, et offrait un visage pâle, sans
pouvoir retenir ses larmes quand sa maîtresse la regardait. La dame inconnue cachait mal sous de faux sourires
la malice d'une vengeance féminine, et le subit changement que son obséquieuse bonté pour mademoiselle de
Verneuil introduisit dans son maintien, dans sa voix et
sa physionomie, était de nature à donner des craintes à
une personne perspicace. Aussi mademoiselle de Verneuil frissonna-t-elle par instinct en se demandant :
— Pourquoi frissonné-je ?... C'est sa mère. Mais elle
trembla de tous ses membres en se disant tout à coup :
— Est-ce bien sa mère ? Elle vit un abîme qu'un dernier
coup d'œil jeté sur l'inconnue acheva d'éclairer. —
Cette femme l'aime ! pensa-t-elle. Mais pourquoi m'accabler de prévenances, après m'avoir témoigné tant de
froideur ? Suis-je perdue ? Aurait-elle peur de moi ?
Quant au gentilhomme, il pâlissait, rougissait tour à tour,
et gardait une attitude calme en baissant les yeux pour
dérober les étranges émotions qui l'agitaient. Une
compression violente détruisait la gracieuse courbure de
ses lèvres, et son teint jaunissait sous les efforts d'une
orageuse pensée. Mademoiselle de Verneuil ne pouvait
même plus deviner s'il y avait encore de l'amour dans
sa fureur. Le chemin, flanqué de bois en cet endroit,
devint sombre et empêcha ces muets acteurs de s'inter-

roger des yeux. Le murmure du vent, le bruissement des touffes d'arbres, le bruit des pas mesurés de l'escorte, donnèrent à cette scène ce caractère solennel qui accélère les battements du cœur. Mademoiselle de Verneuil ne pouvait pas chercher en vain la cause de ce changement. Le souvenir de Corentin passa comme un éclair, et lui apporta l'image de sa véritable destinée qui lui apparut tout à coup. Pour la première fois depuis la matinée, elle réfléchit sérieusement à sa situation. Jusqu'en ce moment, elle s'était laissée aller au bonheur d'aimer, sans penser ni à elle, ni à l'avenir. Incapable de supporter plus longtemps ses angoisses, elle chercha, elle attendit, avec la douce patience de l'amour, un des regards du jeune homme, et le supplia si vivement, sa pâleur et son frisson eurent une éloquence si pénétrante, qu'il chancela ; mais la chute n'en fut que plus complète.

— Souffririez-vous, mademoiselle ? demanda-t-il.

Cette voix dépouillée de douceur, la demande elle-même, le regard, le geste, tout servit à convaincre la pauvre fille que les événements de cette journée appartenaient à un mirage de l'âme qui se dissipait alors comme ces nuages à demi formés que le vent emporte.

— Si je souffre ?... reprit-elle en riant forcément, j'allais vous faire la même question.

— Je croyais que vous vous entendiez, dit madame du Gua avec une fausse bonhomie.

Ni le gentilhomme ni mademoiselle de Verneuil ne répondirent. La jeune fille, doublement outragée, se dépita de voir sa puissante beauté sans puissance. Elle savait pouvoir apprendre au moment où elle le voudrait la cause de cette situation ; mais, peu curieuse de la pénétrer, pour la première fois, peut-être, une femme recula devant un secret. La vie humaine est tristement fertile en situations où, par suite, soit d'une méditation trop forte, soit d'une catastrophe, nos idées ne tiennent plus à rien, sont sans substance, sans point de départ, où le présent ne trouve plus de liens pour se rattacher au passé, ni dans l'avenir. Tel fut l'état de mademoiselle de Verneuil. Penchée dans le fond de la voiture, elle y resta comme un arbuste déraciné. Muette et souffrante, elle ne regarda plus personne, s'enveloppa de sa douleur, et demeura avec tant de volonté dans le monde inconnu où se réfugient les malheureux, qu'elle ne vit plus rien. Des corbeaux passèrent en croassant au-dessus d'eux ; mais quoique, semblable à toutes les âmes fortes, elle eût un coin du cœur pour les superstitions, elle n'y fit aucune attention. Les voyageurs cheminèrent quelque temps en silence. — Déjà séparés, se disait mademoiselle de Verneuil. Cependant rien autour de moi n'a parlé. Serait-ce Corentin ? Ce n'est pas son intérêt. Qui donc a pu se lever pour m'accuser ? À peine aimée, voici déjà l'horreur de l'abandon. Je sème l'amour et je recueille le mépris. Il sera donc toujours dans ma destinée de toujours voir le bonheur et de toujours le perdre ! Elle sentit alors dans son cœur des troubles inconnus, car elle aimait réellement et pour la première fois. Cependant elle ne s'était pas tellement livrée qu'elle ne pût trouver des ressources contre sa douleur dans la fierté naturelle à une femme jeune et belle. Le secret de son amour, ce secret souvent gardé dans les tortures, ne lui était pas échappé. Elle se releva, et honteuse de donner la mesure de sa passion par sa silencieuse souffrance, elle secoua la tête par un mouvement de gaieté, montra un visage ou plutôt un masque riant, puis elle força sa voix pour en déguiser l'altération.

— Où sommes-nous ? demanda-t-elle au capitaine Merle, qui se tenait toujours à une certaine distance de la voiture.

— À trois lieues et demie de Fougères, mademoiselle.

— Nous allons donc y arriver bientôt ? lui dit-elle pour l'encourager à lier une conversation où elle se promettait bien de témoigner quelque estime au jeune capitaine.

— Ces lieues-là, reprit Merle tout joyeux, ne sont pas larges, seulement elles se permettent dans ce pays-ci de ne jamais finir. Lorsque vous serez sur le plateau de la côte que nous gravissons, vous apercevrez une vallée semblable à celle que nous allons quitter, et à l'horizon vous pourrez alors voir le sommet de la Pèlerine. Plaise à Dieu que les Chouans ne veuillent pas y prendre leur revanche ! Or, vous concevez qu'à monter et descendre ainsi l'on n'avance guère. De la Pèlerine, vous découvrirez encore...

À ce mot l'émigré tressaillit pour la seconde fois, mais si légèrement, que mademoiselle de Verneuil fut seule à remarquer ce tressaillement.

— Qu'est-ce donc que cette Pèlerine ? demanda vivement la jeune fille en interrompant le capitaine engagé dans sa topographie [1] bretonne.

— C'est, reprit Merle, le sommet d'une montagne qui donne son nom à la vallée du Maine dans laquelle nous allons entrer, et qui sépare cette province de la vallée du Couësnon, à l'extrémité de laquelle est située Fougères, la première ville de Bretagne. Nous nous y sommes battus à la fin de vendémiaire avec le Gars et ses brigands. Nous emmenions des conscrits qui, pour ne pas quitter leur pays, ont voulu nous tuer sur la limite [2] ; mais Hulot est un rude chrétien qui leur a donné...

— Alors vous avez dû voir le Gars ? demanda-t-elle. Quel homme est-ce ?...

Ses yeux perçants et malicieux ne quittèrent pas la figure du faux vicomte de Bauvan.

— Oh ! mon Dieu ! mademoiselle, répondit Merle toujours interrompu, il ressemble tellement au citoyen du Gua, que, s'il ne portait pas l'uniforme de l'École Polytechnique, je gagerais que c'est lui.

Mademoiselle de Verneuil regarda fixement le froid et immobile jeune homme qui la dédaignait, mais elle ne vit rien en lui qui pût trahir un sentiment de crainte ; elle l'instruisit par un sourire amer de la découverte qu'elle faisait en ce moment du secret si traîtreusement gardé par lui ; puis, d'une voix railleuse, les narines enflées de joie, la tête de côté pour examiner le gentilhomme et voir Merle tout à la fois, elle dit au Républicain : — Ce chef-là, capitaine, donne bien des inquiétudes au premier Consul. Il a de la hardiesse, dit-

---

1. « Topographie » n'a pas ici le sens usuel de « configuration d'un lieu », ni celui, technique, de « représentation graphique de ce lieu », mais le sens, plus rare, de « description d'un lieu ». — 2. C'est-à-dire sur la frontière entre Bretagne et Maine, comme l'a expliqué Marche-à-terre à la p. 80.

on ; seulement il s'aventure dans certaines entreprises comme un étourneau, surtout auprès des femmes.

— Nous comptons bien là-dessus, reprit le capitaine, pour solder notre compte avec lui. Si nous le tenons seulement deux heures, nous lui mettrons un peu de plomb dans la tête. S'il nous rencontrait, le Coblentz[1] en ferait autant de nous, et nous mettrait à l'ombre ; ainsi, *par pari*[2]...

— Oh ! dit l'émigré, nous n'avons rien à craindre ! Vos soldats n'iront pas jusqu'à la Pèlerine, ils sont trop fatigués, et si vous y consentez, ils pourront se reposer à deux pas d'ici. Ma mère descend à la Vivetière[3], et en voici le chemin, à quelques portées de fusil. Ces deux dames voudront s'y reposer, elles doivent être lasses d'être venues d'une seule traite d'Alençon, ici. — Et puisque mademoiselle, dit-il avec une politesse forcée en se tournant vers sa maîtresse, a eu la générosité de donner à notre voyage autant de sécurité que d'agrément, elle daignera peut-être accepter à souper chez ma mère.

— Enfin, capitaine, ajouta-t-il en s'adressant à Merle, les temps ne sont pas si malheureux qu'il ne puisse se trouver encore à la Vivetière une pièce de cidre à défoncer pour vos hommes. Allez, le Gars n'y aura pas tout pris ; du moins, ma mère le croit...

— Votre mère ?... reprit mademoiselle de Verneuil en interrompant avec ironie et sans répondre à la singulière invitation qu'on lui faisait.

— Mon âge ne vous semble donc plus croyable ce soir, mademoiselle, répondit madame du Gua. J'ai eu le

---

1. À Coblence, au confluent de la Moselle et du Rhin, s'étaient regroupés en 1792 les émigrés, qui formèrent sous la direction de Condé l'Armée des Princes ; ce sont ces combattants, traîtres à la patrie, que désigne « le Coblentz ». — **2.** *Par pari* (de *par*, égal, semblable), expression latine signifiant ici : « nous lui rendrons la pareille ». — **3.** La Vivetière est un château fictif, au nom trompeusement évocateur de « vie ». La description qu'en fera Balzac s'inspire peut-être du château de Marigny, près de Fougères, qui appartint au général de Pommereul, et où s'étaient réunis les chouans de la région. Elle doit aussi beaucoup aux sinistres manoirs des romans gothiques d'Ann Radcliffe, Horace Walpole ou Maturin, qui influencèrent Scott.

malheur d'être mariée fort jeune, j'ai eu mon fils à quinze ans...

— Ne vous trompez-vous pas, madame ; ne serait-ce pas à trente ?

Madame du Gua pâlit en dévorant ce sarcasme, elle aurait voulu pouvoir se venger, et se trouvait forcée de sourire, car elle désira reconnaître à tout prix, même à de plus cruelles épigrammes, le sentiment dont la jeune fille était animée ; aussi feignit-elle de ne l'avoir pas comprise.

— Jamais les Chouans n'ont eu de chef plus cruel que celui-là, s'il faut ajouter foi aux bruits qui courent sur lui, dit-elle en s'adressant à la fois à Francine et à sa maîtresse.

— Oh ! pour cruel, je ne crois pas, répondit mademoiselle de Verneuil ; mais il sait mentir et me semble fort crédule : un chef de parti ne doit être le jouet de personne.

— Vous le connaissez ? demanda froidement le jeune émigré.

— Non, répliqua-t-elle en lui lançant un regard de mépris, je croyais le connaître...

— Oh ! mademoiselle, c'est décidément un *malin*, reprit le capitaine en hochant la tête, et donnant par un geste expressif la physionomie particulière que ce mot avait alors et qu'il a perdue depuis[1]. Ces vieilles familles poussent quelquefois de vigoureux rejetons. Il revient d'un pays où les ci-devant n'ont pas eu, dit-on, toutes leurs aises, et les hommes, voyez-vous, sont comme les nèfles, ils mûrissent sur la paille[2]. Si ce garçon-là est habile, il pourra nous faire courir longtemps. Il a bien su opposer des compagnies légères à nos compagnies

1. À côté de son sens actuel (*cf.* Beau-pied, « le roi des malins »), « malin », composé de « mal », gardait alors le sens plus fort et nettement plus péjoratif de rusé, enclin à faire le mal. — 2. Le pays en question est l'Angleterre. Les nèfles, fruits du néflier, étaient conservées sur un lit de paille dans des armoires, où elles devenaient comestibles une fois blettes ; ainsi s'explique sans doute la comparaison : les hommes n'acquièrent de valeur qu'à force de tribulations.

franches[1] et neutraliser les efforts du gouvernement. Si l'on brûle un village aux royalistes, il en fait brûler deux aux Républicains. Il se développe sur une immense étendue, et nous force ainsi à employer un nombre considérable de troupes dans un moment où nous n'en avons pas de trop ! Oh ! il entend les affaires.

— Il assassine sa patrie, dit Gérard d'une voix forte en interrompant le capitaine.

— Mais, répliqua le gentilhomme, si sa mort délivre le pays, fusillez-le donc bien vite.

Puis il sonda par un regard l'âme de mademoiselle de Verneuil, et il se passa entre eux une de ces scènes muettes dont le langage ne peut reproduire que très imparfaitement la vivacité dramatique et la fugitive finesse. Le danger rend intéressant. Quand il s'agit de mort, le criminel le plus vil excite toujours un peu de pitié. Or, quoique mademoiselle de Verneuil fût alors certaine que l'amant qui la dédaignait était ce chef dangereux, elle ne voulait pas encore s'en assurer par son supplice ; elle avait une tout autre curiosité à satisfaire. Elle préféra donc douter ou croire selon sa passion, et se mit à jouer avec le péril. Son regard, empreint d'une perfidie moqueuse, montrait les soldats au jeune chef d'un air de triomphe ; en lui présentant ainsi l'image de son danger, elle se plaisait à lui faire durement sentir que sa vie dépendait d'un seul mot, et déjà ses lèvres paraissaient se mouvoir pour le prononcer. Semblable à un sauvage d'Amérique, elle interrogeait les fibres du visage de son ennemi lié au poteau, et brandissait le *casse-tête*[2] avec grâce, savourant une vengeance toute innocente, et punissant comme une maîtresse qui aime encore.

---

1. Les compagnies légères, c'est-à-dire armées à la légère, se déplacent plus facilement que les autres ; sur les compagnies franches, *cf.* note 1 p. 71. — 2. Le casse-tête est, littéralement, une massue de pierre ou de bois. Outre le renvoi aux Indiens de Fenimore Cooper, notons d'une part que « sauvagerie » n'est plus ici synonyme de naïveté et de bon naturel, comme cela avait pu être le cas au siècle des Lumières, mais au contraire de « barbarie », d'obscurantisme et de cruauté ; et que cette sauvagerie n'est pas la caractéristique des seuls chouans, mais également de leurs adversaires, et pas de la seule ardeur guerrière, mais aussi de la perfidie amoureuse.

— Si j'avais un fils comme le vôtre, madame, dit-elle à l'étrangère visiblement épouvantée, je porterais son deuil le jour où je l'aurais livré aux dangers.

Elle ne reçut point de réponse. Elle tourna vingt fois la tête vers les officiers et la retourna brusquement vers madame du Gua, sans surprendre entre elle et le Gars aucun signe secret qui pût lui confirmer une intimité qu'elle soupçonnait et dont elle voulait douter. Une femme aime tant à hésiter dans une lutte de vie et de mort, quand elle tient l'arrêt. Le jeune général souriait de l'air le plus calme, et soutenait sans trembler la torture que mademoiselle de Verneuil lui faisait subir ; son attitude et l'expression de sa physionomie annonçaient un homme nonchalant des dangers[1] auxquels il s'était soumis, et parfois il semblait lui dire : — Voici l'occasion de venger votre vanité blessée, saisissez-la ! Je serais au désespoir de revenir de mon mépris pour vous. Mademoiselle de Verneuil se mit à examiner le chef de toute la hauteur de sa position avec une impertinence et une dignité apparente, car, au fond de son cœur, elle en admirait le courage et la tranquillité. Joyeuse de découvrir que son amant portait un vieux titre, dont les privilèges plaisent à toutes les femmes, elle éprouvait quelque plaisir à le rencontrer dans une situation où, champion d'une cause ennoblie par le malheur, il luttait avec toutes les facultés d'une âme forte contre une République tant de fois victorieuse, et de[2] le voir aux prises avec le danger, déployant cette bravoure si puissante sur le cœur des femmes ; elle le mit vingt fois à l'épreuve, en obéissant peut-être à cet instinct qui porte la femme à jouer avec sa proie comme le chat joue avec la souris qu'il a prise.

— En vertu de quelle loi condamnez-vous donc les Chouans à mort ? demanda-t-elle à Merle.

— Mais, celle du 14 fructidor dernier[3], qui met hors

---

1. Tour singulier, qui s'éclaire si l'on se rappelle que « non-chalant », dérivé du vieux verbe « chaloir », signifie étymologiquement : qui ne se préoccupe pas de. Nonchalant des dangers : négligent, insouciant devant le danger. — **2.** On attendrait « à » : « elle éprouvait quelque plaisir (...) à le voir... ». — **3.** Soit du 31 août 1799.

la loi les départements insurgés et y institue des conseils
de guerre, répondit le Républicain.

— À quoi dois-je maintenant l'honneur d'attirer vos
regards ? dit-elle au jeune chef qui l'examinait attentivement.

— À un sentiment qu'un galant homme ne saurait
exprimer à quelque femme que ce puisse être, répondit
le marquis de Montauran à voix basse en se penchant
vers elle. Il fallait, dit-il à haute voix, vivre en ce temps
pour voir des filles faisant l'office du bourreau, et enché-
rissant sur lui par la manière dont elles jouent avec la
hache...

Elle regarda Montauran fixement ; puis, ravie d'être
insultée par cet homme au moment où elle en tenait la
vie entre ses mains, elle lui dit à l'oreille, en riant avec
une douce malice : — Vous avez une trop mauvaise tête,
les bourreaux n'en voudront pas, je la garde.

Le marquis stupéfait contempla pendant un moment
cette inexplicable fille dont l'amour triomphait de tout,
même des plus piquantes injures, et qui se vengeait par
le pardon d'une offense que les femmes ne pardonnent
jamais. Ses yeux furent moins sévères, moins froids, et
même une expression de mélancolie se glissa dans ses
traits. Sa passion était déjà plus forte qu'il ne le croyait
lui-même. Mademoiselle de Verneuil, satisfaite de ce
faible gage d'une réconciliation cherchée, regarda le
chef tendrement, lui jeta un sourire qui ressemblait à un
baiser ; puis elle se pencha dans le fond de la voiture, et
ne voulut plus risquer l'avenir de ce drame de bonheur,
croyant en avoir rattaché le nœud par ce sourire. Elle
était si belle ! Elle savait si bien triompher des obstacles
en amour ! Elle était si fort habituée à se jouer de tout,
à marcher au hasard ! Elle aimait tant l'imprévu et les
orages de la vie !

Bientôt, par l'ordre du marquis, la voiture quitta la
grande route et se dirigea vers la Vivetière, à travers un
chemin creux encaissé de hauts talus plantés de pommiers qui en faisaient plutôt un fossé qu'une route. Les
voyageurs laissèrent les Bleus gagner lentement à leur
suite le manoir dont les faîtes grisâtres apparaissaient et
disparaissaient tour à tour entre les arbres de cette route

où quelques soldats restèrent occupés à disputer leurs souliers à sa forte argile.

— Cela ressemble furieusement au chemin du paradis[1], s'écria Beau-pied.

Grâce à l'expérience du postillon, mademoiselle de Verneuil ne tarda pas à voir le château de la Vivetière. Cette maison, située sur la croupe d'une espèce de promontoire, était enveloppée par deux étangs profonds qui ne permettaient d'y arriver qu'en suivant une étroite chaussée. La partie de cette péninsule où se trouvaient les habitations et les jardins était protégée, à une certaine distance derrière le château, par un large fossé où se déchargeait l'eau superflue des étangs avec lesquels il communiquait, et formait ainsi réellement une île presque inexpugnable, retraite précieuse pour un chef qui ne pouvait être surpris que par trahison. En entendant crier les gonds rouillés de la porte et en passant sous la voûte en ogive d'un portail ruiné par la guerre précédente, mademoiselle de Verneuil avança la tête. Les couleurs sinistres du tableau qui s'offrit à ses regards effacèrent presque les pensées d'amour et de coquetterie entre lesquelles elle se berçait. La voiture entra dans une grande cour presque carrée et fermée par les rives abruptes des étangs. Ces berges sauvages, baignées par des eaux couvertes de grandes taches vertes, avaient pour tout ornement des arbres aquatiques dépouillés de feuilles, dont les troncs rabougris, les têtes énormes et chenues, élevées au-dessus des roseaux et des broussailles, ressemblaient à des marmousets[2] grotesques. Ces haies disgracieuses parurent s'animer et parler quand les grenouilles les désertèrent en coassant, et que des poules d'eau, réveillées par le bruit de la voiture, volèrent en barbotant sur la surface des étangs. La cour entourée d'herbes hautes et flétries, d'ajoncs, d'arbustes nains ou parasites, excluait toute idée d'ordre et de splendeur. Le château semblait abandonné depuis longtemps. Les toits

---

1. Chemin étroit, défilé ; car, comme chacun sait, le paradis est difficile à atteindre. — 2. Un marmouset est une figurine grotesque sculptée sur le portail des églises, à l'extrémité des chenets, sur les culs-de-lampe, etc.

Le château de Marigny, qui inspira la description de la Vivetière.
« *Deux corps de bâtiment réunis en équerre à une haute tour et
qui faisaient face à l'étang composaient tout le château...* »

paraissaient plier sous le poids des végétations qui y
croissaient. Les murs, quoique construits de ces pierres
schisteuses et solides dont abonde le sol, offraient de
nombreuses lézardes où le lierre attachait ses griffes.
Deux corps de bâtiment réunis en équerre à une haute
tour et qui faisaient face à l'étang composaient tout le
château, dont les portes et les volets pendants et pourris,
les balustrades rouillées, les fenêtres ruinées, paraissaient devoir tomber au premier souffle d'une tempête.
La bise sifflait alors à travers ces ruines auxquelles la
lune prêtait, par sa lumière indécise, le caractère et la
physionomie d'un grand spectre. Il faut avoir vu les couleurs de ces pierres granitiques grises et bleues, mariées
aux schistes noirs et fauves, pour savoir combien est
vraie l'image que suggérait la vue de cette carcasse vide
et sombre. Ses pierres disjointes, ses croisées sans vitres,
sa tour à créneaux, ses toits à jour lui donnaient tout
à fait l'air d'un squelette ; et les oiseaux de proie qui
s'envolèrent en criant ajoutaient un trait de plus à cette
vague ressemblance. Quelques hauts sapins plantés derrière la maison balançaient au-dessus des toits leur feuillage sombre, et quelques ifs, taillés pour en décorer les
angles, l'encadraient de tristes festons, semblables aux
tentures d'un convoi. Enfin, la forme des portes, la gros-

sièreté des ornements, le peu d'ensemble des constructions, tout annonçait un de ces manoirs féodaux dont s'enorgueillit la Bretagne, avec raison peut-être, car ils forment sur cette terre gaélique [1] une espèce d'histoire monumentale des temps nébuleux qui précèdent l'établissement de la monarchie. Mademoiselle de Verneuil, dans l'imagination de laquelle le mot de château réveillait toujours les formes d'un type convenu, frappée de la physionomie funèbre de ce tableau, sauta légèrement hors de la calèche, et le contempla toute seule avec terreur, en songeant au parti qu'elle devait prendre. Francine entendit pousser à madame du Gua un soupir de joie en se trouvant hors de l'atteinte des Bleus, et une exclamation involontaire lui échappa quand le portail fut fermé et qu'elle se vit dans cette espèce de forteresse naturelle. Montauran s'était vivement élancé vers mademoiselle de Verneuil en devinant les pensées qui la préoccupaient.

— Ce château, dit-il avec une légère tristesse, a été ruiné par la guerre, comme les projets que j'élevais pour notre bonheur l'ont été par vous.

— Et comment ? demanda-t-elle toute surprise.

— Êtes-vous une *jeune femme belle*, NOBLE *et spirituelle* ? dit-il avec un accent d'ironie en lui répétant les paroles qu'elle lui avait si coquettement prononcées dans leur conversation sur la route.

— Qui vous a dit le contraire ?

— Des amis dignes de foi qui s'intéressent à ma sûreté et veillent à déjouer les trahisons.

— Des trahisons ! dit-elle d'un air moqueur. Alençon et Hulot sont-ils donc déjà si loin ? Vous n'avez pas de mémoire, un défaut dangereux pour un chef de parti ! — Mais du moment où des amis, ajouta-t-elle avec une rare impertinence, règnent si puissamment dans votre cœur, gardez vos amis. Rien n'est comparable aux plai-

---

1. Les Gaëls sont, à strictement parler, les populations celtes qui occupèrent l'ouest et le nord-ouest des îles Britanniques, l'Irlande et une partie de l'Ecosse. Mais, comme ils colonisèrent l'Armorique, elle-même peuplée de Celtes, entre le ve et le viie siècle, l'adjectif « gaélique » signifie parfois, par extension, « celtique ».

sirs de l'amitié. Adieu, ni moi, ni les soldats de la République nous n'entrerons ici.

Elle s'élança vers le portail par un mouvement de fierté blessée et de dédain, mais elle déploya dans sa démarche une noblesse et un désespoir qui changèrent toutes les idées du marquis, à qui il en coûtait trop de renoncer à ses désirs pour qu'il ne fût pas imprudent et crédule. Lui aussi aimait déjà. Ces deux amants n'avaient donc envie ni l'un ni l'autre de se quereller longtemps.

— Ajoutez un mot et je vous crois, dit-il d'une voix suppliante.

— Un mot, reprit-elle avec ironie en serrant ses lèvres, un mot ? pas seulement un geste.

— Au moins grondez-moi, demanda-t-il en essayant de prendre une main qu'elle retira ; si toutefois vous osez bouder un chef de rebelles, maintenant aussi défiant et sombre qu'il était joyeux et confiant naguère.

Marie ayant regardé le marquis sans colère, il ajouta :
— Vous avez mon secret, et je n'ai pas le vôtre.

À ces mots, le front d'albâtre sembla devenu brun, Marie jeta un regard d'humeur au chef et répondit :
— Mon secret ? Jamais.

En amour, chaque parole, chaque coup d'œil, ont leur éloquence du moment ; mais là mademoiselle de Verneuil n'exprima rien de précis, et quelque habile que fût Montauran, le secret de cette exclamation resta impénétrable, quoique la voix de cette femme eût trahi des émotions peu ordinaires, qui durent vivement piquer sa curiosité.

— Vous avez, reprit-il, une plaisante manière de dissiper les soupçons.

— En conservez-vous donc ? demanda-t-elle en le toisant des yeux comme si elle eût dit : — Avez-vous quelques droits sur moi ?

— Mademoiselle, répondit le jeune homme d'un air soumis et ferme, le pouvoir que vous exercez sur les troupes républicaines, cette escorte...

— Ah ! vous m'y faites penser. Mon escorte et moi, lui demanda-t-elle avec une légère ironie, vos protecteurs enfin, seront-ils en sûreté ici ?

— Oui, foi de gentilhomme ! Qui que vous soyez, vous et les vôtres, vous n'avez rien à craindre chez moi.

Ce serment fut prononcé par un mouvement si loyal et si généreux, que mademoiselle de Verneuil dut avoir une entière sécurité sur le sort des Républicains. Elle allait parler, quand l'arrivée de madame du Gua lui imposa silence. Cette dame avait pu entendre ou deviner une partie de la conversation des deux amants, et ne concevait pas de médiocres inquiétudes en les apercevant dans une position qui n'accusait plus la moindre inimitié. En voyant cette femme, le marquis offrit la main à mademoiselle de Verneuil, et s'avança vers la maison avec vivacité comme pour se défaire d'une importune compagnie.

— Je le gêne, se dit l'inconnue en restant immobile à sa place. Elle regarda les deux amants réconciliés s'en allant lentement vers le perron, où ils s'arrêtèrent pour causer aussitôt qu'ils eurent mis entre elle et eux un certain espace. — Oui, oui, je les gêne, reprit-elle en se parlant à elle-même, mais dans peu cette créature-là ne me gênera plus ; l'étang sera, par Dieu, son tombeau ! Ne tiendrai-je pas bien ta parole de gentilhomme ? Une fois sous cette eau, qu'a-t-on à craindre ? N'y sera-t-elle pas en sûreté ?

Elle regardait d'un œil fixe le miroir calme du petit lac de droite, quand tout à coup elle entendit bruire les ronces de la berge et aperçut au clair de la lune la figure de Marche-à-terre, qui se dressa par-dessus la noueuse écorce d'un vieux saule. Il fallait connaître le Chouan pour le distinguer au milieu de cette assemblée de truisses [1] ébranchées parmi lesquelles la sienne se confondait si facilement. Madame du Gua jeta d'abord autour d'elle un regard de défiance ; elle vit le postillon conduisant ses chevaux à une écurie située dans celle des deux ailes du château qui faisait face à la rive où Marche-à-terre était caché ; Francine allait vers les deux amants qui, dans ce moment, oubliaient toute la terre ; alors, l'inconnue s'avança, mettant un doigt sur ses lèvres pour réclamer un profond silence ; puis le Chouan comprit plutôt

---

1. La truisse, mot régional, désigne une touffe d'arbres têtards, c'est-à-dire dont on a coupé la tige en laissant croître les repousses.

qu'il n'entendit les paroles suivantes : — Combien êtes-vous, ici ?

— Quatre-vingt-sept.

— Ils ne sont que soixante-cinq, je les ai comptés.

— Bien, reprit le sauvage avec une satisfaction farouche.

Attentif aux moindres gestes de Francine, le Chouan disparut dans l'écorce du saule en la voyant se retourner pour chercher des yeux l'ennemie sur laquelle elle veillait par instinct.

Sept ou huit personnes, attirées par le bruit de la voiture, se montrèrent en haut du principal perron et s'écrièrent : — C'est le Gars ! c'est lui, le voici ! À ces exclamations, d'autres hommes accoururent, et leur présence interrompit la conversation des deux amants. Le marquis de Montauran s'avança précipitamment vers les gentils-hommes, leur fit un signe impératif pour leur imposer silence, et leur indiqua le haut de l'avenue par laquelle débouchaient les soldats républicains. À l'aspect de ces uniformes bleus à revers rouges si connus, et de ces baïonnettes luisantes, les conspirateurs étonnés s'écrièrent : — Seriez-vous donc venu pour nous trahir ?

— Je ne vous avertirais pas du danger, répondit le marquis en souriant avec amertume. — Ces Bleus, reprit-il après une pause, forment l'escorte de cette jeune dame dont la générosité nous a miraculeusement délivrés d'un péril auquel nous avons failli succomber dans une auberge d'Alençon. Nous vous conterons cette aventure. Mademoiselle et son escorte sont ici sur ma parole, et doivent être reçus en amis.

Madame du Gua et Francine étaient arrivées jusqu'au perron, le marquis présenta galamment la main à mademoiselle de Verneuil, le groupe de gentilshommes se partagea en deux haies pour les laisser passer, et tous essayèrent d'apercevoir les traits de l'inconnue ; car madame du Gua avait déjà rendu leur curiosité plus vive en leur faisant quelques signes à la dérobée. Mademoiselle de Verneuil vit dans la première salle une grande table parfaitement servie, et préparée pour une vingtaine de convives. Cette salle à manger communiquait à un vaste salon où l'assemblée se trouva bientôt réunie. Ces deux pièces étaient en harmonie avec le spectacle de destruction qu'offraient les dehors du château. Les boiseries de noyer poli, mais de formes rudes et grossières, saillantes, mal travaillées, étaient disjointes et semblaient près de tomber. Leur couleur sombre ajoutait encore à la tristesse de ces salles sans glaces ni rideaux, où quelques meubles séculaires et en ruine s'harmoniaient avec cet ensemble de débris. Marie aperçut des cartes géographiques, et des plans déroulés sur une grande table ; puis, dans les angles de l'appartement, des armes et des carabines amoncelées. Tout témoignait d'une conférence importante entre les chefs des Vendéens et ceux des Chouans [1]. Le marquis conduisit mademoiselle de Verneuil à un immense fauteuil vermoulu qui se trouvait auprès de la cheminée, et Francine vint se placer derrière sa maîtresse en s'appuyant sur le dossier de ce meuble antique.

— Vous me permettrez bien de faire un moment le maître de maison, dit le marquis en quittant les deux étrangères pour se mêler aux groupes formés par ses hôtes.

Francine vit tous les chefs, sur quelques mots de Montauran, s'empressant de cacher leurs armes, les cartes et tout ce qui pouvait éveiller les soupçons des officiers républicains ; quelques-uns quittèrent de larges ceintures de peau contenant des pistolets et des couteaux de chasse. Le marquis recommanda la plus grande discrétion, et sortit en s'excusant sur la nécessité de pourvoir à la réception des hôtes gênants que le hasard lui donnait. Mademoiselle de Verneuil, qui avait levé ses pieds vers le feu en s'occupant à les chauffer, laissa partir Montauran sans retourner la tête, et trompa l'attente des assistants, qui tous désiraient la voir. Francine fut donc seule témoin du changement que produisit dans l'assemblée le départ du jeune chef. Les gentilshommes se groupèrent autour de la dame inconnue, et, pendant la sourde

---

1. Sur la distinction entre Vendéens et chouans, *cf.* l'Introduction, p. 23-28. En pendant aux *Chouans*, Balzac avait envisagé un roman, *Les Vendéens.*

conversation qu'elle tint avec eux, il n'y en eut pas un qui ne regardât à plusieurs reprises les deux étrangères.

— Vous connaissez Montauran, leur disait-elle, il s'est amouraché en un moment de cette fille, et vous comprenez bien que, dans ma bouche, les meilleurs avis lui ont été suspects. Les amis que nous avons à Paris, messieurs de Valois et d'Esgrignon[1] d'Alençon, tous l'ont prévenu du piège qu'on veut lui tendre en lui jetant à la tête une créature, et il se coiffe de la première qu'il rencontre ; d'une fille qui, suivant des renseignements que j'ai fait prendre, s'empare d'un grand nom pour le souiller, qui, etc., etc.

Cette dame, dans laquelle on a pu reconnaître la femme qui décida l'attaque de la turgotine, conservera désormais dans cette histoire le nom qui lui servit à échapper aux dangers de son passage par Alençon. La publication du vrai nom ne pourrait qu'offenser une noble famille, déjà profondément affligée par les écarts de cette jeune dame, dont la destinée a d'ailleurs été le sujet d'une autre Scène[2]. Bientôt l'attitude de curiosité que prit l'assemblée devint impertinente et presque hostile. Quelques exclamations assez dures parvinrent à l'oreille de Francine, qui, après avoir dit un mot à sa maîtresse, se réfugia dans l'embrasure d'une croisée. Marie se leva, se tourna vers le groupe insolent, y jeta quelques regards pleins de dignité, de mépris même. Sa beauté, l'élégance de ses manières et sa fierté, changèrent tout à coup les dispositions de ses ennemis et lui valurent un murmure flatteur qui leur échappa. Deux ou trois hommes, dont l'extérieur trahissait les habitudes de politesse et de galanterie qui s'acquièrent dans la sphère élevée des cours, s'approchèrent de Marie avec bonne grâce ; sa décence leur imposa le respect, aucun d'eux n'osa lui adresser la parole, et loin

---

1. *Cf.* note 2 p. 134. — 2. Cette autre Scène, mentionnée tardivement par Balzac, est probablement *L'Envers de l'histoire contemporaine*, dont le Premier Épisode comporte une rétrospective sur les conspirations royalistes dans l'Ouest sous l'Empire. Il faut alors admettre une contamination entre Mme du Gua et Mme et Mlle de La Chanterie ; cette mère et sa fille furent, dans leur jeunesse, vers 1808, la première complice, la seconde organisatrice de hardis coups de main contre-révolutionnaires.

d'être accusée par eux, ce fut elle qui sembla les juger. Les
chefs de cette guerre entreprise pour Dieu et le Roi ressemblaient bien peu aux portraits de fantaisie qu'elle
s'était plu à tracer. Cette lutte, véritablement grande, se
rétrécit et prit des proportions mesquines, quand elle vit,
sauf deux ou trois figures vigoureuses, ces gentilshommes
de province, tous dénués d'expression et de vie. Après
avoir fait de la poésie, Marie tomba tout à coup dans le
vrai. Ces physionomies paraissaient annoncer d'abord
plutôt un besoin d'intrigue que l'amour de la gloire, l'intérêt mettait bien réellement à tous ces gentilshommes les
armes à la main ; mais s'ils devenaient héroïques dans
l'action, là ils se montraient à nu. La perte de ses illusions
rendit mademoiselle de Verneuil injuste et l'empêcha de
reconnaître le dévouement vrai qui rendit plusieurs de ces
hommes si remarquables. Cependant la plupart d'entre
eux montraient des manières communes. Si quelques têtes
originales se faisaient distinguer entre les autres, elles
étaient rapetissées par les formules et par l'étiquette de
l'aristocratie. Si Marie accorda généralement de la finesse
et de l'esprit à ces hommes, elle trouva chez eux une
absence complète de cette simplicité, de ce grandiose
auquel les triomphes et les hommes de la République l'ha-
bituaient. Cette assemblée nocturne, au milieu de ce vieux
castel en ruine et sous ces ornements contournés assez
bien assortis aux figures, la fit sourire, elle voulut y voir
un tableau symbolique de la monarchie. Elle pensa bientôt
avec délices qu'au moins le marquis jouait le premier rôle
parmi ces gens dont le seul mérite, pour elle, était de se
dévouer à une cause perdue. Elle dessina la figure de son
amant sur cette masse, se plut à l'en faire ressortir, et ne
vit plus dans ces figures maigres et grêles que les instruments de ses nobles desseins. En ce moment, les pas du
marquis retentirent dans la salle voisine. Tout à coup les
conspirateurs se séparèrent en plusieurs groupes, et les
chuchotements cessèrent. Semblables à des écoliers qui
ont comploté quelque malice en l'absence de leur maître,
ils s'empressèrent d'affecter l'ordre et le silence. Montauran entra, Marie eut le bonheur de l'admirer au milieu de
ces gens parmi lesquels il était le plus jeune, le plus beau,
le premier. Comme un roi dans sa cour, il alla de groupe

en groupe, distribua de légers coups de tête, des serre-
ments de main, des regards, des paroles d'intelligence ou
de reproche, en faisant son métier de chef de parti avec
une grâce et un aplomb difficiles à supposer dans ce jeune
homme d'abord accusé par elle d'étourderie. La présence
du marquis mit un terme à la curiosité qui s'était attachée
à mademoiselle de Verneuil ; mais, bientôt, les méchan-
cetés de madame du Gua produisirent leur effet. Le baron
du Guénic, surnommé l'*Intimé*[1], qui, parmi tous ces
hommes rassemblés par de graves intérêts, paraissait
autorisé par son nom et par son rang à traiter familièrement Montauran, le prit par le bras et l'emmena dans un
coin.

— Écoute, mon cher marquis, lui dit-il, nous te
voyons tous avec peine sur le point de faire une insigne
folie.

— Qu'entends-tu par ces paroles ?

— Mais sais-tu bien d'où vient cette fille, qui elle est
réellement, et quels sont ses desseins sur toi ?

— Mon cher l'Intimé, entre nous soit dit, demain
matin, ma fantaisie sera passée.

— D'accord, mais si cette créature te livre avant le
jour ?...

— Je te répondrai quand tu m'auras dit pourquoi elle
ne l'a pas déjà fait, répliqua Montauran, qui prit par
badinage un air de fatuité.

— Oui, mais si tu lui plais, elle ne veut peut-être pas
te trahir avant que sa fantaisie, à elle, soit passée.

— Mon cher, regarde cette charmante fille, étudie ses
manières, et ose dire que ce n'est pas une femme de
distinction ? Si elle jetait sur toi des regards favorables,
ne sentirais-tu pas, au fond de ton âme, quelque respect
pour elle ? Une dame vous a déjà prévenus contre cette
personne ; mais, après ce que nous nous sommes dit l'un
à l'autre, si c'était une de ces créatures perdues dont
nous ont parlé nos amis, je la tuerais...

— Croyez-vous, dit madame du Gua, qui intervint,
Fouché assez bête pour vous envoyer une fille prise au
coin d'une rue ? Il a proportionné les séductions à votre

---

1. *Cf.* note 1 p. 119.

mérite. Mais si vous êtes aveugle, vos amis auront les yeux ouverts pour veiller sur vous.

— Madame, répondit le Gars en lui dardant des regards de colère, songez à ne rien entreprendre contre cette personne, ni contre son escorte, ou rien ne vous garantirait de ma vengeance. Je veux que mademoiselle soit traitée avec les plus grands égards et comme une femme qui m'appartient. Nous sommes, je crois, alliés aux Verneuil.

L'opposition que rencontrait le marquis produisit l'effet ordinaire que font sur les jeunes gens de semblables obstacles. Quoiqu'il eût en apparence traité fort légèrement mademoiselle de Verneuil et fait croire que sa passion pour elle était un caprice, il venait, par un sentiment d'orgueil, de franchir un espace immense. En avouant cette femme[1], il trouva son honneur intéressé à ce qu'elle fût respectée ; il alla donc, de groupe en groupe, assurant, en homme qu'il eût été dangereux de froisser, que cette inconnue était réellement mademoiselle de Verneuil. Aussitôt, toutes les rumeurs s'apaisèrent. Lorsque Montauran eut établi une espèce d'harmonie dans le salon et satisfait à toutes les exigences, il se rapprocha de sa maîtresse[2] avec empressement et lui dit à voix basse :

— Ces gens-là m'ont volé un moment de bonheur.

— Je suis bien contente de vous avoir près de moi, répondit-elle en riant. Je vous préviens que je suis curieuse ; ainsi, ne vous fatiguez pas trop de mes questions. Dites-moi d'abord quel est ce bonhomme qui porte une veste de drap vert.

— C'est le fameux major Brigaut, un homme du Marais, compagnon de feu Mercier, dit La Vendée[3].

— Mais quel est le gros ecclésiastique à face rubiconde avec lequel il cause maintenant de moi ? reprit mademoiselle de Verneuil.

---

1. C'est-à-dire en reconnaissant publiquement ses relations avec elle, et en la couvrant de son autorité. — **2.** Au sens faible de femme que l'on aime ou que l'on courtise (ainsi nommée à cause de l'empire qu'elle exerce) ; le mot n'implique alors ni relations charnelles, ni liaison adultère. — **3.** Le compagnon de Cadoudal, Pierre Mercier, surnommé La Vendée, avait organisé la chouannerie dans le Morbihan ; il était en réalité encore vivant, quoique pour peu de mois, en 1799.

— Savez-vous ce qu'ils disent ?

— Si je veux le savoir ?... Est-ce une question ?

— Mais je ne pourrais vous en instruire sans vous offenser.

— Du moment où vous me laissez offenser sans tirer vengeance des injures que je reçois chez vous, adieu, marquis ! Je ne veux pas rester un moment ici. J'ai déjà quelques remords de tromper ces pauvres Républicains, si loyaux et si confiants.

Elle fit quelques pas, et le marquis la suivit.

— Ma chère Marie, écoutez-moi. Sur mon honneur, j'ai imposé silence à leurs méchants propos avant de savoir s'ils étaient faux ou vrais. Néanmoins dans ma situation, quand les amis que nous avons dans les ministères à Paris m'ont averti de me défier de toute espèce de femme qui se trouverait sur mon chemin, en m'annonçant que Fouché voulait employer contre moi une Judith des rues [1], il est permis à mes meilleurs amis de penser que vous êtes trop belle pour être une honnête femme...

En parlant, le marquis plongeait son regard dans les yeux de mademoiselle de Verneuil qui rougit, et ne put retenir quelques pleurs.

— J'ai mérité ces injures, dit-elle. Je voudrais vous voir persuadé que je suis une méprisable créature et me savoir aimée... alors je ne douterais plus de vous. Moi je vous ai cru quand vous me trompiez, et vous ne me croyez pas quand je suis vraie. Brisons là, monsieur, dit-elle en fronçant le sourcil et pâlissant comme une femme qui va mourir. Adieu.

Elle s'élança hors de la salle à manger par un mouvement de désespoir.

— Marie, ma vie est à vous, lui dit le jeune marquis à l'oreille.

Elle s'arrêta, le regarda.

— Non, non, dit-elle, je serai généreuse. Adieu. Je ne pensais, en vous suivant, ni à mon passé, ni à votre avenir, j'étais folle.

---

1. L'épigraphe originale des *Chouans*, supprimée ensuite, était tirée du Livre de Judith ; *cf.* note 1 p. 61.

— Comment, vous me quittez au moment où je vous offre ma vie !...

— Vous l'offrez dans un moment de passion, de désir.

— Sans regret, et pour toujours, dit-il.

Elle rentra. Pour cacher ses émotions, le marquis continua l'entretien.

— Ce gros homme de qui vous me demandiez le nom est un homme redoutable, l'abbé Gudin, un de ces jésuites assez obstinés, assez dévoués peut-être pour rester en France malgré l'édit de 1763 qui les en a bannis[1]. Il est le boute-feu de la guerre dans ces contrées et le propagateur de l'association religieuse dite du Sacré-Cœur. Habitué à se servir de la religion comme d'un instrument, il persuade à ses affiliés qu'ils ressusciteront, et sait entretenir leur fanatisme par d'adroites prédications. Vous le voyez : il faut employer les intérêts particuliers de chacun pour arriver à un grand but. Là sont tous les secrets de la politique.

— Et ce vieillard encore vert, tout musculeux, dont la figure est si repoussante ? Tenez, là, l'homme habillé avec les lambeaux d'une robe d'avocat.

— Avocat ? Il prétend au grade de maréchal de camp[2]. N'avez-vous pas entendu parler de Longuy ?

— Ce serait lui ! dit mademoiselle de Verneuil effrayée. Vous vous servez de ces hommes !

— Chut ! il peut vous entendre. Voyez-vous cet autre en conversation criminelle avec madame du Gua...

— Cet homme en noir qui ressemble à un juge ?

— C'est un de nos négociateurs, La Billardière[3], fils d'un conseiller au parlement de Bretagne, dont le nom

---

1. L'Ordre de Jésus fut en effet banni de France en 1764, avant d'être supprimé par Clément XIV en 1773, puis rétabli par Pie VII en 1814 — non sans de constantes difficultés en France. — **2.** Ce grade, qui remontait au XVe siècle, fut remplacé sous la Ire République par celui de « général de brigade », et rétabli par Louis XVIII en 1814 seulement ; il disparut définitivement en 1848. — **3.** À part une mention, assortie de l'épithète « fameux », dans *L'Envers de l'histoire contemporaine* (*La Comédie humaine*, VIII, p. 296), Longuy ne reparaît pas dans l'œuvre de Balzac. La Billardière, lui, figure dans *César Birotteau* et *Les Employés*.

est quelque chose comme Flamet ; mais il a la confiance des princes.

— Et son voisin, celui qui serre en ce moment sa pipe de terre blanche, et qui appuie tous les doigts de sa main droite sur le panneau comme un pacant[1] ? dit mademoiselle de Verneuil en riant.

— Vous l'avez, pardieu, deviné, c'est l'ancien garde-chasse du défunt mari de cette dame. Il commande une des compagnies que j'oppose aux bataillons mobiles. Lui et Marche-à-terre sont peut-être les plus consciencieux serviteurs que le Roi ait ici.

— Mais elle, qui est-elle ?

— Elle, reprit le marquis, elle est la dernière maîtresse qu'ait eue Charrette[2]. Elle possède une grande influence sur tout ce monde.

— Lui est-elle restée fidèle ?

Pour toute réponse le marquis fit une petite moue dubitative.

— Et l'estimez-vous ?

— Vous êtes effectivement bien curieuse.

— Elle est mon ennemie parce qu'elle ne peut plus être ma rivale, dit en riant mademoiselle de Verneuil, je lui pardonne ses erreurs passées, qu'elle me pardonne les miennes. Et cet officier à moustaches ?

— Permettez-moi de ne pas le nommer. Il veut se défaire du premier consul en l'attaquant à main armée. Qu'il réussisse ou non, vous le connaîtrez, il deviendra célèbre[3].

— Et vous êtes venu commander à de pareilles gens ?... dit-elle avec horreur. Voilà les défenseurs du Roi ! Où sont donc les gentilshommes et les seigneurs ?

---

1. Un pacant est, péjorativement, un paysan, un « péquenot ». Le personnage ainsi désigné est Brigaut, ancien garde-chasse de Mme du Gua (comme l'authentique chef vendéen Stofflet fut garde-chasse du comte de Maulévrier). — **2.** Sur Charette (plutôt que « Charrette »), *cf.* note 1 p. 180. — **3.** C'est en décembre 1800 que Georges Cadoudal, qui avait coordonné la résistance dans le Morbihan, puis signé avec Brune la convention de 1800 mais refusé les offres de Bonaparte, fomentera contre le Premier Consul la conspiration de la « machine infernale ». À la suite d'un nouveau complot avec Pichegru, il sera arrêté et condamné à mort en 1804.

— Mais, dit le marquis avec impertinence, ils sont répandus dans toutes les cours de l'Europe. Qui donc enrôle les rois, leurs cabinets, leurs armées, au service de la maison de Bourbon, et les lance sur cette République qui menace de mort toutes les monarchies et l'ordre social d'une destruction complète ?...

— Ah ! répondit-elle avec une généreuse émotion, soyez désormais la source pure où je puiserai les idées que je dois encore acquérir... j'y consens. Mais laissez-moi penser que vous êtes le seul noble qui fasse son devoir en attaquant la France avec des Français, et non à l'aide de l'étranger. Je suis femme, et sens que si mon enfant me frappait dans sa colère, je pourrais lui pardonner ; mais s'il me voyait de sang-froid déchirée par un inconnu, je le regarderais comme un monstre.

— Vous serez toujours républicaine, dit le marquis en proie à une délicieuse ivresse excitée par les généreux accents qui le confirmaient dans ses présomptions.

— Républicaine ? Non, je ne le suis plus. Je ne vous estimerais pas si vous vous soumettiez au premier Consul, reprit-elle ; mais je ne voudrais pas non plus vous voir à la tête de gens qui pillent un coin de la France au lieu d'assaillir toute la République. Pour qui vous battez-vous ? Qu'attendez-vous d'un roi rétabli sur le trône par vos mains ? Une femme a déjà entrepris ce beau chef-d'œuvre, le roi libéré l'a laissé brûler vive [1]. Ces hommes-là sont les oints du Seigneur [2], et il y a du danger à toucher aux choses consacrées. Laissez Dieu seul les placer, les déplacer, les replacer sur leurs tabourets de pourpre. Si vous avez pesé la récompense qui vous en reviendra, vous êtes à mes yeux dix fois plus grand que je ne vous croyais ; foulez-moi alors si vous le voulez aux pieds, je vous le permets, je serai heureuse.

— Vous êtes ravissante ! N'essayez pas d'endoctriner ces messieurs, je serais sans soldats.

---

1. Allusion à Jeanne d'Arc, que Charles VII, qu'elle avait fait sacrer à Reims en 1429, laissa mettre au bûcher à Rouen en 1431. — **2.** Ceux qui ont été consacrés par l'onction de l'huile bénite. L'« oint du Seigneur » désigne par excellence le Christ *(khristos* vient de *khriein,* oindre, *cf.* « chrême »), mais vaut aussi pour les rois d'Ancien Régime, rois de droit divin.

— Ah ! si vous vouliez me laisser vous convertir, nous irions à mille lieues d'ici.

— Ces hommes que vous paraissez mépriser sauront périr dans la lutte, répliqua le marquis d'un ton plus grave, et leurs torts seront oubliés. D'ailleurs, si mes efforts sont couronnés de quelques succès, les lauriers du triomphe ne cacheront-ils pas tout ?

— Il n'y a que vous ici à qui je voie risquer quelque chose.

— Je ne suis pas le seul, reprit-il avec une modestie vraie. Voici là-bas deux nouveaux chefs de la Vendée. Le premier, que vous avez entendu nommer le Grand-Jacques, est le comte de Fontaine [1], et l'autre La Billardière, que je vous ai déjà montré.

— Et oubliez-vous Quiberon [2], où La Billardière a joué le rôle le plus singulier ?... répondit-elle frappée d'un souvenir.

— La Billardière a beaucoup pris sur lui, croyez-moi. Ce n'est pas être sur des roses que de servir les princes...

— Ah ! vous me faites frémir ! s'écria Marie. Marquis, reprit-elle d'un ton qui semblait annoncer une réticence dont le mystère lui était personnel, il suffit d'un instant pour détruire une illusion et dévoiler des secrets d'où dépendent la vie et le bonheur de bien des gens... Elle s'arrêta comme si elle eût craint d'en trop dire, et ajouta : — Je voudrais savoir les soldats de la République en sûreté.

— Je serai prudent, dit-il en souriant pour déguiser son émotion, mais ne me parlez plus de vos soldats, je vous en ai répondu sur ma foi de gentilhomme.

— Et après tout, de quel droit voudrais-je vous conduire ? reprit-elle. Entre nous soyez toujours le maître. Ne vous ai-je pas dit que je serais au désespoir de régner sur un esclave ?

— Monsieur le marquis, dit respectueusement le

---

1. *Cf.* note 2 p. 134. — 2. Dans la presqu'île de Quiberon, dans le Morbihan, eut lieu en juin 1795 un débarquement d'émigrés soutenus par la flotte anglaise et commandés par Puisaye et Sombreuil ; bloqués dans le fort, ils durent capituler, et plusieurs centaines d'entre eux furent fusillés.

Hachette

François Charette de la Contrie et Georges Cadoudal.
Le héros vendéen et le meneur chouan.

major Brigaut en interrompant cette conversation, les Bleus resteront-ils donc longtemps ici ?

— Ils partiront aussitôt qu'ils se seront reposés, s'écria Marie.

Le marquis lança des regards scrutateurs sur l'assemblée, y remarqua de l'agitation, quitta mademoiselle de Verneuil, et laissa madame du Gua venir le remplacer auprès d'elle. Cette femme apportait un masque riant et perfide que le sourire amer du jeune chef ne déconcerta point. En ce moment Francine jeta un cri promptement étouffé. Mademoiselle de Verneuil, qui vit avec étonnement sa fidèle campagnarde s'élançant vers la salle à manger, regarda madame du Gua, et sa surprise augmenta à l'aspect de la pâleur répandue sur le visage de son ennemie. Curieuse de pénétrer le secret de ce brusque départ, elle s'avança vers l'embrasure de la fenêtre où sa rivale la suivit afin de détruire les soupçons qu'une imprudence pouvait avoir éveillés et lui sourit avec une indéfinissable malice quand, après avoir jeté toutes deux un regard sur le paysage du lac, elles revinrent ensemble à la cheminée, Marie sans avoir rien aperçu qui justifiât la fuite de Francine, madame du Gua satisfaite d'être obéie. Le lac au bord duquel Marche-à-terre avait comparu dans la cour à l'évocation de cette femme, allait rejoindre le fossé d'enceinte qui protégeait les jardins, en décrivant de vaporeuses sinuosités, tantôt larges comme des étangs, tantôt resserrées comme les rivières artificielles d'un parc. Le rivage rapide et incliné que baignaient ces eaux claires passait à quelques toises[1] de la croisée. Occupée à contempler, sur la surface des eaux, les lignes noires qu'y projetaient les têtes de quelques vieux saules, Francine observait assez insouciamment l'uniformité de courbure qu'une brise légère imprimait à leurs branchages. Tout à coup elle crut apercevoir une de leurs figures remuant sur le miroir des eaux par quelques-uns de ces mouvements irréguliers et spontanés qui trahissent la vie. Cette figure, quelque vague qu'elle fût, semblait être celle d'un homme. Francine attribua d'abord sa vision aux imparfaites configurations que produisait la lumière de la lune, à travers les feuillages ; mais bientôt une seconde tête se montra ; puis d'autres apparurent encore dans le lointain. Les petits arbustes de la berge se courbèrent et se relevèrent avec violence. Francine vit alors cette longue haie insensiblement agitée comme un de ces grands serpents indiens aux formes fabuleuses. Puis, çà et là, dans les genêts et les hautes épines, plusieurs points lumineux brillèrent et se déplacèrent. En redoublant d'attention, l'amante[2] de Marche-à-terre crut reconnaître la première des figures noires qui allaient au sein de ce mouvant rivage. Quelque indistinctes que fussent les formes de cet homme, le battement de son

---

1. La toise, ancienne unité de mesure supprimée à la Révolution, valait environ deux mètres. — 2. Comme « maîtresse » (*cf.* note 2 p. 229), « amante » ne présuppose pas nécessairement, en ce début du XIXe siècle, des relations physiques ou illégitimes.

cœur lui persuada qu'elle voyait en lui Marche-à-terre. Éclairée par un geste, et impatiente de savoir si cette marche mystérieuse ne cachait pas quelque perfidie, elle s'élança vers la cour. Arrivée au milieu de ce plateau de verdure, elle regarda tour à tour les deux corps de logis et les deux berges sans découvrir dans celle qui faisait face à l'aile inhabitée aucune trace de ce sourd mouvement. Elle prêta une oreille attentive, et entendit un léger bruissement semblable à celui que peuvent produire les pas d'une bête fauve dans le silence des forêts ; elle tressaillit et ne trembla pas. Quoique jeune et innocente encore, la curiosité lui inspira promptement une ruse. Elle aperçut la voiture, courut s'y blottir, et ne leva sa tête qu'avec la précaution du lièvre aux oreilles duquel résonne le bruit d'une chasse lointaine. Elle vit Pille-miche qui sortit de l'écurie. Ce Chouan était accompagné de deux paysans, et tous trois portaient des bottes de paille ; ils les étalèrent de manière à former une longue litière devant le corps de bâtiment inhabité parallèle à la berge bordée d'arbres nains, où les Chouans marchaient avec un silence qui trahissait les apprêts de quelque horrible stratagème.

— Tu leur donnes de la paille comme s'ils devaient réellement dormir là. Assez, Pille-miche, assez, dit une voix rauque et sourde que Francine reconnut.

— N'y dormiront-ils pas ? reprit Pille-miche en laissant échapper un gros rire bête. Mais ne crains-tu pas que le Gars ne se fâche ? ajouta-t-il si bas que Francine n'entendit rien.

— Eh ! bien, il se fâchera, répondit à demi-voix Marche-à-terre ; mais nous aurons tué les Bleus, tout de même. — Voilà, reprit-il, une voiture qu'il faut rentrer à nous deux.

Pille-miche tira la voiture par le timon, et Marche-à-terre la poussa par une des roues avec une telle prestesse que Francine se trouva dans la grange et sur le point d'y rester enfermée, avant d'avoir eu le temps de réfléchir à sa situation. Pille-miche sortit pour aider à amener la pièce de cidre que le marquis avait ordonné de distribuer aux soldats de l'escorte. Marche-à-terre passait le long de la calèche pour se retirer et fermer la porte, quand il

se sentit arrêté par une main qui saisit les longs crins de
sa peau de chèvre. Il reconnut des yeux dont la douceur
exerçait sur lui la puissance du magnétisme, et demeura
pendant un moment comme *charmé*. Francine sauta
vivement hors de la voiture, et lui dit de cette voix agressive qui va merveilleusement à une femme irritée :
— Pierre, quelles nouvelles as-tu donc apportées sur le
chemin à cette dame et à son fils ? Que fait-on ici ?
Pourquoi te caches-tu ? je veux tout savoir. Ces mots
donnèrent au visage du Chouan une expression que
Francine ne lui connaissait pas. Le Breton amena son
innocente maîtresse sur le seuil de la porte ; là, il la
tourna vers la lueur blanchissante de la lune, et lui
répondit en la regardant avec des yeux terribles : — Oui,
par ma damnation ! Francine, je te le dirai, mais quand
tu m'auras juré sur ce chapelet... Et il tira un vieux chapelet de dessous sa peau de bique. — Sur cette relique
que tu connais, reprit-il, de me répondre vérité à une
seule demande. Francine rougit en regardant ce chapelet
qui, sans doute, était un gage de leur amour. — C'est
là-dessus, reprit le Chouan tout ému, que tu as juré...

Il n'acheva pas. Le paysanne appliqua sa main sur les
lèvres de son sauvage amant pour lui imposer silence.

— Ai-je donc besoin de jurer ? dit-elle.

Il prit sa maîtresse doucement par la main, la contempla pendant un instant, et reprit : — La demoiselle que
tu sers se nomme-t-elle réellement mademoiselle de Verneuil ?

Francine demeura les bras pendants, les paupières
baissées, la tête inclinée, pâle, interdite.

— C'est une cataud[1] ! reprit Marche-à-terre d'une
voix terrible.

À ce mot, la jolie main lui couvrit encore les lèvres,
mais cette fois il se recula violemment. La petite Bretonne ne vit plus d'amant, mais bien une bête féroce
dans toute l'horreur de sa nature. Les sourcils du Chouan
étaient violemment serrés, ses lèvres se contractèrent,

---

1. « Cataud », abréviation de Catherine, signifie, comme « catin »,
prostituée.

et il montra les dents comme un chien qui défend son maître.

— Je t'ai laissée fleur et je te retrouve fumier. Ah ! pourquoi t'ai-je abandonnée ! Vous venez pour nous trahir, pour livrer le Gars.

Ces phrases furent plutôt des rugissements que des paroles. Quoique Francine eût peur, à ce dernier reproche, elle osa contempler ce visage farouche, leva sur lui des yeux angéliques et répondit avec calme :
— Je gage mon salut que cela est faux. C'est des idées de ta dame.

À son tour il baissa la tête ; puis elle lui prit la main, le tourna vers elle par un mouvement mignon, et lui dit :
— Pierre, pourquoi sommes-nous dans tout ça ? Écoute, je ne sais pas comment toi tu peux y comprendre quelque chose, car je n'y entends rien ! Mais souviens-toi que cette belle et noble demoiselle est ma bienfaitrice ; elle est aussi la tienne, et nous vivons quasiment comme deux sœurs. Il ne doit jamais lui arriver rien de mal là où nous serons avec elle, de notre vivant du moins. Jure-le-moi donc ! Ici je n'ai confiance qu'en toi.

— Je ne commande pas ici, répondit le Chouan d'un ton bourru.

Son visage devint sombre. Elle lui prit ses grosses oreilles pendantes, et les lui tordit doucement, comme si elle caressait un chat.

— Eh ! bien, promets-moi, reprit-elle en le voyant moins sévère, d'employer à la sûreté de notre bienfaitrice tout le pouvoir que tu as.

Il remua la tête comme s'il doutait du succès, et ce geste fit frémir la Bretonne. En ce moment critique, l'escorte était parvenue à la chaussée. Le pas des soldats et le bruit de leurs armes réveillèrent les échos de la cour et parurent mettre un terme à l'indécision de Marche-à-terre.

— Je la sauverai peut-être, dit-il à sa maîtresse, si tu peux la faire demeurer dans la maison. — Et, ajouta-t-il, quoi qu'il puisse arriver, restes-y avec elle et garde le silence le plus profond ; sans quoi, rien.

— Je te le promets, répondit-elle dans son effroi.

— Eh ! bien, rentre. Rentre à l'instant et cache ta peur à tout le monde, même à ta maîtresse.

— Oui.

Elle serra la main du Chouan, qui la regarda d'un air paternel courant avec la légèreté d'un oiseau vers le perron ; puis il se coula dans sa haie, comme un acteur qui se sauve vers la coulisse au moment où se lève le rideau tragique [1].

— Sais-tu, Merle, que cet endroit-ci m'a l'air d'une véritable souricière, dit Gérard en arrivant au château.

— Je le vois bien, répondit le capitaine soucieux.

Les deux officiers s'empressèrent de placer des sentinelles pour s'assurer de la chaussée et du portail, puis ils jetèrent des regards de défiance sur les berges et les alentours du paysage.

— Bah ! dit Merle, il faut nous livrer à cette baraque-là en toute confiance ou ne pas y entrer.

— Entrons, répondit Gérard.

Les soldats, rendus à la liberté par un mot de leur chef, se hâtèrent de déposer leurs fusils en faisceaux coniques et formèrent un petit front de bandière [2] devant la litière de paille, au milieu de laquelle figurait la pièce de cidre. Ils se divisèrent en groupes auxquels deux paysans commencèrent à distribuer du beurre et du pain de seigle. Le marquis vint au-devant des deux officiers et les emmena au salon. Quand Gérard eut monté le perron, et qu'il regarda les deux ailes où les vieux mélèzes étendaient leurs branches noires, il appela Beau-pied et Laclef-des-cœurs.

— Vous allez, à vous deux, faire une reconnaissance dans les jardins et fouiller les haies, entendez-vous ? Puis vous placerez une sentinelle devant votre front de bandière...

---

1. *Cf.* note 1 p. 205. L'épisode de la Vivetière est une « péripétie » (au sens de changement crucial dans la situation dramatique) bien invraisemblable, avec la cohabitation des chouans en armes et du contingent républicain amené par leur chef suprême, la révélation des secrets politiques devant Marie, les rencontres inopinées des amants. — 2. La bandière est la ligne sur laquelle les soldats déposent leurs armes, en avant d'un camp.

— Pouvons-nous allumer notre feu avant de nous mettre en chasse, mon adjudant ? dit La-clef-des-cœurs.

Gérard inclina la tête.

— Tu le vois bien, La-clef-des-cœurs, dit Beau-pied, l'adjudant a tort de se fourrer dans ce guêpier. Si Hulot nous commandait, il ne se serait jamais acculé ici ; nous sommes là comme dans une marmite.

— Es-tu bête ! répondit La-clef-des-cœurs, comment, toi, le roi des malins, tu ne devines pas que cette guérite est le château de l'aimable particulière auprès de laquelle siffle notre joyeux Merle, le plus fini des capitaines, et il l'épousera, cela est clair comme une baïonnette bien fourbie. Ça fera honneur à la demi-brigade, une femme comme ça.

— C'est vrai, reprit Beau-pied. Tu peux encore ajouter que voilà de bon cidre, mais je ne le bois pas avec plaisir devant ces chiennes de haies-là. Il me semble toujours voir dégringoler Larose et Vieux-chapeau dans le fossé de la Pèlerine. Je me souviendrai toute ma vie de la queue [1] de ce pauvre Larose, elle allait comme un marteau de grande porte.

— Beau-pied, mon ami, tu as trop d'*émagination* pour un soldat. Tu devrais faire des chansons à l'Institut national [2].

— Si j'ai trop d'imagination, lui répliqua Beau-pied, tu n'en as guère, toi, et il te faudra du temps pour passer consul.

Le rire de la troupe mit fin à la discussion, car La-clef-des-cœurs ne trouva rien dans sa giberne pour riposter à son antagoniste.

— Viens-tu faire ta ronde ? Je vais prendre à droite, moi, lui dit Beau-pied.

— Eh bien, je prendrai la gauche, répondit son camarade. Mais avant, minute ! je veux boire un verre de

---

1. Queue de cheveux ; *cf.* page suivante : « Leurs longs cheveux, tirés des tempes et réunis dans une queue énorme derrière le cou ». — **2.** S'agit-il de l'Institut de France, titre sous lequel la Constitution de l'an III recréa les académies supprimées en 1793, ou — plus probablement — de l'Académie nationale de musique, naguère Académie royale de musique, et aujourd'hui Théâtre de l'Opéra ?

cidre, mon gosier s'est collé comme le taffetas gommé qui enveloppe le beau chapeau de Hulot.

Le côté gauche des jardins que La-clef-des-cœurs négligeait d'aller explorer immédiatement était par malheur la berge dangereuse où Francine avait observé un mouvement d'hommes. Tout est hasard à la guerre. En entrant dans le salon et en saluant la compagnie, Gérard jeta un regard pénétrant sur les hommes qui la composaient. Le soupçon revint avec plus de force dans son âme, il alla tout à coup vers mademoiselle de Verneuil et lui dit à voix basse : — Je crois qu'il faut vous retirer promptement, nous ne sommes pas en sûreté ici.

— Craindriez-vous quelque chose chez moi ? demanda-t-elle en riant. Vous êtes plus en sûreté ici, que vous ne le seriez à Mayenne.

Une femme répond toujours de son amant avec assurance. Les deux officiers furent rassurés. En ce moment la compagnie passa dans la salle à manger, malgré quelques phrases insignifiantes relatives à un convive assez important qui se faisait attendre. Mademoiselle de Verneuil put, à la faveur du silence qui règne toujours au commencement des repas, donner quelque attention à cette réunion curieuse dans les circonstances présentes, et de laquelle elle était en quelque sorte la cause par suite de cette ignorance que les femmes, accoutumées à se jouer de tout, portent dans les actions les plus critiques de la vie. Un fait la surprit soudain. Les deux officiers républicains dominaient cette assemblée par le caractère imposant de leurs physionomies. Leurs longs cheveux, tirés des tempes et réunis dans une queue énorme derrière le cou, dessinaient sur leurs fronts ces lignes qui donnent tant de candeur et de noblesse à de jeunes têtes. Leurs uniformes bleus râpés, à parements rouges usés, tout, jusqu'à leurs épaulettes rejetées en arrière par les marches et qui accusaient dans toute l'armée, même chez les chefs, le manque de capotes, faisait ressortir ces deux militaires des hommes au milieu desquels ils se trouvaient. — Oh ! là est la nation, la liberté, se dit-elle. Puis, jetant un regard sur les royalistes : — Et là est un homme, un roi, des privilèges. Elle ne put se refuser à admirer la figure de Merle, tant ce gai soldat répondait complètement aux idées qu'on peut avoir de ces troupiers français, qui savent siffler un air au milieu des balles et n'oublient pas de faire un lazzi sur le camarade qui tombe mal[1]. Gérard imposait. Grave et plein de sang-froid, il paraissait avoir une de ces âmes vraiment républicaines qui, à cette époque, se rencontrèrent en foule dans les armées françaises auxquelles des dévouements noblement obscurs imprimaient une énergie jusqu'alors inconnue. — Voilà un de mes hommes à grandes vues, se dit mademoiselle de Verneuil. Appuyés sur le présent qu'ils dominent, ils ruinent le passé, mais au profit de l'avenir... Cette pensée l'attrista, parce qu'elle ne se rapportait pas à son amant, vers lequel elle se tourna pour se venger, par une autre admiration, de la République qu'elle haïssait déjà. En voyant le marquis entouré de ces hommes assez hardis, assez fanatiques, assez calculateurs de l'avenir, pour attaquer une République victorieuse dans l'espoir de relever une monarchie morte, une religion mise en interdit, des princes errants et des privilèges expirés : — Celui-ci, se dit-elle, n'a pas moins de portée que l'autre ; car, accroupi sur des décombres, il veut faire du passé, l'avenir. Son esprit nourri d'images hésitait alors entre les jeunes et les vieilles ruines. Sa conscience lui criait bien que l'un se battait pour un homme, l'autre pour un pays ; mais elle était arrivée par le sentiment au point où l'on arrive par la raison, à reconnaître que le roi, c'est le pays[2].

En entendant retentir dans le salon les pas d'un homme, le marquis se leva pour aller à sa rencontre. Il reconnut le convive attendu qui, surpris de la compagnie, voulut parler ; mais le Gars déroba aux Républicains le signe qu'il lui fit pour l'engager à se taire et à prendre place au festin. À mesure que les deux officiers républicains analysaient les physionomies de leurs hôtes, les soupçons qu'ils avaient conçus d'abord renaissaient.

---

1. Qui tombe mal littéralement, c'est-à-dire qui, abattu, s'affaisse dans une position cocasse. Un lazzi, de l'italien *lazzo*, est une parole moqueuse, une raillerie. — 2. En 1845, Balzac a modifié ce dernier membre de phrase pour faire se rejoindre, dans une brève profession de foi royaliste, les conclusions de la « raison » et celles du « sentiment ».

Le vêtement ecclésiastique de l'abbé Gudin et la bizarrerie des costumes chouans éveillèrent leur prudence ; ils redoublèrent alors d'attention et découvrirent de plaisants contrastes entre les manières des convives et leurs discours. Autant le républicanisme manifesté par quelques-uns d'entre eux était exagéré, autant les façons de quelques autres étaient aristocratiques. Certains coups d'œil surpris entre le marquis et ses hôtes, certains mots à double sens imprudemment prononcés, mais surtout la ceinture de barbe dont le cou de quelques convives était garni et qu'ils cachaient assez mal dans leurs cravates, finirent par apprendre aux deux officiers une vérité qui les frappa en même temps. Ils se révélèrent leurs communes pensées par un même regard, car madame du Gua les avait habilement séparés et ils en étaient réduits au langage de leurs yeux. Leur situation commandait d'agir avec adresse, ils ne savaient s'ils étaient les maîtres du château, ou s'ils y avaient été attirés dans une embûche[1] ; si mademoiselle de Verneuil était la dupe ou la complice de cette inexplicable aventure ; mais un événement imprévu précipita la crise, avant qu'ils pussent en connaître toute la gravité. Le nouveau convive était un de ces hommes carrés de base comme de hauteur, dont le teint est fortement coloré, qui se penchent en arrière quand ils marchent, qui semblent déplacer beaucoup d'air autour d'eux, et croient qu'il faut à tout le monde plus d'un regard pour les voir[2]. Malgré sa noblesse, il avait pris la vie comme une plaisanterie dont on doit tirer le meilleur parti possible ; mais, tout en s'agenouillant devant lui-même, il était bon, poli et spirituel à la manière de ces gentilshommes qui, après avoir fini leur éducation à la cour, reviennent dans leurs terres, et ne veulent jamais supposer qu'ils ont pu, au bout de vingt ans, s'y rouiller. Ces sortes de gens manquent de tact avec un aplomb imperturbable, disent spirituellement une sottise, se défient du bien avec beaucoup d'adresse, et prennent d'incroyables peines pour donner

---

1. Au sens vieilli d'« embuscade », le sens courant étant celui de difficulté, d'obstacle rencontré dans une action. — 2. Ce nouvel arrivé, nous l'apprendrons plus loin, est le comte de Bauvan.

dans un piège. Lorsque par un jeu de fourchette qui annonçait un grand mangeur, il eut regagné le temps perdu, il leva les yeux sur la compagnie. Son étonnement redoubla en voyant les deux officiers, et il interrogea d'un regard madame du Gua, qui, pour toute réponse, lui montra mademoiselle de Verneuil. En apercevant la sirène dont la beauté commençait à imposer silence aux sentiments d'abord excités par madame du Gua dans l'âme des convives, le gros inconnu laissa échapper un de ces sourires impertinents et moqueurs qui semblent contenir toute une histoire graveleuse. Il se pencha à l'oreille de son voisin auquel il dit deux ou trois mots, et ces mots, qui restèrent un secret pour les officiers et pour Marie, voyagèrent d'oreille en oreille, de bouche en bouche, jusqu'au cœur de celui qu'ils devaient frapper à mort. Les chefs des Vendéens et des Chouans tournèrent leurs regards sur le marquis de Montauran avec une curiosité cruelle. Les yeux de madame du Gua allèrent du marquis à mademoiselle de Verneuil étonnée, en lançant des éclairs de joie. Les officiers inquiets se consultèrent en attendant le résultat de cette scène bizarre. Puis, en un moment, les fourchettes demeurèrent inactives dans toutes les mains, le silence régna dans la salle, et tous les regards se concentrèrent sur le Gars. Une effroyable rage éclata sur ce visage colère et sanguin, qui prit une teinte de cire. Le jeune chef se tourna vers le convive d'où ce serpenteau [1] était parti, et d'une voix qui sembla couverte d'un crêpe : — Mort de mon âme, comte, cela est-il vrai ? demanda-t-il.

— Sur mon honneur, répondit le comte en s'inclinant avec gravité.

Le marquis baissa les yeux un moment, et il les releva bientôt pour les reporter sur Marie, qui, attentive à ce débat, recueillit ce regard plein de mort.

— Je donnerais ma vie, dit-il à voix basse, pour me venger sur l'heure.

---

1. Un serpenteau est, d'abord, une pièce d'artifice contenant une petite charge de poudre, et qui brûle en changeant de direction. Ici, nous avons affaire à un serpenteau tout verbal, dû à la « langue de vipère » du comte de Bauvan.

Madame du Gua comprit cette phrase au mouvement seul des lèvres et sourit au jeune homme, comme on sourit à un ami dont le désespoir va cesser. Le mépris général pour mademoiselle de Verneuil, peint sur toutes les figures, mit le comble à l'indignation des deux Républicains, qui se levèrent brusquement.

— Que désirez-vous, citoyens ? demanda madame du Gua.

— Nos épées, *citoyenne*, répondit ironiquement Gérard.

— Vous n'en avez pas besoin à table, dit le marquis froidement.

— Non, mais nous allons jouer à un jeu que vous connaissez, répondit Gérard en reparaissant. Nous nous verrons ici d'un peu plus près qu'à la Pèlerine.

L'assemblée resta stupéfaite. En ce moment une décharge faite avec un ensemble terrible pour les oreilles des deux officiers retentit dans la cour. Les deux officiers s'élancèrent sur le perron ; là, ils virent une centaine de Chouans qui ajustaient quelques soldats survivant à leur première décharge, et qui tiraient sur eux comme sur des lièvres [1]. Ces Bretons sortaient de la rive où Marche-à-terre les avait postés au péril de leur vie ; car, dans cette évolution et après les derniers coups de fusil, on entendit, à travers les cris des mourants, quelques Chouans tombant dans les eaux, où ils roulèrent comme des pierres dans un gouffre. Pille-miche visait Gérard, Marche-à-terre tenait Merle en respect.

— Capitaine, dit froidement le marquis à Merle en lui répétant les paroles que le Républicain avait dites de lui, *voyez-vous, les hommes sont comme les nèfles, ils mûrissent sur la paille*. Et, par un geste de main, il montra l'escorte entière des Bleus couchée sur la litière ensanglantée, où les Chouans achevaient les vivants, et dépouillaient les morts avec une incroyable célérité.

— J'avais bien raison de vous dire que vos soldats n'iraient pas jusqu'à la Pèlerine, ajouta le marquis. Je

---

1. Nouveau rapprochement à faire avec la tuerie infligée par les Indiens aux hommes du colonel Munro dans *Le Dernier des Mohicans* (*cf.* note 2 p. 103).

crois aussi que votre tête sera pleine de plomb avant la mienne, qu'en dites-vous ?

Montauran éprouvait un horrible besoin de satisfaire sa rage. Son ironie envers le vaincu, la férocité, la perfidie même de cette exécution militaire faite sans son ordre et qu'il avouait alors, répondaient aux vœux secrets de son cœur. Dans sa fureur, il aurait voulu anéantir la France. Les Bleus égorgés, les deux officiers vivants, tous innocents du crime dont il demandait vengeance, étaient entre ses mains comme les cartes que dévore un joueur au désespoir.

— J'aime mieux périr ainsi que de triompher comme vous, dit Gérard. Puis, en voyant ses soldats nus et sanglants, il s'écria : — Les avoir assassinés lâchement, froidement !

— Comme le fut Louis XVI, monsieur, répondit vivement le marquis.

— Monsieur, répliqua Gérard avec hauteur, il existe dans le procès d'un roi des mystères que vous ne comprendrez jamais.

— Accuser le roi ! s'écria le marquis hors de lui.

— Combattre la France ! répondit Gérard d'un ton de mépris.

— Niaiserie, dit le marquis.

— Parricide ! reprit le Républicain.

— Régicide !

— Eh ! bien, vas-tu prendre le moment de ta mort pour te disputer ? s'écria gaiement Merle.

— C'est vrai, dit froidement Gérard en se retournant vers le marquis. Monsieur, si votre intention est de nous donner la mort, reprit-il, faites-nous au moins la grâce de nous fusiller sur-le-champ.

— Te voilà bien ! reprit le capitaine, toujours pressé d'en finir. Mais, mon ami, quand on va loin et qu'on ne pourra pas déjeuner le lendemain, on soupe.

Gérard s'élança fièrement et sans mot dire vers la muraille ; Pille-miche l'ajusta en regardant le marquis immobile, prit le silence de son chef pour un ordre, et l'adjudant-major tomba comme un arbre. Marche-à-terre courut partager cette nouvelle dépouille avec Pille-

miche. Comme deux corbeaux affamés, ils eurent un
débat et grognèrent sur le cadavre encore chaud.

— Si vous voulez achever de souper, capitaine, vous
êtes libre de venir avec moi, dit le marquis à Merle, qu'il
voulut garder pour faire des échanges.

Le capitaine rentra machinalement avec le marquis, en
disant à voix basse, comme s'il s'adressait un reproche :
— C'est cette diablesse de fille qui est cause de ça. Que
dira Hulot ?

— Cette fille ! s'écria le marquis d'un ton sourd.
C'est donc bien décidément une fille !

Le capitaine semblait avoir tué Montauran, qui le suivait tout pâle, défait, morne, et d'un pas chancelant. Il
s'était passé dans la salle à manger une autre scène qui,
par l'absence du marquis, prit un caractère tellement
sinistre, que Marie, se trouvant sans son protecteur, put
croire à l'arrêt de mort écrit dans les yeux de sa rivale.
Au bruit de la décharge, tous les convives s'étaient
levés, moins madame du Gua.

— Rasseyez-vous, dit-elle, ce n'est rien, nos gens
tuent les Bleus. Lorsqu'elle vit le marquis dehors, elle
se leva. — Mademoiselle que voici, s'écria-t-elle avec
le calme d'une sourde rage, venait nous enlever le Gars !
Elle venait essayer de le livrer à la République.

— Depuis ce matin je l'aurais pu livrer vingt fois, et
je lui ai sauvé la vie, répliqua mademoiselle de Verneuil.

Madame du Gua s'élança sur sa rivale avec la rapidité
de l'éclair ; elle brisa, dans son aveugle emportement,
les faibles brandebourgs du spencer de la jeune fille surprise par cette soudaine irruption, viola d'une main bru-
tale l'asile sacré où la lettre était cachée, déchira l'étoffe,
les broderies, le corset, la chemise ; puis elle profita de
cette recherche pour assouvir sa jalousie, et sut froisser
avec tant d'adresse et de fureur la gorge palpitante de sa
rivale, qu'elle y laissa les traces sanglantes de ses
ongles, en éprouvant un sombre plaisir à lui faire subir
une si odieuse prostitution. Dans la faible lutte que
Marie opposa à cette femme furieuse, sa capote dénouée
tomba, ses cheveux rompirent leurs liens et s'échappèrent en boucles ondoyantes ; son visage rayonna de
pudeur, puis deux larmes tracèrent un chemin humide et

Marie de Verneuil.
« ... Sa capote dénouée tomba, ses cheveux rompirent leurs liens
et s'échappèrent en boucles ondoyantes. »
Illustration de l'édition Marescq et Havard, 1852.

brûlant le long de ses joues et rendirent le feu de ses
yeux plus vif ; enfin, le tressaillement de la honte la livra
frémissante aux regards des convives. Des juges même
endurcis auraient cru à son innocence en voyant sa
douleur.

La haine calcule si mal, que madame du Gua ne
s'aperçut pas qu'elle n'était écoutée de personne pendant
que, triomphante, elle s'écriait : — Voyez, messieurs,
ai-je donc calomnié cette horrible créature ?

— Pas si horrible, dit à voix basse le gros convive auteur du désastre. J'aime prodigieusement ces horreurs-là, moi.

— Voici, reprit la cruelle Vendéenne, un ordre signé Laplace et contresigné Dubois[1]. À ces noms quelques personnes levèrent la tête. — Et en voici la teneur, dit en continuant madame du Gua :

« *Les citoyens commandants militaires de tout grade, administrateurs de district, les procureurs-syndics, etc., des départements insurgés, et particulièrement ceux des localités où se trouvera le ci-devant marquis de Montauran, chef de brigands et surnommé le Gars, devront prêter secours et assistance à la citoyenne Marie Verneuil et se conformer aux ordres qu'elle pourra leur donner, chacun en ce qui le concerne, etc.* »

— Une fille d'Opéra prendre un nom illustre pour le souiller de cette infamie ! ajouta-t-elle.

Un mouvement de surprise se manifesta dans l'assemblée.

— La partie n'est pas égale si la République emploie de si jolies femmes contre nous, dit gaiement le baron du Guénic.

— Surtout des filles qui ne mettent rien au jeu, répliqua madame du Gua.

— Rien ? dit le chevalier du Vissard[2], mademoiselle a cependant un domaine qui doit lui rapporter de bien grosses rentes !

— La République aime donc bien à rire, pour nous envoyer des filles de joie en ambassade, s'écria l'abbé Gudin.

— Mais mademoiselle recherche malheureusement des plaisirs qui tuent, reprit madame du Gua avec une horrible expression de joie qui indiquait le terme de ces plaisanteries.

---

1. Le physicien Laplace fut ministre de l'Intérieur de novembre 1799 à décembre 1800, et Dubois-Crancé ministre de la Guerre de septembre à novembre 1799. — **2.** Celui de l'ébauche *Mademoiselle du Vissard*, autrement dit Rifoël ; Balzac introduisit ce nom dans le Furne corrigé.

— Comment donc vivez-vous encore, madame ? dit la victime en se relevant après avoir réparé le désordre de sa toilette.

Cette sanglante épigramme imprima une sorte de respect pour une si fière victime et imposa silence à l'assemblée. Madame du Gua vit errer sur les lèvres des chefs un sourire dont l'ironie la mit en fureur ; et alors, sans apercevoir le marquis ni le capitaine qui survinrent :

— Pille-miche, emporte-la, dit-elle au Chouan en lui désignant mademoiselle de Verneuil, c'est ma part du butin, je te la donne, fais-en tout ce que tu voudras.

À ce mot *tout* prononcé par cette femme, l'assemblée entière frissonna, car les têtes hideuses de Marche-à-terre et de Pille-miche se montrèrent derrière le marquis, et le supplice apparut dans toute son horreur.

Francine debout, les mains jointes, les yeux pleins de larmes, restait comme frappée de la foudre. Mademoiselle de Verneuil, qui recouvra dans le danger toute sa présence d'esprit, jeta sur l'assemblée un regard de mépris, ressaisit la lettre que tenait madame du Gua, leva la tête, et l'œil sec, mais fulgurant, elle s'élança vers la porte où l'épée de Merle était restée. Là elle rencontra le marquis froid et immobile comme une statue. Rien ne plaidait pour elle sur ce visage dont tous les traits étaient fixes et fermes. Blessée dans son cœur, la vie lui devint odieuse. L'homme qui lui avait témoigné tant d'amour avait donc entendu les plaisanteries dont elle venait d'être accablée, et restait le témoin glacé de la prostitution qu'elle venait d'endurer lorsque les beautés qu'une femme réserve à l'amour essuyèrent tous les regards ! Peut-être aurait-elle pardonné à Montauran ses sentiments de mépris, mais elle s'indigna d'avoir été vue par lui dans une infâme situation ; elle lui lança un regard stupide et plein de haine, car elle sentit naître dans son cœur d'effroyables désirs de vengeance. En voyant la mort derrière elle, son impuissance l'étouffa. Il s'éleva dans sa tête comme un tourbillon de folie ; son sang bouillonnant lui fit voir le monde comme un incendie ; alors, au lieu de se tuer, elle saisit l'épée, la brandit sur le marquis, la lui enfonça jusqu'à la garde ; mais l'épée ayant glissé entre le bras et le flanc, le Gars arrêta Marie

par le poignet et l'entraîna hors de la salle, aidé par Pille-
miche, qui se jeta sur cette créature furieuse au moment
où elle essaya de tuer le marquis[1]. À ce spectacle, Francine jeta des cris perçants. — Pierre ! Pierre ! Pierre !
s'écria-t-elle avec des accents lamentables. Et tout en
criant elle suivit sa maîtresse.

Le marquis laissa l'assemblée stupéfaite, et sortit en
fermant la porte de la salle. Quand il arriva sur le perron,
il tenait encore le poignet de cette femme et le serrait
par un mouvement convulsif, tandis que les doigts nerveux de Pille-miche en brisaient presque l'os du bras ;
mais elle ne sentait que la main brûlante du jeune chef,
qu'elle regarda froidement.

— Monsieur, vous me faites mal !

Pour toute réponse, le marquis contempla pendant un
moment sa maîtresse.

— Avez-vous donc quelque chose à venger basse-
ment comme cette femme a fait ? dit-elle. Puis, apercevant les cadavres étendus sur la paille, elle s'écria en
frissonnant : — La foi d'un gentilhomme ! ah ! ah ! ah !
Après ce rire, qui fut affreux, elle ajouta : — La belle
journée !

— Oui, belle, répéta-t-il, et sans lendemain[2].

-----

1. Le thème de la double mort, présent dès la donnée initiale de l'intrigue (puisque Marie risque sa vie en s'engageant à faire exécuter le
Gars), trouve ici une illustration frappante — Marie passe du désir de
suicide à une tentative de meurtre sur le Gars — avant d'être tragiquement mis en œuvre dans la suite du roman, où, même réconciliés, les
amants mourront l'un par l'autre. — **2.** Nous sommes ici à une charnière
de l'œuvre. D'une part, l'expression de Marie, « la foi d'un gentilhomme ! », est un rappel sarcastique du serment que lui avait fait Montauran
p. 223 : « Oui, foi de gentilhomme ! Qui que vous soyez, vous et les
vôtres, vous n'avez rien à craindre chez moi » ; serment qu'avait du reste
immédiatement détourné Mme du Gua : « Dans peu cette créature-là ne
me gênera plus (...) Ne tiendrai-je pas bien ta parole de gentilhomme ? »
(p. 223). D'autre part, la formule ironiquement lancée par Marie et som-
brement terminée par Montauran, la « belle journée... sans lendemain »,
deviendra le leitmotiv du reste du roman, et notamment le titre du chapitre III, « Un jour sans lendemain ». « Donner un avenir à cette journée », telle était naguère la préoccupation de Marie, dans les premières
transes de l'amour (p. 198). Hélas ! La voici réduite à répéter solennelle-
ment : « Dieu m'entendra, marquis, je lui demanderai pour vous une
belle journée sans lendemain ! » (p. 253). Et de même que cette formule
est élaborée par l'un et l'autre des amants, le destin qu'elle promet à l'un

Il abandonna la main de mademoiselle de Verneuil, après avoir contemplé d'un dernier, d'un long regard, cette ravissante créature à laquelle il lui était presque impossible de renoncer. Aucun de ces deux esprits altiers ne voulut fléchir. Le marquis attendait peut-être une larme ; mais les yeux de la jeune fille restèrent secs et fiers. Il se retourna vivement en laissant à Pille-miche sa victime.

— Dieu m'entendra, marquis, je lui demanderai pour vous une belle journée sans lendemain !

Pille-miche, embarrassé d'une si belle proie, l'entraîna avec une douceur mêlée de respect et d'ironie. Le marquis poussa un soupir, rentra dans la salle, et offrit à ses hôtes un visage semblable à celui d'un mort dont les yeux n'auraient pas été fermés.

La présence du capitaine Merle était inexplicable pour les acteurs de cette tragédie ; aussi tous le contemplèrent-ils avec surprise en s'interrogeant du regard. Merle s'aperçut de l'étonnement des Chouans, et, sans sortir de son caractère, il leur dit en souriant tristement : — Je ne crois pas, messieurs, que vous refusiez un verre de vin à un homme qui va faire sa dernière étape.

Ce fut au moment où l'assemblée était calmée par ces paroles prononcées avec une étourderie française qui devait plaire aux Vendéens, que Montauran reparut, et sa figure pâle, son regard fixe, glacèrent tous les convives.

— Vous allez voir, dit le capitaine, que le mort va mettre les vivants en train.

— Ah ! dit le marquis en laissant échapper le geste d'un homme qui s'éveille, vous voilà, mon cher conseil de guerre !

Et il lui tendit une bouteille de vin de Graves, comme pour lui verser à boire.

— Oh ! merci, citoyen marquis, je pourrais m'étourdir, voyez-vous.

À cette saillie, madame du Gua dit aux convives en souriant : — Allons, épargnons-lui le dessert.

(« pour vous ») sera aussi celui de l'autre. Montauran offre déjà « un visage semblable à celui d'un mort » (p. 253) ; quand nous la retrouverons, Marie sera « tout abattue, et comme morte » (p. 264).

— Vous êtes bien cruelle dans vos vengeances, madame, répondit le capitaine. Vous oubliez mon ami assassiné, qui m'attend, et je ne manque pas à mes rendez-vous.

— Capitaine, dit alors le marquis en lui jetant son gant, vous êtes libre ! Tenez, voilà un passeport. Les Chasseurs du Roi savent qu'on ne doit pas tuer tout le gibier.

— Va pour la vie ! répondit Merle, mais vous avez tort, je vous réponds de jouer serré avec vous[1], je ne vous ferai pas de grâce. Vous pouvez être très habile, mais vous ne valez pas Gérard. Quoique votre tête ne puisse jamais me payer la sienne, il me la faudra, et je l'aurai.

— Il était donc bien pressé, reprit le marquis.

— Adieu ! je pouvais trinquer avec mes bourreaux, je ne reste pas avec les assassins de mon ami, dit le capitaine qui disparut en laissant les convives étonnés.

— Hé ! bien, messieurs, que dites-vous des échevins, des chirurgiens et des avocats qui dirigent la République ? demanda froidement le Gars.

— Par la mort-dieu, marquis, répondit le comte de Bauvan, ils sont en tout cas bien mal élevés. Celui-ci nous a fait, je crois, une impertinence.

La brusque retraite du capitaine avait un secret motif. La créature si dédaignée, si humiliée, et qui succombait peut-être en ce moment, lui avait offert dans cette scène des beautés si difficiles à oublier qu'il se disait en sortant : — Si c'est une fille, ce n'est pas une fille ordinaire, et j'en ferai certes bien ma femme... Il désespérait si peu de la sauver des mains de ces sauvages, que sa première pensée, en ayant la vie sauve, avait été de la prendre désormais sous sa protection. Malheureusement en arrivant sur le perron, le capitaine trouva la cour déserte. Il jeta les yeux autour de lui, écouta le silence et n'entendit rien que les rires bruyants et lointains des Chouans qui buvaient dans les jardins, en partageant leur butin. Il se hasarda à tourner l'aile fatale devant laquelle ses soldats

---

1. On attendrait « nous ». À moins que la phrase veuille dire : « je vous réponds que je jouerai serré... ».

avaient été fusillés ; et, de ce coin, à la faible lueur de quelques chandelles, il distingua les différents groupes que formaient les Chasseurs du Roi. Ni Pille-miche, ni Marche-à-terre, ni la jeune fille ne s'y trouvaient ; mais en ce moment, il se sentit doucement tiré par le pan de son uniforme, se retourna et vit Francine à genoux.

— Où est-elle ? demanda-t-il.

— Je ne sais pas, Pierre m'a chassée en m'ordonnant de ne pas bouger.

— Par où sont-ils allés ?

— Par là, répondit-elle en montrant la chaussée.

Le capitaine et Francine aperçurent alors dans cette direction quelques ombres projetées sur les eaux du lac par la lumière de la lune, et reconnurent des formes féminines dont la finesse quoique indistincte leur fit battre le cœur.

— Oh ! c'est elle, dit la Bretonne.

Mademoiselle de Verneuil paraissait être debout, et résignée au milieu de quelques figures dont les mouvements accusaient un débat.

— Ils sont plusieurs, s'écria le capitaine. C'est égal, marchons !

— Vous allez vous faire tuer inutilement, dit Francine.

— Je suis déjà mort une fois aujourd'hui, répondit-il gaiement.

Et tous deux s'acheminèrent vers le portail sombre derrière lequel la scène se passait. Au milieu de la route, Francine s'arrêta.

— Non, je n'irai pas plus loin ! s'écria-t-elle doucement, Pierre m'a dit de ne pas m'en mêler ; je le connais, nous allons tout gâter. Faites ce que vous voudrez, monsieur l'officier, mais éloignez-vous. Si Pierre vous voyait auprès de moi, il vous tuerait.

En ce moment, Pille-miche se montra hors du portail, appela le postillon resté dans l'écurie, aperçut le capitaine et s'écria en dirigeant son fusil sur lui : — Sainte Anne d'Auray ! le recteur d'Antrain avait bien raison de nous dire que les Bleus signent des pactes avec le diable. Attends, attends, je m'en vais te faire ressusciter, moi !

— Hé ! j'ai la vie sauve, lui cria Merle en se voyant menacé. Voici le gant de ton chef.

— Oui, voilà bien les esprits, reprit le Chouan. Je ne te la donne pas, moi, la vie, *Ave Maria !*

Il tira. Le coup de feu atteignit à la tête le capitaine, qui tomba. Quand Francine s'approcha de Merle, elle l'entendit prononcer indistinctement ces paroles : — J'aime encore mieux rester avec eux que de revenir sans eux.

Le Chouan s'élança sur le Bleu pour le dépouiller en disant : — Il y a cela de bon chez ces revenants, qu'ils ressuscitent avec leurs habits. En voyant dans la main du capitaine qui avait fait le geste de montrer le gant du Gars cette sauvegarde sacrée, il resta stupéfait. — Je ne voudrais pas être dans la peau du fils de ma mère, s'écria-t-il. Puis il disparut avec la rapidité d'un oiseau.

Pour comprendre cette rencontre si fatale au capitaine, il est nécessaire de suivre mademoiselle de Verneuil quand le marquis, en proie au désespoir et à la rage, l'eut quittée en l'abandonnant à Pille-miche. Francine saisit alors, par un mouvement convulsif, le bras de Marche-à-terre, et réclama, les yeux pleins de larmes, la promesse qu'il lui avait faite. À quelques pas d'eux, Pille-miche entraînait sa victime comme s'il eût tiré après lui quelque fardeau grossier. Marie, les cheveux épars, la tête penchée, tourna les yeux vers le lac ; mais, retenue par un poignet d'acier, elle fut forcée de suivre lentement le Chouan, qui se retourna plusieurs fois pour la regarder ou pour lui faire hâter sa marche, et chaque fois une pensée joviale dessina sur cette figure un épouvantable sourire.

— Est-elle godaine [1] !... s'écria-t-il avec une grossière emphase.

En entendant ces mots, Francine recouvra la parole.

— Pierre ?

— Hé ! bien.

— Il va donc tuer Mademoiselle.

— Pas tout de suite, répondit Marche-à-terre.

---

1. « Ce mot assez bizarre de *godain*, *godaine*, est un superlatif du patois de ces contrées qui sert aux amoureux à exprimer l'accord d'une riche toilette et de la beauté » (p. 185).

— Mais elle ne se laissera pas faire, et si elle meurt je mourrai.

— Ha ! *ben*, tu l'aimes trop, qu'elle meure ! dit Marche-à-terre.

— Si nous sommes riches et heureux, c'est à elle que nous devrons notre bonheur ; mais qu'importe, n'as-tu pas promis de la sauver de tout malheur ?

— Je vais essayer, mais reste là, ne bouge pas.

Sur-le-champ le bras de Marche-à-terre resta libre, et Francine, en proie à la plus horrible inquiétude, attendit dans la cour. Marche-à-terre rejoignit son camarade au moment où ce dernier, après être entré dans la grange, avait contraint sa victime à monter en voiture. Pille-miche réclama le secours de son compagnon pour sortir la calèche.

— Que veux-tu faire de tout cela ? lui demanda Marche-à-terre.

— *Ben !* la grande garce[1] m'a donné la femme, et tout ce qui est à elle est à *mé*.

— Bon pour la voiture, tu en feras des sous ; mais la femme ? elle te sautera au visage comme un chat.

Pille-miche partit d'un éclat de rire bruyant et répondit : — Quien, je l'emporte *itou* chez *mé*, je l'attacherai.

— Hé ! *ben*, attelons les chevaux, dit Marche-à-terre.

Un moment après, Marche-à-terre, qui avait laissé son camarade gardant sa proie, mena la calèche hors du portail, sur la chaussée, et Pille-miche monta près de mademoiselle de Verneuil, sans s'apercevoir qu'elle prenait son élan pour se précipiter dans l'étang.

— Ho ! Pille-miche, cria Marche-à-terre.

— Quoi ?

— Je t'achète tout ton butin.

— Gausses-tu[2] ? demanda le Chouan en tirant sa prisonnière par les jupons comme un boucher ferait d'un veau qui s'échappe.

---

1. Le mot « garce » n'a pas le sens péjoratif et vulgaire qu'il a aujourd'hui. Mme de Staël a été qualifiée de « fameuse garce » (p. 83) ; et on a rencontré « la garce à Cottin » *(cf.* n. 1 p. 185). Ici, ce féminin de « gars » semble bien avoir les connotations guerrières que Balzac prête au terme dans la longue digression linguistique de la p. 83. — 2. On attendrait une construction pronominale ; se gausser, c'est se moquer.

— Laisse-la-moi voir, je te dirai un prix.

L'infortunée fut contrainte de descendre et demeura entre les deux Chouans, qui la tinrent chacun par une main, en la contemplant comme les deux vieillards durent regarder Suzanne dans son bain.

— Veux-tu, dit Marche-à-terre en poussant un soupir, veux-tu trente livres de bonne rente ?

— *Ben* vrai.

— Tope, lui dit Marche-à-terre en lui tendant la main.

— Oh ! je tope, il y a de quoi avoir des Bretonnes avec ça, et des godaines ! Mais la voiture, à qui qué sera ? reprit Pille-miche en se ravisant.

— À moi, s'écria Marche-à-terre d'un son de voix terrible qui annonça l'espèce de supériorité que son caractère féroce lui donnait sur tous ses compagnons.

— Mais s'il y avait de l'or dans la voiture ?

— N'as-tu pas topé ?

— Oui, j'ai topé.

— Eh ! bien, va chercher le postillon qui est garrotté dans l'écurie.

— Mais s'il y avait de l'or dans...

— Y en a-t-il ? demanda brutalement Marche-à-terre à Marie en lui secouant le bras.

— J'ai une centaine d'écus, répondit mademoiselle de Verneuil.

À ces mots les deux Chouans se regardèrent.

— Eh ! mon bon ami, ne nous brouillons pas pour une Bleue, dit Pille-miche à l'oreille de Marche-à-terre, *boutons-la* dans l'étang avec une pierre au cou, et partageons les cent écus.

— Je te donne les cent écus dans ma part de la rançon de d'Orgemont[1], s'écria Marche-à-terre en étouffant un grognement causé par ce sacrifice.

Pille-miche poussa une espèce de cri rauque, alla chercher le postillon, et sa joie porta malheur au capitaine qu'il rencontra. En entendant le coup de feu, Marche-à-terre s'élança vivement à l'endroit où Fran-

---

1. Rançon de trois cents écus de six francs réclamée par les chouans au riche usurier lors de l'attaque de la turgotine, au chapitre I, et qu'il doit livrer au chapitre III.

cine, encore épouvantée, priait à genoux, les mains jointes auprès du pauvre capitaine, tant le spectacle d'un meurtre l'avait vivement frappée.

— Cours à ta maîtresse, lui dit brusquement le Chouan, elle est sauvée !

Il courut chercher lui-même le postillon, revint avec la rapidité de l'éclair, et, en passant de nouveau devant le corps de Merle, il aperçut le gant du Gars que la main morte serrait convulsivement encore.

— Oh ! oh ! s'écria-t-il, Pille-miche a fait là un traître coup ! Il n'est pas sûr de vivre de ses rentes.

Il arracha le gant et dit à mademoiselle de Verneuil, qui s'était déjà placée dans la calèche avec Francine : — Tenez, prenez ce gant. Si dans la route nos hommes vous attaquaient, criez : — Oh ! le Gars ! Montrez ce passeport-là, rien de mal ne vous arrivera. — Francine, dit-il en se tournant vers elle et lui saisissant fortement la main, nous sommes quittes avec cette femme-là, viens avec moi et que le diable l'emporte.

— Tu veux que je l'abandonne en ce moment ! répondit Francine d'une voix douloureuse.

Marche-à-terre se gratta l'oreille et le front ; puis il leva la tête, et fit voir des yeux armés d'une expression féroce : — C'est juste, dit-il. Je te laisse à elle huit jours ; si passé ce terme, tu ne viens pas avec moi... Il n'acheva pas, mais il donna un violent coup du plat de sa main sur l'embouchure de sa carabine. Après avoir fait le geste d'ajuster sa maîtresse, il s'échappa sans vouloir entendre de réponse.

Aussitôt que le Chouan fut parti, une voix qui semblait sortir de l'étang cria sourdement : — Madame, madame.

Le postillon et les deux femmes tressaillirent d'horreur, car quelques cadavres avaient flotté jusque-là. Un Bleu caché derrière un arbre se montra.

— Laissez-moi monter sur la giberne de votre fourgon [1], ou je suis un homme mort. Le damné verre de

---

1. Termes exagérément militaires, puisqu'on n'a pas affaire à un « fourgon » mais à une calèche, ni à une giberne, boîte à cartouches, mais sans doute à un coffre à bagages.

cidre que La-clef-des-cœurs a voulu boire a coûté plus
d'une pinte de sang ! S'il m'avait imité et fait sa ronde,
les pauvres camarades ne seraient pas là, flottant comme
des galiotes[1].

Pendant que ces événements se passaient au-dehors,
les chefs envoyés de la Vendée et ceux des Chouans
délibéraient, le verre à la main, sous la présidence du
marquis de Montauran. De fréquentes libations de vin
de Bordeaux animèrent cette discussion, qui devint
importante et grave à la fin du repas. Au dessert, au
moment où la ligne commune des opérations militaires
était décidée, les royalistes portèrent une santé aux Bourbons. Là, le coup de feu de Pille-miche retentit comme
un écho de la guerre désastreuse que ces gais et ces
nobles conspirateurs voulaient faire à la République.
Madame du Gua tressaillit ; et, au mouvement que lui
causa le plaisir de se savoir débarrassée de sa rivale, les
convives se regardèrent en silence. Le marquis se leva
de table et sortit.

— Il l'aimait pourtant ! dit ironiquement madame du
Gua. Allez donc lui tenir compagnie, monsieur de Fontaine, il sera ennuyeux comme les mouches, si on lui
laisse broyer du noir.

Elle alla à la fenêtre qui donnait sur la cour, pour
tâcher de voir le cadavre de Marie. De là, elle put distinguer, aux derniers rayons de la lune qui se couchait, la
calèche gravissant l'avenue de pommiers avec une célérité incroyable. Le voile de mademoiselle de Verneuil,
emporté par le vent, flottait hors de la calèche. À cet
aspect, madame du Gua furieuse quitta l'assemblée. Le
marquis, appuyé sur le perron et plongé dans une sombre
méditation, contemplait cent cinquante Chouans environ
qui, après avoir procédé dans les jardins au partage du
butin, étaient revenus achever la pièce de cidre et le pain
promis aux Bleus. Ces soldats de nouvelle espèce et sur
lesquels se fondaient les espérances de la monarchie
buvaient par groupes, tandis que, sur la berge qui faisait
face au perron, sept ou huit d'entre eux s'amusaient à
lancer dans les eaux les cadavres des Bleus auxquels ils

_____

1. La galiote est un petit navire, à rames ou à voile.

attachaient des pierres. Ce spectacle, joint aux différents tableaux que présentaient les bizarres costumes et les sauvages expressions de ces gars insouciants et barbares, était si extraordinaire et si nouveau pour monsieur de Fontaine, à qui les troupes vendéennes avaient offert quelque chose de noble et de régulier, qu'il saisit cette occasion pour dire au marquis de Montauran : — Qu'espérez-vous pouvoir faire avec de semblables bêtes ?

— Pas grand-chose, n'est-ce pas, cher comte ! répondit le Gars.

— Sauront-ils jamais manœuvrer en présence des Républicains ?

— Jamais.

— Pourront-ils seulement comprendre et exécuter vos ordres ?

— Jamais.

— À quoi donc vous seront-ils bons ?

— À plonger mon épée dans le ventre de la République, reprit le marquis d'une voix tonnante, à me donner Fougères en trois jours et toute la Bretagne en dix ! Allez, monsieur, dit-il d'une voix plus douce, partez pour la Vendée ; que d'Autichamp, Suzannet, l'abbé Bernier marchent seulement aussi rapidement que moi[1] ; qu'ils ne traitent pas avec le premier Consul, comme on me le fait craindre (là il serra fortement la main du Vendéen), nous serons alors dans vingt jours à trente lieues de Paris.

— Mais la République envoie contre nous soixante mille hommes et le général Brune.

— Soixante mille hommes ! vraiment ? reprit le marquis avec un rire moqueur. Et avec quoi Bonaparte ferait-il la campagne d'Italie ? Quant au général Brune, il ne viendra pas, Bonaparte l'a dirigé contre les Anglais

---

1. D'Autichamp, chef vendéen, est connu pour avoir sauvé des prisonniers républicains en danger d'être massacrés. L'abbé Bernier, curé d'Angers et prédicateur fanatique, fut nommé après la mort de Charette et de Stofflet agent général de Louis XVIII en France ; comme le redoute Montauran, il se rallia en 1800 à Bonaparte, dont il signa le Concordat.

Collection Viollet

L'abbé Bernier fut un prédicateur et leader vendéen fanatique.

en Hollande, et le général Hédouville, l'ami de notre ami
Barras, le remplace ici[1]. Me comprenez-vous ?

En l'entendant parler ainsi, monsieur de Fontaine
regarda le marquis de Montauran d'un air fin et spirituel
qui semblait lui reprocher de ne pas comprendre lui-
même le sens des paroles mystérieuses qui lui étaient
adressées. Les deux gentilshommes s'entendirent alors
parfaitement, mais le jeune chef répondit avec un indéfinissable sourire aux pensées qu'ils s'exprimèrent des
yeux : — Monsieur de Fontaine, connaissez-vous mes
armes ? Ma devise est : *Persévérer jusqu'à la mort.*

Le comte de Fontaine prit la main de Montauran et la
lui serra en disant : — J'ai été laissé pour mort aux

---

1. Le général Brune imposa aux Anglais l'évacuation de la Hollande
en octobre 1799, avant de participer à la campagne de Marengo en 1800.
Le général Hédouville, chef d'état-major de Hoche en 1796 puis chef de
l'armée de l'Ouest, contribua largement à la pacification de la Vendée et
de la Bretagne en 1800.

Collection Viollet

Le général d'Hédouville (1755-1825), chef de l'armée
républicaine de l'Ouest en 1799.

Quatre-Chemins[1], ainsi vous ne doutez pas de moi ;
mais croyez à mon expérience, les temps sont changés.

— Oh ! oui, dit La Billardière qui survint. Vous êtes
jeune, marquis. Écoutez-moi ? vos biens n'ont pas tous
été vendus...

— Ah ! concevez-vous le dévouement sans sacrifice !
dit Montauran.

— Connaissez-vous bien le Roi ? dit La Billardière.

— Oui !

— Je vous admire.

— Le Roi, répondit le jeune chef, c'est le prêtre, et
je me bats pour la Foi[2] !

Ils se séparèrent, le Vendéen convaincu de la nécessité
de se résigner aux événements en gardant sa foi dans

---

1. Victoire vendéenne de décembre 1793. — **2.** N'oublions pas
qu'en bonne tradition gallicane, le roi très-chrétien, et de droit divin,
est le chef de l'Église de France, et que plus que jamais, pendant la
période révolutionnaire, le sort de la monarchie fut lié au sort du clergé
(réfractaire), également persécuté.

son cœur, La Billardière pour retourner en Angleterre, Montauran pour combattre avec acharnement et forcer par les triomphes qu'il rêvait les Vendéens à coopérer à son entreprise.

Ces événements avaient excité tant d'émotions dans l'âme de mademoiselle de Verneuil, qu'elle se pencha tout abattue, et comme morte, au fond de la voiture, en donnant l'ordre d'aller à Fougères. Francine imita le silence de sa maîtresse. Le postillon, qui craignit quelque nouvelle aventure, se hâta de gagner la grande route, et arriva bientôt au sommet de la Pèlerine.

Marie de Verneuil traversa, dans le brouillard épais et blanchâtre du matin, la belle et large vallée du Couësnon, où cette histoire a commencé, et entrevit à peine, du haut de la Pèlerine, le rocher de schiste sur lequel est bâtie la ville de Fougères. Les trois voyageurs en étaient encore séparés d'environ deux lieues. En se sentant transie de froid, mademoiselle de Verneuil pensa au pauvre fantassin qui se trouvait derrière la voiture, et voulut absolument, malgré ses refus, qu'il montât près de Francine. La vue de Fougères la tira pour un moment de ses réflexions. D'ailleurs, le poste placé à la porte Saint-Léonard ayant refusé l'entrée de la ville à des inconnus, elle fut obligée d'exhiber sa lettre ministérielle ; elle se vit alors à l'abri de toute entreprise hostile en entrant dans cette place, dont, pour le moment, les habitants étaient les seuls défenseurs. Le postillon ne lui trouva pas d'autre asile que l'auberge de la Poste.

— Madame, dit le Bleu qu'elle avait sauvé, si vous avez jamais besoin d'administrer un coup de sabre à un particulier, ma vie est à vous. Je suis bon là. Je me nomme Jean Falcon, dit Beau-pied, sergent à la première compagnie des lapins de Hulot, soixante-douzième demi-brigade, surnommée la *Mayençaise*. Faites excuse de ma condescendance [1] et de ma vanité ; mais je ne puis vous offrir que l'âme d'un sergent, je n'ai que ça, pour le quart d'heure, à votre service.

Il tourna sur ses talons et s'en alla en sifflant.

----

1. Faux sens. Beau-pied maîtrise mal les grands mots ; entendre : audace, témérité.

— Plus bas on descend dans la société, dit amèrement Marie, plus on y trouve de sentiments généreux sans ostentation. Un marquis me donne la mort pour la vie, et un sergent... Enfin, laissons cela.

Lorsque la belle Parisienne fut couchée dans un lit bien chaud, sa fidèle Francine attendit en vain le mot affectueux auquel elle était habituée ; mais en la voyant inquiète et debout, sa maîtresse fit un signe empreint de tristesse.

— On nomme cela une journée, Francine, dit-elle. Je suis de dix ans plus vieille.

Le lendemain matin, à son lever, Corentin se présenta pour voir Marie, qui lui permit d'entrer.

— Francine, dit-elle, mon malheur est donc immense, la vue de Corentin ne m'est pas trop désagréable.

Néanmoins, en revoyant cet homme, elle éprouva pour la millième fois une répugnance instinctive que deux ans de connaissance n'avaient pu adoucir.

— Eh bien, dit-il en souriant, j'ai cru à la réussite. Ce n'était donc pas lui que vous teniez ?

— Corentin, répondit-elle avec une lente expression de douleur, ne me parlez de cette affaire que quand j'en parlerai moi-même.

Cet homme se promena dans la chambre et jeta sur mademoiselle de Verneuil des regards obliques, en essayant de deviner les pensées secrètes de cette singulière fille, dont le coup d'œil avait assez de portée pour déconcerter, par instants, les hommes les plus habiles.

— J'ai prévu cet échec, reprit-il après un moment de silence. S'il vous plaisait d'établir votre quartier général dans cette ville, j'ai déjà pris des informations. Nous sommes au cœur de la chouannerie. Voulez-vous y rester ? Elle répondit par un signe de tête affirmatif qui donna lieu à Corentin d'établir des conjectures, en partie vraies, sur les événements de la veille. — J'ai loué pour vous une maison nationale invendue [1]. Ils sont bien peu

---

1. Décrétés « biens nationaux », les biens du clergé (1789) et des émigrés (1792) furent achetés par des bourgeois et des paysans riches. Les titres des nouveaux propriétaires seront garantis par la Charte de 1814, et les victimes spoliées en partie dédommagées par l'impopulaire « milliard des émigrés » (1825).

avancés dans ce pays-ci. Personne n'a osé acheter cette baraque, parce qu'elle appartient à un émigré qui passe pour brutal. Elle est située auprès de l'église Saint-Léonard ; et *ma paole d'hôneur*[1], on y jouit d'une vue ravissante. On peut tirer parti de ce chenil, il est logeable, voulez-vous y venir ?

— À l'instant, s'écria-t-elle.

— Mais il me faut encore quelques heures pour y mettre de l'ordre et de la propreté, afin que vous y trouviez tout à votre goût.

— Qu'importe, dit-elle, j'habiterais un cloître, une prison sans peine. Néanmoins, faites en sorte que, ce soir, je puisse y reposer dans la plus profonde solitude. Allez, laissez-moi. Votre présence m'est insupportable. Je veux rester seule avec Francine, je m'entendrai mieux avec elle qu'avec moi-même peut-être... Adieu. Allez ! allez donc.

Ces paroles, prononcées avec volubilité, et tour à tour empreintes de coquetterie, de despotisme ou de passion, annoncèrent en elle une tranquillité parfaite. Le sommeil avait sans doute lentement classé les impressions de la journée précédente, et la réflexion lui avait conseillé la vengeance. Si quelques sombres expressions se peignaient encore parfois sur son visage, elles semblaient attester la faculté que possèdent certaines femmes d'ensevelir dans leur âme les sentiments les plus exaltés, et cette dissimulation qui leur permet de sourire avec grâce en calculant la perte de leur victime. Elle demeura seule occupée à chercher comment elle pourrait amener entre ses mains le marquis tout vivant. Pour la première fois, cette femme avait vécu selon ses désirs ; mais, de cette vie, il ne lui restait qu'un sentiment, celui de la vengeance, d'une vengeance infinie, complète. C'était sa seule pensée, son unique passion. Les paroles et les attentions de Francine trouvèrent Marie muette, elle sembla dormir les yeux ouverts ; et cette longue journée

---

1. Trait de langage de l'Incroyable ; *cf.* note 2 p. 145. La position de Corentin vis-à-vis de Marie n'est pas sans similitudes avec celle de Mme du Gua vis-à-vis de Montauran.

s'écoula sans qu'un geste ou une action indiquassent cette vie extérieure qui rend témoignage de nos pensées. Elle resta couchée sur une ottomane [1] qu'elle avait faite avec des chaises et des oreillers. Le soir, seulement, elle laissa tomber négligemment ces mots, en regardant Francine.

— Mon enfant, j'ai compris hier qu'on vécût pour aimer, et je comprends aujourd'hui qu'on puisse mourir pour se venger. Oui, pour l'aller chercher là où il sera, pour de nouveau le rencontrer, le séduire et l'avoir à moi, je donnerais ma vie ; mais si je n'ai pas, dans peu de jours, sous mes pieds, humble et soumis, cet homme qui m'a méprisée, si je n'en fais pas mon valet ; mais je serai au-dessous de tout, je ne serai plus une femme, je ne serai plus moi !...

La maison que Corentin avait proposée à mademoiselle de Verneuil lui offrit assez de ressources pour satisfaire le goût de luxe et d'élégance inné dans cette fille ; il rassembla tout ce qu'il savait devoir lui plaire avec l'empressement d'un amant pour sa maîtresse, ou mieux encore avec la servilité d'un homme puissant qui cherche à courtiser quelque subalterne dont il a besoin. Le lendemain il vint proposer à mademoiselle de Verneuil de se rendre à cet hôtel improvisé.

Bien qu'elle ne fît que passer de sa mauvaise ottomane sur un antique sopha que Corentin avait su lui trouver, la fantasque Parisienne prit possession de cette maison comme d'une chose qui lui aurait appartenu. Ce fut une insouciance royale pour tout ce qu'elle y vit, une sympathie soudaine pour les moindres meubles qu'elle s'appropria tout à coup comme s'ils lui eussent été connus depuis longtemps ; détails vulgaires, mais qui ne sont pas indifférents à la peinture de ces caractères exceptionnels. Il semblait qu'un rêve l'eût familiarisée par avance avec cette demeure où elle vécut de sa haine comme elle y aurait vécu de son amour.

---

1. Une ottomane (ainsi appelée parce qu'on peut s'y reposer à la manière des Turcs, des Orientaux) est un canapé dont le dossier s'arrondit aux extrémités en corbeille.

— Je n'ai pas du moins, se disait-elle, excité en lui cette insultante pitié qui tue, je ne lui dois pas la vie. Ô mon premier, mon seul et mon dernier amour, quel dénoûment ! Elle s'élança d'un bond sur Francine effrayée : — Aimes-tu ? Oh ? oui, tu aimes, je m'en souviens. Ah ! je suis bien heureuse d'avoir auprès de moi une femme qui me comprenne. Eh ! bien, ma pauvre Francette, l'homme ne te semble-t-il pas une effroyable créature ? Hein, il disait m'aimer, et il n'a pas résisté à la plus légère des épreuves. Mais si le monde entier l'avait repoussé, pour lui mon âme eût été un asile ; si l'univers l'avait accusé, je l'aurais défendu. Autrefois, je voyais le monde rempli d'êtres qui allaient et venaient, ils ne m'étaient qu'indifférents ; le monde était triste et non pas horrible ; mais maintenant, qu'est le monde sans lui ? Il va donc vivre sans que je sois près de lui, sans que je le voie, que je lui parle, que je le sente, que je le tienne, que je le serre... Ah ! je l'égorgerai plutôt moi-même dans son sommeil.

Francine épouvantée la contempla un moment en silence.

— Tuer celui qu'on aime ?... dit-elle d'une voix douce.

— Ah ! certes, quand il n'aime plus.

Mais après ces épouvantables paroles elle se cacha le visage dans ses mains, se rassit et garda le silence.

Le lendemain, un homme se présenta brusquement devant elle sans être annoncé. Il avait un visage sévère. C'était Hulot. Elle leva les yeux et frémit.

— Vous venez, dit-elle, me demander compte de vos amis ? Ils sont morts.

— Je le sais, répondit-il. Ce n'est pas au service de la République.

— Pour moi et par moi, reprit-elle. Vous allez me parler de la patrie ! La patrie rend-elle la vie à ceux qui meurent pour elle, les venge-t-elle seulement ? Moi, je les vengerai, s'écria-t-elle. Les lugubres images de la catastrophe dont elle avait été la victime s'étant tout à coup développées à son imagination, cet être gracieux, qui mettait la pudeur en premier dans les artifices de la femme, eut un mouvement de folie et marcha d'un pas saccadé vers le commandant stupéfait.

— Pour quelques soldats égorgés, j'amènerai sous la hache de vos échafauds une tête qui vaut des milliers de têtes, dit-elle. Les femmes font rarement la guerre, mais vous pourrez, quelque vieux que vous soyez[1], apprendre à mon école de bons stratagèmes. Je livrerai à vos baïonnettes une famille entière : ses aïeux et lui, son avenir, son passé. Autant j'ai été bonne et vraie pour lui, autant je serai perfide et fausse. Oui, commandant, je veux amener ce petit gentilhomme dans mon lit, et il en sortira pour marcher à la mort. C'est cela, je n'aurai jamais de rivale... Le misérable a prononcé lui-même son arrêt : *un jour sans lendemain*[2] ! Votre République et moi nous serons vengées. La République ! reprit-elle d'une voix dont les intonations bizarres effrayèrent Hulot, mais le rebelle mourra donc pour avoir porté les armes contre son pays ? La France me volerait donc ma vengeance ! Ah ! qu'une vie est peu de chose, une mort n'expie qu'un crime ! Mais si ce monsieur n'a qu'une tête à donner, j'aurai une nuit pour lui faire penser qu'il perd plus d'une vie. Sur toute chose, commandant, vous qui le tuerez (elle laissa échapper un soupir), faites en sorte que rien ne trahisse ma trahison, et qu'il meure convaincu de ma fidélité. Je ne vous demande que cela. Qu'il ne voie que moi, moi et mes caresses !

Là, elle se tut ; mais à travers la pourpre de son visage, Hulot et Corentin s'aperçurent que la colère et le délire n'étouffaient pas entièrement la pudeur. Marie frissonna violemment en disant les derniers mots ; elle les écouta de nouveau comme si elle eût douté de les avoir prononcés, et tressaillit naïvement en faisant les gestes involontaires d'une femme à laquelle un voile échappe.

— Mais vous l'avez eu entre les mains, dit Corentin.

— Probablement, répondit-elle avec amertume.

— Pourquoi m'avoir arrêté quand je le tenais, reprit Hulot.

— Eh ! commandant, nous ne savions pas que ce serait *lui*. Tout à coup, cette femme agitée, qui se promenait à pas précipités en jetant des regards dévorants aux

---

1. Sur l'âge probable de Hulot, *cf.* note 1 p. 74. — **2.** Retour de la formule essentielle de l'intrigue ; *cf.* note 2 p. 252.

deux spectateurs de cet orage, se calma. — Je ne me reconnais pas, dit-elle d'un ton d'homme. Pourquoi parler, il faut l'aller chercher !

— L'aller chercher, dit Hulot ; mais, ma chère enfant, prenez-y garde, nous ne sommes pas maîtres des campagnes, et, si vous vous hasardiez à sortir de la ville, vous seriez prise ou tuée à cent pas.

— Il n'y a jamais de dangers pour ceux qui veulent se venger, répondit-elle en faisant un geste de dédain pour bannir de sa présence ces deux hommes qu'elle avait honte de voir.

— Quelle femme ! s'écria Hulot en se retirant avec Corentin. Quelle idée ils ont eue à Paris, ces gens de police ! Mais elle ne nous le livrera jamais, ajouta-t-il en hochant la tête.

— Oh ! si ! répliqua Corentin.

— Ne voyez-vous pas qu'elle l'aime ? reprit Hulot.

— C'est précisément pour cela. D'ailleurs, dit Corentin en regardant le commandant étonné, je suis là pour l'empêcher de faire des sottises, car, selon moi, camarade, il n'y a pas d'amour qui vaille trois cent mille francs.

Quand ce diplomate de l'intérieur quitta le soldat, ce dernier le suivit des yeux ; et, lorsqu'il n'entendit plus le bruit de ses pas, il poussa un soupir en se disant à lui-même : — Il y a donc quelquefois du bonheur à n'être qu'une bête comme moi ! Tonnerre de Dieu, si je rencontre le Gars, nous nous battrons corps à corps, ou je ne me nomme pas Hulot, car si ce renard-là me l'amenait à juger, maintenant qu'ils ont créé des conseils de guerre [1], je croirais ma conscience aussi sale que la chemise d'un jeune troupier qui entend le feu pour la première fois.

Le massacre de la Vivetière et le désir de venger ses deux amis avaient autant contribué à faire reprendre à Hulot le commandement de sa demi-brigade, que la réponse par laquelle un nouveau ministre, Berthier [2], lui déclarait que sa démission n'était pas acceptable dans

---

1. Par la loi du 14 fructidor précédent, des conseils de guerre avaient été instaurés dans les départements de l'Ouest décrétés insurgés. — 2. Berthier prit le ministère de la Guerre en novembre 1799.

les circonstances présentes. À la dépêche ministérielle était jointe une lettre confidentielle où, sans l'instruire de la mission dont était chargée mademoiselle de Verneuil, il lui écrivait que cet incident, complètement en dehors de la guerre, n'en devait pas arrêter les opérations. La participation des chefs militaires devait, disait-il, se borner, dans cette affaire, à seconder *cette honorable citoyenne, s'il y avait lieu*. En apprenant par ses rapports que les mouvements des Chouans annonçaient une concentration de leurs forces vers Fougères, Hulot avait secrètement ramené, par une marche forcée, deux bataillons de sa demi-brigade sur cette place importante. Le danger de la patrie, la haine de l'aristocratie, dont les partisans menaçaient une étendue de pays considérable, l'amitié, tout avait contribué à rendre au vieux militaire le feu de sa jeunesse.

— Voilà donc cette vie que je désirais, s'écria mademoiselle de Verneuil quand elle se trouva seule avec Francine, quelque rapides que soient les heures, elles sont pour moi comme des siècles de pensées.

Elle prit tout à coup la main de Francine, et sa voix, comme celle du premier rouge-gorge qui chante après l'orage, laissa échapper lentement ces paroles :

— J'ai beau faire, mon enfant, je vois toujours ces deux lèvres délicieuses, ce menton court et légèrement relevé, ces yeux de feu, et j'entends encore le — hue ! — du postillon. Enfin, je rêve... et pourquoi donc tant de haine au réveil ?

Elle poussa un long soupir, se leva ; puis, pour la première fois, elle se mit à regarder le pays livré à la guerre civile par ce cruel gentilhomme qu'elle voulait attaquer, à elle seule. Séduite par la vue du paysage, elle sortit pour respirer plus à l'aise sous le ciel, et si elle suivit son chemin à l'aventure, elle fut certes conduite vers la *Promenade* de la ville par ce maléfice de notre âme qui nous fait chercher des espérances dans l'absurde. Les pensées conçues sous l'empire de ce charme se réalisent souvent ; mais on en attribue alors la prévision à cette puissance appelée le pressentiment ; pouvoir inexpliqué, mais réel, que les passions trouvent toujours complaisant comme un flatteur qui, à travers ses mensonges, dit parfois la vérité.

CHAPITRE III

UN JOUR SANS LENDEMAIN

Les derniers événements de cette histoire ayant dépendu de la disposition des lieux où ils se passèrent, il est indispensable d'en donner ici une minutieuse description, sans laquelle le dénouement serait d'une compréhension difficile.

La ville de Fougères est assise en partie sur un rocher de schiste que l'on dirait tombé en avant des montagnes qui ferment au couchant la grande vallée du Couësnon, et prennent différents noms suivant les localités. À cette exposition, la ville est séparée de ces montagnes par une gorge au fond de laquelle coule une petite rivière appelée le Nançon. La portion du rocher qui regarde l'est a pour point de vue le paysage dont on jouit au sommet de la Pèlerine, et celle qui regarde l'ouest a pour toute vue la tortueuse vallée du Nançon ; mais il existe un endroit d'où l'on peut embrasser à la fois un segment du cercle formé par la grande vallée, et les jolis détours de la petite qui vient s'y fondre. Ce lieu, choisi par les habitants pour leur promenade, et où allait se rendre mademoiselle de Verneuil, fut précisément le théâtre où devait se dénouer le drame commencé à la Vivetière. Ainsi, quelque pittoresques que soient les autres parties de Fougères, l'attention doit être exclusivement portée sur les accidents du pays que l'on découvre en haut de la Promenade.

Pour donner une idée de l'aspect que présente le rocher de Fougères vu de ce côté, on peut le comparer à l'une de ces immenses tours en dehors desquelles les architectes sarrasins [1] ont fait tourner d'étage en étage de larges balcons joints entre eux par des escaliers en spirale. En effet, cette roche est terminée par une église

---

1. « Sarrasin » était le nom médiéval donné aux musulmans. Le style sarrasin, en architecture, est synonyme de style gothique. La description ici proposée de Fougères est exacte, Balzac ayant inspecté *de visu* « les localités ». Le seul élément ajouté est la maison où loge Marie.

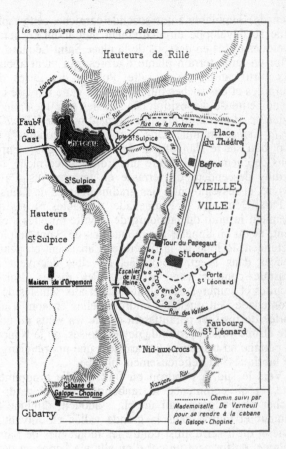

Les noms soulignés ont été inventés par Balzac

Hauteurs de Rillé

Nançon

Faub^g du Gast

Château

P^{te} St Sulpice

Rue de la Pinterie

Rue de l'Horloge

Place du Théâtre

Beffroi

St Sulpice

VIEILLE VILLE

Hauteurs de St Sulpice

Rue Nationale

Tour du Papegaut

St Léonard

Escalier de la Reine

Maison de d'Orgemont

Porte St Léonard

Promenade

Rue des Vallées

Faubourg St Léonard

"Nid-aux-Crocs"

Nançon Riv

Cabane de Galope-Chopine

Gibarry

∙∙∙∙∙∙∙∙∙∙∙∙∙ Chemin suivi par Mademoiselle De Verneuil pour se rendre à la cabane de Galope-Chopine.

Plan de Fougères.
Dans cette ville d'Ille-et-Vilaine se déroule
la dernière partie du roman.

gothique dont les petites flèches, le clocher, les arcs-
boutants en rendent presque parfaite la forme en pain
de sucre. Devant la porte de cette église, dédiée à saint
Léonard, se trouve une petite place irrégulière dont les
terres sont soutenues par un mur exhaussé en forme de
balustrade, et qui communique par une rampe à la Pro-

menade. Semblable à une seconde corniche, cette esplanade se développe circulairement autour du rocher, à
quelques toises en dessous de la place Saint-Léonard, et
offre un large terrain planté d'arbres, qui vient aboutir
aux fortifications de la ville. Puis, à dix toises des
murailles et des roches qui supportent cette terrasse due
à une heureuse disposition des schistes et à une patiente
industrie, il existe un chemin tournant nommé l'*Escalier
de la Reine*, pratiqué dans le roc, et qui conduit à un
pont bâti sur le Nançon par Anne de Bretagne[1]. Enfin,
sous ce chemin, qui figure une troisième corniche, des
jardins descendent de terrasse en terrasse jusqu'à la
rivière, et ressemblent à des gradins chargés de fleurs.

Parallèlement à la Promenade, de hautes roches qui
prennent le nom du faubourg de la ville où elles s'élèvent, et qu'on appelle les montagnes de Saint-Sulpice,
s'étendent le long de la rivière et s'abaissent en pentes
douces dans la grande vallée, où elles décrivent un
brusque contour vers le nord. Ces roches droites,
incultes et sombres, semblent toucher aux schistes de la
Promenade ; en quelques endroits, elles en sont à une
portée de fusil, et garantissent contre les vents du nord
une étroite vallée, profonde de cent toises, où le Nançon
se partage en trois bras qui arrosent une prairie chargée
de fabriques[2] et délicieusement plantée.

Vers le sud, à l'endroit où finit la ville proprement
dite, et où commence le faubourg Saint-Léonard, le
rocher de Fougères fait un pli, s'adoucit, diminue de
hauteur et tourne dans la grande vallée en suivant la
rivière, qu'il serre ainsi contre les montagnes de Saint-
Sulpice, en formant un col d'où elle s'échappe en deux
ruisseaux vers le Couësnon, où elle va se jeter. Ce joli
groupe de collines rocailleuses est appelé le *Nid-aux-
crocs*, la vallée qu'elles dessinent se nomme *le val de
Gibarry*, et ses grasses prairies fournissent une grande
partie du beurre connu des gourmets sous le nom de
beurre de la Prée-Valaye.

----

1. Anne, duchesse de Bretagne de 1488 à 1514, épousa Louis XII
en 1499, ce qui confirma l'union de la Bretagne à la France.
— 2. Fabrique a ici le sens, vieilli, de petit édifice ornant un parc.

B.N.F.

*« Puis, sur un mamelon de granit [...] surgissent les vieux créneaux
et les tours féodales du château de Fougères. »*

À l'endroit où la Promenade aboutit aux fortifications
s'élève une tour nommée *la tour du Papegaut*[1]. À partir
de cette construction carrée, sur laquelle était bâtie la
maison où logeait mademoiselle de Verneuil, règne tantôt une muraille, tantôt le roc quand il offre des tables
droites ; et la partie de la ville assise sur cette haute base
inexpugnable décrit une vaste demi-lune, au bout de
laquelle les roches s'inclinent et se creusent pour laisser
passage au Nançon. Là, est située la porte qui mène au
faubourg de Saint-Sulpice, dont le nom est commun à la
porte et au faubourg. Puis, sur un mamelon de granit qui
domine trois vallons dans lesquels se réunissent plusieurs routes, surgissent les vieux créneaux et les tours
féodales du château de Fougères, l'une des plus
immenses constructions faites par les ducs de Bretagne,
murailles hautes de quinze toises, épaisses de quinze
pieds ; fortifiée à l'est par un étang d'où sort le Nançon
qui coule dans ses fossés et fait tourner des moulins
entre la porte Saint-Sulpice et les ponts-levis de la forte-

1. Papegaut, ou papegai, nom ancien du perroquet.

resse ; défendue à l'ouest par la roideur des blocs de granit sur lesquels elle repose.

Ainsi, depuis la Promenade jusqu'à ce magnifique débris du moyen âge, enveloppé de ses manteaux de lierre, paré de ses tours carrées ou rondes, où peut se loger dans chacune un régiment entier, le château, la ville et son rocher, protégés par des murailles à pans droits, ou par des escarpements taillés à pic, forment un vaste fer à cheval garni de précipices sur lesquels, à l'aide du temps, les Bretons ont tracé quelques étroits sentiers. Çà et là, des blocs s'avancent comme des ornements. Ici, les eaux suintent par des cassures d'où sortent des arbres rachitiques. Plus loin, quelques tables de granit moins droites que les autres nourrissent de la verdure qui attire les chèvres. Puis partout des bruyères, venues entre plusieurs fentes humides, tapissent de leurs guirlandes roses de noires anfractuosités. Au fond de cet immense entonnoir, la petite rivière serpente dans une prairie toujours fraîche et mollement posée comme un tapis.

Au pied du château et entre plusieurs masses de granit, s'élève l'église dédiée à saint Sulpice, qui donne son nom à un faubourg situé par-delà le Nançon. Ce faubourg, comme jeté au fond d'un abîme, et son église dont le clocher pointu n'arrive pas à la hauteur des roches qui semblent près de tomber sur elle et sur les chaumières qui l'entourent, sont pittoresquement baignés par quelques affluents du Nançon, ombragés par des arbres et décorés par des jardins ; ils coupent irrégulièrement la demi-lune que décrivent la Promenade, la ville et le château, et produisent, par leurs détails, de naïves oppositions avec les graves spectacles de l'amphithéâtre, auquel ils font face. Enfin Fougères tout entier, ses faubourgs et ses églises, les montagnes même de Saint-Sulpice, sont encadrés par les hauteurs de Rillé, qui font partie de l'enceinte générale de la grande vallée du Couësnon.

Tels sont les traits les plus saillants de cette nature dont le principal caractère est une âpreté sauvage, adoucie par de riants motifs, par un heureux mélange des travaux les plus magnifiques de l'homme avec les caprices d'un sol tourmenté par des oppositions inattendues, par je ne sais quoi d'imprévu qui surprend, étonne et confond. Nulle part en France le voyageur ne rencontre de contrastes aussi grandioses que ceux offerts par le grand bassin du Couësnon et par les vallées perdues entre les rochers de Fougères et les hauteurs de Rillé. C'est de ces beautés inouïes où le hasard triomphe, et auxquelles ne manquent aucunes des harmonies de la nature. Là des eaux claires, limpides, courantes ; des montagnes vêtues par la puissante végétation de ces contrées ; des rochers sombres et des fabriques élégantes ; des fortifications élevées par la nature et des tours de granit bâties par les hommes ; puis, tous les artifices de la lumière et de l'ombre, toutes les oppositions entre les différents feuillages, tant prisées par les dessinateurs ; des groupes de maisons où foisonne une population active, et des places désertes, où le granit ne souffre pas même les mousses blanches qui s'accrochent aux pierres ; enfin toutes les idées qu'on demande à un paysage : de la grâce et de l'horreur, un poème plein de renaissantes magies, de tableaux sublimes, de délicieuses rusticités ! La Bretagne est là dans sa fleur.

La tour dite du Papegaut, sur laquelle[1] est bâtie la maison occupée par mademoiselle de Verneuil, a sa base au fond même du précipice, et s'élève jusqu'à l'esplanade pratiquée en corniche devant l'église de Saint-Léonard. De cette maison isolée sur trois côtés, on embrasse à la fois le grand fer à cheval qui commence à la tour même, la vallée tortueuse du Nançon, et la place Saint-Léonard. Elle fait partie d'une rangée de logis trois fois séculaires, et construits en bois, situés sur une ligne parallèle au flanc septentrional de l'église avec laquelle ils forment une impasse dont la sortie donne dans une rue en pente qui longe l'église et mène à la porte Saint-Léonard, vers laquelle descendait mademoiselle de Verneuil.

Marie négligea naturellement d'entrer sur la place de l'église au-dessous de laquelle elle était, et se dirigea vers la Promenade. Lorsqu'elle eut franchi la petite bar-

---

1. Le contexte suggère plutôt « contre laquelle » ou « à proximité de laquelle ». Insistons sur le fait que la maison de Marie se trouve dans un cul-de-sac, que Corentin pourra, au dénouement, faire cerner.

rière peinte en vert qui se trouvait devant le poste alors
établi dans la tour de la porte Saint-Léonard, la magnifi-
cence du spectacle rendit un instant ses passions
muettes. Elle admira la vaste portion de la grande vallée
du Couësnon que ses yeux embrassaient depuis le sommet de la Pèlerine jusqu'au plateau par où passe le chemin de Vitré ; puis ses yeux se reposèrent sur le Nid-
aux-crocs et sur les sinuosités du val de Gibarry, dont
les crêtes étaient baignées par les lueurs vaporeuses du
soleil couchant. Elle fut presque effrayée par la profondeur de la vallée du Nançon dont les plus hauts peupliers
atteignaient à peine aux murs des jardins situés au-dessous de l'Escalier de la Reine. Enfin, elle marcha de
surprise en surprise jusqu'au point d'où elle put apercevoir et la grande vallée, à travers le val de Gibarry, et le
délicieux paysage encadré par le fer à cheval de la ville,
par les rochers de Saint-Sulpice et par les hauteurs de
Rillé. À cette heure du jour, la fumée des maisons du
faubourg et des vallées formait dans les airs un nuage
qui ne laissait poindre les objets qu'à travers un dais
bleuâtre ; les teintes trop vives du jour commençaient à
s'abolir ; le firmament prenait un ton gris de perle ; la
lune jetait ses voiles de lumière sur ce bel abîme ; tout
enfin tendait à plonger l'âme dans la rêverie et l'aider à
évoquer les êtres chers. Tout à coup, ni les toits en bardeau du faubourg Saint-Sulpice, ni son église, dont la
flèche audacieuse se perd dans la profondeur de la vallée, ni les manteaux séculaires de lierre et de clématite
dont s'enveloppent les murailles de la vieille forteresse
à travers laquelle le Nançon bouillonne sous la roue des
moulins, enfin rien dans ce paysage ne l'intéressa plus.
En vain le soleil couchant jeta-t-il sa poussière d'or et
ses nappes rouges sur les gracieuses habitations semées
dans les rochers, au fond des eaux et sur les prés, elle
resta immobile devant les roches de Saint-Sulpice. L'espérance insensée qui l'avait amenée sur la Promenade
s'était miraculeusement réalisée. À travers les ajoncs et
les genêts qui croissent sur les sommets opposés, elle
crut reconnaître, malgré la peau de bique dont ils étaient
vêtus, plusieurs convives de la Vivetière, parmi lesquels
se distinguait le Gars, dont les moindres mouvements se

dessinèrent dans la lumière adoucie du soleil couchant. À quelques pas en arrière du groupe principal, elle vit sa redoutable ennemie, madame du Gua. Pendant un moment mademoiselle de Verneuil put penser qu'elle rêvait ; mais la haine de sa rivale lui prouva bientôt que tout vivait dans ce rêve. L'attention profonde qu'excitait en elle le plus petit geste du marquis l'empêcha de remarquer le soin avec lequel madame du Gua la mirait [1] avec un long fusil. Bientôt un coup de feu réveilla les échos des montagnes, et la balle qui siffla près de Marie lui révéla l'adresse de sa rivale. — Elle m'envoie sa carte ! se dit-elle en souriant. À l'instant de nombreux *qui vive* retentirent, de sentinelle en sentinelle, depuis le château jusqu'à la porte Saint-Léonard, et trahirent aux Chouans la prudence des Fougerais, puisque la partie la moins vulnérable de leurs remparts était si bien gardée. — C'est elle et c'est lui, se dit Marie.

Aller à la recherche du marquis, le suivre, le surprendre, fut une idée conçue avec la rapidité de l'éclair.

— Je suis sans arme, s'écria-t-elle. Elle songea qu'au moment de son départ à Paris, elle avait jeté, dans un de ses cartons, un élégant poignard, jadis porté par une sultane et dont elle voulut se munir en venant sur le théâtre de la guerre, comme ces plaisants qui s'approvisionnent d'albums pour les idées qu'ils auront en voyage ; mais elle fut alors moins séduite par la perspective d'avoir du sang à répandre, que par le plaisir de porter un joli *cangiar* [2] orné de pierreries, et de jouer avec cette lame pure comme un regard. Trois jours auparavant elle avait bien vivement regretté d'avoir laissé cette arme dans ses cartons, quand, pour se soustraire à l'odieux supplice que lui réservait sa rivale, elle avait souhaité de se tuer. En un instant elle retourna chez elle, trouva le poignard, le mit à sa ceinture, serra autour de ses épaules et de sa taille un grand châle, enveloppa ses cheveux d'une dentelle noire, se couvrit la tête d'un de ces chapeaux à larges bords que portaient les Chouans et qui appartenait à un domestique de sa maison, et avec cette présence

---

1. Mirer : viser avec une arme à feu. — 2. Un cangiar, ou kandjar, est un coutelas turc ou albanais à grand pommeau.

d'esprit que prêtent parfois les passions, elle prit le gant
du marquis donné par Marche-à-terre comme un passeport ; puis, après avoir répondu à Francine effrayée :
— Que veux-tu ? j'irais *le* chercher dans l'enfer ! elle
revint sur la Promenade.

Le Gars était encore à la même place, mais seul.
D'après la direction de sa longue-vue, il paraissait examiner, avec l'attention scrupuleuse d'un homme de
guerre, les différents passages du Nançon, l'Escalier de
la Reine, et le chemin qui, de la porte Saint-Sulpice,
tourne entre[1] cette église et va rejoindre les grandes
routes sous le feu du château. Mademoiselle de Verneuil
s'élança dans les petits sentiers tracés par les chèvres et
leurs pâtres sur le versant de la Promenade, gagna l'Escalier de la Reine, arriva au fond du précipice, passa le
Nançon, traversa le faubourg, devina, comme l'oiseau
dans le désert, sa route au milieu des dangereux escarpements des roches de Saint-Sulpice, atteignit bientôt une
route glissante tracée sur des blocs de granit, et, malgré
les genêts, les ajoncs piquants, les rocailles qui la héris-
saient, elle se mit à la gravir avec ce degré d'énergie
inconnu peut-être à l'homme, mais que la femme entraî-
née par la passion possède momentanément. La nuit surprit Marie à l'instant où, parvenue sur les sommets, elle
tâchait de reconnaître, à la faveur des pâles rayons de
la lune, le chemin qu'avait dû prendre le marquis ; une
recherche obstinée faite sans aucun succès, et le silence
qui régnait dans la campagne, lui apprirent la retraite des
Chouans et de leur chef. Cet effort de passion tomba
tout à coup avec l'espoir qui l'avait inspiré. En se trouvant seule, pendant la nuit, au milieu d'un pays inconnu,
en proie à la guerre, elle se mit à réfléchir, et les recommandations de Hulot, le coup de feu de madame du Gua,
la firent frissonner de peur. Le calme de la nuit, si profond sur les montagnes, lui permit d'entendre la moindre
feuille errante, même à de grandes distances, et ces
bruits légers vibraient dans les airs comme pour donner
une triste mesure de la solitude ou du silence. Le vent
agissait sur la haute région et emportait les nuages avec

------

1. C'est bien cette préposition qui figure dans le texte.

violence, en produisant des alternatives d'ombre et de lumière dont les effets augmentèrent sa terreur, en donnant des apparences fantastiques et terribles aux objets les plus inoffensifs. Elle tourna les yeux vers les maisons de Fougères dont les lueurs domestiques brillaient comme autant d'étoiles terrestres, et tout à coup elle vit distinctement la tour du Papegaut. Elle n'avait qu'une faible distance à parcourir pour retourner chez elle, mais cette distance était un précipice. Elle se souvenait assez des abîmes qui bordaient l'étroit sentier par où elle était venue, pour savoir qu'elle courait plus de risques en voulant revenir à Fougères qu'en poursuivant son entreprise. Elle pensa que le gant du marquis écarterait tous les périls de sa promenade nocturne, si les Chouans tenaient la campagne. Madame du Gua seule pouvait être redoutable. À cette idée, Marie pressa son poignard, et tâcha de se diriger vers une maison de campagne dont elle avait entrevu les toits en arrivant sur les rochers de Saint-Sulpice ; mais elle marcha lentement, car elle avait jusqu'alors ignoré la sombre majesté qui pèse sur un être solitaire pendant la nuit, au milieu d'un site sauvage où de toutes parts de hautes montagnes penchent leurs têtes comme des géants assemblés. Le frôlement de sa robe, arrêtée par des ajoncs, la fit tressaillir plus d'une fois, et plus d'une fois elle hâta le pas pour le ralentir encore en croyant sa dernière heure venue. Mais bientôt les circonstances prirent un caractère auquel les hommes les plus intrépides n'eussent peut-être pas résisté, et plongèrent mademoiselle de Verneuil dans une de ces terreurs qui pressent tellement les ressorts de la vie, qu'alors tout est extrême chez les individus, la force comme la faiblesse. Les êtres les plus faibles font alors des actes d'une force inouïe, et les plus forts deviennent fous de peur. Marie entendit à une faible distance des bruits étranges ; distincts et vagues tout à la fois, comme la nuit était tour à tour sombre et lumineuse, ils annonçaient de la confusion, du tumulte, et l'oreille se fatiguait à les percevoir ; ils sortaient du sein de la terre, qui semblait ébranlée sous les pieds d'une immense multitude d'hommes en marche. Un moment de clarté permit à mademoiselle de Verneuil d'apercevoir à quelques pas d'elle une longue file de hideuses figures qui s'agitaient comme les épis d'un champ et glissaient à la manière des fantômes ; mais elle les vit à peine, car aussitôt l'obscurité retomba comme un rideau noir, et lui déroba cet épouvantable tableau plein d'yeux jaunes et brillants. Elle se recula vivement et courut sur le haut d'un talus, pour échapper à trois de ces horribles figures qui venaient à elle.

— L'as-tu vu ? demanda l'un.

— J'ai senti un vent froid quand il a passé près de moi, répondit une voix rauque.

— Et moi j'ai respiré l'air humide et l'odeur des cimetières, dit le troisième.

— Est-il blanc ? reprit le premier.

— Pourquoi, dit le second, est-il *revenu*[1] seul de tous ceux qui sont morts à la Pèlerine ?

— Ah ! pourquoi, répondit le troisième. Pourquoi fait-on des préférences à ceux qui sont du *Sacré-Cœur*. Au surplus, j'aime mieux mourir sans confession, que d'errer comme lui, sans boire ni manger, sans avoir ni sang dans les veines, ni chair sur les os.

— Ah !...

Cette exclamation, ou plutôt ce cri terrible partit du groupe, quand un des trois Chouans montra du doigt les formes sveltes et le visage pâle de mademoiselle de Verneuil qui se sauvait avec une effrayante rapidité, sans qu'ils entendissent le moindre bruit.

— Le voilà. — Le voici. — Où est-il ? — Là. — Ici. — *Il est parti*. — Non. — Si. — Le vois-tu ?

Ces phrases retentirent comme le murmure monotone des vagues sur la grève.

Mademoiselle de Verneuil marcha courageusement dans la direction de la maison, et vit les figures indistinctes d'une multitude qui fuyait à son approche en donnant les signes d'une frayeur panique. Elle était comme emportée par une puissance inconnue dont l'influence la matait ; la légèreté de son corps, qui lui semblait inexpli-

---

1. « Revenu », comme reviennent les revenants. La superstition est l'un des traits stéréotypés des chouans — et l'une des ficelles du roman gothique, dont Balzac utilise ici maint procédé.

cable, devenait un nouveau sujet d'effroi pour elle-
même. Ces figures, qui se levaient par masses à son
approche et comme de dessous terre où elles lui paraissaient couchées, laissaient échapper des gémissements
qui n'avaient rien d'humain. Enfin elle arriva, non sans
peine, dans un jardin dévasté dont les haies et les barrières étaient brisées. Arrêtée par une sentinelle, elle lui
montra son gant. La lune ayant alors éclairé sa figure, la
carabine échappa des mains du Chouan qui déjà mettait
Marie en joue, mais qui, à son aspect, jeta le cri rauque
dont retentissait la campagne. Elle aperçut de grands
bâtiments où quelques lueurs indiquaient des pièces
habitées, et parvint auprès des murs sans rencontrer
d'obstacles. Par la première fenêtre vers laquelle elle se
dirigea, elle vit madame du Gua avec les chefs
convoqués à la Vivetière. Étourdie et par cet aspect et
par le sentiment de son danger, elle se rejeta violemment
sur une petite ouverture défendue par de gros barreaux
de fer, et distingua, dans une longue salle voûtée, le marquis seul et triste, à deux pas d'elle. Les reflets du feu,
devant lequel il occupait une chaise grossière, illumi-
naient son visage de teintes rougeâtres et vacillantes qui
imprimaient à cette scène le caractère d'une vision ;
immobile et tremblante, la pauvre fille se colla aux barreaux, et, par le silence profond qui régnait, elle espéra
l'entendre s'il parlait ; en le voyant abattu, découragé,
pâle, elle se flatta d'être une des causes de sa tristesse ;
puis sa colère se changea en commisération, sa commisération en tendresse, et elle sentit soudain qu'elle
n'avait pas été amenée jusque-là par la vengeance seulement. Le marquis se leva, tourna la tête, et resta stupéfait
en apercevant, comme dans un nuage, la figure de mademoiselle de Verneuil ; il laissa échapper un geste d'impatience et de dédain en s'écriant : — Je vois donc
partout cette diablesse, même quand je veille ! Ce profond mépris, conçu pour elle, arracha à la pauvre fille
un rire d'égarement qui fit tressaillir le jeune chef, et il
s'élança vers la croisée. Mademoiselle de Verneuil se
sauva. Elle entendit près d'elle les pas d'un homme
qu'elle crut être Montauran ; et, pour le fuir, elle ne
connut plus d'obstacles, elle eût traversé les murs et volé

dans les airs, elle aurait trouvé le chemin de l'enfer pour
éviter de relire en traits de flamme ces mots : *Il te mépri-
se !* écrits sur le front de cet homme, et qu'une voix
intérieure lui criait alors avec l'éclat d'une trompette.
Après avoir marché sans savoir par où elle passait, elle
s'arrêta en se sentant pénétrée par un air humide.
Effrayée par le bruit des pas de plusieurs personnes, et
poussée par la peur, elle descendit un escalier qui la
mena au fond d'une cave. Arrivée à la dernière marche,
elle prêta l'oreille pour tâcher de reconnaître la direction
que prenaient ceux qui la poursuivaient ; mais, malgré
des rumeurs extérieures assez vives, elle entendit les
lugubres gémissements d'une voix humaine qui ajoutè-
rent à son horreur. Un jet de lumière parti du haut de
l'escalier lui fit craindre que sa retraite ne fût connue de
ses persécuteurs ; et, pour leur échapper, elle trouva de
nouvelles forces. Il lui fut très difficile de s'expliquer,
quelques instants après et quand elle recueillit ses idées,
par quels moyens elle avait pu grimper sur le petit mur
où elle s'était cachée. Elle ne s'aperçut même pas
d'abord de la gêne que la position de son corps lui fit
éprouver ; mais cette gêne finit par devenir intolérable,
car elle ressemblait, sous l'arceau d'une voûte, à la
Vénus accroupie qu'un amateur aurait placée dans une
niche trop étroite. Ce mur assez large et construit en
granit formait une séparation entre le passage d'un escalier et un caveau d'où partaient les gémissements. Elle
vit bientôt un inconnu couvert de peaux de chèvre descendant au-dessous d'elle et tournant sous la voûte sans
faire le moindre mouvement qui annonçât une recherche
empressée. Impatiente de savoir s'il se présenterait
quelque chance de salut pour elle, mademoiselle de Verneuil attendit avec anxiété que la lumière portée par l'inconnu éclairât le caveau où elle apercevait à terre une
masse informe, mais animée, qui essayait d'atteindre à
une certaine partie de la muraille par des mouvements
violents et répétés, semblables aux brusques contorsions
d'une carpe mise hors de l'eau sur la rive.

Une petite torche de résine répandit bientôt sa lueur
bleuâtre et incertaine dans le caveau. Malgré la sombre
poésie que l'imagination de mademoiselle de Verneuil

répandait sur ces voûtes qui répercutaient les sons d'une prière douloureuse, elle fut obligée de reconnaître qu'elle se trouvait dans une cuisine souterraine, abandonnée depuis longtemps. Éclairée, la masse informe devint un petit homme très gros dont tous les membres avaient été attachés avec précaution, mais qui semblait avoir été laissé sur les dalles humides sans aucun soin par ceux qui s'en étaient emparés. À l'aspect de l'étranger tenant d'une main la torche, et de l'autre un fagot, le captif poussa un gémissement profond qui attaqua si vivement la sensibilité de mademoiselle de Verneuil qu'elle oublia sa propre terreur, son désespoir, la gêne horrible de tous ses membres pliés qui s'engourdissaient ; elle tâcha de rester immobile. Le Chouan jeta son fagot dans la cheminée après s'être assuré de la solidité d'une vieille crémaillère[1] qui pendait le long d'une haute plaque en fonte, et mit le feu au bois avec sa torche. Mademoiselle de Verneuil ne reconnut pas alors sans effroi ce rusé Pille-miche auquel sa rivale l'avait livrée, et dont la figure, illuminée par la flamme, ressemblait à celle de ces petits hommes de buis, grotesquement sculptés en Allemagne. La plainte échappée à son prisonnier produisit un rire immense sur ce visage sillonné de rides et brûlé par le soleil.

— Tu vois, dit-il au patient, que nous autres chrétiens nous ne manquons pas comme toi à notre parole. Ce feu-là va te dégourdir les jambes, la langue et les mains. Quien ! quien ! je ne vois point de lèchefrite[2] à te mettre sous les pieds, ils sont si dodus, que la graisse pourrait éteindre le feu. Ta maison est donc bien mal montée qu'on n'y trouve pas de quoi donner au maître toutes ses aises quand il se chauffe.

La victime jeta un cri aigu, comme si elle eût espéré se faire entendre par-delà les voûtes et attirer un libérateur.

— Oh ! vous pouvez chanter à gogo, monsieur d'Or-

---

1. La crémaillère est la pièce de métal munie de crans à laquelle on suspend le récipient au-dessus du foyer. — **2.** La lèchefrite est le plat de métal dans lequel on recueille le jus des pièces mises à la broche.

gemont ! ils sont tous couchés là-haut, et Marche-à-terre
me suit, il fermera la porte de la cave.

Tout en parlant, Pille-miche sondait, du bout de sa
carabine, le manteau de la cheminée, les dalles qui
pavaient la cuisine, les murs et les fourneaux, pour
essayer de découvrir la cachette où l'avare avait mis son
or. Cette recherche se faisait avec une telle habileté que
d'Orgemont demeura silencieux, comme s'il eût craint
d'avoir été trahi par quelque serviteur effrayé ; car, quoiqu'il ne se fût confié à personne, ses habitudes auraient
pu donner lieu à des inductions vraies. Pille-miche se
retournait parfois brusquement en regardant sa victime
comme dans ce jeu où les enfants essaient de deviner,
par l'expression naïve de celui qui a caché un objet
convenu, s'ils s'en approchent ou s'ils s'en éloignent.
D'Orgemont feignit quelque terreur en voyant le Chouan
frappant les fourneaux qui rendirent un son creux, et
parut vouloir amuser ainsi pendant quelque temps
l'avide crédulité de Pille-miche. En ce moment, trois
autres Chouans, qui se précipitèrent dans l'escalier,
entrèrent tout à coup dans la cuisine. À l'aspect de
Marche-à-terre, Pille-miche discontinua sa recherche,
après avoir jeté sur d'Orgemont un regard empreint de
toute la férocité que réveillait son avarice trompée.

— Marie Lambrequin est ressuscité, dit Marche-à-
terre en gardant une attitude qui annonçait que tout autre
intérêt pâlissait devant une si grave nouvelle.

— Ça ne m'étonne pas, répondit Pille-miche, il
communiait si souvent ! Le bon Dieu semblait n'être
qu'à lui.

— Ah ! ah ! reprit Mène-à-bien, ça lui a servi comme
des souliers à un mort. Voilà-t-il pas qu'il n'avait pas
reçu l'absolution avant cette affaire de la Pèlerine ; il a
margaudé la fille à Goguelu, et s'est trouvé sous le coup
d'un péché mortel [1]. Donc l'abbé Gudin dit comme ça
qu'il va rester deux mois comme un esprit avant de reve-

---

1. « Margauder » semble signifier ici (peut-être d'après « Margot »,
de Marguerite, femme de mœurs légères) « forniquer avec », le péché
de concupiscence pouvant être, selon les circonstances, « péché mortel ».

nir tout à fait ! Nous l'avons vu *tretous* passer devant nous, il est pâle, il est froid, il est léger, il sent le cimetière.

— Et Sa Révérence [1] a bien dit que si l'esprit pouvait s'emparer de quelqu'un, il s'en ferait un compagnon, reprit le quatrième Chouan.

La figure grotesque de ce dernier interlocuteur tira Marche-à-terre de la rêverie religieuse où l'avait plongé l'accomplissement d'un miracle que la ferveur pouvait, selon l'abbé Gudin, renouveler chez tout pieux défenseur de la Religion et du Roi.

— Tu vois, Galope-chopine, dit-il au néophyte avec une certaine gravité, à quoi nous mènent les plus légères omissions des devoirs commandés par notre sainte religion. C'est un avis que nous donne sainte Anne d'Auray, d'être inexorables entre nous pour les moindres fautes. Ton cousin Pille-miche a demandé pour toi la *surveillance* de Fougères, le Gars consent à te la confier, et tu seras bien payé ; mais tu sais de quelle farine nous pétrissons la galette des traîtres ?

— Oui, monsieur Marche-à-terre.

— Tu sais pourquoi je te dis cela. Quelques-uns prétendent que tu aimes le cidre et les gros sous ; mais il ne s'agit pas ici de tondre sur les œufs [2], il faut n'être qu'à nous.

— Révérence parler, monsieur Marche-à-terre, le cidre et les sous sont deux bonnes *chouses* qui n'empêchent point le salut.

— Si le cousin fait quelque sottise, dit Pille-miche, ce sera par ignorance.

— De quelque manière qu'un malheur vienne, s'écria Marche-à-terre d'un son de voix qui fit trembler la voûte, je ne le manquerai pas. — Tu m'en réponds, ajouta-t-il en se tournant vers Pille-miche, car s'il tombe en faute, je m'en prendrai à ce qui double ta peau de bique.

— Mais, sous votre respect [3], monsieur Marche-à-

---

1. Titre d'honneur pour l'abbé Gudin. — 2. Tondre, c'est exploiter, dépouiller ; tondre sur les œufs est un signe d'avarice sordide. — 3. Pour « sauf votre respect ».

terre, reprit Galope-chopine, est-ce qu'il ne vous est pas
souvent arrivé de croire que les *contre-chuins* étaient des
chuins.

— Mon ami, répliqua Marche-à-terre d'un ton sec,
que ça ne t'arrive plus, ou je te couperais en deux
comme un navet. Quant aux envoyés du Gars, ils auront
son gant. Mais, depuis cette affaire de la Vivetière, la
Grande Garce y boute un ruban vert.

Pille-miche poussa vivement le coude de son camarade en lui montrant d'Orgemont qui feignait de dormir ;
mais Marche-à-terre et Pille-miche savaient par expérience que personne n'avait encore sommeillé au coin
de leur feu ; et, quoique les dernières paroles dites à
Galope-chopine eussent été prononcées à voix basse,
comme elles pouvaient avoir été comprises par le
patient, les quatre Chouans le regardèrent tous pendant
un moment et pensèrent sans doute que la peur lui avait
ôté l'usage de ses sens. Tout à coup, sur un léger signe
de Marche-à-terre, Pille-miche ôta les souliers et les bas
de d'Orgemont, Mène-à-bien et Galope-chopine le saisirent à bras-le-corps, le portèrent au feu ; puis Marche-à-
terre prit un des liens du fagot, et attacha les pieds de
l'avare à la crémaillère. L'ensemble de ces mouvements
et leur incroyable célérité firent pousser à la victime des
cris qui devinrent déchirants quand Pille-miche eut ras-
semblé des charbons sous les jambes.

— Mes amis, mes bons amis, s'écria d'Orgemont,
vous allez me faire mal, je suis chrétien comme vous.

— Tu mens par ta gorge, lui répondit Marche-à-terre.
Ton frère a renié Dieu [1]. Quant à toi, tu as acheté l'ab-

---

1. En tant que prêtre assermenté, rallié à la Constitution civile du
clergé. Votée par le nouveau gouvernement en juillet 1790, à la suite
de la suppression du clergé régulier, cette Constitution civile faisait du
clergé séculier un corps de fonctionnaires contrôlés et rétribués par
l'État. Comme les ecclésiastiques résistaient, l'Assemblée leur imposa
en novembre 1790 un « serment de fidélité à la nation » qui entraînait
l'acceptation de cette Constitution ; la moitié d'entre eux refusèrent, et
beaucoup de catholiques, notamment dans l'Ouest, devinrent de
farouches opposants au régime. L'Église de France se trouva ainsi
coupée entre « assermentés » et « réfractaires ». Le schisme,
consommé par la condamnation de la Constitution civile par Pie VI en
mars 1791, ne sera aboli que grâce au Concordat de 1801.

baye de Juvigny[1]. L'abbé Gudin dit que l'on peut, sans scrupule, rôtir les apostats.

— Mais, mes frères en Dieu, je ne refuse pas de vous payer.

— Nous t'avions donné quinze jours, deux mois se sont passés, et voilà Galope-chopine qui n'a rien reçu.

— Tu n'as donc rien reçu, Galope-chopine ? demanda l'avare avec désespoir.

— Rin ! monsieur d'Orgemont, répondit Galope-chopine effrayé.

Les cris, qui s'étaient convertis en un grognement, continu comme le râle d'un mourant, recommencèrent avec une violence inouïe. Aussi habitués à ce spectacle qu'à voir marcher leurs chiens sans sabots, les quatre Chouans contemplaient si froidement d'Orgemont qui se tortillait et hurlait, qu'ils ressemblaient à des voyageurs attendant devant la cheminée d'une auberge si le rôt est assez cuit pour être mangé.

— Je meurs ! je meurs ! cria la victime... et vous n'aurez pas mon argent.

Malgré la violence de ces cris, Pille-miche s'aperçut que le feu ne mordait pas encore la peau ; l'on attisa donc très artistement les charbons de manière à faire légèrement flamber le feu, d'Orgemont dit alors d'une voix abattue : — Mes amis, déliez-moi. Que voulez-vous ? cent écus, mille écus, dix mille écus, cent mille écus, je vous offre deux cents écus...

Cette voix était si lamentable que mademoiselle de Verneuil oublia son propre danger, et laissa échapper une exclamation.

— Qui a parlé ? demanda Marche-à-terre.

Les Chouans jetèrent autour d'eux des regards effarés. Ces hommes, si braves sous la bouche meurtrière des canons, ne tenaient pas devant un *esprit*. Pille-miche seul écoutait sans distraction la confession que des douleurs croissantes arrachaient à sa victime.

— Cinq cents écus, oui, je les donne, disait l'avare.

1. Décrétée bien national (*cf.* note 1 p. 265). Les acquéreurs de biens nationaux, surtout de biens d'origine ecclésiastique, étaient mal vus des populations traditionalistes.

— Bah ! Où sont-ils ? lui répondit tranquillement Pille-miche.

— Hein, ils sont sous le premier pommier. Sainte Vierge ! au fond du jardin, à gauche... Vous êtes des brigands... des voleurs... Ah ! je meurs... il y a là dix mille francs.

— Je ne veux pas des francs, reprit Marche-à-terre, il nous faut des livres. Les écus de ta République ont des figures païennes qui n'auront jamais cours.

— Ils sont en livres, en bons louis d'or. Mais déliez-moi, déliez-moi... vous savez où est ma vie... mon trésor[1].

Les quatre Chouans se regardèrent en cherchant celui d'entre eux auquel ils pouvaient se fier pour l'envoyer déterrer la somme. En ce moment, cette cruauté de cannibales fit tellement horreur à mademoiselle de Verneuil, que, sans savoir si le rôle que lui assignait sa figure pâle la préserverait encore de tout danger, elle s'écria courageusement d'un son de voix grave :

— Ne craignez-vous pas la colère de Dieu ? Détachez-le, barbares !

Les Chouans levèrent la tête, ils aperçurent dans les airs des yeux qui brillaient comme deux étoiles, et s'enfuirent épouvantés. Mademoiselle de Verneuil sauta dans la cuisine, courut à d'Orgemont, le tira si violemment du feu, que les liens du fagot cédèrent ; puis, du tranchant de son poignard, elle coupa les cordes avec lesquelles il avait été garrotté. Quand l'avare fut libre et debout, la première expression de son visage fut un rire douloureux, mais sardonique.

— Allez, allez au pommier, brigands ! dit-il. Oh ! oh ! voilà deux fois que je les leurre ; aussi ne me reprendront-ils pas une troisième !

En ce moment, une voix de femme retentit au-dehors.

— *Un esprit ! un esprit !* criait madame du Gua,

---

1. On croirait entendre Harpagon pleurant sa cassette. D'Orgemont est plus proche du personnage de Molière que ne le seront les grands avares balzaciens, Grandet ou Gobseck. Sa cupidité le rapproche encore du Squire de Milnwood dans *Les Puritains d'Écosse* de Scott (1816), et sa situation, de l'usurier juif Isaac d'York, pris entre les partis dans *Ivanhoé*.

imbéciles, c'est *elle*. Mille écus à qui m'apportera la tête de cette catin !

Mademoiselle de Verneuil pâlit ; mais l'avare sourit, lui prit la main, l'attira sous le manteau de la cheminée, l'empêcha de laisser les traces de son passage en la conduisant de manière à ne pas déranger le feu qui n'occupait qu'un très petit espace ; il fit partir un ressort, la plaque de fonte s'enleva ; et quand leurs ennemis communs rentrèrent dans le caveau, la lourde porte de la cachette était déjà retombée sans bruit. La Parisienne comprit alors le but des mouvements de carpe qu'elle avait vu faire au malheureux banquier.

— Voyez-vous, madame, s'écria Marche-à-terre, l'esprit a pris le Bleu pour compagnon.

L'effroi dut être grand, car ces paroles furent suivies d'un si profond silence, que d'Orgemont et sa compagne entendirent les Chouans prononçant à voix basse : — *Ave Sancta Anna* Auriaca[1] *gratiâ plena, Dominus tecum*, etc.

— Ils prient, les imbéciles, s'écria d'Orgemont.

— N'avez-vous pas peur, dit mademoiselle de Verneuil en interrompant son compagnon, de faire découvrir notre...

Un rire du vieil avare dissipa les craintes de la jeune Parisienne.

— La plaque est dans une table de granit qui a dix pouces[2] de profondeur. Nous les entendons, et ils ne nous entendent pas.

Puis il prit doucement la main de sa libératrice, la plaça vers une fissure par où sortaient des bouffées de vent frais, et elle devina que cette ouverture avait été pratiquée dans le tuyau de la cheminée.

— Ah ! ah ! reprit d'Orgemont. Diable ! les jambes me cuisent un peu ! Cette *Jument de Charrette*[3], comme on l'appelle à Nantes, n'est pas assez sotte pour contre-

---

1. *Auriaca*, soit d'Auray, petite ville du Morbihan. Sainte Anne, et en particulier sainte Anne d'Auray, faisait l'objet d'une vénération égale à celle de la Vierge chez ces chouans. — 2. Le pouce, douzième partie du pied, valait en gros 2,7 cm. — 3. Il s'agit de Mme du Gua, maîtresse de Charette. L'orthographe « Charrette » favorise le jeu de mots.

dire ses fidèles : elle sait bien que, s'ils n'étaient pas si brutes, ils ne se battraient pas contre leurs intérêts. La voilà qui prie aussi. Elle doit être bonne à voir en disant son *ave* à sainte Anne d'Auray. Elle ferait mieux de détrousser quelque diligence pour me rembourser les quatre mille francs qu'elle me doit. Avec les intérêts, les frais, ça va bien à quatre mille sept cent quatre-vingts francs et des centimes...

La prière finie, les Chouans se levèrent et partirent. Le vieux d'Orgemont serra la main de mademoiselle de Verneuil, comme pour la prévenir que néanmoins le danger existait toujours.

— Non, madame, s'écria Pille-miche après quelques minutes de silence, vous resteriez là dix ans, ils ne reviendront pas.

— Mais elle n'est pas sortie, elle doit être ici, dit obstinément la *Jument de Charrette*.

— Non, madame, non, ils se sont envolés à travers les murs. Le diable n'a-t-il pas déjà emporté là, devant nous, un assermenté ?

— Comment ! toi, Pille-miche, avare comme lui, ne devines-tu pas que le vieux cancre [1] aura bien pu dépenser quelques milliers de livres pour construire dans les fondations de cette voûte un réduit dont l'entrée est cachée par un secret ?

L'avare et la jeune fille entendirent un gros rire échappé à Pille-miche.

— Ben vrai, dit-il.

— Reste ici, reprit madame du Gua. Attends-les à la sortie. Pour un seul coup de fusil je te donnerai tout ce que tu trouveras dans le trésor de notre usurier. Si tu veux que je te pardonne d'avoir vendu cette fille quand je t'avais dit de la tuer, obéis-moi.

— Usurier ! dit le vieux d'Orgemont, je ne lui ai pourtant prêté qu'à neuf pour cent. Il est vrai que j'ai une caution hypothécaire ! Mais enfin, voyez comme elle est reconnaissante ! Allez, madame, si Dieu nous punit du mal, le diable est là pour nous punir du bien, et l'homme

---

1. « Cancre », littéralement sorte de crabe, pouvait signifier à l'époque homme cupide, rapace.

placé entre ces deux termes-là, sans rien savoir de l'avenir, m'a toujours fait l'effet d'une règle de trois dont l'x est introuvable [1].

Il laissa échapper un soupir creux qui lui était particulier, car, en passant par son larynx, l'air semblait y rencontrer et attaquer deux vieilles cordes détendues. Le bruit que firent Pille-miche et madame du Gua en sondant de nouveau les murs, les voûtes et les dalles, parut rassurer d'Orgemont, qui saisit la main de sa libératrice pour l'aider à monter une étroite vis saint-gilles [2], pratiquée dans l'épaisseur d'un mur en granit. Après avoir gravi une vingtaine de marches, la lueur d'une lampe éclaira faiblement leurs têtes. L'avare s'arrêta, se tourna vers sa compagne, en examina le visage comme s'il eût regardé, manié et remanié une lettre de change douteuse à escompter, et poussa son terrible soupir.

— En vous mettant ici, dit-il après un moment de silence, je vous ai remboursé intégralement le service que vous m'avez rendu ; donc, je ne vois pas pourquoi je vous donnerais...

— Monsieur, laissez-moi là, je ne vous demande rien, dit-elle.

Ces derniers mots, et peut-être le dédain qu'exprima cette belle figure, rassurèrent le petit vieillard, car il répondit, non sans un soupir : — Ah ! en vous conduisant ici, j'en ai trop fait pour ne pas continuer...

Il aida poliment Marie à monter quelques marches assez singulièrement disposées, et l'introduisit moitié de bonne grâce, moitié rechignant, dans un petit cabinet de quatre pieds carrés [3], éclairé par une lampe suspendue à la voûte. Il était facile de voir que l'avare avait pris toutes ses précautions pour passer plus d'un jour dans

---

1. Image mathématiquement curieuse chez ce grand calculateur qu'est pourtant d'Orgemont. — **2.** La vis (de) saint Gilles est un escalier en spirale qui monte en rampe, et que couronne une voûte annulaire. — **3.** Le pied, contenant douze pouces, valait 0,32 m. Le calcul décimal, que d'Orgemont mentionne un peu plus bas, devint nécessaire avec l'adoption du système métrique, institué en France par la loi du 18 germinal an III, soit du 7 avril 1795.

cette retraite, si les événements de la guerre civile l'eussent contraint à y rester longtemps.

— N'approchez pas du mur, vous pourriez vous blanchir, dit tout à coup d'Orgemont.

Et il mit avec assez de précipitation sa main entre le châle de la jeune fille et la muraille, qui semblait fraîchement recrépie. Le geste du vieil avare produisit un effet tout contraire à celui qu'il en attendait. Mademoiselle de Verneuil regarda soudain devant elle, et vit dans un angle une sorte de construction dont la forme lui arracha un cri de terreur, car elle devina qu'une créature humaine avait été enduite de mortier et placée là debout ; d'Orgemont lui fit un signe effrayant pour l'engager à se taire, et ses petits yeux d'un bleu de faïence annoncèrent autant d'effroi que ceux de sa compagne.

— Sotte, croyez-vous que je l'aie assassiné ?... C'est mon frère, dit-il en variant son soupir d'une manière lugubre. C'est le premier recteur qui se soit assermenté. Voilà le seul asile où il ait été en sûreté contre la fureur des Chouans et des autres prêtres. Poursuivre un digne homme qui avait tant d'ordre ! C'était mon aîné, lui seul a eu la patience de m'apprendre le calcul décimal. Oh ! c'était un bon prêtre ! Il avait de l'économie et savait amasser. Il y a quatre ans qu'il est mort, je ne sais pas de quelle maladie ; mais voyez-vous, ces prêtres, ça a l'habitude de s'agenouiller de temps en temps pour prier, et il n'a peut-être pas pu s'accoutumer à rester ici debout comme moi... Je l'ai mis là, autre part *ils* l'auraient déterré. Un jour je pourrai l'ensevelir en terre sainte, comme disait ce pauvre homme, qui ne s'est *assermenté* que par peur.

Une larme roula dans les yeux secs du petit vieillard, dont alors la perruque rousse parut moins laide à la jeune fille, qui détourna les yeux par un secret respect pour cette douleur ; mais, malgré cet attendrissement, d'Orgemont lui dit encore : — N'approchez pas du mur, vous...

Et ses yeux ne quittèrent pas ceux de mademoiselle de Verneuil, en espérant ainsi l'empêcher d'examiner plus attentivement les parois de ce cabinet, où l'air trop raréfié ne suffisait pas au jeu des poumons. Cependant Marie réussit à dérober un coup d'œil à son argus [1], et, d'après les bizarres proéminences des murs, elle supposa que l'avare les avait bâtis lui-même avec des sacs d'argent ou d'or. Depuis un moment, d'Orgemont était plongé dans un ravissement grotesque. La douleur que la cuisson lui faisait souffrir aux jambes, et sa terreur en voyant un être humain au milieu de ses trésors, se lisaient dans chacune de ses rides ; mais en même temps ses yeux arides exprimaient, par un feu inaccoutumé, la généreuse émotion qu'excitait en lui le périlleux voisinage de sa libératrice, dont la joue rose et blanche attirait le baiser, dont le regard noir et velouté lui amenait au cœur des vagues de sang si chaudes, qu'il ne savait plus si c'était signe de vie ou de mort.

— Êtes-vous mariée ? lui demanda-t-il d'une voix tremblante.

— Non, dit-elle en souriant.

— J'ai quelque chose, reprit-il en poussant son soupir, quoique je ne sois pas aussi riche qu'ils le disent tous. Une jeune fille comme vous doit aimer les diamants, les bijoux, les équipages, l'or, ajouta-t-il en regardant d'un air effaré autour de lui. J'ai tout cela à donner, après ma mort. Hé ! si vous vouliez...

L'œil du vieillard décelait tant de calcul, même dans cet amour éphémère, qu'en agitant sa tête par un mouvement négatif, mademoiselle de Verneuil ne put s'empêcher de penser que l'avare ne songeait à l'épouser que pour enterrer son secret dans le cœur d'un autre luimême.

— L'argent, dit-elle en jetant à d'Orgemont un regard plein d'ironie qui le rendit à la fois heureux et fâché, l'argent n'est rien pour moi. Vous seriez trois fois plus riche que vous ne l'êtes, si tout l'or que j'ai refusé était là.

— N'approchez pas du m...

— Et l'on ne me demandait cependant qu'un regard, ajouta-t-elle avec une incroyable fierté.

---

1. Argus était un prince argien qui avait cent yeux ; Héra le chargea de garder la vache Io, et, après sa mort, sema ses yeux sur la queue du paon. Un argus est un surveillant vigilant et difficile à tromper.

— Vous avez eu tort, c'était une excellente spéculation. Mais songez donc...

— Songez, reprit mademoiselle de Verneuil, que je
viens d'entendre retentir là une voix dont un seul accent
a pour moi plus de prix que toutes vos richesses.

— Vous ne les connaissez pas...

Avant que l'avare n'eût pu l'en empêcher, Marie fit
mouvoir, en la touchant du doigt, une petite gravure
enluminée qui représentait Louis XV à cheval, et vit tout
à coup au-dessous d'elle le marquis occupé à charger un
tromblon. L'ouverture cachée par le petit panneau sur
lequel l'estampe était collée semblait répondre à quelque
ornement dans le plafond de la chambre voisine, où sans
doute couchait le général royaliste. D'Orgemont
repoussa avec la plus grande précaution la vieille
estampe, et regarda la jeune fille d'un air sévère.

— Ne dites pas un mot, si vous aimez la vie. Vous
n'avez pas jeté, lui dit-il à l'oreille après une pause,
votre grappin sur un petit bâtiment. Savez-vous que le
marquis de Montauran possède pour cent mille livres
de revenus en terres affermées qui n'ont pas encore été
vendues. Or, un décret des Consuls, que j'ai lu dans le
Primidi de l'Ille-et-Vilaine, vient d'arrêter les séquestres[1]. Ah ! ah ! vous trouvez ce gars-là maintenant plus
joli homme, n'est-ce pas ? Vos yeux brillent comme
deux louis d'or tout neufs.

Les regards de mademoiselle de Verneuil s'étaient
fortement animés en entendant résonner de nouveau une
voix bien connue. Depuis qu'elle était là, debout, comme
enfouie dans une mine d'argent, le ressort de son âme
courbée sous ces événements s'était redressé. Elle semblait avoir pris une résolution sinistre et entrevoir les
moyens de la mettre à exécution.

— On ne revient pas d'un tel mépris, se dit-elle, et
s'il ne doit plus m'aimer, je veux le tuer, aucune femme
ne l'aura.

---

1. Le primidi est le premier jour de la décade, période de dix jours
qui remplace la semaine dans le calendrier révolutionnaire ; le journal
ici mentionné est fictif. Les consuls avaient alors, sinon arrêté les
séquestres, du moins envisagé de le faire.

— Non, l'abbé, non, s'écriait le jeune chef dont la voix se fit entendre, il faut que cela soit ainsi.

— Monsieur le marquis, reprit l'abbé Gudin avec hauteur, vous scandaliserez toute la Bretagne en donnant ce bal à Saint-James. C'est des prédicateurs, et non des danseurs qui remueront nos villages. Ayez des fusils et non des violons.

— L'abbé, vous avez assez d'esprit pour savoir que ce n'est que dans une assemblée générale de tous nos partisans que je verrai ce que je puis entreprendre avec eux. Un dîner me semble plus favorable pour examiner leurs physionomies et connaître leurs intentions que tous les espionnages possibles, dont, au surplus, j'ai horreur ; nous les ferons causer le verre en main.

Marie tressaillait en entendant ces paroles, car elle conçut le projet d'aller à ce bal, et de s'y venger.

— Me prenez-vous pour un idiot avec votre sermon sur la danse, reprit Montauran. Ne figureriez-vous pas de bon cœur dans une chaconne[1] pour vous retrouver rétablis sous votre nouveau nom de Pères de la Foi[2] !... Ignorez-vous que les Bretons sortent de la messe pour aller danser ! Ignorez-vous aussi que messieurs Hyde de Neuville et d'Andigné ont eu il y a cinq jours une conférence avec le premier Consul sur la question de rétablir Sa Majesté Louis XVIII[3] ? Si je m'apprête en ce moment pour aller risquer un coup de main si téméraire, c'est uniquement pour ajouter à ces négociations le poids de nos souliers ferrés. Ignorez-vous que tous les chefs de la Vendée et même Fontaine parlent de se soumettre ? Ah ! monsieur, l'on a évidemment trompé les princes sur l'état de la France. Les dévouements dont on les entretient sont des dévouements de position. L'abbé, si j'ai mis le pied dans le sang, je ne veux m'y mettre jusqu'à la ceinture qu'à bon escient. Je me suis dévoué

---

1. La chaconne était une danse espagnole très animée, qui devint en France une danse de cour assez grave aux XVIIᵉ et XVIIIᵉ siècles. — 2. « Pères de la Foi » était le nom sous lequel s'étaient regroupés les jésuites après la dissolution de leur ordre vingt-cinq ans auparavant. — 3. Hyde de Neuville, agent de l'émigration et des Princes et futur homme d'État de la Restauration, et d'Andigné, général vendéen, rencontrèrent en effet Bonaparte à la fin décembre 1799.

au Roi et non pas à quatre cerveaux brûlés, à des
hommes perdus de dettes comme Rifoël, à des chauffeurs, à...

— Dites tout de suite, monsieur, à des abbés qui per-
çoivent des contributions sur le grand chemin pour soutenir la guerre, reprit l'abbé Gudin.

— Pourquoi ne le dirais-je pas ? répondit aigrement
le marquis. Je dirai plus, les temps héroïques de la Vendée sont passés...

— Monsieur le marquis, nous saurons faire des
miracles sans vous.

— Oui, comme celui de Marie Lambrequin, répondit
en riant le marquis. Allons, sans rancune, l'abbé ! Je sais
que vous payez de votre personne, et tirez un Bleu aussi
bien que vous dites un *oremus*. Dieu aidant, j'espère
vous faire assister, une mitre en tête, au sacre du Roi.

Cette dernière phrase eut sans doute un pouvoir
magique sur l'abbé, car on entendit sonner une carabine,
et il s'écria : — J'ai cinquante cartouches dans mes
poches, monsieur le marquis, et ma vie est au Roi.

— Voilà encore un de mes débiteurs, dit l'avare à
mademoiselle de Verneuil. Je ne parle pas de cinq à six
cents malheureux écus qu'il m'a empruntés, mais d'une
dette de sang qui, j'espère, s'acquittera. Il ne lui arrivera
jamais autant de mal que je lui en souhaite, à ce sacré
jésuite ; il avait juré la mort de mon frère, et soulevait
le pays contre lui. Pourquoi ? Parce que le pauvre
homme avait eu peur des nouvelles lois. Après avoir
appliqué son oreille à un certain endroit de sa cachette :
— Les voilà qui décampent, tous ces brigands-là, dit-
il. Ils vont faire encore quelque miracle ! Pourvu qu'ils
n'essaient pas de me dire adieu comme la dernière fois,
en mettant le feu à la maison.

Après environ une demi-heure, pendant laquelle
mademoiselle de Verneuil et d'Orgemont se regardèrent
comme si chacun d'eux eût regardé un tableau, la voix
rude et grossière de Galope-chopine cria doucement :
— Il n'y a plus de danger, monsieur d'Orgemont. Mais
cette fois-ci, j'ai ben gagné mes trente écus.

— Mon enfant, dit l'avare, jurez-moi de fermer les
yeux.

Mademoiselle de Verneuil plaça une de ses mains sur ses paupières ; mais, pour plus de secret, le vieillard souffla la lampe, prit sa libératrice par la main, l'aida à faire sept ou huit pas dans un passage difficile ; au bout de quelques minutes, il lui dérangea doucement la main, elle se vit dans la chambre que le marquis de Montauran venait de quitter et qui était celle de l'avare.

— Ma chère enfant, lui dit le vieillard, vous pouvez partir. Ne regardez pas ainsi autour de vous. Vous n'avez sans doute pas d'argent ? Tenez, voici dix écus ; il y en a de rognés, mais ils passeront. En sortant du jardin, vous trouverez un sentier qui conduit à la ville, ou, comme on dit maintenant, au District. Mais les Chouans sont à Fougères, il n'est pas présumable[1] que vous puissiez y rentrer de sitôt ; ainsi, vous pourrez avoir besoin d'un sûr asile. Retenez bien ce que je vais vous dire, et n'en profitez que dans un extrême danger. Vous verrez sur le chemin qui mène au Nid-aux-crocs par le val de Gibarry une ferme où demeure le Grand-Cibot, dit Galope-chopine, entrez-y en disant à sa femme : — *Bonjour, Bécanière !* et Barbette vous cachera. Si Galope-chopine vous découvrait, ou il vous prendra pour l'esprit, s'il fait nuit ; ou dix écus l'attendriront, s'il fait jour. Adieu ! nos comptes sont soldés. Si vous vouliez, dit-il en montrant par un geste les champs qui entouraient sa maison, tout cela serait à vous !

Mademoiselle de Verneuil jeta un regard de remerciement à cet être singulier, et réussit à lui arracher un soupir dont les tons furent très variés.

— Vous me rendrez sans doute mes dix écus, remarquez bien que je ne parle pas d'intérêts, vous les remettrez à mon crédit chez maître Patrat, le notaire de Fougères qui, si vous le vouliez, ferait notre contrat, beau trésor. Adieu.

— Adieu, dit-elle en souriant et le saluant de la main.

— S'il vous faut de l'argent, lui cria-t-il, je vous en prêterai à cinq ! Oui, à cinq seulement. Ai-je dit cinq ? Elle était partie. — Ça m'a l'air d'être une bonne fille ; cependant, je changerai le secret de ma cheminée. Puis

---

1. Mot rare ; qui peut être présumé, donc probable.

il prit un pain de douze livres, un jambon et rentra dans sa cachette.

Lorsque mademoiselle de Verneuil marcha dans la campagne, elle crut renaître, la fraîcheur du matin ranima son visage qui depuis quelques heures lui semblait frappé par une atmosphère brûlante. Elle essaya de trouver le sentier indiqué par l'avare ; mais, depuis le coucher de la lune, l'obscurité était devenue si forte, qu'elle fut forcée d'aller au hasard. Bientôt la crainte de tomber dans les précipices la prit au cœur, et lui sauva la vie ; car elle s'arrêta tout à coup en pressentant que la terre lui manquerait si elle faisait un pas de plus. Un vent plus frais qui caressait ses cheveux, le murmure des eaux, l'instinct, tout servit à lui indiquer qu'elle se trouvait au bout des rochers de Saint-Sulpice. Elle passa les bras autour d'un arbre, et attendit l'aurore en de vives anxiétés, car elle entendait un bruit d'armes, de chevaux et de voix humaines. Elle rendit grâces à la nuit qui la préservait du danger de tomber entre les mains des Chouans, si, comme le lui avait dit l'avare, ils entouraient Fougères.

Semblables à des feux nuitamment allumés pour un signal de liberté, quelques lueurs légèrement pourprées passèrent par-dessus les montagnes, dont les bases conservèrent des teintes bleuâtres qui contrastèrent avec les nuages de rosée flottant sur les vallons. Bientôt un disque de rubis s'éleva lentement à l'horizon, les cieux le reconnurent ; les accidents du paysage, le clocher de Saint-Léonard, les rochers, les prés ensevelis dans l'ombre reparurent insensiblement, et les arbres situés sur les cimes se dessinèrent dans ses feux naissants. Le soleil se dégagea par un gracieux élan du milieu de ses rubans de feu, d'ocre et de saphir. Sa vive lumière s'harmonia [1] par lignes égales, de colline en colline, déborda de vallons en vallons. Les ténèbres se dissipèrent, le jour accabla la nature. Une brise piquante frissonna dans l'air, les oiseaux chantèrent, la vie se réveilla partout. Mais à peine la jeune fille avait-elle eu le temps d'abaisser ses regards sur les masses de ce paysage si curieux,

---

1. « Harmonier », verbe cher à Balzac, a été remplacé dans l'usage par « harmoniser ».

que, par un phénomène assez fréquent dans ces fraîches contrées, des vapeurs s'étendirent en nappes, comblèrent les vallées, montèrent jusqu'aux plus hautes collines, ensevelirent ce riche bassin sous un manteau de neige. Bientôt mademoiselle de Verneuil crut revoir une de ces mers de glace qui meublent les Alpes. Puis cette nuageuse atmosphère roula des vagues comme l'Océan, souleva des lames impénétrables qui se balancèrent avec mollesse, ondoyèrent, tourbillonnèrent violemment, contractèrent aux rayons du soleil des teintes d'un rose vif, en offrant çà et là les transparences d'un lac d'argent fluide. Tout à coup le vent du nord souffla sur cette fantasmagorie et dissipa les brouillards qui déposèrent une rosée pleine d'oxyde sur les gazons. Mademoiselle de Verneuil put alors apercevoir une immense masse brune placée sur les rochers de Fougères. Sept à huit cents Chouans armés s'agitaient dans le faubourg Saint-Sulpice comme des fourmis dans une fourmilière. Les environs du château occupés par trois mille hommes arrivés comme par magie furent attaqués avec fureur[1]. Cette ville endormie, malgré ses remparts verdoyants et ses vieilles tours grises, aurait succombé, si Hulot n'eût pas veillé. Une batterie, cachée sur une éminence qui se trouve au fond de la cuvette que forment les remparts, répondit au premier feu des Chouans en les prenant en écharpe sur le chemin du château. La mitraille nettoya la route, et la balaya. Puis une compagnie sortit de la porte Saint-Sulpice, profita de l'étonnement des Chouans, se mit en bataille sur le chemin et commença sur eux un feu meurtrier. Les Chouans n'essayèrent pas de résister, en voyant les remparts du château se couvrir de soldats comme si l'art du machiniste y eût appliqué des lignes bleues, et le feu de la forteresse protéger celui des tirailleurs républicains. Cependant d'autres Chouans, maîtres de la petite vallée du Nançon, avaient gravi les

---

1. Le récit de bataille qui suit doit beaucoup aux récits scottiens : bataille de Culloden entre Hanovriens et Jacobites dans *Waverley*, révolte jacobite de 1715 dans *Rob Roy*, siège du château de Torquilstone dans *Ivanhoé*, du château de Tillietudlem dans *Les Puritains d'Écosse*.

galeries du rocher et parve-
naient à la Promenade, où
ils montèrent ; elle fut couverte de peaux de bique qui
lui donnèrent l'apparence
d'un toit de chaume bruni
par le temps. Au même
moment, de violentes détonations se firent entendre
dans la partie de la ville
qui regardait la vallée
du Couësnon. Évidemment
Fougères, attaqué sur tous
les points, était entièrement
cerné. Le feu qui se manifesta sur le revers oriental
du rocher prouvait même
que les Chouans incen-
diaient les faubourgs.
Cependant les flammèches
qui s'élevaient des toits de
genêt ou de bardeau cessèrent bientôt, et quelques
colonnes de fumée noire
indiquèrent que l'incendie
s'éteignait. Des nuages
blancs et bruns dérobèrent
encore une fois cette scène
à mademoiselle de Ver-

Chouan chargeant son fusil.
*« Fougères, attaqué
sur tous les points,
était entièrement cerné. »*

neuil, mais le vent dissipa bientôt ce brouillard de poudre.
Déjà, le commandant républicain avait fait changer la
direction de sa batterie de manière à pouvoir prendre successivement en file la vallée du Nançon, le sentier de la
Reine et le rocher, quand du haut de la Promenade, il vit
ses premiers ordres admirablement bien exécutés. Deux
pièces placées au poste de la porte Saint-Léonard abatti-
rent la fourmilière de Chouans qui s'étaient emparés de
cette position ; tandis que les gardes nationaux de Fougères, accourus en hâte sur la place de l'Église, achevèrent de chasser l'ennemi. Ce combat ne dura pas une
demi-heure et ne coûta pas cent hommes aux Bleus. Déjà,

dans toutes les directions, les Chouans battus et écrasés se retiraient d'après les ordres réitérés du Gars, dont le hardi coup de main échouait, sans qu'il le sût, par suite de l'affaire de la Vivetière qui avait si secrètement ramené Hulot à Fougères. L'artillerie n'y était arrivée que pendant cette nuit, car la seule nouvelle d'un transport de munitions aurait suffi pour faire abandonner par Montauran cette entreprise qui, éventée, ne pouvait avoir qu'une mauvaise issue. En effet, Hulot désirait autant donner une leçon sévère au Gars, que le Gars pouvait souhaiter de réussir dans sa pointe pour influer sur les déterminations du premier Consul. Au premier coup de canon, le marquis comprit donc qu'il y aurait de la folie à poursuivre par amour-propre une surprise manquée. Aussi, pour ne pas faire tuer inutilement ses Chouans, se hâta-t-il d'envoyer sept ou huit émissaires porter des instructions pour opérer promptement la retraite sur tous les points. Le commandant, ayant aperçu son adversaire entouré d'un nombreux conseil au milieu duquel était madame du Gua, essaya de tirer sur eux une volée sur le rocher de Saint-Sulpice ; mais la place avait été trop habilement choisie pour que le jeune chef n'y fût pas en sûreté. Hulot changea de rôle tout à coup, et d'attaqué devint agresseur. Aux premiers mouvements qui indiquèrent les intentions du marquis, la compagnie placée sous les murs du château se mit en devoir de couper la retraite aux Chouans en s'emparant des issues supérieures de la vallée du Nançon.

Malgré sa haine, mademoiselle de Verneuil épousa la cause des hommes que commandait son amant, et se tourna vivement vers l'autre issue pour voir si elle était libre ; mais elle aperçut les Bleus, sans doute vainqueurs de l'autre côté de Fougères, qui revenaient de la vallée du Couësnon par le val de Gibarry pour s'emparer du Nid-aux-crocs et de la partie des rochers Saint-Sulpice où se trouvaient les issues inférieures de la vallée du Nançon. Ainsi les Chouans, renfermés dans l'étroite prairie de cette gorge, semblaient devoir périr jusqu'au dernier, tant les prévisions du vieux commandant républicain avaient été justes et ses mesures habilement prises. Mais sur ces deux points, les canons qui avaient si bien servi Hulot furent impuissants, il s'y établit des

luttes acharnées, et la ville de Fougères une fois préser-
vée, l'affaire prit le caractère d'un engagement auquel
les Chouans étaient habitués. Mademoiselle de Verneuil
comprit alors la présence des masses d'hommes qu'elle
avait aperçues dans la campagne, la réunion des chefs
chez d'Orgemont et tous les événements de cette nuit,
sans savoir comment elle avait pu échapper à tant de
dangers [1]. Cette entreprise, dictée par le désespoir, l'intéressa si vivement qu'elle resta immobile à contempler
les tableaux animés qui s'offrirent à ses regards. Bientôt,
le combat qui avait lieu au bas des montagnes de Saint-
Sulpice eut, pour elle, un intérêt de plus. En voyant les
Bleus presque maîtres des Chouans, le marquis et ses
amis s'élancèrent dans la vallée du Nançon afin de leur
porter du secours. Le pied des roches fut couvert d'une
multitude de groupes furieux où se décidèrent des questions de vie et de mort sur un terrain et avec des armes
plus favorables aux Peaux-de-bique. Insensiblement,
cette arène mouvante s'étendit dans l'espace. Les
Chouans, en s'égaillant, envahirent les rochers à l'aide
des arbustes qui y croissent çà et là. Mademoiselle de
Verneuil eut un moment d'effroi en voyant un peu tard
ses ennemis remontés sur les sommets, où ils défendirent
avec fureur les sentiers dangereux par lesquels on y arrivait. Toutes les issues de cette montagne étant occupées
par les deux partis, elle eut peur de se trouver au milieu
d'eux, elle quitta le gros arbre derrière lequel elle s'était
tenue, et se mit à fuir en pensant à mettre à profit les
recommandations du vieil avare. Après avoir couru pendant longtemps sur le versant des montagnes de Saint-
Sulpice qui regarde la grande vallée du Couësnon, elle
aperçut de loin une étable et jugea qu'elle dépendait de
la maison de Galope-chopine, qui devait avoir laissé sa
femme toute seule pendant le combat. Encouragée par
ces suppositions, mademoiselle de Verneuil espéra être

---

1. Par le truchement d'un personnage qui, étranger comme le lecteur aux habitudes chouannes, « comprend » soudain la situation, Balzac nous propose un éclaircissement stratégique et historique — tout
en ménageant le suspense (« sans savoir comment elle avait pu échapper à tant de dangers », et les évitera encore).

« Cette cabane... ne manquait pas de poésie. »

bien reçue dans cette habitation, et pouvoir y passer quelques heures, jusqu'à ce qu'il lui fût possible de retourner sans danger à Fougères. Selon toute apparence, Hulot allait triompher. Les Chouans fuyaient si rapidement qu'elle entendit des coups de feu tout autour d'elle, et la peur d'être atteinte par quelques balles lui fit promptement gagner la chaumière dont la cheminée lui servait de jalon. Le sentier qu'elle avait suivi aboutissait à une espèce de hangar dont le toit, couvert en genêt, était soutenu par quatre gros arbres encore garnis de leurs écorces. Un mur en torchis [1] formait le fond de ce hangar, sous lequel se trouvaient un pressoir à cidre, une aire à battre le sarrasin, et quelques instruments aratoires. Elle s'arrêta contre l'un de ces poteaux sans se décider à franchir le marais fangeux qui servait de cour à cette maison que, de loin, en véritable Parisienne, elle avait prise pour une étable.

Cette cabane, garantie des vents du nord par une éminence qui s'élevait au-dessus du toit et à laquelle elle

---

1. Le torchis est un mortier composé de terre grasse et de paille ou de foin coupé.

s'appuyait, ne manquait pas de poésie, car des pousses
d'ormes, des bruyères et les fleurs du rocher la couronnaient de leurs guirlandes. Un escalier champêtre pratiqué entre le hangar et la maison permettait aux
habitants d'aller respirer un air pur sur le haut de cette
roche. À gauche de la cabane, l'éminence s'abaissait
brusquement, et laissait voir une suite de champs dont
le premier dépendait sans doute de cette ferme. Ces
champs dessinaient de gracieux bocages séparés par des
haies en terre, plantées d'arbres, et dont la première
achevait l'enceinte de la cour. Le chemin qui conduisait
à ces champs était fermé par un gros tronc d'arbre à
moitié pourri, clôture bretonne dont le nom fournira plus
tard une digression qui achèvera de caractériser ce pays.
Entre l'escalier creusé dans les schistes et le sentier
fermé par ce gros arbre, devant le marais et sous cette
roche pendante, quelques pierres de granit grossièrement
taillées, superposées les unes aux autres, formaient les
quatre angles de cette chaumière, et maintenaient le
mauvais pisé[1], les planches et les cailloux dont étaient
bâties les murailles. Une moitié du toit couverte de genêt
en guise de paille, et l'autre en bardeau, espèce de merrain taillé en forme d'ardoise, annonçaient deux divi-
sions ; et, en effet, l'une close par une méchante claie
servait d'étable, et les maîtres habitaient l'autre.
Quoique cette cabane dût au voisinage de la ville
quelques améliorations complètement perdues à deux
lieues plus loin, elle expliquait bien l'instabilité de la vie
à laquelle les guerres et les usages de la Féodalité
avaient si fortement subordonné les mœurs du serf,
qu'aujourd'hui beaucoup de paysans appellent encore en
ces contrées une *demeure*, le château habité par leurs
seigneurs. Enfin, en examinant ces lieux avec un étonnement assez facile à concevoir, mademoiselle de Verneuil
remarqua çà et là, dans la fange de la cour, des fragments
de granit disposés de manière à tracer vers l'habitation

---

1. Le pisé est fait avec de la terre argileuse comprimée sur place.
Quelques lignes plus bas, le bardeau est une tuile de bois servant à
revêtir la façade ou le toit des bâtiments. Quant au merrain, c'est une
planche normalement utilisée dans la confection des tonneaux.

un chemin qui présentait plus d'un danger ; mais en entendant le bruit de la mousqueterie qui se rapprochait sensiblement, elle sauta de pierre en pierre, comme si elle traversait un ruisseau, pour demander un asile. Cette maison était fermée par une de ces portes qui se composent de deux parties séparées, dont l'inférieure est en bois plein et massif, et dont la supérieure est défendue par un volet qui sert de fenêtre. Dans plusieurs boutiques de certaines petites villes en France, on voit le type de cette porte, mais beaucoup plus orné et armé à la partie inférieure d'une sonnette d'alarme ; celle-ci s'ouvrait au moyen d'un loquet de bois digne de l'âge d'or [1], et la partie supérieure ne se fermait que pendant la nuit, car le jour ne pouvait pénétrer dans la chambre que par cette ouverture. Il existait bien une grossière croisée, mais ses vitres ressemblaient à des fonds de bouteille, et les massives branches de plomb qui les retenaient prenaient tant de place qu'elle semblait plutôt destinée à intercepter qu'à laisser passer la lumière. Quand mademoiselle de Verneuil fit tourner la porte sur ses gonds criards, elle sentit d'effroyables vapeurs alcalines sorties par bouffées de cette chaumière, et vit que les quadrupèdes avaient ruiné à coups de pieds le mur intérieur qui les séparait de la chambre. Ainsi l'intérieur de la ferme, car c'était une ferme, n'en démentait pas l'extérieur. Mademoiselle de Verneuil se demandait s'il était possible que des êtres humains vécussent dans cette fange organisée, quand un petit gars en haillons et qui paraissait avoir huit ou neuf ans, lui présenta tout à coup sa figure fraîche, blanche et rose, des joues bouffies, des yeux vifs, des dents d'ivoire et une chevelure blonde qui tombait par écheveaux sur ses épaules demi-nues ; ses

---

1. L'âge d'or est le premier des quatre âges en lesquels les Anciens divisaient l'Histoire du monde ; règne de Saturne, c'est une ère d'innocence, d'abondance et de bonheur ; les âges suivants seront marqués par une dégradation toujours accrue. Si Balzac est parfois tenté d'idéaliser l'archaïsme breton, naïf et poétique, le plus souvent il le présente avec ironie (comme probablement ici) ou même le condamne, surtout sur le plan économique ; voyez par exemple, à la page suivante, le « système d'agriculture » en vertu duquel Galope-chopine fait perdre à son fumier toutes ses qualités.

membres étaient vigoureux, et son attitude avait cette
grâce d'étonnement, cette naïveté sauvage qui agrandit
les yeux des enfants. Ce petit gars était sublime de
beauté.

— Où est ta mère ? dit Marie d'une voix douce et en
se baissant pour lui baiser les yeux.

Après avoir reçu le baiser, l'enfant glissa comme une
anguille, et disparut derrière un tas de fumier qui se trouvait entre le sentier et la maison, sur la croupe de l'éminence. En effet, comme beaucoup de cultivateurs
bretons, Galope-chopine mettait, par un système d'agriculture qui leur est particulier, ses engrais dans des lieux
élevés, en sorte que quand ils s'en servent, les eaux plu-
viales les ont dépouillés de toutes leurs qualités. Maîtresse du logis pour quelques instants, Marie en eut
promptement fait l'inventaire. La chambre où elle attendait Barbette composait toute la maison. L'objet le plus
apparent et le plus pompeux était une immense cheminée dont le *manteau* était formé par une pierre de granit
bleu. L'étymologie de ce mot avait sa preuve dans un
lambeau de serge verte bordée d'un ruban vert pâle,
découpée en rond, qui pendait le long de cette tablette au
milieu de laquelle s'élevait une bonne Vierge en plâtre
colorié. Sur le socle de la statue, mademoiselle de Verneuil lut deux vers d'une poésie religieuse fort répandue
dans le pays :

> Je suis la Mère de Dieu,
> Protectrice de ce lieu.

Derrière la Vierge une effroyable image tachée de
rouge et de bleu, sous prétexte de peinture, représentait
saint Labre [1]. Un lit de serge verte, dit en tombeau [2], une
informe couchette d'enfant, un rouet, des chaises grossières, un bahut sculpté garni de quelques ustensiles,
complétaient, à peu de chose près, le mobilier de
Galope-chopine. Devant la croisée, se trouvait une

---

1. Saint Benoît-Joseph Labre, ascète et pèlerin du XVIIIᵉ siècle,
connu pour sa négligence à l'égard des soins corporels. — 2. Lit à
colonnes, carré et lourd, et très drapé.

longue table de châtaignier accompagnée de deux bancs en même bois, auxquels le jour des vitres donnait les sombres teintes de l'acajou vieux. Une immense pièce de cidre, sous le bondon[1] de laquelle mademoiselle de Verneuil remarqua une boue jaunâtre dont l'humidité décomposait le plancher quoiqu'il fût formé de morceaux de granit assemblés par un argile roux, prouvait que le maître du logis n'avait pas volé son surnom de Chouan. Mademoiselle de Verneuil leva les yeux comme pour fuir ce spectacle, et alors, il lui sembla avoir vu toutes les chauves-souris de la terre, tant étaient nombreuses les toiles d'araignées qui pendaient au plancher. Deux énormes *pichés*[2], pleins de cidre, se trouvaient sur la longue table. Ces ustensiles sont des espèces de cruches en terre brune, dont le modèle existe dans plusieurs pays de la France, et qu'un Parisien peut se figurer en supposant aux pots dans lesquels les gourmets servent le beurre de Bretagne un ventre plus arrondi, verni par places inégales et nuancé de taches fauves comme celles de quelques coquillages. Cette cruche est terminée par une espèce de gueule, assez semblable à la tête d'une grenouille prenant l'air hors de l'eau. L'attention de Marie avait fini par se porter sur ces deux pichés ; mais le bruit du combat, qui devint tout à coup plus distinct, la força de chercher un endroit propre à se cacher sans attendre Barbette, quand cette femme se montra tout à coup.

— Bonjour, Bécanière, lui dit-elle en retenant un sourire involontaire à l'aspect d'une figure qui ressemblait assez aux têtes que les architectes placent comme ornement aux clefs des croisées.

— Ah ! ah ! vous venez d'Orgemont, répondit Barbette d'un air peu empressé.

— Où allez-vous me mettre ? car voici les Chouans...

— Là, reprit Barbette, aussi stupéfaite de la beauté que de l'étrange accoutrement d'une créature qu'elle

---

1. Bouchon de la « bonde » d'un tonneau, c'est-à-dire du trou rond qui permet de remplir ce tonneau. — 2. L'orthographe usuelle est aujourd'hui « pichet ».

n'osait comprendre parmi celles de son sexe. Là ! dans la cachette du prêtre.

Elle la conduisit à la tête de son lit, la fit entrer dans la ruelle ; mais elles furent tout interdites, en croyant entendre un inconnu qui sauta dans le marais. Barbette eut à peine le temps de détacher un rideau du lit et d'y envelopper Marie, qu'elle se trouva face à face avec un Chouan fugitif.

— La vieille, où peut-on se cacher ici ? Je suis le comte de Bauvan.

Mademoiselle de Verneuil tressaillit en reconnaissant la voix du convive dont quelques paroles, restées un secret pour elle, avaient causé la catastrophe de la Vivetière.

— Hélas ! vous voyez, monseigneur. Il n'y a *rin* ici ! Ce que je peux faire de mieux est de sortir, je veillerai. Si les Bleus viennent, j'avertirai. Si je restais et qu'ils me trouvassent avec vous, ils brûleraient ma maison.

Et Barbette sortit, car elle n'avait pas assez d'intelligence pour concilier les intérêts de deux ennemis ayant un droit égal à la cachette, en vertu du double rôle que jouait son mari.

— J'ai deux coups à tirer, dit le comte avec désespoir ; mais ils m'ont déjà dépassé. Bah ! j'aurais bien du malheur si, en revenant par ici, il leur prenait fantaisie de regarder sous le lit.

Il déposa légèrement son fusil auprès de la colonne où Marie se tenait debout enveloppée dans la serge verte, et il se baissa pour s'assurer s'il pouvait passer sous le lit. Il allait infailliblement voir les pieds de la réfugiée, qui, dans ce moment désespéré, saisit le fusil, sauta vivement dans la chaumière, et menaça le comte ; mais il partit d'un éclat de rire en la reconnaissant ; car, pour se cacher, Marie avait quitté son vaste chapeau de Chouan, et ses cheveux s'échappaient en grosses touffes de dessous une espèce de résille en dentelle.

— Ne riez pas, comte, vous êtes mon prisonnier. Si vous faites un geste, vous saurez ce dont est capable une femme offensée.

Au moment où le comte et Marie se regardaient avec de bien diverses émotions, des voix confuses criaient

dans les rochers : — Sauvez le Gars ! Égaillez-vous !
sauvez le Gars ! Égaillez-vous !...

La voix de Barbette domina le tumulte extérieur et
fut entendue dans la chaumière avec des sensations bien
différentes par les deux ennemis, car elle parlait moins
à son fils qu'à eux.

— Ne vois-tu pas les Bleus ? s'écriait aigrement Barbette. Viens-tu ici, petit méchant gars, ou je vais à toi !
Veux-tu donc attraper des coups de fusil. Allons, sauve-
toi vitement.

Pendant tous ces petits événements qui se passèrent
rapidement, un Bleu sauta dans le marais.

— Beau-pied, lui cria mademoiselle de Verneuil.

Beau-pied accourut à cette voix et ajusta le comte un
peu mieux que ne le faisait sa libératrice [1].

— Aristocrate, dit le malin soldat, ne bouge pas ou
je te démolis comme la Bastille, en deux temps.

— Monsieur Beau-pied, reprit mademoiselle de Verneuil d'une voix caressante, vous me répondez de ce
prisonnier. Faites comme vous voudrez, mais il faudra
me le rendre sain et sauf à Fougères.

— Suffit, madame.

— La route jusqu'à Fougères est-elle libre maintenant ?

— Elle est sûre, à moins que les Chouans ne ressuscitent.

Mademoiselle de Verneuil s'arma gaiement du léger
fusil de chasse, sourit avec ironie en disant à son prisonnier : — Adieu, monsieur le comte, au revoir ! et
s'élança dans le sentier après avoir repris son large
chapeau.

— J'apprends un peu trop tard, dit amèrement le
comte de Bauvan, qu'il ne faut jamais plaisanter avec
l'honneur de celles qui n'en ont plus.

— Aristocrate, s'écria durement Beau-pied, si tu ne
veux pas que je t'envoie dans ton ci-devant paradis, ne
dis rien contre cette belle dame.

Mademoiselle de Verneuil revint à Fougères par les

---

1. On se souvient que Marie a sauvé Beau-pied après le massacre
de la Vivetière (*cf.* p. 264).

sentiers qui joignent les roches de Saint-Sulpice au Nid-
aux-crocs. Quand elle atteignit cette dernière éminence
et qu'elle courut à travers le chemin tortueux pratiqué
sur les aspérités du granit, elle admira cette jolie petite
vallée du Nançon naguère si turbulente, alors parfaitement tranquille. Vu de là, le vallon ressemblait à une rue
de verdure. Mademoiselle de Verneuil rentra par la porte
Saint-Léonard, à laquelle aboutissait ce petit sentier. Les
habitants, encore inquiets du combat qui, d'après les
coups de fusil entendus dans le lointain, semblait devoir
durer pendant la journée, y attendaient le retour de la
garde nationale pour reconnaître l'étendue de leurs
pertes. En voyant cette fille dans son bizarre costume,
les cheveux en désordre, un fusil à la main, son châle et
sa robe frottés contre les murs, souillés par la boue et
mouillés de rosée, la curiosité des Fougerais fut d'autant
plus vivement excitée, que le pouvoir, la beauté, la sin-
gularité de cette Parisienne défrayaient déjà toutes leurs
conversations.

Francine, en proie à d'horribles inquiétudes, avait
attendu sa maîtresse pendant toute la nuit ; et quand elle
la revit, elle voulut parler, mais un geste amical lui
imposa silence.

— Je ne suis pas morte, mon enfant, dit Marie. Ah !
je voulais des émotions en partant de Paris ?... j'en ai
eu, ajouta-t-elle après une pause.

Francine voulut sortir pour commander un repas, en
faisant observer à sa maîtresse qu'elle devait en avoir
grand besoin.

— Oh ! dit mademoiselle de Verneuil, un bain, un
bain ! La toilette avant tout.

Francine ne fut pas médiocrement surprise d'entendre
sa maîtresse lui demandant les modes les plus élégantes
de celles qu'elle avait emballées. Après avoir déjeuné,
Marie fit sa toilette avec la recherche et les soins minu-
tieux qu'une femme met à cette œuvre capitale, quand
elle doit se montrer aux yeux d'une personne chère, au
milieu d'un bal. Francine ne s'expliquait point la gaieté
moqueuse de sa maîtresse. Ce n'était pas la joie de
l'amour, une femme ne se trompe pas à cette expression,
c'était une malice concentrée d'assez mauvais augure.

Marie drapa elle-même les rideaux de la fenêtre par où les yeux plongeaient sur un riche panorama, puis elle approcha le canapé de la cheminée, le mit dans un jour favorable à sa figure, et dit à Francine de se procurer des fleurs, afin de donner à sa chambre un air de fête. Lorsque Francine eut apporté des fleurs, Marie en dirigea l'emploi de la manière la plus pittoresque. Quand elle eut jeté un dernier regard de satisfaction sur son appartement, elle dit à Francine d'envoyer réclamer son prisonnier chez le commandant. Elle se coucha voluptueusement sur le canapé, autant pour se reposer que pour prendre une attitude de grâce et de faiblesse dont le pouvoir est irrésistible chez certaines femmes. Une molle langueur, la pose provocante de ses pieds, dont la pointe perçait à peine sous les plis de la robe, l'abandon du corps, la courbure du col, tout, jusqu'à l'inclinaison des doigts effilés de sa main, qui pendait d'un oreiller comme les clochettes d'une touffe de jasmin, tout s'accordait avec son regard pour exciter des séductions. Elle brûla des parfums afin de répandre dans l'air ces douces émanations qui attaquent si puissamment les fibres de l'homme, et préparent souvent les triomphes que les femmes veulent obtenir sans les solliciter. Quelques instants après, les pas pesants du vieux militaire retentirent dans le salon qui précédait la chambre.

— Eh ! bien, commandant, où est mon captif ?

— Je viens de commander un piquet de douze hommes pour le fusiller comme pris les armes à la main.

— Vous avez disposé de mon prisonnier ! dit-elle. Écoutez, commandant. La mort d'un homme ne doit pas être, après le combat, quelque chose de bien satisfaisant pour vous, si j'en crois votre physionomie. Eh ! bien, rendez-moi mon Chouan, et mettez à sa mort un sursis que je prends sur mon compte. Je vous déclare que cet aristocrate m'est devenu très essentiel, et va coopérer à l'accomplissement de nos projets. Au surplus, fusiller cet amateur de chouannerie serait commettre un acte aussi absurde que de tirer sur un ballon quand il ne faut qu'un coup d'épingle pour le désenfler. Pour Dieu, laissez les cruautés à l'aristocratie. Les républiques doivent être généreuses. N'auriez-vous pas pardonné, vous, aux victimes de Quiberon[1] et à tant d'autres ? Allons, envoyez vos douze hommes faire une ronde, et venez dîner chez moi avec mon prisonnier. Il n'y a plus qu'une heure de jour, et voyez-vous, ajouta-t-elle en souriant, si vous tardiez, ma toilette manquerait tout son effet.

— Mais, mademoiselle, dit le commandant surpris...

— Eh ! bien, quoi ? Je vous entends. Allez, le comte ne vous échappera point. Tôt ou tard, ce gros papillon-là viendra se brûler à vos feux de peloton.

Le commandant haussa légèrement les épaules comme un homme forcé d'obéir, malgré tout, aux désirs d'une jolie femme, et il revint une demi-heure après, suivi du comte de Bauvan.

Mademoiselle de Verneuil feignit d'être surprise par ses deux convives, et parut confuse d'avoir été vue par le comte si négligemment couchée ; mais après avoir lu dans les yeux du gentilhomme que le premier effet était produit, elle se leva et s'occupa d'eux avec une grâce, avec une politesse parfaites. Rien d'étudié ni de forcé dans les poses, le sourire, la démarche ou la voix, ne trahissait sa préméditation ou ses desseins. Tout était en harmonie, et aucun trait trop saillant ne donnait à penser qu'elle affectât les manières d'un monde où elle n'eût pas vécu. Quand le Royaliste et le Républicain furent assis, elle regarda le comte d'un air sévère. Le gentilhomme connaissait assez les femmes pour savoir que l'offense commise envers celle-ci lui vaudrait un arrêt de mort. Malgré ce soupçon, sans être ni gai, ni triste, il eut l'air d'un homme qui ne comptait pas sur de si brusques dénoûments. Bientôt, il lui sembla ridicule d'avoir peur de la mort devant une jolie femme. Enfin l'air sévère de Marie lui donna *des idées*.

— Et qui sait, pensait-il, si une couronne de comte à prendre ne lui plaira pas mieux qu'une couronne de marquis perdue ? Montauran est sec comme un clou, et moi... Il se regarda d'un air satisfait. Or, le moins qui puisse m'arriver est de sauver ma tête.

Ces réflexions diplomatiques furent bien inutiles. Le désir que le comte se promettait de feindre pour mademoiselle de Verneuil devint un violent caprice que cette dangereuse créature se plut à entretenir.

— Monsieur le comte, dit-elle, vous êtes mon prisonnier, et j'ai le droit de disposer de vous. Votre exécution n'aura lieu que de mon consentement, et j'ai trop de curiosité pour vous laisser fusiller maintenant.

— Et si j'allais m'entêter à garder le silence, répondit-il gaiement.

— Avec une femme honnête, peut-être, mais avec une fille ! allons donc, monsieur le comte, impossible. Ces mots, remplis d'une ironie amère, furent sifflés, comme dit Sully en parlant de la duchesse de Beaufort [1], d'un bec si affilé, que le gentilhomme, étonné, se contenta de regarder sa cruelle antagoniste. — Tenez, reprit-elle d'un air moqueur, pour ne pas vous démentir, je vais être comme ces créatures-là, *bonne fille*. Voici d'abord votre carabine. Et elle lui présenta son arme par un geste doucement moqueur.

— Foi de gentilhomme, vous agissez, mademoiselle...

— Ah ! dit-elle en l'interrompant, j'ai assez de la foi des gentilshommes [2]. C'est sur cette parole que je suis entrée à la Vivetière. Votre chef m'avait juré que moi et mes gens nous y serions en sûreté.

— Quelle infamie ! s'écria Hulot en fronçant les sourcils.

— La faute en est à monsieur le comte, reprit-elle en montrant le gentilhomme à Hulot. Certes, le Gars avait bonne envie de tenir sa parole ; mais monsieur a répandu sur moi je ne sais quelle calomnie qui a confirmé toutes celles qu'il avait plu à la *Jument de Charrette* de supposer [3]...

— Mademoiselle, dit le comte tout troublé, la tête sous la hache, j'affirmerais n'avoir dit que la vérité...

— En disant quoi ?

---

1. Allusion à un passage d'octobre 1599 des *Mémoires* de Sully, jugeant, constate Lucienne Frappier-Mazur, non la duchesse de Beaufort, mais la marquise de Verneuil, justement. — 2. Nouveau rappel du serment (non tenu) de Montauran ; *cf.* note 2 p. 252. — 3. Voir en effet les insinuations que Bauvan fit courir de bouche en bouche lors du dîner à la Vivetière, p. 245.

— Que vous aviez été la...

— Dites le mot, la maîtresse...

— Du marquis de Lenoncourt, aujourd'hui le duc [1], l'un de mes amis, répondit le comte.

— Maintenant je pourrais vous laisser aller au supplice, reprit-elle sans paraître émue de l'accusation consciencieuse du comte, qui resta stupéfait de l'insouciance apparente ou feinte qu'elle montrait pour ce reproche. Mais, reprit-elle en riant, écartez pour toujours la sinistre image de ces morceaux de plomb, car vous ne m'avez pas plus offensée que cet ami de qui vous voulez que j'aie été... fi donc ! Écoutez, monsieur le comte, n'êtes-vous pas venu chez mon père, le duc de Verneuil ? Eh ! bien ?

Jugeant sans doute que Hulot était de trop pour une confidence aussi importante que celle qu'elle avait à faire, mademoiselle de Verneuil attira le comte à elle par un geste, et lui dit quelques mots à l'oreille. M. de Bauvan laissa échapper une sourde exclamation de surprise, et regarda d'un air hébété Marie, qui tout à coup compléta le souvenir qu'elle venait d'évoquer en s'appuyant à la cheminée dans l'attitude d'innocence et de naïveté d'un enfant. Le comte fléchit un genou.

— Mademoiselle, s'écria-t-il, je vous supplie de m'accorder mon pardon, quelque indigne que j'en suis.

— Je n'ai rien à pardonner, dit-elle. Vous n'avez pas plus raison maintenant dans votre repentir que dans votre insolente supposition à la Vivetière. Mais ces mystères sont au-dessus de votre intelligence. Sachez seulement, monsieur le comte, reprit-elle gravement, que la fille du duc de Verneuil a trop d'élévation dans l'âme pour ne pas vivement s'intéresser à vous.

— Même après une insulte, dit le comte avec une sorte de regret.

— Certaines personnes ne sont-elles pas trop haut

---

1. Le duc de Lenoncourt, ainsi nommé en 1845 dans *Les Chouans*, appartient à l'une des plus grandes familles de *La Comédie humaine*, famille dont les représentants apparaissent, entre autres, dans *Le Lys dans la vallée*, les *Mémoires de deux jeunes mariées*, *César Birotteau*.

situées pour que l'insulte les atteigne ? Monsieur le comte, je suis du nombre.

En prononçant ces paroles, la jeune fille prit une attitude de noblesse et de fierté qui imposa au prisonnier et rendit toute cette intrigue beaucoup moins claire pour Hulot. Le commandant mit la main à sa moustache pour la retrousser, et regarda d'un air inquiet mademoiselle de Verneuil, qui lui fit un signe d'intelligence comme pour avertir qu'elle ne s'écartait pas de son plan.

— Maintenant, reprit-elle après une pause, causons. Francine, donne-nous des lumières, ma fille.

Elle amena fort adroitement la conversation sur le temps qui était, en si peu d'années, devenu *l'ancien régime*[1]. Elle reporta si bien le comte à cette époque par la vivacité de ses observations et de ses tableaux ; elle donna tant d'occasions au gentilhomme d'avoir de l'esprit, par la complaisante finesse avec laquelle elle lui ménagea des reparties, que le comte finit par trouver qu'il n'avait jamais été si aimable, et cette idée l'ayant rajeuni, il essaya de faire partager à cette séduisante personne la bonne opinion qu'il avait de lui-même. Cette malicieuse fille se plut à essayer sur le comte tous les ressorts de sa coquetterie, elle put y mettre d'autant plus d'adresse que c'était un jeu pour elle. Ainsi, tantôt elle laissait croire à de rapides progrès, et tantôt, comme étonnée de la vivacité du sentiment qu'elle éprouvait, elle manifestait une froideur qui charmait le comte, et qui servait à augmenter insensiblement cette passion impromptu. Elle ressemblait parfaitement à un pêcheur qui de temps en temps lève sa ligne pour reconnaître si le poisson mord à l'appât. Le pauvre comte se laissa prendre à la manière innocente dont sa libératrice avait accepté deux ou trois compliments assez bien tournés. L'émigration, la République, la Bretagne et les Chouans se trouvèrent alors à mille lieues de sa pensée. Hulot se

---

1. Après quelques tâtonnements (les décrets de la Constituante parlent de « régime précédent », « vieux régime », « régime ancien »), l'expression « ancien régime » prévalut pour désigner le système politique, économique et social propre à la monarchie absolue, abolie par la proclamation de l'Assemblée nationale le 17 juin 1789 et par la suppression des privilèges dans la nuit du 4 août.

tenait droit, immobile et silencieux comme le dieu Terme [1]. Son défaut d'instruction le rendait tout à fait inhabile à ce genre de conversation, il se doutait bien que les deux interlocuteurs devaient être très spirituels ; mais tous les efforts de son intelligence ne tendaient qu'à les comprendre, afin de savoir s'ils ne complotaient pas à mots couverts contre la République.

— Montauran, mademoiselle, disait le comte, a de la naissance, il est bien élevé, joli garçon ; mais il ne connaît pas du tout la galanterie. Il est trop jeune pour avoir vu Versailles. Son éducation a été manquée, et, au lieu de faire des noirceurs [2], il donnera des coups de couteau. Il peut aimer violemment, mais il n'aura jamais cette fine fleur de manières qui distinguait Lauzun, Adhémar, Coigny, comme tant d'autres [3] !... Il n'a point l'art aimable de dire aux femmes de ces jolis riens qui, après tout, leur conviennent mieux que ces élans de passion par lesquels on les a bientôt fatiguées. Oui, quoique ce soit un homme à bonnes fortunes, il n'en a ni le laisser-aller, ni la grâce.

— Je m'en suis bien aperçue, répondit Marie.

— Ah ! se dit le comte, elle a eu une inflexion de voix et un regard qui prouvent que je ne tarderai pas à être *du dernier bien* avec elle [4] ; et ma foi, pour lui appartenir, je croirai tout ce qu'elle voudra que je croie.

Il lui offrit la main, le dîner était servi. Mademoiselle de Verneuil fit les honneurs du repas avec une politesse et un tact qui ne pouvaient avoir été acquis que par l'éducation et dans la vie recherchée de la cour.

— Allez-vous-en, dit-elle à Hulot en sortant de table, vous lui feriez peur, tandis que si je suis seule avec lui,

---

1. Le dieu Terme, dieu latin protecteur des bornes et des limites des champs, était représenté sans jambes, dans une parfaite immobilité. — 2. Des perfidies — comme les calomnies traîtreusement répandues par Bauvan sur Marie à la Vivetière. — 3. Le duc de Lauzun et de Biron, qui soutint le nouveau régime, avait dans sa jeunesse scandalisé ses pairs par ses débauches. Après une carrière sans éclat, le comte d'Adhémar reçut honneurs et distinctions à la cour de Louis XVI. Quant au séduisant Coigny, maréchal de France, il émigra, combattit dans l'armée de Condé, et revint en France en 1814. — 4. « Du dernier bien », formule précieuse signifiant en grande intimité.

je saurai bientôt tout ce que j'ai besoin d'apprendre ; il en est au point où un homme me dit tout ce qu'il pense et ne voit plus que par mes yeux.

— Et après ? demanda le commandant en ayant l'air de réclamer le prisonnier.

— Oh ! libre, répondit-elle, il sera libre comme l'air.

— Il a cependant été pris les armes à la main.

— Non, dit-elle par une de ces plaisanteries sophistiques que les femmes se plaisent à opposer à une raison péremptoire, je l'avais désarmé. — Comte, dit-elle au gentilhomme en rentrant, je viens d'obtenir votre liberté ; mais rien pour rien, ajouta-t-elle en souriant et mettant sa tête de côté comme pour l'interroger.

— Demandez-moi tout, même mon nom et mon honneur ! s'écria-t-il dans son ivresse, je mets tout à vos pieds.

Et il s'avança pour lui saisir la main, en essayant de lui faire prendre ses désirs pour de la reconnaissance ; mais mademoiselle de Verneuil n'était pas fille à s'y méprendre. Aussi, tout en souriant de manière à donner quelque espérance à ce nouvel amant : — Me feriez-vous repentir de ma confiance ? dit-elle en se reculant de quelques pas.

— L'imagination d'une jeune fille va plus vite que celle d'une femme, répondit-il en riant.

— Une jeune fille a plus à perdre que la femme.

— C'est vrai, l'on doit être défiant quand on porte un trésor.

— Quittons ce langage-là, reprit-elle, et parlons sérieusement. Vous donnez un bal à Saint-James. J'ai entendu dire que vous aviez établi là vos magasins, vos arsenaux et le siège de votre gouvernement. À quand le bal ?

— À demain soir.

— Vous ne vous étonnerez pas, monsieur, qu'une femme calomniée veuille, avec l'obstination d'une femme, obtenir une éclatante réparation des injures qu'elle a subies en présence de ceux qui en furent les témoins. J'irai donc à votre bal. Je vous demande de m'accorder votre protection du moment où j'y paraîtrai jusqu'au moment où j'en sortirai. — Je ne veux pas de votre parole, dit-elle en lui voyant se mettre la main sur le cœur. J'abhorre les serments, ils ont trop l'air d'une précaution. Dites-moi simplement que vous vous engagez à garantir ma personne de toute entreprise criminelle ou honteuse. Promettez-moi de réparer votre tort en proclamant que je suis bien la fille du duc de Verneuil, mais en taisant tous les malheurs que j'ai dus à un défaut de protection paternelle : nous serons quittes. Hé ! deux heures de protection accordées à une femme au milieu d'un bal, est-ce une rançon chère ?... Allez, vous ne valez pas une obole de plus... Et, par un sourire, elle ôta toute amertume à ces paroles.

— Que demanderez-vous pour la carabine ? dit le comte en riant.

— Oh ! plus que pour vous.

— Quoi ?

— Le secret. Croyez-moi, Bauvan, la femme ne peut être devinée que par une femme. Je suis certaine que si vous dites un mot, je puis périr en chemin. Hier quelques balles m'ont avertie des dangers que j'ai à courir sur la route. Oh ! cette dame est aussi habile à la chasse que leste à la toilette. Jamais femme de chambre ne m'a si promptement déshabillée. Ah ! de grâce, dit-elle, faites en sorte que je n'aie rien de semblable à craindre au bal...

— Vous y serez sous ma protection, répondit le comte avec orgueil. Mais viendrez-vous donc à Saint-James pour Montauran ? demanda-t-il d'un air triste.

— Vous voulez être plus instruit que je ne le suis, dit-elle en riant. Maintenant, sortez, ajouta-t-elle après une pause. Je vais vous conduire moi-même hors de la ville, car vous vous faites ici une guerre de cannibales.

— Vous vous intéressez donc un peu à moi ? s'écria le comte. Ah ! mademoiselle, permettez-moi d'espérer que vous ne serez pas insensible à mon amitié ; car il faut se contenter de ce sentiment, n'est-ce pas ? ajouta-t-il d'un air de fatuité.

— Allez, devin ! dit-elle avec cette joyeuse expression que prend une femme pour faire un aveu qui ne compromet ni sa dignité ni son secret.

Puis elle mit une pelisse et accompagna le comte jusqu'au Nid-aux-crocs. Arrivée au bout du sentier, elle lui dit : — Monsieur, soyez absolument discret, même avec le marquis. Et elle mit un doigt sur ses deux lèvres.

Le comte, enhardi par l'air de bonté de mademoiselle de Verneuil, lui prit la main, elle la lui laissa prendre comme une grande faveur, et il la lui baisa tendrement.

— Oh ! mademoiselle, comptez sur moi à la vie, à la mort, s'écria-t-il en se voyant hors de tout danger. Quoique je vous doive une reconnaissance presque égale à celle que je dois à ma mère, il me sera bien difficile de n'avoir pour vous que du respect...

Il s'élança dans le sentier ; après l'avoir vu gagnant les rochers de Saint-Sulpice, Marie remua la tête en signe de satisfaction et se dit à elle-même à voix basse : — Ce gros garçon-là m'a livré plus que sa vie pour sa vie ! J'en ferais ma créature à bien peu de frais ! Une créature ou un créateur, voilà donc toute la différence qui existe entre un homme et un autre !

Elle n'acheva pas, jeta un regard de désespoir vers le ciel, et regagna lentement la porte Saint-Léonard, où l'attendaient Hulot et Corentin.

— Encore deux jours, s'écria-t-elle, et... Elle s'arrêta en voyant qu'ils n'étaient pas seuls, et il tombera sous vos fusils, dit-elle à l'oreille de Hulot.

Le commandant recula d'un pas et regarda d'un air de goguenarderie difficile à rendre cette fille dont la contenance et le visage n'accusaient aucun remords. Il y a cela d'admirable chez les femmes qu'elles ne raisonnent jamais leurs actions les plus blâmables, le sentiment les entraîne ; il y a du naturel même dans leur dissimulation, et c'est chez elles seules que le crime se rencontre sans bassesse, la plupart du temps *elles ne savent pas comment cela s'est fait*.

— Je vais à Saint-James, au bal donné par les Chouans, et...

— Mais, dit Corentin en interrompant, il y a cinq lieues, voulez-vous que je vous y accompagne ?

— Vous vous occupez beaucoup, lui dit-elle, d'une chose à laquelle je ne pense jamais... de vous.

Le mépris que Marie témoignait à Corentin plut singulièrement à Hulot, qui fit sa grimace en la voyant dis-

paraître vers Saint-Léonard ; Corentin la suivit des yeux
en laissant éclater sur sa figure une sourde conscience
de la fatale supériorité qu'il croyait pouvoir exercer sur
cette charmante créature, en en gouvernant les passions
sur lesquelles il comptait pour la trouver un jour à lui.
Mademoiselle de Verneuil, de retour chez elle, s'empressa de délibérer sur ses parures de bal. Francine, habituée à obéir sans jamais comprendre les fins de sa
maîtresse, fouilla les cartons et proposa une parure
grecque. Tout subissait alors le système grec [1]. La toilette agréée par Marie put tenir dans un carton facile à
porter.

— Francine, mon enfant, je vais courir les champs ;
vois si tu veux rester ici ou me suivre.

— Rester, s'écria Francine. Et qui vous habillerait ?

— Où as-tu mis le gant que je t'ai rendu ce matin ?

— Le voici.

— Couds à ce gant-là un ruban vert, et surtout prends
de l'argent. En s'apercevant que Francine tenait des
pièces nouvellement frappées, elle s'écria : — Il ne faut
que cela pour nous faire assassiner. Envoie Jérémie
éveiller Corentin. Non, le misérable nous suivrait !
Envoie plutôt chez le commandant demander de ma part
des écus de six francs.

Avec cette sagacité féminine qui embrasse les plus
petits détails, elle pensait à tout. Pendant que Francine
achevait les préparatifs de son inconcevable départ, elle
se mit à essayer de contrefaire le cri de la chouette, et
parvint à imiter le signal de Marche-à-terre de manière
à pouvoir faire illusion. À l'heure de minuit, elle sortit
par la porte Saint-Léonard, gagna le petit sentier du Nid-
aux-crocs, et s'aventura suivie de Francine à travers le
val de Gibarry, en allant d'un pas ferme, car elle était
animée par cette volonté forte qui donne à la démarche
et au corps je ne sais quel caractère de puissance. Sortir

---

1. En effet, les « merveilleuses », qui appartenaient comme
Mme Tallien à la jeunesse dorée du Directoire, avaient mis à la mode
les robes ou les tuniques dites « à la grecque », en tissu presque trans-
parent et à ceinture très haute, ainsi que les chignons coniques en
arrière de la tête.

d'un bal de manière à éviter un rhume, est pour les femmes une affaire importante ; mais qu'elles aient une passion dans le cœur, leur corps devient de bronze. Cette entreprise aurait longtemps flotté dans l'âme d'un homme audacieux ; et à peine avait-elle souri à mademoiselle de Verneuil que les dangers devenaient pour elle autant d'attraits.

— Vous partez sans vous recommander à Dieu, dit Francine qui s'était retournée pour contempler le clocher de Saint-Léonard.

La pieuse Bretonne s'arrêta, joignit les mains, et dit un *Ave* à sainte Anne d'Auray, en la suppliant de rendre ce voyage heureux, tandis que sa maîtresse resta pensive en regardant tour à tour et la pose naïve de sa femme de chambre qui priait avec ferveur, et les effets de la nuageuse lumière de la lune qui, en se glissant à travers les découpures de l'église, donnait au granit la légèreté d'un ouvrage en filigrane. Les deux voyageuses arrivèrent promptement à la chaumière de Galope-chopine. Quelque léger que fût le bruit de leurs pas, il éveilla l'un de ces gros chiens à la fidélité desquels les Bretons confient la garde du simple loquet de bois qui ferme leurs portes. Le chien accourut vers les deux étrangères, et ses aboiements devinrent si menaçants qu'elles furent forcées d'appeler au secours en rétrogradant de quelques pas ; mais rien ne bougea. Mademoiselle de Verneuil siffla le cri de la chouette, aussitôt les gonds rouillés de la porte du logis rendirent un son aigu, et Galope-chopine, levé en toute hâte, montra sa mine ténébreuse.

— Il faut, dit Marie en présentant au Surveillant de Fougères le gant du marquis de Montauran, que je me rende promptement à Saint-James. Monsieur le comte de Bauvan m'a dit que ce serait toi qui m'y conduirais et qui me servirais de défenseur. Ainsi, mon cher Galope-chopine, procure-nous deux ânes pour monture, et prépare-toi à nous accompagner. Le temps est précieux, car si nous n'arrivons pas avant demain soir à Saint-James, nous ne verrons ni le Gars, ni le bal.

Galope-chopine, tout ébaubi, prit le gant, le tourna, le retourna, et alluma une chandelle en résine, grosse

comme le petit doigt et de la couleur du pain d'épice[1].
Cette marchandise importée en Bretagne du nord de l'Europe accuse, comme tout ce qui se présente aux regards dans ce singulier pays, une ignorance de tous les principes commerciaux, même les plus vulgaires. Après avoir vu le ruban vert, et regardé mademoiselle de Verneuil, s'être gratté l'oreille, avoir bu un piché de cidre en en offrant un verre à la belle dame, Galope-chopine la laissa devant la table sur le banc de châtaignier poli, et alla chercher deux ânes. La lueur violette que jetait la chandelle exotique n'était pas assez forte pour dominer les jets capricieux de la lune, qui nuançaient par des points lumineux les tons noirs du plancher et des meubles de la chaumière enfumée. Le petit gars avait levé sa jolie tête étonnée, et au-dessus de ses beaux cheveux, deux vaches montraient, à travers les trous du mur de l'étable, leurs mufles roses et leurs gros yeux brillants. Le grand chien, dont la physionomie n'était pas la moins intelligente de la famille, semblait examiner les deux étrangères avec autant de curiosité qu'en annonçait l'enfant. Un peintre aurait admiré longtemps les effets de nuit de ce tableau ; mais, peu curieuse d'entrer en conversation avec Barbette qui se dressait sur son séant comme un spectre et commençait à ouvrir de grands yeux en la reconnaissant, Marie sortit pour échapper à l'air empesté de ce taudis et aux questions que la Bécanière allait lui faire. Elle monta lestement l'escalier du rocher qui abritait la hutte de Galope-chopine, et y admira les immenses détails de ce paysage, dont les points de vue subissaient autant de changements que l'on faisait de pas en avant ou en arrière, vers le haut des sommets ou le bas des vallées. La lumière de la lune enveloppait alors, comme d'une brume lumineuse, la vallée de Couësnon. Certes, une femme qui portait en son cœur un amour méconnu devait savourer la mélancolie que cette lueur douce fait naître dans l'âme, par les apparences fantastiques imprimées aux masses, et par les couleurs dont elle nuance les eaux. En ce moment le silence fut troublé par

---

1. Trait d'arriération ; car, en suif ou en résine, la chandelle se voyait remplacer ailleurs en France par la bougie, de cire puis d'acide stéarique, auparavant réservée aux classes aisées et aux églises.

le cri des ânes ; Marie redescendit promptement à la cabane du Chouan, et ils partirent aussitôt. Galope-chopine, armé d'un fusil de chasse à deux coups, portait une longue peau de bique qui lui donnait l'air de Robinson Crusoé[1]. Son visage bourgeonné et plein de rides se voyait à peine sous le large chapeau que les paysans conservent encore comme une tradition des anciens temps, orgueilleux d'avoir conquis à travers leur servitude l'antique ornement des têtes seigneuriales. Cette nocturne caravane, protégée par ce guide dont le costume, l'attitude et la figure avaient quelque chose de patriarcal, ressemblait à cette scène de la fuite en Égypte due aux sombres pinceaux de Rembrandt[2]. Galope-chopine évita soigneusement la grande route, et guida les deux étrangères à travers l'immense dédale de chemins de traverse de la Bretagne.

Mademoiselle de Verneuil comprit alors la guerre des Chouans[3]. En parcourant ces routes elle put mieux apprécier l'état de ces campagnes qui, vues d'un point élevé, lui avaient paru si ravissantes ; mais dans lesquelles il faut s'enfoncer pour en concevoir et les dangers et les inextricables difficultés. Autour de chaque champ, et depuis un temps immémorial, les paysans ont élevé un mur en terre, haut de six pieds, de forme prismatique, sur le faîte duquel croissent des châtaigniers, des chênes, ou des hêtres. Ce mur, ainsi planté, s'appelle une *haie* (la haie normande), et les longues branches des arbres qui la couronnent, presque toujours rejetées sur le chemin, décrivent au-dessus un immense berceau. Les chemins, tristement encaissés par ces murs tirés d'un sol argileux, ressemblent aux fossés des places fortes, et

---

1. Le roman de Daniel Defoe (1719), dont Rousseau recommandait déjà la lecture à Émile, était très populaire en France. Balzac oublie que Robinson Crusoé est un faux sauvage, dont les tribulations sur l'île déserte exaltent plutôt le mythe de l'endurance psychologique, de l'ingéniosité technique et des pouvoirs « colonisateurs » de l'homme blanc, chrétien et individualiste. — **2.** L'exil de Marie, de Joseph et du Christ enfant fuyant les persécutions d'Hérode inspira plusieurs fois Rembrandt, l'un des peintres les plus admirés par Balzac. — **3.** Plus encore que lors du siège de Fougères (*cf.* note 1 p. 304), la brusque « compréhension » de Marie a fonction pédagogique ; elle introduit une leçon de géographie, puis de stratégie.

lorsque le granit qui, dans ces contrées, arrive presque toujours à fleur de terre, n'y fait pas une espèce de pavé raboteux, ils deviennent alors tellement impraticables que la moindre charrette ne peut y rouler qu'à l'aide de deux paires de bœufs et de deux chevaux petits, mais généralement vigoureux. Ces chemins sont si habituellement marécageux, que l'usage a forcément établi pour les piétons dans le champ et le long de la haie un sentier nommé une *rote*, qui commence et finit avec chaque pièce de terre. Pour passer d'un champ dans un autre, il faut donc remonter la haie au moyen de plusieurs marches que la pluie rend souvent glissantes.

Les voyageurs avaient encore bien d'autres obstacles à vaincre dans ces routes tortueuses. Ainsi fortifié, chaque morceau de terre a son entrée qui, large de dix pieds environ, est fermée par ce qu'on nomme dans l'Ouest un *échalier*. L'échalier est un tronc ou une forte branche d'arbre dont un des bouts, percé de part en part, s'emmanche dans une autre pièce de bois informe qui lui sert de pivot. L'extrémité de l'échalier se prolonge un peu au-delà de ce pivot, de manière à recevoir une charge assez pesante pour former un contrepoids et permettre à un enfant de manœuvrer cette singulière fermeture champêtre, dont l'autre extrémité repose dans un trou fait à la partie intérieure de la haie. Quelquefois les paysans économisent la pierre du contrepoids en laissant dépasser le gros bout du tronc de l'arbre ou de la branche. Cette clôture varie suivant le génie de chaque propriétaire. Souvent l'échalier consiste en une seule branche d'arbre dont les deux bouts sont scellés par de la terre dans la haie. Souvent il a l'apparence d'une porte carrée, composée de plusieurs menues branches d'arbres, placées de distance en distance, comme les bâtons d'une échelle mise en travers. Cette porte tourne alors comme un échalier et roule à l'autre bout sur une petite roue pleine. Ces haies et ces échaliers donnent au sol la physionomie d'un immense échiquier dont chaque champ forme une case parfaitement isolée des autres, close comme une forteresse, protégée comme elle par des remparts. La porte, facile à défendre, offre à des assaillants la plus périlleuse de toutes les conquêtes. En effet, le paysan breton croit engraisser la terre qui se repose, en y encourageant la venue des genêts immenses, arbuste si bien traité dans ces contrées qu'il y arrive en peu de temps à hauteur d'homme. Ce préjugé, digne de gens qui placent leurs fumiers dans la partie la plus élevée de leurs cours, entretient sur le sol et dans la proportion d'un champ sur quatre, des forêts de genêts, au milieu desquelles on peut dresser mille embûches. Enfin il n'existe peut-être pas de champ où il ne se trouve quelques vieux pommiers à cidre qui y abaissent leurs branches basses et par conséquent mortelles aux productions du sol qu'elles couvrent ; or, si vous venez à songer au peu d'étendue des champs dont toutes les haies supportent d'immenses arbres à racines gourmandes qui prennent le quart du terrain, vous aurez une idée de la culture et de la physionomie du pays que parcourait alors mademoiselle de Verneuil.

On ne sait si le besoin d'éviter les contestations a, plus que l'usage si favorable à la paresse d'enfermer les bestiaux sans les garder, conseillé de construire ces clôtures formidables dont les permanents obstacles rendent le pays imprenable, et la guerre des masses impossible. Quand on a, pas à pas, analysé cette disposition du terrain, alors se révèle l'insuccès nécessaire d'une lutte entre des troupes régulières et des partisans ; car cinq cents hommes peuvent défier les troupes d'un royaume. Là était tout le secret de la guerre des Chouans. Mademoiselle de Verneuil comprit alors la nécessité où se trouvait la République d'étouffer la discorde plutôt par des moyens de police et de diplomatie, que par l'inutile emploi de la force militaire. Que faire en effet contre des gens assez habiles pour mépriser la possession des villes et s'assurer celle de ces campagnes à fortifications indestructibles ? Comment ne pas négocier lorsque toute la force de ces paysans aveuglés résidait dans un chef habile et entreprenant ? Elle admira le génie du ministre qui devinait du fond d'un cabinet le secret de la paix [1]. Elle crut entrevoir les consi-

---

1. Le ministre en question est Fouché, ministre de la Police, institution plus utile contre la guérilla que l'armée régulière. Fouché, dont le cynisme apparent cacherait les plus profondes vues politiques, est un élément essentiel du mythe balzacien du pouvoir. *Cf.* Introduction, pp. 41 et 46-47.

dérations qui agissent sur les hommes assez puissants
pour voir tout un empire d'un regard, et dont les actions,
criminelles aux yeux de la foule, ne sont que les jeux
d'une pensée immense. Il y a, chez ces âmes terribles, on
ne sait quel partage entre le pouvoir de la fatalité et celui
du destin, on ne sait quelle prescience dont les signes les
élèvent tout à coup ; la foule les cherche un moment parmi
elle, elle lève les yeux et les voit planant. Ces pensées
semblaient justifier et même ennoblir les désirs de vengeance formés par mademoiselle de Verneuil ; puis ce travail de son âme et ses espérances lui communiquaient
assez d'énergie pour lui faire supporter les étranges
fatigues de son voyage. Au bout de chaque héritage,
Galope-chopine était forcé de faire descendre les deux
voyageuses pour les aider à gravir les passages difficiles,
et lorsque les rotes cessaient, elles étaient obligées de
reprendre leurs montures et de se hasarder dans ces chemins fangeux qui se ressentaient de l'approche de l'hiver.
La combinaison de ces grands arbres, des chemins creux
et des clôtures, entretenait dans les bas-fonds une humidité qui souvent enveloppait les trois voyageurs d'un
manteau de glace. Après de pénibles fatigues, ils atteignirent, au lever du soleil, les bois de Marignay. Le voyage
devint alors moins difficile dans le large sentier de la forêt.
La voûte formée par les branches, l'épaisseur des arbres,
mirent les voyageurs à l'abri de l'inclémence du ciel, et
les difficultés multipliées qu'ils avaient eu à surmonter
d'abord ne se représentèrent plus.

À peine avaient-ils fait une lieue environ à travers
ces bois, qu'ils entendirent dans le lointain un murmure
confus de voix et le bruit d'une sonnette dont les sons
argentins n'avaient pas cette monotonie que leur
imprime la marche des bestiaux. Tout en cheminant,
Galope-chopine écouta cette mélodie avec beaucoup
d'attention, bientôt une bouffée de vent lui apporta
quelques mots psalmodiés dont l'harmonie parut agir
fortement sur lui, car il dirigea les montures fatiguées
dans un sentier qui devait écarter les voyageurs du chemin de Saint-James, et il fit la sourde oreille aux repré-
sentations de mademoiselle de Verneuil, dont les
appréhensions s'accrurent en raison de la sombre dispo-

sition des lieux. À droite et à gauche, d'énormes rochers de granit, posés les uns sur les autres, offraient de bizarres configurations. À travers ces blocs, d'immenses racines semblables à de gros serpents se glissaient pour aller chercher au loin les sucs nourriciers de quelques hêtres séculaires. Les deux côtés de la route ressemblaient à ces grottes souterraines, célèbres par leurs stalactites. D'énormes festons de pierre, où la sombre verdure du houx et des fougères s'alliait aux taches verdâtres ou blanchâtres des mousses, cachaient des précipices et l'entrée de quelques profondes cavernes. Quand les trois voyageurs eurent fait quelques pas dans un étroit sentier, le plus étonnant des spectacles vint tout à coup s'offrir aux regards de mademoiselle de Verneuil, et lui fit concevoir l'obstination de Galope-chopine.

Un bassin demi-circulaire, entièrement composé de quartiers de granit, formait un amphithéâtre dans les informes gradins duquel de hauts sapins noirs et des châtaigniers jaunis s'élevaient les uns sur les autres en présentant l'aspect d'un grand cirque, où le soleil de l'hiver semblait plutôt verser de pâles couleurs qu'épancher sa lumière et où l'automne avait partout jeté le tapis fauve de ses feuilles séchées. Au centre de cette salle qui semblait avoir eu le déluge pour architecte, s'élevaient trois énormes pierres druidiques, vaste autel sur lequel était fixée une ancienne bannière d'église. Une centaine d'hommes agenouillés, et la tête nue, priaient avec ferveur dans cette enceinte où un prêtre, assisté de deux autres ecclésiastiques, disait la messe. La pauvreté des vêtements sacerdotaux, la faible voix du prêtre qui retentissait comme un murmure dans l'espace, ces hommes pleins de conviction, unis par un même sentiment et prosternés devant un autel sans pompe, la nudité de la croix, l'agreste énergie du temple, l'heure, le lieu, tout donnait à cette scène le caractère de naïveté qui distingua les premières époques du christianisme. Mademoiselle de Verneuil resta frappée d'admiration. Cette messe dite au fond des bois, ce culte renvoyé par la persécution vers sa source, la poésie des anciens temps hardiment jetée au milieu d'une nature capricieuse et bizarre, ces Chouans armés et désarmés, cruels et priant,

La messe sous un chêne pendant les guerres de Vendée.
« Une centaine d'hommes agenouillés, et la tête nue, priaient
avec ferveur dans cette enceinte... »

à la fois hommes et enfants, tout cela ne ressemblait à rien de ce qu'elle avait encore vu ou imaginé. Elle se souvenait bien d'avoir admiré dans son enfance les pompes de cette église romaine si flatteuses pour les sens ; mais elle ne connaissait pas encore Dieu tout seul, sa croix sur l'autel, son autel sur la terre ; au lieu des feuillages découpés qui dans les cathédrales couronnent les arceaux gothiques, les arbres de l'automne soutenant le dôme du ciel ; au lieu des mille couleurs projetées par les vitraux, le soleil glissant à peine ses rayons rougeâtres et ses reflets assombris sur l'autel, sur le prêtre et sur les assistants. Les hommes n'étaient plus là qu'un fait et non un système, c'était une prière et non une religion[1]. Mais les passions humaines, dont la compression

---

1. Tout cet aspect de la messe en plein air rappelle les évocations du culte primitif qu'on trouve dans *Le Génie du christianisme* de Chateaubriand, et peut-être la messe célébrée dans *Atala* devant les Indiens convertis. La cathédrale retrouve le modèle que lui attribuent romantiques puis symbolistes, la forêt.

momentanée laissait à ce tableau toutes ses harmonies, apparurent bientôt dans cette scène mystérieuse et l'animèrent puissamment.

À l'arrivée de mademoiselle de Verneuil, l'évangile s'achevait. Elle reconnut en l'officiant, non sans quelque effroi, l'abbé Gudin, et se déroba précipitamment à ses regards en profitant d'un immense fragment de granit qui lui fit une cachette où elle attira vivement Francine ; mais elle essaya vainement d'arracher Galope-chopine de la place qu'il avait choisie pour participer aux bienfaits de cette cérémonie. Elle espéra pouvoir échapper au danger qui la menaçait en remarquant que la nature du terrain lui permettrait de se retirer avant tous les assistants. À la faveur d'une large fissure du rocher, elle vit l'abbé Gudin montant sur un quartier de granit qui lui servit de chaire, et il y commença son prône en ces termes : *In nomine Patris et Filii, et Spiritus Sancti*[1].

À ces mots, les assistants firent tous et pieusement le signe de la croix.

— Mes chers frères, reprit l'abbé d'une voix forte, nous prierons d'abord pour les trépassés : Jean Cochegrue, Nicolas Laferté, Joseph Brouet, François Parquoi,

---

1. Le « prône » est la partie de la messe, dite en français, où le curé recommande les morts de la semaine, fait diverses annonces, et donne son sermon. Celui que l'abbé Gudin entame ici, dans son fanatisme guerrier, son exploitation des superstitions, son exacerbation de passions fort peu chrétiennes, n'est pas seulement inspiré par les offices que tinrent effectivement dans les forêts les prêtres réfractaires, offices sur lesquels Balzac disposait, entre autres, du témoignage des *Mémoires* de Mme de La Rochejaquelein. L'abbé Gudin, assez proche de l'abbé Bernier (*cf.* n. 1 p. 261), représente aussi, lorsqu'il anathématise les « Mahumétisches », une parodie de l'archevêque-soldat Turpin, de *La Chanson de Roland*. S'il a des traits du Tartuffe de Molière ou de l'Onuphre de La Bruyère, il fait surtout penser à l'odieux Covenantaire Balfour des *Puritains d'Ecosse*, qui mène la rébellion des presbytériens et assassine pour sa foi. Son charlatanisme jésuitique n'aura d'égal que celui de l'abbé Cloud dans *Lamiel*, roman inachevé que Stendhal commença en 1839 ; dans la messe qu'il célèbre dans une bourgade normande, l'abbé Cloud impressionne les âmes simples en parlant « comme un roman de Madame Radcliffe », et en faisant partir des pétards qui valent la prétendue apparition de sainte Anne montée par Gudin (*cf.* p. 332-333). Remarquons que, consciente des mômeries de ce dernier, Marie cependant comprend l'importance du rite grossier qu'il organise pour les chouans.

Sulpice Coupiau, tous de cette paroisse et morts des blessures qu'ils ont reçues au combat de la Pèlerine et au siège de Fougères. *De profundis*, etc.

Ce psaume fut récité, suivant l'usage, par les assistants et par les prêtres, qui disaient alternativement un verset avec une ferveur de bon augure pour le succès de la prédication. Lorsque le psaume des morts fut achevé, l'abbé Gudin continua d'une voix dont la violence alla toujours en croissant, car l'ancien jésuite n'ignorait pas que la véhémence du débit était le plus puissant des arguments pour persuader ses sauvages auditeurs.

— Ces défenseurs de Dieu, chrétiens, vous ont donné l'exemple du devoir, dit-il. N'êtes-vous pas honteux de ce qu'on peut dire de vous dans le paradis ? Sans ces bienheureux qui ont dû y être reçus à bras ouverts par tous les saints, Notre Seigneur pourrait croire que votre paroisse est habitée par des *Mahumétisches* !... Savez-vous, mes gars, ce qu'on dit de vous dans la Bretagne, et chez le roi ?... Vous ne le savez point, n'est-ce pas ? Je vais vous le dire : — « Comment, les Bleus ont renversé les autels, ils ont tué les recteurs, ils ont assassiné le roi et la reine, ils veulent prendre tous les paroissiens de Bretagne pour en faire des Bleus comme eux et les envoyer se battre hors de leurs paroisses, dans des pays bien éloignés où l'on court le risque de mourir sans confession et d'aller ainsi pour l'éternité dans l'enfer, et les gars de Marignay, à qui l'on a brûlé leur église, sont restés les bras ballants ? Oh ! oh ! Cette République de damnés a vendu à l'encan les biens de Dieu et ceux des seigneurs, elle en a partagé le prix entre ses Bleus ; puis, pour se nourrir d'argent comme elle se nourrit de sang, elle vient de décréter de prendre trois livres sur les écus de six francs, comme elle veut emmener trois hommes sur six, et les gars de Marignay n'ont pas pris leurs fusils pour chasser les Bleus de Bretagne ? Ah ! ah !... le paradis leur sera refusé, et ils ne pourront jamais faire leur salut ! » Voilà ce qu'on dit de vous. C'est donc de votre salut, chrétiens, qu'il s'agit. C'est votre âme que vous sauverez en combattant pour la religion et pour le roi. Sainte Anne d'Auray elle-même m'est apparue avant-hier à deux heures et demie. Elle m'a dit comme je vous le dis : — « Tu es un prêtre de Marignay ? — Oui, madame, prêt à vous servir. — Eh ! bien, je suis sainte Anne d'Auray, tante de Dieu, à la mode de Bretagne. Je suis toujours à Auray et encore ici, parce que je suis venue pour que tu dises aux gars de Marignay qu'il n'y a pas de salut à espérer pour eux s'ils ne s'arment pas. Aussi, leur refuseras-tu l'absolution de leurs péchés, à moins qu'ils ne servent Dieu. Tu béniras leurs fusils, et les gars qui seront sans péché ne manqueront pas les Bleus, parce que leurs fusils seront consacrés !... » Elle a disparu en laissant sous le chêne de la Patte-d'oie une odeur d'encens. J'ai marqué l'endroit. Une belle vierge de bois y a été placée par monsieur le recteur de Saint-James. Or, la mère de Pierre Leroi dit Marche-à-terre, y étant venue prier le soir, a été guérie de ses douleurs, à cause des bonnes œuvres de son fils. La voilà au milieu de vous et vous la verrez de vos yeux marchant toute seule. C'est un miracle fait, comme la résurrection du bienheureux Marie Lambrequin, pour vous prouver que Dieu n'abandonnera jamais la cause des Bretons quand ils combattront pour ses serviteurs et pour le Roi. Ainsi, mes chers frères, si vous voulez faire votre salut et vous montrer les défenseurs du Roi notre seigneur, vous devez obéir à tout ce que vous commandera celui que le Roi a envoyé et que nous nommons le Gars. Alors vous ne serez plus comme des Mahumétisches, et vous vous trouverez avec tous les gars de toute la Bretagne, sous la bannière de Dieu. Vous pourrez reprendre dans les poches des Bleus tout l'argent qu'ils auront volé ; car, si pendant que vous faites la guerre vos champs ne sont pas semés, le Seigneur et le Roi vous abandonnent les dépouilles de ses ennemis. Voulez-vous, chrétiens, qu'il soit dit que les gars de Marignay sont en arrière des gars du Morbihan, des gars de Saint-Georges, de ceux de Vitré, d'Antrain, qui tous sont au service de Dieu et du Roi ? Leur laisserez-vous tout prendre ? Resterez-vous comme des hérétiques, les bras croisés, quand tant de Bretons font leur salut et sauvent leur Roi ? — Vous abandonnerez tout pour moi ! a dit l'Évangile. N'avons-nous pas déjà abandonné les dîmes, nous autres ! Abandonnez donc tout pour faire cette guerre sainte ! Vous serez comme les Machabées[1]. Enfin tout vous sera pardonné. Vous trouverez au milieu de vous les recteurs et leurs curés, et vous triompherez ! Faites attention à ceci, chrétiens, dit-il en terminant, pour aujourd'hui seulement nous avons le pouvoir de bénir vos fusils. Ceux qui ne profiteront pas de cette faveur, ne retrouveront plus la sainte d'Auray aussi miséricordieuse, et elle ne les écouterait plus comme elle l'a fait dans la guerre précédente.

Cette prédication soutenue par l'éclat d'un organe emphatique et par des gestes multipliés qui mirent l'orateur tout en eau, produisit en apparence peu d'effet. Les paysans immobiles et debout, les yeux attachés sur l'orateur, ressemblaient à des statues ; mais mademoiselle de Verneuil remarqua bientôt que cette attitude générale était le résultat d'un charme jeté par l'abbé sur cette foule. Il avait, à la manière de grands acteurs, manié tout son public comme un seul homme, en parlant aux intérêts et aux passions. N'avait-il pas absous d'avance les excès, et délié les seuls liens qui retinssent ces hommes grossiers dans l'observation des préceptes religieux et sociaux ? Il avait prostitué le sacerdoce aux intérêts politiques ; mais, dans ces temps de révolution, chacun faisait, au profit de son parti, une arme de ce qu'il possédait, et la croix pacifique de Jésus devenait un instrument de guerre aussi bien que le soc nourricier des charrues. Ne rencontrant aucun être avec lequel elle pût s'entendre, mademoiselle de Verneuil se retourna pour regarder Francine, et ne fut pas médiocrement surprise de lui voir partager cet enthousiasme, car elle disait dévotieusement son chapelet sur celui de Galope-chopine qui le lui avait sans doute abandonné pendant la prédication.

— Francine ! lui dit-elle à voix basse, tu as donc peur d'être une Mahumétische ?

---

1. D'après le Livre des Machabées dans l'Ancien Testament, les frères Machabées, ou Maccabées, prirent à tour de rôle le commandement des Juifs lors de leur révolte de 167 avant J.-C. contre le roi de Syrie, et, de simples chefs militaires, se haussèrent à la dignité de grands prêtres et de fondateurs de dynastie.

— Oh ! mademoiselle, répliqua la Bretonne, voyez donc là-bas la mère de Pierre qui marche...

L'attitude de Francine annonçait une conviction si profonde, que Marie comprit alors tout le secret de ce prône, l'influence du clergé sur les campagnes, et les prodigieux effets de la scène qui commença. Les paysans les plus voisins de l'autel s'avancèrent un à un, et s'agenouillèrent en offrant leurs fusils au prédicateur qui les remettait sur l'autel. Galope-chopine se hâta d'aller présenter sa vieille canardière. Les trois prêtres chantèrent l'hymne du *Veni Creator* tandis que le célébrant enveloppait ces instruments de mort dans un nuage de fumée bleuâtre, en décrivant des dessins qui semblaient s'entrelacer. Lorsque la brise eut dissipé la vapeur de l'encens, les fusils furent distribués par ordre. Chaque homme reçut le sien à genoux, de la main des prêtres qui récitaient une prière latine en les leur rendant. Lorsque les hommes armés revinrent à leurs places, le profond enthousiasme de l'assistance, jusque-là muette, éclata d'une manière formidable, mais attendrissante.

— *Domine, salvum fac regem* [1] !...

Telle était la prière que le prédicateur entonna d'une voix retentissante et qui fut par deux fois violemment chantée. Ces cris eurent quelque chose de sauvage et de guerrier. Les deux notes du mot *regem*, facilement traduit par ces paysans, furent attaquées avec tant d'énergie, que mademoiselle de Verneuil ne put s'empêcher de reporter ses pensées avec attendrissement sur la famille des Bourbons exilés. Ces souvenirs éveillèrent ceux de sa vie passée. Sa mémoire lui retraça les fêtes de cette cour maintenant dispersée, et au sein desquelles elle avait brillé. La figure du marquis s'introduisit dans cette rêverie. Avec cette mobilité naturelle à l'esprit d'une femme, elle oublia le tableau qui s'offrait à ses regards, et revint alors à ses projets de vengeance où il s'en

---

1. « Seigneur, sauve le Roi ! » Le latin exerce évidemment sur les paysans un effet magique. Et cette formule, ajoutée à la pompe et à la ferveur ambiantes, ne laisse pas non plus froide Marie, toute indifférente et « bleue » qu'elle soit ; car ce sont justement la pompe et les passions d'un Ancien Régime quelque peu mythique qu'elle regrette, dans le monde prosaïque de 1799.

allait[1] de sa vie, mais qui pouvaient échouer devant un regard. En pensant à paraître belle, dans ce moment le plus décisif de son existence, elle songea qu'elle n'avait pas d'ornements pour parer sa tête au bal, et fut séduite par l'idée de se coiffer avec une branche de houx, dont les feuilles crispées et les baies rouges attiraient en ce moment son attention.

— Oh ! oh ! mon fusil pourra rater si je tire sur des oiseaux, mais sur des Bleus... jamais ! dit Galope-chopine en hochant la tête en signe de satisfaction.

Marie examina plus attentivement le visage de son guide, et y trouva le type de tous ceux qu'elle venait de voir. Ce vieux Chouan ne trahissait certes pas autant d'idées qu'il y en aurait eu chez un enfant. Une joie naïve ridait ses joues et son front quand il regardait son fusil ; mais une religieuse conviction jetait alors dans l'expression de sa joie une teinte de fanatisme qui, pour un moment, laissait éclater sur cette sauvage figure les vices de la civilisation. Ils atteignirent bientôt un village, c'est-à-dire la réunion de quatre ou cinq habitations semblables à celle de Galope-chopine, où les Chouans nouvellement recrutés arrivèrent, pendant que mademoiselle de Verneuil achevait un repas dont le beurre, le pain et le laitage firent tous les frais. Cette troupe irrégulière était conduite par le recteur, qui tenait à la main une croix grossière transformée en drapeau, et que suivait un gars tout fier de porter la bannière de la paroisse. Mademoiselle de Verneuil se trouva forcément réunie à ce détachement qui se rendait comme elle à Saint-James, et qui la protégea naturellement contre toute espèce de danger, du moment où Galope-chopine eut fait l'heureuse indiscrétion de dire au chef de cette troupe, que la belle garce à laquelle il servait de guide était la bonne amie du Gars.

Vers le coucher du soleil, les trois voyageurs arrivèrent à Saint-James, petite ville qui doit son nom aux Anglais, par lesquels elle fut bâtie au quatorzième siècle, pendant leur domination en Bretagne. Avant d'y entrer, mademoiselle de Verneuil fut témoin d'une étrange scène de guerre à laquelle elle ne donna pas beaucoup

---

1. On attendrait « il y allait ».

d'attention, elle craignit d'être reconnue par quelques-uns de ses ennemis, et cette peur lui fit hâter sa marche. Cinq à six mille paysans étaient campés dans un champ. Leurs costumes, assez semblables à ceux des réquisitionnaires de la Pèlerine, excluaient toute idée de guerre. Cette tumultueuse réunion d'hommes ressemblait à celle d'une grande foire. Il fallait même quelque attention pour découvrir que ces Bretons étaient armés, car leurs peaux de bique si diversement façonnées cachaient presque leurs fusils, et l'arme la plus visible était la faux par laquelle quelques-uns remplaçaient les fusils qu'on devait leur distribuer. Les uns buvaient et mangeaient, les autres se battaient ou se disputaient à haute voix ; mais la plupart dormaient couchés par terre. Il n'y avait aucune apparence d'ordre et de discipline. Un officier, portant un uniforme rouge, attira l'attention de mademoiselle de Verneuil, elle le supposa devoir être au service d'Angleterre. Plus loin, deux autres officiers paraissaient vouloir apprendre à quelques Chouans, plus intelligents que les autres, à manœuvrer deux pièces de canon qui semblaient former toute l'artillerie de la future armée royaliste. Des hurlements accueillirent l'arrivée des gars de Marignay qui furent reconnus à leur bannière. À la faveur du mouvement que cette troupe et les recteurs excitèrent dans le camp, mademoiselle de Verneuil put le traverser sans danger et s'introduisit dans la ville. Elle atteignit une auberge de peu d'apparence et qui n'était pas très éloignée de la maison où se donnait le bal. La ville était envahie par tant de monde, qu'après toutes les peines imaginables, elle n'obtint qu'une mauvaise petite chambre. Lorsqu'elle y fut installée, et que Galope-chopine eut remis à Francine les cartons qui contenaient la toilette de sa maîtresse, il resta debout dans une attitude d'attente et d'irrésolution indescriptible. En tout autre moment, mademoiselle de Verneuil se serait amusée à voir ce qu'est un paysan breton sorti de sa paroisse ; mais elle rompit le charme en tirant de sa bourse quatre écus de six francs qu'elle lui présenta.

— Prends donc ! dit-elle à Galope-chopine ; et, si tu veux m'obliger, tu retourneras sur-le-champ à Fougères, sans passer par le camp et sans goûter au cidre.

Les Merveilleuses.

« Ainsi vêtue, ainsi coiffée, elle offrit une ressemblance parfaite avec les plus illustres chefs-d'œuvre du ciseau grec. »

Le Chouan, étonné d'une telle libéralité, regardait tour à tour les quatre écus qu'il avait pris et mademoiselle de Verneuil ; mais elle fit un geste de main, et il disparut.

— Comment pouvez-vous le renvoyer, mademoiselle ! demanda Francine. N'avez-vous pas vu comme la ville est entourée, comment la quitterons-nous, et qui vous protégera ici ?...

— N'as-tu pas ton protecteur ? dit mademoiselle de Verneuil en sifflant sourdement d'une manière moqueuse à la manière de Marche-à-terre, de qui elle essaya de contrefaire l'attitude.

Francine rougit et sourit tristement de la gaieté de sa maîtresse.

— Mais où est le vôtre ? demanda-t-elle.

Mademoiselle de Verneuil tira brusquement son poignard, et le montra à la Bretonne effrayée qui se laissa aller sur une chaise, en joignant les mains.

— Qu'êtes-vous donc venue chercher ici, Marie ! s'écria-t-elle d'une voix suppliante qui ne demandait pas de réponse.

Mademoiselle de Verneuil était occupée à contourner[1] les branches de houx qu'elle avait cueillies, et disait :
— Je ne sais pas si ce houx sera bien joli dans les cheveux. Un visage aussi éclatant que le mien peut seul supporter une si sombre coiffure, qu'en dis-tu, Francine ?

Plusieurs propos semblables annoncèrent la plus grande liberté d'esprit chez cette singulière fille pendant qu'elle fit sa toilette. Qui l'eût écoutée, aurait difficilement cru à la gravité de ce moment où elle jouait sa vie. Une robe de mousseline des Indes, assez courte et semblable à un linge mouillé, révéla les contours délicats de ses formes ; puis elle mit un pardessus rouge[2] dont les plis nombreux et graduellement plus allongés à mesure qu'ils tombaient sur le côté, dessinèrent le cintre gracieux des tuniques grecques. Ce voluptueux vêtement des prêtresses païennes rendit moins indécent ce costume que la mode de cette époque permettait aux femmes de porter. Pour atténuer l'impudeur de la mode, Marie couvrit d'une gaze ses blanches épaules que la tunique laissait à nu beaucoup trop bas. Elle tourna les longues nattes de ses cheveux de manière à leur faire former derrière la tête ce cône imparfait et aplati qui donne tant de grâce à la figure de quelques statues antiques par une prolongation factice de la tête, et quelques boucles réservées au-dessus du front retombèrent de chaque côté de son visage en longs rouleaux brillants. Ainsi vêtue, ainsi coiffée, elle offrit une ressemblance parfaite avec les plus illustres chefs-d'œuvre du ciseau grec. Quand elle eut, par un sourire, donné son approbation à cette coiffure dont les moindres dispositions faisaient ressortir les beautés de son visage, elle y posa la couronne de houx qu'elle avait préparée et dont les nombreuses baies rouges répétèrent heureusement dans ses cheveux la couleur de la tunique. Tout en tortillant quelques feuilles pour produire des oppositions capricieuses entre leur sens et le revers, mademoiselle

---

1. Au sens non de « passer autour de », mais de « faire tourner », entrelacer. — 2. Ici, le pardessus est simplement un vêtement de dessus, une tunique.

Marie de Verneuil.
« J'ai l'air d'une statue de la Liberté. »
Illustration de l'édition Furne.

de Verneuil regarda dans une glace l'ensemble de sa
toilette pour juger de son effet.

— Je suis horrible ce soir ! dit-elle comme si elle eût
été entourée de flatteurs. J'ai l'air d'une statue de la
Liberté [1].

Elle plaça soigneusement son poignard au milieu de
son corset en laissant passer les rubis qui en ornaient le
bout et dont les reflets rougeâtres devaient attirer les

---

1. À partir de 1789, la Liberté fut souvent allégoriquement repré-
sentée par une femme d'allure très libre, au costume stylisé, à la poitrine parfois découverte, et coiffée d'un bonnet phrygien.

yeux sur les trésors que sa rivale avait si indignement
prostitués. Francine ne put se résoudre à quitter sa maîtresse. Quand elle la vit près de partir, elle sut trouver,
pour l'accompagner, des prétextes dans tous les obstacles que les femmes ont à surmonter en allant à une
fête dans une petite ville de la Basse-Bretagne [1]. Ne fal-
lait-il pas qu'elle débarrassât mademoiselle de Verneuil
de son manteau, de la double chaussure que la boue et
le fumier de la rue l'avaient obligée à mettre, quoiqu'on
l'eût fait sabler, et du voile de gaze sous lequel elle
cachait sa tête aux regards des Chouans que la curiosité
attirait autour de la maison où la fête avait lieu ? La
foule était si nombreuse, qu'elles marchèrent entre deux
haies de Chouans. Francine n'essaya plus de retenir sa
maîtresse, mais après lui avoir rendu les derniers services exigés par une toilette dont le mérite consistait
dans une extrême fraîcheur, elle resta dans la cour pour
ne pas l'abandonner aux hasards de sa destinée sans être
à même de voler à son secours, car la pauvre Bretonne
ne prévoyait que des malheurs.

Une scène assez étrange avait lieu dans l'appartement
de Montauran, au moment où Marie de Verneuil se rendait à la fête. Le jeune marquis achevait sa toilette et
passait le large ruban rouge qui devait servir à le faire
reconnaître comme le premier personnage de cette
assemblée, lorsque l'abbé Gudin entra d'un air inquiet.

— Monsieur le marquis, venez vite, lui dit-il. Vous
seul pourrez calmer l'orage qui s'est élevé, je ne sais à
quel propos, entre les chefs. Ils parlent de quitter le service du Roi. Je crois que ce diable de Rifoël est cause
de tout le tumulte. Ces querelles-là sont toujours causées
par une niaiserie. Madame du Gua lui a reproché, m'a-
t-on dit, d'arriver très mal mis au bal.

— Il faut que cette femme soit folle, s'écria le marquis, pour vouloir...

— Le chevalier du Vissard, reprit l'abbé en interrompant le chef, a répliqué que si vous lui aviez donné l'argent promis au nom du Roi...

---

1. La Basse-Bretagne se situe en gros à l'ouest d'une ligne Plouha-
Vannes.

— Assez, assez, monsieur l'abbé. Je comprends tout, maintenant. Cette scène a été convenue, n'est-ce pas, et vous êtes l'ambassadeur...

— Moi, monsieur le marquis ! reprit l'abbé en interrompant encore, je vais vous appuyer vigoureusement, et vous me rendrez, j'espère, la justice de croire que le rétablissement de nos autels en France, celui du Roi sur le trône de ses pères, sont pour mes humbles travaux de bien plus puissants attraits que cet évêché de Rennes que vous...

L'abbé n'osa poursuivre, car à ces mots le marquis s'était mis à sourire avec amertume. Mais le jeune chef réprima aussitôt la tristesse des réflexions qu'il faisait, son front prit une expression sévère, et il suivit l'abbé Gudin dans une salle où retentissaient de violentes clameurs.

— Je ne reconnais ici l'autorité de personne, s'écriait Rifoël en jetant des regards enflammés à tous ceux qui l'entouraient et en portant la main à la poignée de son sabre.

— Reconnaissez-vous celle du bon sens ? lui demanda froidement le marquis.

Le jeune chevalier du Vissard, plus connu sous son nom patronymique de Rifoël, garda le silence devant le général des armées catholiques.

— Qu'y a-t-il donc, messieurs ? dit le jeune chef en examinant tous les visages.

— Il y a, monsieur le marquis, reprit un célèbre contrebandier [1] embarrassé comme un homme du peuple qui reste d'abord sous le joug du préjugé devant un grand seigneur, mais qui ne connaît plus de bornes aussitôt qu'il a franchi la barrière qui l'en sépare, parce qu'il ne voit alors en lui qu'un égal ; il y a, dit-il, que vous venez fort à propos. Je ne sais pas dire des paroles dorées, aussi m'expliquerai-je rondement. J'ai commandé cinq cents hommes pendant tout le temps de la dernière guerre.

---

1. Il s'agit de René Cottereau, seul survivant des quatre frères en 1799, comme nous le comprenons quelques lignes plus loin. En réalité, cet homme ne réclama aucun dédommagement pour son zèle monarchique.

Depuis que nous avons repris les armes, j'ai su trouver pour le service du Roi mille têtes aussi dures que la mienne. Voici sept ans que je risque ma vie pour la bonne cause, je ne vous le reproche pas, mais toute peine mérite salaire. Or, pour commencer, je veux qu'on m'appelle monsieur de Cottereau. Je veux que le grade de colonel me soit reconnu, sinon je traite de ma soumission avec le premier Consul. Voyez-vous, monsieur le marquis, mes hommes et moi nous avons un créancier diablement importun et qu'il faut toujours satisfaire ! — Le voilà ! ajouta-t-il en se frappant le ventre.

— Les violons sont-ils venus ? demanda le marquis à madame du Gua avec un accent moqueur.

Mais le contrebandier avait traité brutalement un sujet trop important, et ces esprits aussi calculateurs qu'ambitieux étaient depuis trop longtemps en suspens sur ce qu'ils avaient à espérer du Roi, pour que le dédain du jeune chef pût mettre un terme à cette scène. Le jeune et ardent chevalier du Vissard se plaça vivement devant Montauran, et lui prit la main pour l'obliger à rester.

— Prenez garde, monsieur le marquis, lui dit-il, vous traitez trop légèrement des hommes qui ont quelque droit à la reconnaissance de celui que vous représentez ici. Nous savons que Sa Majesté vous a donné tout pouvoir pour attester nos services, qui doivent trouver leur récompense dans ce monde ou dans l'autre, car chaque jour l'échafaud est dressé pour nous. Je sais, quant à moi, que le grade de maréchal de camp...

— Vous voulez dire colonel...

— Non, monsieur le marquis, Charrette m'a nommé colonel. Le grade dont je parle ne pouvant pas m'être contesté, je ne plaide point en ce moment pour moi, mais pour tous mes intrépides frères d'armes dont les services ont besoin d'être constatés. Votre signature et vos promesses leur suffiront aujourd'hui, et, dit-il tout bas, j'avoue qu'ils se contentent de peu de chose. Mais, reprit-il en haussant la voix, quand le soleil se lèvera dans le château de Versailles pour éclairer les jours heureux de la monarchie, alors les fidèles qui auront aidé le Roi à conquérir la France, en France, pourront-ils facilement obtenir des grâces pour leurs familles, des pensions

pour les veuves, et la restitution des biens qu'on leur a
si mal à propos confisqués ? J'en doute. Aussi, monsieur
le marquis, les preuves des services rendus ne seront-
ils[1] pas alors inutiles. Je ne me défierai jamais du Roi,
mais bien de ces cormorans de ministres et de courtisans
qui lui corneront aux oreilles des considérations sur le
bien public, l'honneur de la France, les intérêts de la
couronne, et mille autres billevesées. Puis l'on se
moquera d'un loyal Vendéen ou d'un brave Chouan,
parce qu'il sera vieux, et que la brette[2] qu'il aura tirée
pour la bonne cause lui battra dans des jambes amaigries
par les souffrances... Trouvez-vous que nous ayons tort ?

— Vous parlez admirablement bien, monsieur du
Vissard, mais un peu trop tôt, répondit le marquis.

— Écoutez donc, marquis, lui dit le comte de Bauvan
à voix basse, Rifoël a, par ma foi, débité de fort bonnes
choses. Vous êtes sûr, vous, de toujours avoir l'oreille
du Roi ; mais nous autres, nous n'irons voir le maître
que de loin en loin ; et je vous avoue que si vous ne me
donniez pas votre parole de gentilhomme de me faire
obtenir en temps et lieu la charge de Grand-maître des
Eaux et Forêts de France, du diable si je risquerais mon
cou. Conquérir la Normandie au Roi, ce n'est pas une
petite tâche, aussi espéré-je bien avoir l'Ordre. — Mais,
ajouta-t-il en rougissant, nous avons le temps de penser
à cela. Dieu me préserve d'imiter ces pauvres hères et
de vous harceler. Vous parlerez de moi au Roi, et tout
sera dit.

Chacun des chefs trouva le moyen de faire savoir au
marquis, d'une manière plus ou moins ingénieuse, le
prix exagéré qu'il attendait de ses services. L'un demandait modestement le gouvernement de Bretagne, l'autre
une baronnie, celui-ci un grade, celui-là un commandement ; tous voulaient des pensions.

— Eh ! bien, baron, dit le marquis à monsieur du
Guénic, vous ne voulez donc rien ?

— Ma foi, marquis, ces messieurs ne me laissent que

---

1. Il faudrait bien sûr ici « elles ». — **2.** La brette est une épée à
lame longue et effilée, normalement utilisée dans les duels (*cf.* « bret-
teur »).

la couronne de France, mais je pourrais bien m'en accommoder...

— Eh ! messieurs, dit l'abbé Gudin d'une voix tonnante, songez donc que si vous êtes si empressés, vous gâterez tout au jour de la victoire. Le Roi ne sera-t-il pas obligé de faire des concessions aux révolutionnaires ?

— Aux jacobins, s'écria le contrebandier. Ah ! que le Roi me laisse faire, je réponds d'employer mes mille hommes à les pendre, et nous en serons bientôt débarrassés.

— Monsieur *de* Cottereau, reprit le marquis, je vois entrer quelques personnes invitées à se rendre ici. Nous devons rivaliser de zèle et de soins pour les décider à coopérer à notre sainte entreprise, et vous comprenez que ce n'est pas le moment de nous occuper de vos demandes, fussent-elles justes.

En parlant ainsi, le marquis s'avançait vers la porte, comme pour aller au-devant de quelques nobles des pays voisins qu'il avait entrevus ; mais le hardi contrebandier lui barra le passage d'un air soumis et respectueux.

— Non, non, monsieur le marquis, excusez-moi ; mais les jacobins nous ont trop bien appris, en 1793, que ce n'est pas celui qui fait la moisson qui mange la galette. Signez-moi ce chiffon de papier, et demain je vous amène quinze cents gars ; sinon, je traite avec le premier Consul.

Après avoir regardé fièrement autour de lui, le marquis vit que la hardiesse du vieux partisan et son air résolu ne déplaisaient à aucun des spectateurs de ce débat. Un seul homme assis dans un coin semblait ne prendre aucune part à la scène, et s'occupait à charger de tabac une pipe en terre blanche. L'air de mépris qu'il témoignait pour les orateurs, son attitude modeste, et le regard compatissant que le marquis rencontra dans ses yeux, lui firent examiner ce serviteur généreux, dans lequel il reconnut le major Brigaut ; le chef alla brusquement à lui.

— Et toi, lui dit-il, que demandes-tu ?

— Oh ! monsieur le marquis, si le Roi revient, je suis content.

— Mais toi ?

— Oh ! moi... Monseigneur veut rire.

Le marquis serra la main calleuse du Breton, et dit à madame du Gua, dont il s'était rapproché : — Madame, je puis périr dans mon entreprise avant d'avoir eu le temps de faire parvenir au Roi un rapport fidèle sur les armées catholiques de la Bretagne. Si vous voyez la Restauration, n'oubliez ni ce brave homme ni le baron du Guénic. Il y a plus de dévouement en eux que dans tous ces gens-là.

Et il montra les chefs qui attendaient avec une certaine impatience que le jeune marquis fît droit à leurs demandes. Tous tenaient à la main des papiers déployés, où leurs services avaient sans doute été constatés par les généraux royalistes des guerres précédentes, et tous commençaient à murmurer. Au milieu d'eux, l'abbé Gudin, le comte de Bauvan, le baron du Guénic se consultaient pour aider le marquis à repousser des prétentions si exagérées, car ils trouvaient la position du jeune chef très délicate.

Tout à coup le marquis promena ses yeux bleus, brillants d'ironie, sur cette assemblée, et dit d'une voix claire : — Messieurs, je ne sais pas si les pouvoirs que le Roi a daigné me confier sont assez étendus pour que je puisse satisfaire à vos demandes. Il n'a peut-être pas prévu tant de zèle, ni tant de dévouement. Vous allez juger vous-mêmes de mes devoirs, et peut-être saurai-je les accomplir.

Il disparut et revint promptement en tenant à la main une lettre déployée, revêtue du sceau et de la signature royale.

— Voici les lettres patentes en vertu desquelles vous devez m'obéir, dit-il. Elles m'autorisent à gouverner les provinces de Bretagne, de Normandie, du Maine et de l'Anjou, au nom du Roi, et à reconnaître les services des officiers qui se seront distingués dans ses armées [1].

Un mouvement de satisfaction éclata dans l'assem-

---

1. En fait, il n'y eut dans la seconde chouannerie ni gouverneur des provinces de l'Ouest, ni commandant en chef de la guérilla. En revanche, la réunion de Saint-James évoque celle qui eut réellement lieu à La Jonchère (Maine-et-Loire) le 15 septembre 1799.

blée. Les Chouans s'avancèrent vers le marquis, en décrivant autour de lui un cercle respectueux. Tous les yeux étaient attachés sur la signature du Roi. Le jeune chef, qui se tenait debout devant la cheminée, jeta les lettres dans le feu, où elles furent consumées en un clin d'œil.

— Je ne veux plus commander, s'écria le jeune homme, qu'à ceux qui verront un Roi dans le Roi, et non une proie à dévorer. Vous êtes libres, messieurs, de m'abandonner...

Madame du Gua, l'abbé Gudin, le major Brigaut, le chevalier du Vissard, le baron du Guénic, le comte de Bauvan, enthousiasmés, firent entendre le cri de *vive le Roi !* Si d'abord les autres chefs hésitèrent un moment à répéter ce cri, bientôt entraînés par la noble action du marquis, ils le prièrent d'oublier ce qui venait de se passer, en l'assurant que, sans lettres patentes, il serait toujours leur chef.

— Allons danser, s'écria le comte de Bauvan, et advienne que pourra ! Après tout, ajouta-t-il gaiement, il vaut mieux, mes amis, s'adresser à Dieu qu'à ses saints. Battons-nous d'abord, et nous verrons après.

— Ah ? c'est vrai, ça. Sauf votre respect, monsieur le baron, dit Brigaut à voix basse en s'adressant au loyal du Guénic, je n'ai jamais vu réclamer dès le matin le prix de la journée.

L'assemblée se dispersa dans les salons où quelques personnes étaient déjà réunies. Le marquis essaya vainement de quitter l'air sombre qui altéra son visage, les chefs aperçurent aisément les impressions défavorables que cette scène avait produites sur un homme dont le dévouement était encore accompagné des belles illusions de la jeunesse, et ils en furent honteux.

Une joie enivrante éclatait dans cette réunion composée des personnes les plus exaltées du parti royaliste, qui, n'ayant jamais pu juger, du fond d'une province insoumise, les événements de la Révolution, devaient prendre les espérances les plus hypothétiques pour des réalités. Les opérations hardies commencées par Montauran, son nom, sa fortune, sa capacité, relevaient tous les courages, et causaient cette ivresse politique, la plus dangereuse de toutes, en ce qu'elle ne se refroidit que dans des torrents de sang presque toujours inutilement versés. Pour toutes les personnes présentes, la Révolution n'était qu'un trouble passager dans le royaume de France, où, pour elles, rien ne paraissait changé. Ces campagnes appartenaient toujours à la maison de Bourbon. Les royalistes y régnaient si complètement que quatre années auparavant, Hoche y obtint moins la paix qu'un armistice. Les nobles traitaient donc fort légèrement les Révolutionnaires : pour eux, Bonaparte était un Marceau plus heureux que son devancier [1]. Aussi les femmes se disposaient-elles fort gaiement à danser. Quelques-uns des chefs qui s'étaient battus avec les Bleus connaissaient seuls la gravité de la crise actuelle, et sachant que s'ils parlaient du premier Consul et de sa puissance à leurs compatriotes arriérés, ils n'en seraient pas compris, tous causaient entre eux en regardant les femmes avec une insouciance dont elles se vengeaient en se critiquant entre elles. Madame du Gua, qui semblait faire les honneurs du bal, essayait de tromper l'impatience des danseuses en adressant successivement à chacune d'elles les flatteries d'usage. Déjà l'on entendait les sons criards des instruments que l'on mettait d'accord, lorsque madame du Gua aperçut le marquis dont la figure conservait encore une expression de tristesse ; elle alla brusquement à lui.

— Ce n'est pas, j'ose l'espérer, la scène très ordinaire que vous avez eue avec ces manants qui peut vous accabler, lui dit-elle.

Elle n'obtint pas de réponse, le marquis absorbé dans sa rêverie croyait entendre quelques-unes des raisons que, d'une voix prophétique, Marie lui avait données au milieu de ces mêmes chefs à la Vivetière, pour l'engager à abandonner la lutte des rois contre les peuples. Mais ce jeune homme avait trop d'élévation dans l'âme, trop d'orgueil, trop de conviction peut-être pour délaisser

---

1. Marceau, successeur de Rossignol à la tête de l'armée de l'Ouest en 1793 et vainqueur au Mans et à Savenay, se signala par son humanité envers les chouans, avant de s'illustrer à Fleurus, puis en Allemagne. Il mourut glorieusement en 1796.

l'œuvre commencée, et il se décidait en ce moment à la poursuivre courageusement malgré les obstacles. Il releva la tête avec fierté, et alors il comprit ce que lui disait madame du Gua.

— Vous êtes sans doute à Fougères, disait-elle avec une amertume qui révélait l'inutilité des efforts qu'elle avait tentés pour distraire le marquis. Ah ! monsieur, je donnerais mon sang pour vous *la* mettre entre les mains et vous voir heureux avec elle.

— Pourquoi donc avoir tiré sur elle avec tant d'adresse ?

— Parce que je la voudrais morte ou dans vos bras. Oui, monsieur, j'ai pu aimer le marquis de Montauran le jour où j'ai cru voir en lui un héros. Maintenant je n'ai plus pour lui qu'une douloureuse amitié, je le vois séparé de la gloire par le cœur nomade d'une fille d'Opéra.

— Pour de l'amour, reprit le marquis avec l'accent de l'ironie, vous me jugez bien mal ! Si j'aimais cette fille-là, madame, je la désirerais moins... et, sans vous, peut-être, n'y penserais-je déjà plus.

— La voici ! dit brusquement madame du Gua.

La précipitation que mit le marquis à tourner la tête fit un mal affreux à cette pauvre femme ; mais la vive lumière des bougies lui permettant de bien apercevoir les plus légers changements qui se firent dans les traits de cet homme si violemment aimé, elle crut y découvrir quelques espérances de retour, lorsqu'il ramena sa tête vers elle, en souriant de cette ruse de femme.

— De quoi riez-vous donc ? demanda le comte de Bauvan.

— D'une bulle de savon qui s'évapore ! répondit madame du Gua joyeuse. Le marquis, s'il faut l'en croire, s'étonne aujourd'hui d'avoir senti son cœur battre un instant pour cette fille qui se disait mademoiselle de Verneuil. Vous savez ?

— Cette fille ?... reprit le comte avec un accent de reproche. Madame, c'est à l'auteur du mal à le réparer, et je vous donne ma parole d'honneur qu'elle est bien réellement la fille du duc de Verneuil.

— Monsieur le comte, dit le marquis d'une voix profondément altérée, laquelle de vos deux paroles croire, celle de la Vivetière ou celle de Saint-James ?

Une voix éclatante annonça mademoiselle de Verneuil. Le comte s'élança vers la porte, offrit la main à la belle inconnue avec les marques du plus profond respect ; et, la présentant à travers la foule curieuse au marquis et à madame du Gua : — Ne croire que celle d'aujourd'hui, répondit-il au jeune chef stupéfait.

Madame du Gua pâlit à l'aspect de cette malencontreuse fille, qui resta debout un moment en jetant des regards orgueilleux sur cette assemblée où elle chercha les convives de la Vivetière. Elle attendit la salutation forcée de sa rivale, et, sans regarder le marquis, se laissa conduire à une place d'honneur par le comte qui la fit asseoir près de madame du Gua, à laquelle elle rendit un léger salut de protection, mais qui, par un instinct de femme, ne s'en fâcha point et prit aussitôt un air riant et amical. La mise extraordinaire et la beauté de mademoiselle de Verneuil excitèrent un moment les murmures de l'assemblée. Lorsque le marquis et madame du Gua tournèrent leurs regards sur les convives de la Vivetière, ils les trouvèrent dans une attitude de respect qui ne paraissait pas être jouée, chacun d'eux semblait chercher les moyens de rentrer en grâce auprès de la jeune Parisienne méconnue. Les ennemis étaient donc en présence.

— Mais c'est une magie, mademoiselle ! Il n'y a que vous au monde pour surprendre ainsi les gens. Comment, venir toute seule ? disait madame du Gua.

— Toute seule, répéta mademoiselle de Verneuil ; ainsi, madame, vous n'aurez que moi, ce soir, à tuer.

— Soyez indulgente, reprit madame du Gua. Je ne puis vous exprimer combien j'éprouve de plaisir à vous revoir. Vraiment j'étais accablée par le souvenir de mes torts envers vous, et je cherchais une occasion qui me permît de les réparer.

— Quant à vos torts, madame, je vous pardonne facilement ceux que vous avez eus envers moi ; mais j'ai sur le cœur la mort des Bleus que vous avez assassinés. Je pourrais peut-être encore me plaindre de la roideur de votre correspondance... Hé ! bien, j'excuse tout, grâce au service que vous m'avez rendu.

Madame du Gua perdit contenance en se sentant presser la main par sa belle rivale qui lui souriait avec une grâce insultante. Le marquis était resté immobile, mais en ce moment il saisit fortement le bras du comte.

— Vous m'avez indignement trompé, lui dit-il, et vous avez compromis jusqu'à mon honneur ; je ne suis pas un Géronte de comédie[1], et il me faut votre vie ou vous aurez la mienne.

— Marquis, reprit le comte avec hauteur, je suis prêt à vous donner toutes les explications que vous désirerez.

Et ils se dirigèrent vers la pièce voisine. Les personnes les moins initiées au secret de cette scène commençaient à en comprendre l'intérêt, en sorte que quand les violons donnèrent le signal de la danse, personne ne bougea.

— Mademoiselle, quel service assez important ai-je donc eu l'honneur de vous rendre, pour mériter..., reprit madame du Gua en se pinçant les lèvres avec une sorte de rage.

— Madame, ne m'avez-vous pas éclairée sur le vrai caractère du marquis de Montauran ? Avec quelle impassibilité cet homme affreux me laissait périr, je vous l'abandonne bien volontiers.

— Que venez-vous donc chercher ici ? dit vivement madame du Gua.

— L'estime et la considération que vous m'aviez enlevées à la Vivetière, madame. Quant au reste, soyez bien tranquille. Si le marquis revenait à moi, vous devez savoir qu'un retour n'est jamais de l'amour.

Madame du Gua prit alors la main de mademoiselle de Verneuil avec cette affectueuse gentillesse de mouvement que les femmes déploient volontiers entre elles, surtout en présence des hommes.

— Eh ! bien, ma pauvre petite, je suis enchantée de vous voir si raisonnable. Si le service que je vous ai rendu a été d'abord bien rude, dit-elle en pressant la main qu'elle tenait quoiqu'elle éprouvât l'envie de la déchirer lorsque ses doigts lui en révélèrent la moelleuse finesse, il sera du moins complet. Écoutez, je connais le caractère du Gars,

---

1. Géronte, dans les comédies classiques, est le vieillard ridicule, dupé par ses enfants et par ses valets.

dit-elle avec un sourire perfide, eh ! bien, il vous aurait trompée, il ne veut et ne peut épouser personne.

— Ah !...

— Oui, mademoiselle, il n'a accepté sa dangereuse mission que pour mériter la main de mademoiselle d'Uxelles [1], alliance pour laquelle Sa Majesté lui a promis tout son appui.

— Ah ! ah !...

Mademoiselle de Verneuil n'ajouta pas un mot à cette railleuse exclamation. Le jeune et beau chevalier du Vissard, impatient de se faire pardonner la plaisanterie qui avait donné le signal des injures à la Vivetière [2], s'avança vers elle en l'invitant respectueusement à danser, elle lui tendit la main et s'élança pour prendre place au quadrille où figurait madame du Gua. La mise de ces femmes dont les toilettes rappelaient les modes de la cour exilée, qui toutes avaient de la poudre ou les cheveux crêpés, sembla ridicule aussitôt qu'on put la comparer au costume à la fois élégant, riche et sévère que la mode autorisait mademoiselle de Verneuil à porter, qui fut proscrit à haute voix, mais envié *in petto* par les femmes. Les hommes ne se lassaient pas d'admirer la beauté d'une chevelure naturelle, et les détails d'un ajustement dont la grâce était toute dans celle des proportions qu'il révélait.

En ce moment le marquis et le comte rentrèrent dans la salle de bal et arrivèrent derrière mademoiselle de Verneuil qui ne se retourna pas. Si une glace, placée vis-à-vis d'elle, ne lui eût pas appris la présence du marquis, elle l'eût devinée par la contenance de madame du Gua qui cachait mal, sous un air indifférent en apparence, l'impatience avec laquelle elle attendait la lutte qui, tôt ou tard, devait se déclarer entre les deux amants. Quoique le marquis s'entretînt avec le comte et deux autres personnes, il put néanmoins entendre les propos des cavaliers et des danseuses qui, selon les caprices de

1. Diane d'Uxelles, d'une très grande maison de *La Comédie humaine*, deviendra duchesse de Maufrigneuse puis princesse de Cadignan dans *Le Cabinet des antiques*, *Splendeurs et misères des courtisanes* et *Les Secrets de la princesse de Cadignan*. — 2. *Cf.* p. 250.

la contredanse, venaient occuper momentanément la place de mademoiselle de Verneuil et de ses voisins.

— Oh ! mon Dieu, oui, madame, elle est venue seule, disait l'un.

— Il faut être bien hardie, répondit la danseuse.

— Mais si j'étais habillée ainsi, je me croirais nue, dit une autre dame.

— Oh ! ce n'est pas un costume décent, répliquait le cavalier, mais elle est si belle, et il lui va si bien !

— Voyez, je suis honteuse pour elle de la perfection de sa danse. Ne trouvez-vous pas qu'elle a tout à fait l'air d'une fille d'Opéra ? répliqua la dame jalouse.

— Croyez-vous qu'elle vienne ici pour traiter au nom du premier Consul ? demandait une troisième dame.

— Quelle plaisanterie, répondit le cavalier.

— Elle n'apportera guère d'innocence en dot, dit en riant la danseuse.

Le Gars se retourna brusquement pour voir la femme qui se permettait cette épigramme, et alors madame du Gua le regarda d'un air qui disait évidemment : — Vous voyez ce qu'on en pense !

— Madame, dit en riant le comte à l'ennemie de Marie, il n'y a encore que les dames qui la lui ont ôtée...

Le marquis pardonna intérieurement au comte tous ses torts. Lorsqu'il se hasarda à jeter un regard sur sa maîtresse dont les grâces étaient, comme celles de presque toutes les femmes, mises en relief par la lumière des bougies, elle lui tourna le dos en revenant à sa place, et s'entretint avec son cavalier en laissant parvenir à l'oreille du marquis les sons les plus caressants de sa voix.

— Le premier Consul nous envoie des ambassadeurs bien dangereux, lui disait son danseur.

— Monsieur, reprit-elle, on a déjà dit cela à la Vivetière.

— Mais vous avez autant de mémoire que le Roi, repartit le gentilhomme mécontent de sa maladresse.

— Pour pardonner les injures, il faut bien s'en souvenir, reprit-elle vivement en le tirant d'embarras par un sourire.

— Sommes-nous tous compris dans cette amnistie ? lui demanda le marquis.

Mais elle s'élança pour danser avec une ivresse enfantine en le laissant interdit et sans réponse ; il la contempla avec une froide mélancolie, elle s'en aperçut, et alors elle pencha la tête par une de ces coquettes attitudes que lui permettait la gracieuse proportion de son col, et n'oublia certes aucun des mouvements qui pouvaient attester la rare perfection de son corps. Marie attirait comme l'espoir, elle échappait comme un souvenir. La voir ainsi, c'était vouloir la posséder à tout prix. Elle le savait, et la conscience qu'elle eut alors de sa beauté répandit sur sa figure un charme inexprimable. Le marquis sentit s'élever dans son cœur un tourbillon d'amour, de rage et de folie, il serra violemment la main du comte et s'éloigna.

— Eh ! bien, il est donc parti ? demanda mademoiselle de Verneuil en revenant à sa place.

Le comte s'élança dans la salle voisine, et fit à sa protégée un signe d'intelligence en lui ramenant le Gars.

— Il est à moi, se dit-elle en examinant dans la glace le marquis dont la figure doucement agitée rayonnait d'espérance.

Elle reçut le jeune chef en boudant et sans mot dire, mais elle le quitta en souriant ; elle le voyait si supérieur, qu'elle se sentit fière de pouvoir le tyranniser, et voulut lui faire acheter chèrement quelques douces paroles pour lui en apprendre tout le prix, suivant un instinct de femme auquel toutes obéissent plus ou moins. La contredanse finie, tous les gentilshommes de la Vivetière vinrent entourer Marie, et chacun d'eux sollicita le pardon de son erreur par des flatteries plus ou moins bien débitées ; mais celui qu'elle aurait voulu voir à ses pieds n'approcha pas du groupe où elle régnait.

— Il se croit encore aimé, se dit-elle, il ne veut pas être confondu avec les indifférents.

Elle refusa de danser. Puis, comme si cette fête eût été donnée pour elle, elle alla de quadrille en quadrille, appuyée sur le bras du comte de Bauvan, auquel elle se plut à témoigner quelque familiarité. L'aventure de la Vivetière était alors connue de toute l'assemblée dans ses moindres détails, grâce aux soins de madame du Gua qui espérait, en affichant ainsi mademoiselle de Verneuil et le marquis, mettre un obstacle de plus à leur réunion ;

aussi les deux amants brouillés étaient-ils devenus l'objet de l'attention générale. Montauran n'osait aborder sa maîtresse, car le sentiment de ses torts et la violence de ses désirs rallumés la lui rendaient presque terrible ; et, de son côté, la jeune fille en épiait la figure faussement calme, tout en paraissant contempler le bal.

— Il fait horriblement chaud ici, dit-elle à son cavalier. Je vois le front de monsieur de Montauran tout humide. Menez-moi de l'autre côté, que je puisse respirer, j'étouffe.

Et, d'un geste de tête, elle désigna au comte le salon voisin où se trouvaient quelques joueurs. Le marquis y suivit sa maîtresse, dont les paroles avaient été devinées au seul mouvement des lèvres. Il osa espérer qu'elle ne s'éloignait de la foule que pour le revoir, et cette faveur supposée rendit à sa passion une violence inconnue ; car son amour avait grandi de toutes les résistances qu'il croyait devoir lui opposer depuis quelques jours. Mademoiselle de Verneuil se plut à tourmenter le jeune chef, son regard, si doux, si velouté pour le comte, devenait sec et sombre quand par hasard il rencontrait les yeux du marquis. Montauran parut faire un effort pénible, et dit d'une voix sourde : — Ne me pardonnerez-vous donc pas ?

— L'amour, lui répondit-elle avec froideur, ne pardonne rien, ou pardonne tout. Mais, reprit-elle, en lui voyant faire un mouvement de joie, il faut aimer.

Elle avait repris le bras du comte et s'était élancée dans une espèce de boudoir attenant à la salle de jeu. Le marquis y suivit Marie.

— Vous m'écouterez, s'écria-t-il.

— Vous feriez croire, monsieur, répondit-elle, que je suis venue ici pour vous et non par respect pour moi-même. Si vous ne cessez cette odieuse poursuite, je me retire.

— Eh ! bien, dit-il en se souvenant d'une des plus folles actions du dernier duc de Lorraine [1], laissez-moi vous parler seulement pendant le temps que je pourrai garder dans la main ce charbon.

Il se baissa vers le foyer, saisit un bout de tison et le serra violemment. Mademoiselle de Verneuil rougit,

---

1. L'allusion au dernier duc de Lorraine n'a pas été éclaircie.

dégagea vivement son bras de celui du comte et regarda le marquis avec étonnement. Le comte s'éloigna doucement et laissa les deux amants seuls. Une si folle action[1] avait ébranlé le cœur de Marie, car, en amour, il n'y a rien de plus persuasif qu'une courageuse bêtise.

— Vous me prouvez là, dit-elle en essayant de lui faire jeter le charbon, que vous me livreriez au plus cruel de tous les supplices. Vous êtes extrême en tout. Sur la foi d'un sot et les calomnies d'une femme, vous avez soupçonné celle qui venait de vous sauver la vie d'être capable de vous vendre.

— Oui, dit-il en souriant, j'ai été cruel envers vous ; mais oubliez-le toujours, je ne l'oublierai jamais. Écoutez-moi. J'ai été indignement trompé, mais tant de circonstances dans cette fatale journée se sont trouvées contre vous[2].

— Et ces circonstances suffisaient pour éteindre votre amour ?

Il hésitait à répondre, elle fit un geste de dédain, et se leva.

— Oh ! Marie, maintenant je ne veux plus croire que vous...

— Mais jetez donc ce feu ! Vous êtes fou. Ouvrez votre main, je le veux.

Il se plut à opposer une molle résistance aux doux efforts de sa maîtresse, pour prolonger le plaisir aigu qu'il éprouvait à être fortement pressé par ses doigts mignons et caressants ; mais elle réussit enfin à ouvrir

---

1. Le geste de Montauran rappelle aussi celui de Mucius Scaevola, jeune Romain qui mit sa main droite dans un brasier pour se punir d'avoir manqué son but, tuer le roi ennemi. L'impulsion de l'amoureux relève d'un romantisme mélodramatique. — 2. Le manuscrit du roman présentait une variante plus explicite :

« — Que vous disaient-ils donc de moi ?... reprit-elle en le regardant avec dignité.

— Que vous étiez une prostituée...

— Et... demanda-t-elle, votre amour pouvait s'éteindre à cette idée ! Il hésitait, elle fit un geste de dédain et ses yeux perdirent leur splendeur.

— Mais, vous étiez venue faire éclore cet amour afin de livrer ma tête à la République... reprit-il.

— Et vous avez accueilli ces soupçons ? »

cette main qu'elle aurait voulu pouvoir baiser. Le sang avait éteint le charbon[1].

— Eh ! bien, à quoi cela vous a-t-il servi ?... dit-elle.

Elle fit de la charpie avec son mouchoir, et en garnit une plaie peu profonde que le marquis couvrit bientôt de son gant. Mme du Gua arriva sur la pointe du pied dans le salon de jeu, et jeta de furtifs regards sur les deux amants, aux yeux desquels elle échappa avec adresse en se penchant en arrière à leurs moindres mouvements ; mais il lui était certes difficile de s'expliquer les propos des deux amants par ce qu'elle leur voyait faire.

— Si tout ce qu'on vous a dit de moi était vrai, avouez qu'en ce moment je serais bien vengée, dit Marie avec une expression de malignité qui fit pâlir le marquis.

— Et par quel sentiment avez-vous donc été amenée ici ?

— Mais, mon cher enfant, vous êtes un bien grand fat. Vous croyez donc pouvoir impunément mépriser une femme comme moi ? — Je venais et pour vous et pour moi, reprit-elle après une pause en mettant la main sur la touffe de rubis qui se trouvait au milieu de sa poitrine, et lui montrant la lame de son poignard.

— Qu'est-ce que tout cela signifie ? pensait madame du Gua.

— Mais, dit-elle en continuant, vous m'aimez encore ! Vous me désirez toujours du moins, et la sottise que vous venez de faire, ajouta-t-elle en lui prenant la main, m'en a donné la preuve. Je suis redevenue ce que je voulais être, et je pars heureuse. Qui nous aime est toujours absous. Quant à moi, je suis aimée, j'ai reconquis l'estime de l'homme qui représente à mes yeux le monde entier, je puis mourir.

— Vous m'aimez donc encore ? dit le marquis.

— Ai-je dit cela ? répondit-elle d'un air moqueur en suivant avec joie les progrès de l'affreuse torture que dès son arrivée elle avait commencé à faire subir au marquis. N'ai-je pas dû faire des sacrifices pour venir ici ! J'ai sauvé monsieur de Bauvan de la mort, et, plus reconnaissant, il m'a offert, en échange de ma protec-

---

1. La physiologie balzacienne est parfois inattendue...

tion, sa fortune et son nom. Vous n'avez jamais eu cette pensée.

Le marquis, étourdi par ces derniers mots, réprima la plus violente colère à laquelle il eût encore été en proie, en se croyant joué par le comte, et il ne répondit pas.

— Ha !... vous réfléchissez ? reprit-elle avec un sourire amer.

— Mademoiselle, reprit le jeune homme, votre doute justifie le mien.

— Monsieur, sortons d'ici, s'écria mademoiselle de Verneuil en apercevant un coin de la robe de madame du Gua, et elle se leva ; mais le désir de désespérer sa rivale la fit hésiter à s'en aller.

— Voulez-vous donc me plonger dans l'enfer ? reprit le marquis en lui prenant la main et la pressant avec force.

— Ne m'y avez-vous pas jetée depuis cinq jours ? En ce moment même, ne me laissez-vous pas dans la plus cruelle incertitude sur la sincérité de votre amour ?

— Mais sais-je si vous ne poussez pas votre vengeance jusqu'à vous emparer de toute ma vie, pour la ternir, au lieu de vouloir ma mort...

— Ah ! vous ne m'aimez pas, vous pensez à vous et non à moi, dit-elle avec rage en versant quelques larmes.

La coquette connaissait bien la puissance de ses yeux quand ils étaient noyés de pleurs.

— Eh ! bien, dit-il hors de lui, prends ma vie, mais sèche tes larmes !

— Oh ! mon amour, s'écria-t-elle d'une voix étouffée, voici les paroles, l'accent et le regard que j'attendais, pour préférer ton bonheur au mien ! Mais, monsieur, reprit-elle, je vous demande une dernière preuve de votre affection, que vous dites si grande. Je ne veux rester ici que le temps nécessaire pour y bien faire savoir que vous êtes à moi. Je ne prendrais même pas un verre d'eau dans la maison où demeure une femme qui deux fois a tenté de me tuer, qui complote peut-être encore quelque trahison contre nous, et qui dans ce moment nous écoute, ajouta-t-elle en montrant du doigt au marquis les plis flottants de la robe de madame du Gua. Puis elle essuya ses larmes, se pencha jusqu'à l'oreille du jeune chef qui tressaillit en se sentant caresser par la douce moiteur de son haleine. — Préparez tout pour notre départ, dit-elle, vous me reconduirez à Fougères, et là seulement vous saurez bien si je vous aime ! Pour la seconde fois, je me fie à vous. Vous fierez-vous une seconde fois à moi ?

— Ah ! Marie, vous m'avez amené au point de ne plus savoir ce que je fais ! Je suis enivré par vos paroles, par vos regards, par vous enfin, et suis prêt à vous satisfaire.

— Hé ! bien, rendez-moi, pendant un moment, bien heureuse ! Faites-moi jouir du seul triomphe que j'aie désiré. Je veux respirer en plein air, dans la vie que j'ai rêvée, et me repaître de mes illusions avant qu'elles ne se dissipent. Allons, venez, et dansez avec moi.

Ils revinrent ensemble dans la salle de bal, et quoique mademoiselle de Verneuil fût aussi complètement flattée dans son cœur et dans sa vanité que puisse l'être une femme, l'impénétrable douceur de ses yeux, le fin sourire de ses lèvres, la rapidité des mouvements d'une danse animée, gardèrent le secret de ses pensées, comme la mer celui du criminel qui lui confie un pesant cadavre. Néanmoins l'assemblée laissa échapper un murmure d'admiration quand elle se roula dans les bras de son amant pour valser, et que, l'œil sous le sien, tous deux voluptueusement entrelacés, les yeux mourants, la tête lourde, ils tournoyèrent en se serrant l'un l'autre avec une sorte de frénésie, et révélant ainsi tous les plaisirs qu'ils espéraient d'une plus intime union.

— Comte, dit madame du Gua à monsieur de Bauvan, allez savoir si Pille-miche est au camp, amenez-le-moi ; et soyez certain d'obtenir de moi, pour ce léger service, tout ce que vous voudrez, même ma main. — Ma vengeance me coûtera cher, dit-elle en le voyant s'éloigner ; mais, pour cette fois, je ne la manquerai pas.

Quelques moments après cette scène, mademoiselle de Verneuil et le marquis étaient au fond d'une berline attelée de quatre chevaux vigoureux. Surprise de voir ces deux prétendus ennemis les mains entrelacées et de les trouver en si bon accord, Francine restait muette, sans oser se demander si, chez sa maîtresse, c'était de la perfidie ou de l'amour. Grâce au silence et à l'obscurité de la nuit, le marquis ne put remarquer l'agitation de mademoiselle de Verneuil à mesure qu'elle approchait de Fougères. Les faibles teintes du crépuscule permirent d'apercevoir dans le lointain le clocher de Saint-Léonard. En ce moment Marie se dit : Je vais mourir ! À la première montagne, les deux amants eurent à la fois la même pensée, ils descendirent de voiture et gravirent à pied la colline, comme en souvenir de leur première rencontre. Lorsque Marie eut pris le bras du marquis et fait quelques pas, elle remercia le jeune homme par un sourire, de ce qu'il avait respecté son silence ; puis, en arrivant sur le sommet du plateau, d'où l'on découvrait Fougères, elle sortit tout à fait de sa rêverie.

— N'allez pas plus avant, dit-elle, mon pouvoir ne vous sauverait plus des Bleus aujourd'hui.

Montauran lui marqua quelque surprise, elle sourit tristement, lui montra du doigt un quartier de roche, comme pour lui ordonner de s'asseoir, et resta debout dans une attitude de mélancolie. Les déchirantes émotions de son âme ne lui permettaient plus de déployer ces artifices qu'elle avait prodigués. En ce moment, elle se serait agenouillée sur des charbons ardents, sans les plus sentir que le marquis n'avait senti le tison dont il s'était saisi pour attester la violence de sa passion. Ce fut après avoir contemplé son amant par un regard empreint de la plus profonde douleur, qu'elle lui dit ces affreuses paroles :

— Tout ce que vous avez soupçonné de moi est vrai ! Le marquis laissa échapper un geste. — Ah ! par grâce, dit-elle en joignant les mains, écoutez-moi sans m'interrompre. — Je suis réellement, reprit-elle d'une voix émue, la fille du duc de Verneuil, mais sa fille naturelle. Ma mère, une demoiselle de Casteran[1], qui s'est faite religieuse pour échapper aux tortures qu'on lui préparait dans

---

1. La parenté de cette demoiselle de Casteran (dont le triste sort est également mentionné dans *Béatrix*) avec les autres Casteran de *La Comédie humaine* reste floue. La ville de Sées, anciennement Seez, dans l'Orne, compte non pas une abbaye, mais une cathédrale et un palais épiscopal. Plus haut dans le texte (p. 168), Marie affirmait que ses parents étaient morts sur l'échafaud... Aussi subsiste-t-il toujours autour d'elle un certain mystère : quand dit-elle la vérité ? pourquoi ment-elle ? qui est-elle exactement ?

sa famille, expia sa faute par quinze années de larmes et
mourut à Séez. À son lit de mort seulement, cette chère
abbesse implora pour moi l'homme qui l'avait abandonnée, car elle me savait sans amis, sans fortune, sans avenir... Cet homme, toujours présent sous le toit de la mère
de Francine, aux soins de qui je fus remise [1], avait oublié
son enfant. Néanmoins le duc m'accueillit avec plaisir,
et me reconnut parce que j'étais belle, et que peut-être
il se revoyait jeune en moi. C'était un de ces seigneurs
qui, sous le règne précédent, mirent leur gloire à montrer
comment on pouvait se faire pardonner un crime en le
commettant avec grâce. Je n'ajouterai rien, il fut mon
père ! Cependant laissez-moi vous expliquer comment
mon séjour à Paris a dû me gâter l'âme. La société du
duc de Verneuil et celle où il m'introduisit étaient
engouées de cette philosophie moqueuse dont s'enthou-
siasmait la France, parce qu'on l'y professait partout
avec esprit. Les brillantes conversations qui flattèrent
mon oreille se recommandaient par la finesse des aperçus, ou par un mépris spirituellement formulé pour ce
qui était religieux et vrai. Les hommes, en se moquant
des sentiments, les peignaient d'autant mieux qu'ils ne
les éprouvaient pas ; et ils séduisaient autant par leurs
expressions épigrammatiques [2] que par la bonhomie avec
laquelle ils savaient mettre toute une aventure dans un
mot ; mais souvent ils péchaient par trop d'esprit, et fati-
guaient les femmes en faisant de l'amour un art plutôt
qu'une affaire de cœur. J'ai faiblement résisté à ce tor-
rent. Cependant mon âme, pardonnez-moi cet orgueil,
était assez passionnée pour sentir que l'esprit avait des-
séché tous les cœurs ; mais la vie que j'ai menée alors a
eu pour résultat d'établir une lutte perpétuelle entre mes
sentiments naturels et les habitudes vicieuses que j'y ai

---

1. *Cf.* note 1 p. 186. — 2. Jadis courte pièce en vers d'intention sati-
rique et terminée par un trait piquant, l'« épigramme » se réduit ensuite
au trait, à la plaisanterie mordante elle-même. Marie reprend ici un *topos*
qui court dans la littérature française, de Rousseau à Chateaubriand, et
qu'on retrouvera dans le *Quatre-vingt-treize* de Hugo : finesse d'esprit
et sécheresse de cœur auraient marqué à l'excès le siècle de Voltaire ;
excès qui, selon certains, aurait contribué au déclin des élites aristocratiques du pays, et ainsi préparé la voie à la Révolution.

contractées. Quelques gens supérieurs s'étaient plu à développer en moi cette liberté de pensée, ce mépris de l'opinion publique qui ravissent à la femme une certaine modestie d'âme sans laquelle elle perd de son charme. Hélas ! le malheur n'a pas eu le pouvoir de détruire les défauts que me donna l'opulence. — Mon père, poursuivit-elle après avoir laissé échapper un soupir, le duc de Verneuil, mourut après m'avoir reconnue et avantagée par un testament qui diminuait considérablement la fortune de mon frère, son fils légitime. Je me trouvai un matin sans asile ni protecteur. Mon frère attaquait le testament qui me faisait riche. Trois années passées auprès d'une famille opulente avaient développé ma vanité. En satisfaisant à toutes mes fantaisies, mon père m'avait créé des besoins de luxe, des habitudes desquelles mon âme encore jeune et naïve ne s'expliquait ni les dangers, ni la tyrannie. Un ami de mon père, le maréchal duc de Lenoncourt[1], âgé de soixante-dix ans, s'offrit à me servir de tuteur. J'acceptai ; je me retrouvai, quelques jours après le commencement de cet odieux procès, dans une maison brillante où je jouissais de tous les avantages que la cruauté d'un frère me refusait sur le cercueil de notre père. Tous les soirs, le vieux maréchal venait passer auprès de moi quelques heures, pendant lesquelles ce vieillard ne me faisait entendre que des paroles douces et consolantes. Ses cheveux blancs, et toutes les preuves touchantes qu'il me donnait d'une tendresse paternelle, m'engageaient à reporter sur son cœur les sentiments du mien, et je me plus à me croire sa fille. J'acceptais les parures qu'il m'offrait, et je ne lui cachais aucun de mes caprices, en le voyant si heureux de les satisfaire. Un soir, j'appris que tout Paris me croyait la maîtresse de ce pauvre vieillard[2]. On me prouva qu'il était hors de mon pouvoir de reconquérir une innocence de laquelle chacun me dépouillait gratuitement. L'homme qui avait abusé de mon inexpérience ne pouvait pas être un amant, et ne voulait pas être mon mari. Dans la semaine où je fis cette horrible découverte, la veille du jour fixé pour

---

1. *Cf.* note 1 p. 316. — 2. D'où la calomnie du comte de Bauvan à la Vivetière ; *cf.* p. 316.

mon union avec celui de qui je sus exiger le nom, seule réparation qu'il me pût offrir, il partit pour Coblentz[1]. Je fus honteusement chassée de la petite maison où le maréchal m'avait mise, et qui ne lui appartenait pas. Jusqu'à présent, je vous ai dit la vérité comme si j'étais devant Dieu ; mais maintenant, ne demandez pas à une infortunée le compte des souffrances ensevelies dans sa mémoire. Un jour, monsieur, je me trouvai mariée à Danton[2]. Quelques jours plus tard, l'ouragan renversait le chêne immense autour duquel j'avais tourné mes bras. En me revoyant plongée dans la plus profonde misère, je résolus cette fois de mourir. Je ne sais si l'amour de la vie, si l'espoir de fatiguer le malheur et de trouver au fond de cet abîme sans fin un bonheur qui me fuyait, furent à mon insu mes conseillers, ou si je fus séduite par les raisonnements d'un jeune homme de Vendôme[3] qui, depuis deux ans, s'est attaché à moi comme un serpent à un arbre, en croyant sans doute qu'un extrême malheur peut me donner à lui ; enfin, j'ignore comment j'ai accepté l'odieuse mission d'aller, pour trois cent mille francs, me faire aimer d'un inconnu que je devais livrer. Je vous ai vu, monsieur, et vous ai reconnu tout d'abord par un de ces pressentiments qui ne nous trompent jamais ; cependant je me plaisais à douter, car plus je vous aimais, plus la certitude m'était affreuse. En vous sauvant des mains du commandant Hulot, j'abjurai donc mon rôle, et résolus de tromper les bourreaux au lieu de tromper leur victime. J'ai eu tort de me jouer ainsi des hommes, de leur vie, de leur politique et de moi-même avec l'insouciance d'une fille qui ne voit que des sentiments dans le monde. Je me suis crue aimée, et me suis laissé aller à l'espoir de recommencer ma vie ; mais tout, et jusqu'à moi-même peut-être, a

---

1. *Cf.* note 1 p. 214. — **2.** « Mariée » en quel sens ? Danton, qui fut exécuté en avril 1794, fut marié deux fois, et eut de nombreuses maîtresses. — **3.** Il s'agit de Corentin, épris de Marie, et désireux de se servir d'elle. Balzac connaissait bien Vendôme, où il fut élève des Oratoriens de 1807 à 1813. À la ligne suivante, l'image appliquée à Corentin, celle du « serpent » attaché à l'arbre, évoque évidemment le serpent de la Bible, qui poussa diaboliquement Ève à goûter au fruit de l'Arbre. Corentin représente toutes les tentations mauvaises que Marie a à subir.

trahi mes désordres passés, car vous avez dû vous défier
d'une femme aussi passionnée que je le suis. Hélas ! qui
n'excuserait pas et mon amour et ma dissimulation ? Oui,
monsieur, il me sembla que j'avais fait un pénible sommeil, et qu'en me réveillant je me retrouvais à seize ans.
N'étais-je pas dans Alençon [1], où mon enfance me livrait
ses chastes et purs souvenirs ? J'ai eu la folle simplicité de
croire que l'amour me donnerait un baptême d'innocence.
Pendant un moment j'ai pensé que j'étais vierge encore
puisque je n'avais pas encore aimé. Mais hier au soir,
votre passion m'a paru vraie, et une voix m'a crié : Pourquoi le tromper ? — Sachez-le donc, monsieur le marquis,
reprit-elle d'une voix gutturale qui sollicitait une réproba-
tion avec fierté, sachez-le bien, je ne suis qu'une créature
déshonorée, indigne de vous. Dès ce moment, je reprends
mon rôle de fille perdue, fatiguée que je suis de jouer celui
d'une femme que vous aviez rendue à toutes les saintetés
du cœur. La vertu me pèse. Je vous mépriserais si vous
aviez la faiblesse de m'épouser. C'est une sottise que peut
faire un comte de Bauvan ; mais vous, monsieur, soyez
digne de votre avenir et quittez-moi sans regret. La courtisane, voyez-vous, serait trop exigeante, elle vous aimerait
tout autrement que la jeune enfant simple et naïve qui s'est
senti au cœur pendant un moment la délicieuse espérance
de pouvoir être votre compagne, de vous rendre toujours
heureux, de vous faire honneur, de devenir une noble, une
grande épouse, et qui a puisé dans ce sentiment le courage
de ranimer sa mauvaise nature de vice et d'infamie, afin
de mettre entre elle et vous une éternelle barrière. Je vous
sacrifie honneur et fortune. L'orgueil que me donne ce
sacrifice me soutiendra dans ma misère, et le destin peut
disposer de mon sort à son gré. Je ne vous livrerai jamais.
Je retourne à Paris. Là, votre nom sera pour moi tout un
autre moi-même, et la magnifique valeur que vous saurez
lui imprimer me consolera de tous mes chagrins. Quant à
vous, vous êtes homme, vous m'oublierez. Adieu.

---

1. Alençon, ville du département de l'Orne, en Normandie, figure
dans plusieurs romans de *La Comédie humaine*, mais sert surtout de
cadre aux *Tableaux d'une vie privée*, première mouture des *Chouans*
(*cf.* Documents).

Elle s'élança dans la direction des vallées de Saint-Sulpice, et disparut avant que le marquis se fût levé pour la retenir ; mais elle revint sur ses pas, profita des cavités d'une roche pour se cacher, leva la tête, examina le marquis avec une curiosité mêlée de doute, et le vit marchant sans savoir où il allait, comme un homme accablé.

— Serait-ce donc une tête faible ?... se dit-elle lorsqu'il eut disparu et qu'elle se sentit séparée de lui. Me comprendra-t-il ? Elle tressaillit. Puis tout à coup elle se dirigea seule vers Fougères à grands pas, comme si elle eût craint d'être suivie par le marquis dans cette ville où il aurait trouvé la mort.

— Eh ! bien, Francine, que t'a-t-il dit ?... demanda-t-elle à sa fidèle Bretonne lorsqu'elles furent réunies.

— Hélas ! Marie, il m'a fait pitié. Vous autres grandes dames, vous poignardez un homme à coups de langue.

— Comment donc était-il en t'abordant ?

— Est-ce qu'il m'a vue ? Oh ! Marie, il t'aime !

— Oh ! il m'aime ou il ne m'aime pas ! répondit-elle, deux mots qui pour moi sont le paradis ou l'enfer. Entre ces deux extrêmes, je ne trouve pas une place où je puisse poser mon pied.

Après avoir ainsi accompli son terrible destin, Marie put s'abandonner à toute sa douleur, et sa figure, jusque-là soutenue par tant de sentiments divers, s'altéra si rapidement, qu'après une journée pendant laquelle elle flotta sans cesse entre un pressentiment de bonheur et le désespoir, elle perdit l'éclat de sa beauté et cette fraîcheur dont le principe est dans l'absence de toute passion ou dans l'ivresse de la félicité. Curieux de connaître le résultat de sa folle entreprise, Hulot et Corentin étaient venus voir Marie peu de temps après son arrivée ; elle les reçut d'un air riant.

— Eh ! bien, dit-elle au commandant, dont la figure soucieuse avait une expression très interrogative, le renard revient à portée de vos fusils, et vous allez bientôt remporter une bien glorieuse victoire.

— Qu'est-il donc arrivé ? demanda négligemment Corentin en jetant à mademoiselle de Verneuil un de ces regards obliques par lesquels ces espèces de diplomates espionnent la pensée.

— Ah ! répondit-elle, le Gars est plus que jamais épris de ma personne, et je l'ai contraint à nous accompagner jusqu'aux portes de Fougères.

— Il paraît que votre pouvoir a cessé là, reprit Corentin, et que la peur du ci-devant surpasse encore l'amour que vous lui inspirez.

Mademoiselle de Verneuil jeta un regard de mépris à Corentin.

— Vous le jugez d'après vous-même, lui répondit-elle.

— Eh ! bien, dit-il sans s'émouvoir, pourquoi ne l'avez-vous pas amené jusque chez vous ?

— S'il m'aimait véritablement, commandant, dit-elle à Hulot en lui jetant un regard plein de malice, m'en voudriez-vous beaucoup de le sauver, en l'emmenant hors de France ?

Le vieux soldat s'avança vivement vers elle et lui prit la main pour la baiser, avec une sorte d'enthousiasme ; puis il la regarda fixement et lui dit d'un air sombre :

— Vous oubliez mes deux amis et mes soixante-trois hommes.

— Ah ! commandant, dit-elle avec toute la naïveté de la passion, il n'en est pas comptable, il a été joué par une mauvaise femme, la maîtresse de Charette, qui boirait, je crois, le sang des Bleus...

— Allons, Marie, reprit Corentin, ne vous moquez pas du commandant, il n'est pas encore au fait de vos plaisanteries.

— Taisez-vous, lui répondit-elle, et sachez que le jour où vous m'aurez un peu trop déplu n'aura pas de lendemain pour vous.

— Je vois, mademoiselle, dit Hulot sans amertume, que je dois m'apprêter à combattre.

— Vous n'êtes pas en mesure, cher colonel[1]. Je leur ai vu plus de six mille hommes à Saint-James, des

---

1. Terme de flatterie de Marie, à mettre en contraste avec « citoyen commandant », employé par Corentin quelques lignes plus bas. *Cf.* note 1 p. 69.

troupes régulières, de l'artillerie et des officiers anglais.
Mais que deviendraient ces gens-là sans lui ? Je pense
comme Fouché, sa tête est tout.

— Eh bien, l'aurons-nous ? demanda Corentin impatienté.

— Je ne sais pas, répondit-elle avec insouciance.

— Des Anglais !... cria Hulot en colère, il ne lui manquait plus que ça pour être un brigand fini ! Ah ! je vais
t'en donner, moi, des Anglais !...

— Il paraît, citoyen diplomate, que tu te laisses périodiquement mettre en déroute par cette fille-là, dit Hulot
à Corentin quand ils se trouvèrent à quelques pas de la
maison.

— Il est tout naturel, citoyen commandant, répliqua
Corentin d'un air pensif, que dans tout ce qu'elle nous
a dit, tu n'aies vu que du feu. Vous autres troupiers,
vous ne savez pas qu'il existe plusieurs manières de
guerroyer. Employer habilement les passions des
hommes ou des femmes comme des ressorts que l'on
fait mouvoir au profit de l'État, mettre les rouages à leur
place dans cette grande machine que nous appelons un
gouvernement, et se plaire à y renfermer les plus indomptables sentiments comme des détentes que l'on s'amuse
à surveiller, n'est-ce pas créer, et, comme Dieu, se placer
au centre de l'univers ?...

— Tu me permettras de préférer mon métier au tien,
répliqua sèchement le militaire. Ainsi, vous ferez tout ce
que vous voudrez avec vos rouages ; mais je ne connais
d'autre supérieur que le ministre de la guerre, j'ai mes
ordres, je vais me mettre en campagne avec des lapins
qui ne boudent pas, et prendre en face l'ennemi que tu
veux saisir par-derrière.

— Oh ! tu peux te préparer à marcher, reprit Corentin. D'après ce que cette fille m'a laissé deviner, quelque
impénétrable qu'elle te semble, tu vas avoir à t'escar-
moucher, et je te procurerai avant peu le plaisir d'un
tête-à-tête avec le chef de ces brigands.

— Comment ça ? demanda Hulot en reculant pour
mieux regarder cet étrange personnage.

— Mademoiselle de Verneuil aime le Gars, reprit
Corentin d'une voix sourde, et peut-être en est-elle

aimée ! Un marquis, cordon rouge, jeune et spirituel, qui
sait même s'il n'est pas riche encore, combien de tentations ! Elle serait bien sotte de ne pas agir pour son
compte, en tâchant de l'épouser plutôt que de nous le
livrer ! Elle cherche à nous amuser. Mais j'ai lu dans les
yeux de cette fille quelque incertitude. Les deux amants
auront vraisemblablement un rendez-vous, et peut-être
est-il déjà donné. Eh ! bien, demain je tiendrai mon
homme par les deux oreilles. Jusqu'à présent, il n'était
que l'ennemi de la République, mais il est devenu le
mien depuis quelques instants ; or, ceux qui se sont
avisés de se mettre entre cette fille et moi sont tous
morts sur l'échafaud.

En achevant ces paroles, Corentin retomba dans des
réflexions qui ne lui permirent pas de voir le profond
dégoût qui se peignit sur le visage du loyal militaire au
moment où il découvrit la profondeur de cette intrigue
et le mécanisme des ressorts employés par Fouché.
Aussi, Hulot résolut-il de contrarier Corentin en tout ce
qui ne nuirait pas essentiellement aux succès et aux
vœux du gouvernement, et de laisser à l'ennemi de la
République les moyens de périr avec honneur les armes
à la main, avant d'être la proie du bourreau de qui ce
sbire de la haute police s'avouait être le pourvoyeur.

— Si le premier Consul m'écoutait, dit-il en tournant
le dos à Corentin, il laisserait ces renards-là combattre
les aristocrates, ils sont dignes les uns des autres, et il
emploierait les soldats à toute autre chose.

Corentin regarda froidement le militaire, dont la pensée avait éclairé le visage, et alors ses yeux reprirent
une expression sardonique qui révéla la supériorité de ce
Machiavel subalterne.

— Donnez trois aunes [1] de drap bleu à ces animaux-
là, et mettez-leur un morceau de fer au côté, se dit-il, ils
s'imaginent qu'en politique on ne doit tuer les hommes
que d'une façon. Puis il se promena lentement pendant
quelques minutes, et se dit tout à coup : — Oui, le
moment est venu, cette femme sera donc à moi ! Depuis

---

1. L'aune, ancienne mesure de longueur qui ne fut supprimée qu'en
1840, équivalait approximativement à 1,20 m.

cinq ans [1] le cercle que je trace autour d'elle s'est insensiblement rétréci, je la tiens, et avec elle j'arriverai dans le gouvernement aussi haut que Fouché. — Oui, si elle perd le seul homme qu'elle ait aimé, la douleur me la livrera corps et âme. Il ne s'agit plus que de veiller nuit et jour pour surprendre son secret.

Un moment après, un observateur aurait distingué la figure pâle de cet homme, à travers la fenêtre d'une maison d'où il pouvait apercevoir tout ce qui entrait dans l'impasse formée par la rangée de maisons parallèle à Saint-Léonard. Avec la patience du chat qui guette la souris, Corentin était encore, le lendemain matin, attentif au moindre bruit et occupé à soumettre chaque passant au plus sévère examen. La journée qui commençait était un jour de marché. Quoique, dans ce temps calamiteux, les paysans se hasardassent difficilement à venir en ville, Corentin vit un petit homme à figure ténébreuse, couvert d'une peau de bique, et qui portait à son bras un petit panier rond de forme écrasée, se dirigeant vers la maison de mademoiselle de Verneuil, après avoir jeté autour de lui des regards assez insouciants. Corentin descendit dans l'intention d'attendre le paysan à sa sortie ; mais, tout à coup, il sentit que s'il pouvait arriver à l'improviste chez mademoiselle de Verneuil, il surprendrait peut-être d'un seul regard les secrets cachés dans le panier de cet émissaire. D'ailleurs la renommée lui avait appris qu'il était presque impossible de lutter avec succès contre les impénétrables réponses des Bretons et des Normands.

— Galope-chopine ! s'écria mademoiselle de Verneuil lorsque Francine introduisit le Chouan. — Serais-je donc aimée ? se dit-elle à voix basse.

Un espoir instinctif répandit les plus brillantes couleurs sur son teint et la joie dans son cœur. Galope-chopine regarda alternativement la maîtresse du logis et Francine,

---

1. « Depuis deux ans », disait Marie à Montauran p. 363 ; c'est de « deux ans de connaissance » que parlait aussi le narrateur, p. 265. Corentin a-t-il entamé ses manœuvres d'approche trois ans avant de se montrer à découvert ?

en jetant sur cette dernière des yeux de méfiance ; mais un signe de mademoiselle de Verneuil le rassura.

— Madame, dit-il, approchant deux heures, *il* sera chez moi, et vous y attendra.

L'émotion ne permit pas à mademoiselle de Verneuil de faire d'autre réponse qu'un signe de tête ; mais un Samoïède[1] en eût compris toute la portée. En ce moment, les pas de Corentin retentirent dans le salon. Galope-chopine ne se troubla pas le moins du monde lorsque le regard autant que le tressaillement de mademoiselle de Verneuil lui indiquèrent un danger, et dès que l'espion montra sa face rusée, le Chouan éleva la voix de manière à fendre la tête.

— Ah ! ah ! disait-il à Francine, il y a beurre de Bretagne et beurre de Bretagne. Vous voulez du Gibarry et vous ne donnez que onze sous de la livre ? Il ne fallait pas m'envoyer quérir ! C'est de bon beurre ça, dit-il en découvrant son panier pour montrer deux petites mottes de beurre façonnées par Barbette. — Faut être juste, ma bonne dame, allons, mettez un sou de plus.

Sa voix caverneuse ne trahit aucune émotion, et ses yeux verts, ombragés de gros sourcils grisonnants, soutinrent sans faiblir le regard perçant de Corentin.

— Allons, tais-toi, bon homme, tu n'es pas venu ici vendre du beurre, car tu as affaire à une femme qui n'a jamais rien marchandé de sa vie. Le métier que tu fais, mon vieux, te rendra quelque jour plus court de la tête. Et Corentin, le frappant amicalement sur l'épaule, ajouta : — On ne peut pas être longtemps à la fois l'homme des Chouans et l'homme des Bleus.

Galope-chopine eut besoin de toute sa présence d'esprit pour dévorer sa rage et ne pas repousser cette accusation que son avarice rendait juste. Il se contenta de répondre : — Monsieur veut se gausser de moi.

Corentin avait tourné le dos au Chouan ; mais, tout en saluant mademoiselle de Verneuil dont le cœur se serra, il pouvait facilement l'examiner dans la glace. Galope-chopine, qui ne se crut plus vu par l'espion, consulta par

---

1. Les Samoïèdes ou Samoyèdes étaient une peuplade mongole de Sibérie. Ici, Samoïède signifie homme borné, sot.

un regard Francine, et Francine lui indiqua la porte en disant : — Venez avec moi, mon bon homme, nous nous arrangerons toujours bien.

Rien n'avait échappé à Corentin, ni la contraction que le sourire de mademoiselle de Verneuil déguisait mal, ni sa rougeur et le changement de ses traits, ni l'inquiétude du Chouan, ni le geste de Francine, il avait tout aperçu. Convaincu que Galope-chopine était un émissaire du marquis, il l'arrêta par les longs poils de sa peau de chèvre au moment où il sortait, le ramena devant lui, et le regarda fixement en lui disant : — Où demeures-tu, mon cher ami ? J'ai besoin de beurre...

— Mon bon monsieur, répondait le Chouan, tout Fougères sait où je demeure, je suis quasiment de...

— Corentin ! s'écria mademoiselle de Verneuil en interrompant la réponse de Galope-chopine, vous êtes bien hardi de venir chez moi à cette heure, et de me surprendre ainsi ? À peine suis-je habillée... Laissez ce paysan tranquille, il ne comprend pas plus vos ruses que je n'en conçois les motifs. Allez, brave homme !

Galope-chopine hésita un instant à partir. L'indécision naturelle ou jouée d'un pauvre diable qui ne savait à qui obéir trompait déjà Corentin, lorsque le Chouan, sur un geste impératif de la jeune fille, s'éloigna à pas pesants. En ce moment, mademoiselle de Verneuil et Corentin se contemplèrent en silence. Cette fois, les yeux limpides de Marie ne purent soutenir l'éclat du feu sec que distillait le regard de cet homme. L'air résolu avec lequel l'espion pénétra dans la chambre, une expression de visage que Marie ne lui connaissait pas, le son mat de sa voix grêle, sa démarche, tout l'effraya ; elle comprit qu'une lutte secrète commençait entre eux, et qu'il déployait contre elle tous les pouvoirs de sa sinistre influence ; mais si elle eut en ce moment une vue distincte et complète de l'abîme au fond duquel elle se précipitait, elle puisa des forces dans son amour pour secouer le froid glacial de ses pressentiments.

— Corentin, reprit-elle avec une sorte de gaieté, j'espère que vous allez me laisser faire ma toilette.

— Marie, dit-il, oui, permettez-moi de vous nommer ainsi. Vous ne me connaissez pas encore ! Écoutez, un homme moins perspicace que je ne le suis aurait déjà découvert votre amour pour le marquis de Montauran. Je vous ai à plusieurs reprises offert et mon cœur et ma main. Vous ne m'avez pas trouvé digne de vous ; et peut-être avez-vous raison ; mais si vous vous trouvez trop haut placée, trop belle, ou trop grande pour moi, je saurai bien vous faire descendre jusqu'à moi. Mon ambition et mes maximes vous ont donné peu d'estime pour moi ; et, franchement, vous avez tort. Les hommes ne valent que ce que je les estime, presque rien. J'arriverai certes à une haute position dont les honneurs vous flatteront. Qui pourra mieux vous aimer, qui vous laissera plus souverainement maîtresse de lui, si ce n'est l'homme par qui vous êtes aimée depuis cinq ans ? Quoique je risque de vous voir prendre de moi une idée qui me sera défavorable, car vous ne concevez pas qu'on puisse renoncer par excès d'amour à la personne qu'on idolâtre, je vais vous donner la mesure du désintéressement avec lequel je vous adore. N'agitez pas ainsi votre jolie tête. Si le marquis vous aime, épousez-le ; mais auparavant, assurez-vous bien de sa sincérité. Je serais au désespoir de vous savoir trompée, car je préfère votre bonheur au mien. Ma résolution peut vous étonner, mais ne l'attribuez qu'à la prudence d'un homme qui n'est pas assez niais pour vouloir posséder une femme malgré elle. Aussi est-ce moi et non vous que j'accuse de l'inutilité de mes efforts. J'ai espéré vous conquérir à force de soumission et de dévouement, car depuis longtemps, vous le savez, je cherche à vous rendre heureuse suivant mes principes ; mais vous n'avez voulu me récompenser de rien.

— Je vous ai souffert près de moi, dit-elle avec hauteur.

— Ajoutez que vous vous en repentez...

— Après l'infâme entreprise dans laquelle vous m'avez engagée, dois-je encore vous remercier...

— En vous proposant une entreprise qui n'était pas exempte de blâme pour des esprits timorés, reprit-il audacieusement, je n'avais que votre fortune en vue. Pour moi, que je réussisse ou que j'échoue, je saurai faire servir maintenant toute espèce de résultat au succès de mes desseins. Si vous épousiez Montauran, je serais charmé de servir utilement la cause des Bourbons, à Paris, où je suis membre du club de Clichy[1]. Or, une circonstance qui me mettrait en correspondance avec les princes me déciderait à abandonner les intérêts d'une République qui marche à sa décadence. Le général Bonaparte est trop habile pour ne pas sentir qu'il lui est impossible d'être à la fois en Allemagne, en Italie, et ici où la Révolution succombe. Il n'a fait sans doute le Dix-huit Brumaire que pour obtenir des Bourbons de plus forts avantages en traitant de la France avec eux, car c'est un garçon très spirituel et qui ne manque pas de portée ; mais les hommes politiques doivent le devancer dans la voie où il s'engage. Trahir la France est encore un de ces scrupules que nous autres, gens supérieurs, laissons aux sots. Je ne vous cache pas que j'ai les pouvoirs nécessaires pour entamer des négociations avec les chefs des Chouans, aussi bien que pour les faire périr ; car Fouché mon protecteur est un homme assez profond, il a toujours joué un double jeu ; pendant la Terreur, il était à la fois pour Robespierre et pour Danton.

— Que vous avez lâchement abandonné, dit-elle.

— Niaiserie, répondit Corentin ; il est mort, oubliez-le. Allons, parlez-moi à cœur ouvert, je vous en donne l'exemple. Ce chef de demi-brigade est plus rusé qu'il ne le paraît, et, si vous vouliez tromper sa surveillance, je ne vous serais pas inutile. Songez qu'il a infesté les vallées de Contre-Chouans[2] et surprendrait bien promptement vos rendez-vous ! En restant ici, sous ses yeux, vous êtes à la merci de sa police. Voyez avec quelle rapidité il a su que ce Chouan était chez vous ! Sa sagacité militaire ne doit-elle pas lui faire comprendre que vos moindres mouvements lui indiqueront ceux du marquis, si vous en êtes aimée ?

---

1. Sous le Directoire, le club de Clichy, ainsi nommé parce qu'il se réunissait rue de Clichy, regroupait des députés modérés, souvent royalistes. Il disparut le 4 septembre 1797, lors du coup d'État du 18 fructidor, mené par les Directeurs républicains contre la majorité de droite des Conseils. Comment, en 1799, Corentin peut-il donc en être membre ? — 2. Troupes républicaines destinées à combattre les chouans en en adoptant le costume.

Mademoiselle de Verneuil n'avait jamais entendu de voix si doucement affectueuse, Corentin était tout bonne foi, et paraissait plein de confiance. Le cœur de la pauvre fille recevait si facilement des impressions généreuses qu'elle allait livrer son secret au serpent qui l'enveloppait dans ses replis ; cependant, elle pensa que rien ne prouvait la sincérité de cet artificieux langage, elle ne se fit donc aucun scrupule de tromper son surveillant.

— Eh ! bien, répondit-elle, vous avez deviné, Corentin. Oui, j'aime le marquis ; mais je n'en suis pas aimée ! du moins je le crains ; aussi, le rendez-vous qu'il me donne me semble-t-il cacher quelque piège.

— Mais, répliqua Corentin, vous nous avez dit hier qu'il vous avait accompagnée jusqu'à Fougères... S'il eût voulu exercer des violences contre vous, vous ne seriez pas ici.

— Vous avez le cœur sec, Corentin. Vous pouvez établir de savantes combinaisons sur les événements de la vie humaine, et non sur ceux d'une passion. Voilà peut-être d'où vient la constante répugnance que vous m'inspirez. Puisque vous êtes si clairvoyant, cherchez à comprendre comment un homme de qui je me suis séparée violemment avant-hier, m'attend avec impatience aujourd'hui, sur la route de Mayenne, dans une maison de Florigny, vers le soir...

À cet aveu qui semblait échappé dans un emportement assez naturel à cette créature franche et passionnée, Corentin rougit, car il était encore jeune ; mais il jeta sur elle et à la dérobée un de ces regards perçants qui vont chercher l'âme. La naïveté de mademoiselle de Verneuil était si bien jouée qu'elle trompa l'espion, et il répondit avec une bonhomie factice : — Voulez-vous que je vous accompagne de loin ? J'aurais avec moi des soldats déguisés, et nous serions prêts à vous obéir.

— J'y consens, dit-elle ; mais promettez-moi, sur votre honneur... Oh ! non, je n'y crois pas ! par votre salut, mais vous ne croyez pas en Dieu ! par votre âme, vous n'en avez peut-être pas. Quelle assurance pouvez-vous donc me donner de votre fidélité ? Et je me fie à vous, cependant, et je remets en vos mains plus que ma vie, ou mon amour ou ma vengeance !

Fougères, la grande rue et l'église Saint-Léonard.

Le léger sourire qui apparut sur la figure blafarde de Corentin fit connaître à mademoiselle de Verneuil le danger qu'elle venait d'éviter. Le sbire, dont les narines se contractaient au lieu de se dilater, prit la main de sa victime, la baisa avec les marques du respect le plus profond, et la quitta en lui faisant un salut qui n'était pas dénué de grâce.

Trois heures après cette scène, mademoiselle de Verneuil, qui craignait le retour de Corentin, sortit furtivement par la porte Saint-Léonard, et gagna le petit sentier du Nid-aux-crocs qui conduisait dans la vallée du Nançon. Elle se crut sauvée en marchant sans témoins à travers le dédale des sentiers qui menaient à la cabane de Galope-chopine où elle allait gaiement, conduite par l'espoir de trouver enfin le bonheur, et par le désir de soustraire son amant au sort qui le menaçait. Pendant ce temps, Corentin était à la recherche du commandant. Il eut de la peine à reconnaître Hulot, en le trouvant sur une petite place où il s'occupait de quelques préparatifs militaires. En effet, le brave vétéran avait fait un sacrifice dont le mérite sera difficilement apprécié. Sa queue et ses moustaches étaient coupées, et ses cheveux, soumis au régime ecclésiastique, avaient un œil de poudre[1]. Chaussé de gros souliers ferrés, ayant troqué son vieil uniforme bleu et son épée contre une peau de bique, armé d'une ceinture de pistolets et d'une lourde carabine, il passait en revue deux cents habitants de Fougères, dont les costumes auraient pu tromper l'œil du Chouan le plus exercé. L'esprit belliqueux de cette petite ville et le caractère breton se déployaient dans cette scène, qui n'était pas nouvelle. Çà et là, quelques mères, quelques sœurs, apportaient à leurs fils, à leurs frères, une gourde d'eau-de-vie ou des pistolets oubliés. Plusieurs vieillards s'enquéraient du nombre et de la bonté des cartouches de ces gardes nationaux déguisés en Contre-Chouans, et dont la gaieté annonçait plutôt une partie de chasse qu'une expédition dangereuse. Pour eux, les rencontres de la chouannerie, où les Bretons des villes se battaient avec les Bretons des campagnes, semblaient avoir remplacé les tournois de la chevalerie. Cet enthousiasme patriotique avait peut-être pour principe quelques acquisitions de biens nationaux. Néanmoins les bienfaits de la Révolution mieux appréciés dans les villes, l'esprit de parti, un certain amour national pour la guerre entraient aussi pour beaucoup dans cette ardeur. Hulot émerveillé parcourait les rangs en demandant des renseignements à Gudin[2], sur lequel il avait reporté tous les sentiments d'amitié jadis voués à Merle et à Gérard. Un grand nombre d'habitants examinaient les préparatifs de l'expédition, en comparant la tenue de leurs tumultueux compatriotes à celle d'un bataillon de la demi-brigade de Hulot. Tous immobiles et silencieusement alignés, les Bleus attendaient, sous la conduite de leurs officiers, les ordres du commandant, que les yeux de chaque soldat suivaient de groupe en

---

1. C'est-à-dire un soupçon, une légère couche de poudre. Portée sur les cheveux ou la perruque aux XVIIe et XVIIIe siècles, la poudre était, en 1799, un signe manifeste d'attachement à l'Ancien Régime. — 2. Il s'agit bien entendu du neveu, patriote, et non de l'oncle, abbé chouan.

groupe. En parvenant auprès du vieux chef de demi-brigade, Corentin ne put s'empêcher de sourire du changement opéré sur la figure de Hulot. Il avait l'air d'un
portrait qui ne ressemble plus à l'original.

— Qu'y a-t-il donc de nouveau ? lui demanda
Corentin.

— Viens faire avec nous le coup de fusil et tu le
sauras, lui répondit le commandant.

— Oh ! je ne suis pas de Fougères, répliqua Corentin.

— Cela se voit bien, citoyen, lui dit Gudin.

Quelques rires moqueurs partirent de tous les groupes
voisins.

— Crois-tu, reprit Corentin, qu'on ne puisse servir la
France qu'avec des baïonnettes ?...

Puis il tourna le dos aux rieurs, et s'adressa à une
femme pour apprendre le but et la destination de cette
expédition.

— Hélas ! mon bon homme, les Chouans sont déjà à
Florigny ! On dit qu'ils sont plus de trois mille et s'avancent pour prendre Fougères.

— Florigny, s'écria Corentin pâlissant. Le rendez-
vous n'est pas là ! Est-ce bien, reprit-il, Florigny sur la
route de Mayenne ?

— Il n'y a pas deux Florigny, lui répondit la femme
en lui montrant le chemin terminé par le sommet de la
Pèlerine.

— Est-ce le marquis de Montauran que vous cherchez ? demanda Corentin au commandant.

— Un peu, répondit brusquement Hulot.

— Il n'est pas à Florigny, répliqua Corentin. Dirigez
sur ce point votre bataillon et la garde nationale, mais
gardez avec vous quelques-uns de vos Contre-Chouans
et attendez-moi.

— Il est trop malin pour être fou, s'écria le commandant en voyant Corentin s'éloigner à grands pas. C'est
bien le roi des espions !

En ce moment, Hulot donna l'ordre du départ à son
bataillon. Les soldats républicains marchèrent sans tambour et silencieusement le long du faubourg étroit qui
mène à la route de Mayenne, en dessinant une longue
ligne bleue et rouge à travers les arbres et les maisons ;

les gardes nationaux déguisés les suivaient ; mais Hulot resta sur la petite place avec Gudin et une vingtaine des plus adroits jeunes gens de la ville, en attendant Corentin dont l'air mystérieux avait piqué sa curiosité. Francine apprit elle-même le départ de mademoiselle de Verneuil à cet espion sagace, dont tous les soupçons se changèrent en certitude, et qui sortit aussitôt pour recueillir des lumières sur une fuite à bon droit suspecte. Instruit par les soldats de garde au poste Saint-Léonard, du passage de la belle inconnue par le Nid-aux-crocs, Corentin courut sur la Promenade, et y arriva malheureusement assez à propos pour apercevoir de là les moindres mouvements de Marie. Quoiqu'elle eût mis une robe et une capote vertes pour être vue moins facilement, les soubresauts de sa marche presque folle faisaient reconnaître, à travers les haies dépouillées de feuilles et blanches de givre, le point vers lequel ses pas se dirigeaient.

— Ah ! s'écria-t-il, tu dois aller à Florigny et tu descends dans le val de Gibarry ! Je ne suis qu'un sot, elle m'a joué. Mais patience, j'allume ma lampe le jour aussi bien que la nuit.

Corentin, devinant alors à peu près le lieu du rendez-vous des deux amants, accourut sur la place au moment où Hulot allait la quitter et rejoindre ses troupes.

— Halte, mon général ! cria-t-il au commandant qui se retourna.

En un instant, Corentin instruisit le soldat des événements dont la trame, quoique cachée, laissait voir quelques-uns de ses fils, et Hulot, frappé par la perspicacité du diplomate, lui saisit vivement le bras.

— Mille tonnerres ! citoyen curieux, tu as raison. Les brigands font là-bas une fausse attaque ! Les deux colonnes mobiles que j'ai envoyées inspecter les environs, entre la route d'Antrain et de Vitré, ne sont pas encore revenues ; ainsi, nous trouverons dans la campagne des renforts qui ne nous seront sans doute pas inutiles, car le Gars n'est pas assez niais pour se risquer sans avoir avec lui ses sacrées chouettes.

— Gudin, dit-il au jeune Fougerais, cours avertir le capitaine Lebrun qu'il peut se passer de moi à Florigny pour y frotter les brigands, et reviens plus vite que ça.

Tu connais les sentiers, je t'attends pour aller à la chasse du ci-devant et venger les assassinats de la Vivetière.

— Tonnerre de Dieu, comme il court ! reprit-il en voyant partir Gudin qui disparut comme par enchantement. Gérard aurait-il aimé ce garçon-là !

À son retour, Gudin trouva la petite troupe de Hulot augmentée de quelques soldats pris aux différents postes de la ville. Le commandant dit au jeune Fougerais de choisir une douzaine de ses compatriotes les mieux dressés au difficile métier de Contre-Chouan, et lui ordonna de se diriger par la porte Saint-Léonard, afin de longer le revers des montagnes de Saint-Sulpice qui regardait la grande vallée du Couësnon, et sur lequel était située la cabane de Galope-chopine ; puis il se mit lui-même à la tête du reste de la troupe, et sortit par la porte Saint-Sulpice pour aborder les montagnes à leur sommet, où, suivant ses calculs, il devait rencontrer les gens de Beau-pied qu'il se proposait d'employer à renforcer un cordon de sentinelles chargées de garder les rochers, depuis le faubourg Saint-Sulpice jusqu'au Nid-aux-crocs. Corentin, certain d'avoir remis la destinée du chef des Chouans entre les mains de ses plus implacables ennemis, se rendit promptement sur la Promenade pour mieux saisir l'ensemble des dispositions militaires de Hulot. Il ne tarda pas à voir la petite escouade de Gudin débouchant par la vallée du Nançon et suivant les rochers du côté de la grande vallée du Couësnon, tandis que Hulot, débusquant le long du château de Fougères, gravissait le sentier périlleux qui conduisait sur le sommet des montagnes de Saint-Sulpice. Ainsi, les deux troupes se déployaient sur deux lignes parallèles. Tous les arbres et les buissons, décorés par le givre de riches arabesques, jetaient sur la campagne un reflet blanchâtre qui permettait de bien voir, comme des lignes grises, ces deux petits corps d'armée en mouvement. Arrivé sur le plateau des rochers, Hulot détacha de sa troupe tous les soldats qui étaient en uniforme, et Corentin les vit établissant, par les ordres de l'habile commandant, une ligne de sentinelles ambulantes séparées chacune par un espace convenable, dont la première devait correspondre avec Gudin et la dernière avec Hulot, de manière qu'aucun buisson ne devait échapper aux baïonnettes de ces trois lignes mouvantes qui allaient traquer le Gars à travers les montagnes et les champs.

— Il est rusé, ce vieux loup de guérite, s'écria Corentin en perdant de vue les dernières pointes de fusil qui brillèrent dans les ajoncs, le Gars est cuit. Si Marie avait livré ce damné marquis, nous eussions, elle et moi, été unis par le plus fort des liens, une infamie... Mais elle sera bien à moi !...

Les douze jeunes Fougerais conduits par le sous-lieutenant Gudin atteignirent bientôt le versant que forment les rochers de Saint-Sulpice, en s'abaissant par petites collines dans la vallée de Gibarry. Gudin, lui, quitta les chemins, sauta lestement l'échalier du premier champ de genêts qu'il rencontra, et où il fut suivi par six de ses compatriotes ; les six autres se dirigèrent, d'après ses ordres, dans les champs de droite, afin d'opérer les recherches de chaque côté des chemins. Gudin s'élança vivement vers un pommier qui se trouvait au milieu du genêt. Au bruissement produit par la marche des six Contre-Chouans qu'il conduisait à travers cette forêt de genêts en tâchant de ne pas en agiter les touffes givrées, sept ou huit hommes, à la tête desquels était Beau-pied, se cachèrent derrière quelques châtaigniers par lesquels la haie de ce champ était couronnée. Malgré le reflet blanc qui éclairait la campagne et malgré leur vue exercée, les Fougerais n'aperçurent pas d'abord leurs adversaires qui s'étaient fait un rempart des arbres.

— Chut ! les voici, dit Beau-pied qui le premier leva la tête. Les brigands nous ont excédés[1], mais, puisque nous les avons au bout de nos fusils, ne les manquons pas, ou, nom d'une pipe ! nous ne serions pas susceptibles d'être soldats du pape !

Cependant les yeux perçants de Gudin avaient fini par découvrir quelques canons de fusil dirigés vers sa petite escouade. En ce moment, par une amère dérision, huit grosses voix crièrent *qui vive !* et huit coups de fusil partirent aussitôt. Les balles sifflèrent autour des Contre-

---

1. Non au sens moderne d'irriter, d'exaspérer, mais au sens vieilli, et beaucoup plus fort, d'accabler au-delà de ce qu'on peut supporter.

Chouans. L'un d'eux en reçut une dans le bras et un autre tomba. Les cinq Fougerais qui restaient sains et saufs ripostèrent par une décharge en répondant :
— Amis ! Puis, ils marchèrent rapidement sur les ennemis, afin de les atteindre avant qu'ils n'eussent rechargé leurs armes.

— Nous ne savions pas si bien dire, s'écria le jeune sous-lieutenant en reconnaissant les uniformes et les vieux chapeaux de sa demi-brigade. Nous avons agi en vrais Bretons, nous nous sommes battus avant de nous expliquer.

Les huit soldats restèrent stupéfaits en reconnaissant Gudin.

— Dame ! mon officier, qui diable ne vous prendrait pas pour des brigands sous vos peaux de bique, s'écria douloureusement Beau-pied.

— C'est un malheur, et nous en sommes tous innocents, puisque vous n'étiez pas prévenus de la sortie de nos Contre-Chouans. Mais où en êtes-vous ? lui demanda Gudin.

— Mon officier, nous sommes à la recherche d'une douzaine de Chouans qui s'amusent à nous échiner[1]. Nous courons comme des rats empoisonnés ; mais, à force de sauter ces échaliers et ces haies que le tonnerre confonde, nos compas[2] s'étaient rouillés et nous nous reposions. Je crois que les brigands doivent être maintenant dans les environs de cette grande baraque d'où vous voyez sortir de la fumée.

— Bon ! s'écria Gudin. Vous autres, dit-il aux huit soldats et à Beau-pied, vous allez vous replier sur les rochers de Saint-Sulpice, à travers les champs, et vous y appuierez la ligne de sentinelles que le commandant y a établie. Il ne faut pas que vous restiez avec nous autres, puisque vous êtes en uniforme. Nous voulons, mille cartouches ! venir à bout de ces chiens-là, le Gars est avec eux ! Les camarades vous en diront plus long que je ne vous en dis. Filez sur la droite, et n'administrez pas de coups de fusil à six de nos peaux de bique que vous

---

1. L'échine étant l'épine dorsale, le dos, échiner, c'est casser le dos, battre, terrasser. — 2. Nos jambes. *Cf.* note 2 p. 74.

pourrez rencontrer. Vous reconnaîtrez nos Contre-Chouans à leurs cravates qui sont roulées en corde sans nœud.

Gudin laissa ses deux blessés sous le pommier, en se dirigeant vers la maison de Galope-chopine, que Beaupied venait de lui indiquer et dont la fumée lui servit de boussole. Pendant que le jeune officier était mis sur la piste des Chouans par une rencontre assez commune dans cette guerre, mais qui aurait pu devenir plus meurtrière, le petit détachement que commandait Hulot avait atteint sur sa ligne d'opérations un point parallèle à celui où Gudin était parvenu sur la sienne. Le vieux militaire, à la tête de ses Contre-Chouans, se glissait silencieusement le long des haies avec toute l'ardeur d'un jeune homme, il sautait les échaliers encore assez légèrement en jetant ses yeux fauves sur toutes les hauteurs, et prêtant, comme un chasseur, l'oreille au moindre bruit. Au troisième champ dans lequel il entra, il aperçut une femme d'une trentaine d'années, occupée à labourer la terre à la houe, et qui, toute courbée, travaillait avec courage ; tandis qu'un petit garçon âgé d'environ sept à huit ans, armé d'une serpe, secouait le givre de quelques ajoncs qui avaient poussé çà et là, les coupait et les mettait en tas. Au bruit que fit Hulot en retombant lourdement de l'autre côté de l'échalier, le petit gars et sa mère levèrent la tête. Hulot prit facilement cette jeune femme pour une vieille. Des rides venues avant le temps sillonnaient le front et la peau du cou de la Bretonne, elle était si grotesquement vêtue d'une peau de bique usée, que sans une robe de toile jaune et sale, marque distinctive de son sexe, Hulot n'aurait su à quel sexe la paysanne appartenait, car les longues mèches de ses cheveux noirs étaient cachées sous un bonnet de laine rouge. Les haillons dont le petit gars était à peine couvert en laissaient voir la peau.

— Ho ! la vieille, cria Hulot d'un ton bas à cette femme en s'approchant d'elle, où est le Gars ?

En ce moment les vingt Contre-Chouans qui suivaient Hulot franchirent les enceintes du champ.

— Ah ! pour aller au Gars, faut que vous retourniez

d'où vous venez, répondit la femme après avoir jeté un regard de défiance sur la troupe.

— Est-ce que je te demande le chemin du faubourg du Gars à Fougères[1], vieille carcasse ? répliqua brutalement Hulot. Par sainte Anne d'Auray, as-tu vu passer le Gars ?

— Je ne sais pas ce que vous voulez dire, répondit la femme en se courbant pour reprendre son travail.

— Garce damnée, veux-tu donc nous faire avaler par les Bleus qui nous poursuivent ? s'écria Hulot.

À ces paroles la femme releva la tête et jeta un nouveau regard de méfiance sur les Contre-Chouans en leur répondant : — Comment les Bleus peuvent-ils être à vos trousses ? J'en viens de voir passer sept à huit qui regagnent Fougères par le chemin d'en bas.

— Ne dirait-on pas qu'elle va nous mordre avec son nez ? reprit Hulot. Tiens, regarde, vieille bique.

Et le commandant lui montra du doigt, à une cinquantaine de pas en arrière, trois ou quatre de ses sentinelles dont les chapeaux, les uniformes et les fusils étaient faciles à reconnaître.

— Veux-tu laisser égorger ceux que Marche-à-terre envoie au secours du Gars que les Fougerais veulent prendre ? reprit-il avec colère.

— Ah ! excusez, reprit la femme ; mais il est si facile d'être trompé ! De quelle paroisse êtes-vous donc ? demanda-t-elle.

— De Saint-Georges, s'écrièrent deux ou trois Fougerais en bas-breton, et nous mourons de faim.

— Eh ! bien, tenez, répondit la femme, voyez-vous cette fumée, là-bas ? C'est ma maison. En suivant les routins de droite[2], vous y arriverez par en haut. Vous trouverez peut-être mon homme en route. Galope-chopine doit faire le guet pour avertir le Gars, puisque vous savez qu'il vient aujourd'hui chez nous, ajouta-t-elle avec orgueil.

---

1. Un Faubourg du Gast existe bien à Fougères. — **2.** « Routin » est sans doute une autre forme de « rote », défini p. 326 comme un sentier piétonnier doublant, sur la longueur d'un champ, les chemins souvent marécageux dans cette partie de la Bretagne.

— Merci, bonne femme, répondit Hulot. — En avant, vous autres, tonnerre de Dieu ! ajouta-t-il en parlant à ses hommes, nous le tenons !

À ces mots, le détachement suivit au pas de course le commandant, qui s'engagea dans les sentiers indiqués. En entendant le juron si peu catholique du soi-disant Chouan, la femme de Galope-chopine pâlit. Elle regarda les guêtres et les peaux de bique des jeunes Fougerais, s'assit par terre, serra son enfant dans ses bras et dit : — Que la sainte vierge d'Auray et le bienheureux saint Labre aient pitié de nous ! Je ne crois pas que ce soient nos gens, leurs souliers sont sans clous. Cours par le chemin d'en bas prévenir ton père, il s'agit de sa tête, dit-elle au petit garçon, qui disparut comme un daim à travers les genêts et les ajoncs.

Cependant mademoiselle de Verneuil n'avait rencontré sur sa route aucun des partis Bleus ou Chouans qui se pourchassaient les uns les autres dans le labyrinthe de champs situés autour de la cabane de Galope-chopine. En apercevant une colonne bleuâtre s'élevant du tuyau à demi détruit de la cheminée de cette triste habitation, son cœur éprouva une de ces violentes palpitations dont les coups précipités et sonores semblent monter dans le cou comme par flots. Elle s'arrêta, s'appuya de la main sur une branche d'arbre, et contempla cette fumée qui devait également servir de fanal aux amis et aux ennemis du jeune chef. Jamais elle n'avait ressenti d'émotion si écrasante. — Ah ! je l'aime trop, se dit-elle avec une sorte de désespoir ; aujourd'hui je ne serai peut-être plus maîtresse de moi... Tout à coup elle franchit l'espace qui la séparait de la chaumière, et se trouva dans la cour, dont la fange avait été durcie par la gelée. Le gros chien s'élança encore contre elle en aboyant ; mais, sur un seul mot prononcé par Galope-chopine, il remua la queue et se tut. En entrant dans la chaumine, mademoiselle de Verneuil y jeta un de ces regards qui embrassent tout. Le marquis n'y était pas. Marie respira plus librement. Elle reconnut avec plaisir que le Chouan s'était efforcé de restituer quelque propreté à la sale et unique chambre de sa tanière. Galope-chopine saisit sa canardière, salua silencieusement son

Cabane de Chouans en embuscade.

hôtesse et sortit avec son chien ; elle le suivit jusque sur le seuil, et le vit s'en allant par le sentier qui commençait à droite de sa cabane, et dont l'entrée était défendue par un gros arbre pourri en y formant un échalier presque ruiné. De là, elle put apercevoir une suite de champs dont les échaliers présentaient à l'œil comme une enfilade de portes, car la nudité des arbres et des haies permettait de bien voir les moindres accidents du paysage. Quand le large chapeau de Galope-chopine eut tout à fait disparu, mademoiselle de Verneuil se retourna vers la gauche pour voir l'église de Fougères ; mais le hangar la lui cachait entièrement. Elle jeta les yeux sur la vallée du Couësnon qui s'offrait à ses regards, comme une vaste nappe de mousseline dont la blancheur rendait plus terne encore un ciel gris et chargé de neige. C'était une de ces journées où la nature semble muette, et où les bruits sont absorbés par l'atmosphère. Aussi, quoique les Bleus et leurs Contre-Chouans marchassent dans la campagne sur trois lignes, en formant un triangle qu'ils resserraient en s'approchant de la cabane, le silence était si profond que mademoiselle de Verneuil se sentit émue par des circonstances qui ajoutaient à ses angoisses une

sorte de tristesse physique. Il y avait du malheur dans
l'air. Enfin, à l'endroit où un petit rideau de bois terminait l'enfilade d'échaliers, elle vit un jeune homme sautant les barrières comme un écureuil, et courant avec une
étonnante rapidité. — C'est lui, se dit-elle. Simplement
vêtu comme un Chouan, le Gars portait son tromblon en
bandoulière derrière sa peau de bique, et, sans la grâce
de ses mouvements, il aurait été méconnaissable. Marie
se retira précipitamment dans la cabane, en obéissant à
l'une de ces déterminations instinctives aussi peu expli-
cables que l'est la peur ; mais bientôt le jeune chef fut à
deux pas d'elle devant la cheminée, où brillait un feu
clair et animé. Tous deux se trouvèrent sans voix, craignirent de se regarder, ou de faire un mouvement. Une
même espérance unissait leur pensée, un même doute les
séparait, c'était une angoisse, c'était une volupté.

— Monsieur, dit enfin mademoiselle de Verneuil
d'une voix émue, le soin de votre sûreté m'a seul amenée ici.

— Ma sûreté ! reprit-il avec amertume.

— Oui, répondit-elle, tant que je resterai à Fougères,
votre vie est compromise, et je vous aime trop pour n'en
pas partir ce soir ; ne m'y cherchez donc plus.

— Partir, chère ange ! Je vous suivrai.

— Me suivre ! y pensez-vous ? Et les Bleus ?

— Eh ! ma chère Marie, qu'y a-t-il de commun entre
les Bleus et notre amour ?

— Mais il me semble qu'il est difficile que vous restiez en France, près de moi, et plus difficile encore que
vous la quittiez avec moi.

— Y a-t-il donc quelque chose d'impossible à qui
aime bien ?

— Ah ! oui, je crois que tout est possible. N'ai-je pas
eu le courage de renoncer à vous, pour vous !

— Quoi ! vous vous êtes donnée à un être affreux
que vous n'aimiez pas, et vous ne voulez pas faire le
bonheur d'un homme qui vous adore, de qui vous rem-
plirez la vie, et qui jure de n'être jamais qu'à vous ?
Écoute-moi, Marie, m'aimes-tu ?

— Oui, dit-elle.

— Eh ! bien, sois à moi.

— Avez-vous oublié que j'ai repris le rôle infâme d'une courtisane, et que c'est vous qui devez être à moi ? Si je veux vous fuir, c'est pour ne pas laisser retomber sur votre tête le mépris que je pourrais encourir ; sans cette crainte, peut-être...

— Mais si je ne redoute rien...

— Et qui m'en assurera ? Je suis défiante. Dans ma situation, qui ne le serait pas ?... Si l'amour que nous inspirons ne dure pas, au moins doit-il être complet, et nous faire supporter avec joie l'injustice du monde. Qu'avez-vous fait pour moi ?... Vous me désirez. Croyez-vous vous être élevé par là bien au-dessus de ceux qui m'ont vue jusqu'à présent ? Avez-vous risqué, pour une heure de plaisir, vos Chouans, sans plus vous en soucier que je ne m'inquiétais des Bleus massacrés quand tout fut perdu pour moi ? Et si je vous ordonnais de renoncer à toutes vos idées, à vos espérances, à votre Roi qui m'offusque et qui peut-être se moquera de vous quand vous périrez pour lui ; tandis que je saurais mourir pour vous avec un saint respect ! Enfin, si je voulais que vous envoyassiez votre soumission au premier Consul pour que vous pussiez me suivre à Paris ?... Si j'exigeais que nous allassions en Amérique y vivre loin d'un monde où tout est vanité [1], afin de savoir si vous m'aimez bien pour moi-même, comme en ce moment je vous aime ! Pour tout dire en un mot, si je voulais, au lieu de m'élever à vous, que vous tombassiez jusqu'à moi, que feriez-vous ?

— Tais-toi, Marie, ne te calomnie pas. Pauvre enfant, je t'ai devinée ! Va, si mon premier désir est devenu de la passion, ma passion est maintenant de l'amour. Chère âme de mon âme, je le sais, tu es aussi noble que ton nom, aussi grande que belle ; je suis assez noble et me sens assez grand moi-même pour t'imposer au monde. Est-ce parce que je pressens en toi des voluptés inouïes et incessantes ?... est-ce parce que je crois rencontrer en

---

1. L'Amérique : monde neuf qui fascine les amateurs de sauvagerie, de voyages exotiques, de démocraties naissantes ; lecteurs de Lahontan, de Marmontel, de Cooper, de Chateaubriand et bientôt de Tocqueville. Mais en Amérique, les amours de Manon Lescaut et de Des Grieux finissent tragiquement...

ton âme ces précieuses qualités qui nous font toujours aimer la même femme ? J'en ignore la cause, mais mon amour est sans bornes, et il me semble que je ne puis plus me passer de toi. Oui, ma vie serait pleine de dégoût si tu n'étais toujours près de moi...

— Comment, près de vous ?

— Oh ! Marie, tu ne veux donc pas deviner ton Alphonse [1] ?

— Ah ! croiriez-vous me flatter beaucoup en m'offrant votre nom, votre main ? dit-elle avec un apparent dédain mais en regardant fixement le marquis pour en surprendre les moindres pensées. Et savez-vous si vous m'aimerez dans six mois, et alors quel serait mon avenir ?... Non, non, une maîtresse est la seule femme qui soit sûre des sentiments qu'un homme lui témoigne ; car le devoir, les lois, le monde, l'intérêt des enfants, n'en sont pas les tristes auxiliaires, et si son pouvoir est durable, elle y trouve des flatteries et un bonheur qui font accepter les plus grands chagrins du monde. Être votre femme et avoir la chance de vous peser un jour !... À cette crainte je préfère un amour passager, mais vrai, quand même la mort et la misère en seraient la fin. Oui, je pourrais être, mieux que toute autre, une mère vertueuse, une épouse dévouée ; mais pour entretenir de tels sentiments dans l'âme d'une femme, il ne faut pas qu'un homme l'épouse dans un accès de passion. D'ailleurs, sais-je moi-même si vous me plairez demain ? Non, je ne veux pas faire votre malheur, je quitte la Bretagne, dit-elle en apercevant de l'hésitation dans son regard, je retourne à Fougères, et vous ne viendrez pas me chercher là...

— Eh ! bien, après-demain, si dès le matin tu vois de la fumée sur les roches de Saint-Sulpice, le soir je serai chez toi, amant, époux, ce que tu voudras que je sois. J'aurai tout bravé !

— Mais, Alphonse, tu m'aimes donc bien, dit-elle avec ivresse, pour risquer ainsi ta vie avant de me la donner ?...

Il ne répondit pas, il la regarda, elle baissa les yeux ;

---

1. Première occurrence de ce prénom, dont l'apparition marque un nouveau degré d'intensité dans le roman d'amour.

mais il lut sur l'ardent visage de sa maîtresse un délire égal au sien, et alors il lui tendit les bras. Une sorte de folie entraîna Marie, qui alla tomber mollement sur le sein du marquis, décidée à s'abandonner à lui pour faire de cette faute le plus grand des bonheurs, en y risquant tout son avenir, qu'elle rendait plus certain si elle sortait victorieuse de cette dernière épreuve. Mais à peine sa tête s'était-elle posée sur l'épaule de son amant, qu'un léger bruit retentit au-dehors. Elle s'arracha de ses bras comme si elle se fût réveillée, et s'élança hors de la chaumière. Elle put alors recouvrer un peu de sang-froid et penser à sa situation.

— Il m'aurait acceptée et se serait moqué de moi, peut-être, se dit-elle. Ah ! si je pouvais le croire, je le tuerais. — Ah ! pas encore cependant, reprit-elle en apercevant Beau-pied, à qui elle fit un signe que le soldat comprit à merveille.

Le pauvre garçon tourna brusquement sur ses talons, en feignant de n'avoir rien vu. Tout à coup, mademoiselle de Verneuil rentra dans le salon[1] en invitant le jeune chef à garder le plus profond silence, par la manière dont elle se pressa les lèvres sous l'index de sa main droite.

— Ils sont là, dit-elle avec terreur et d'une voix sourde.

— Qui ?

— Les Bleus.

— Ah ! je ne mourrai pas sans avoir...

— Oui, prends...

Il la saisit froide et sans défense, et cueillit sur ses lèvres un baiser plein d'horreur et de plaisir, car il pouvait être à la fois le premier et le dernier. Puis ils allèrent ensemble sur le seuil de la porte, en y plaçant leurs têtes de manière à tout examiner sans être vus. Le marquis aperçut Gudin à la tête d'une douzaine d'hommes qui tenaient le bas de la vallée du Couësnon. Il se tourna vers l'enfilade des échaliers, le gros tronc d'arbre pourri était gardé par sept soldats. Il monta sur la pièce de cidre, enfonça le toit de

---

1. Inadvertance de Balzac ? Le terme est pompeux pour l'unique et sordide pièce de la cabane de Galope-chopine.

bardeau pour sauter sur l'éminence ; mais il retira précipitamment sa tête du trou qu'il venait de faire : Hulot couronnait la hauteur et lui coupait le chemin de Fougères. En ce moment, il regarda sa maîtresse qui jeta un cri de désespoir : elle entendait les trépignements des trois détachements réunis autour de la maison.

— Sors la première, lui dit-il, tu me préserveras.

En entendant ce mot, pour elle sublime, elle se plaça tout heureuse en face de la porte, pendant que le marquis armait son tromblon. Après avoir mesuré l'espace qui existait entre le seuil de la cabane et le gros tronc d'arbre, le Gars se jeta devant les sept Bleus, les cribla de sa mitraille et se fit un passage au milieu d'eux. Les trois troupes se précipitèrent autour de l'échalier que le chef avait sauté, et le virent alors courant dans le champ avec une incroyable célérité.

— Feu, feu, mille noms d'un diable ! Vous n'êtes pas Français, feu donc, mâtins ! cria Hulot d'une voix tonnante.

Au moment où il prononçait ces paroles du haut de l'éminence, ses hommes et ceux de Gudin firent une décharge générale qui heureusement fut mal dirigée. Déjà le marquis arrivait à l'échalier qui terminait le premier champ ; mais au moment où il passait dans le second, il faillit être atteint par Gudin qui s'était élancé sur ses pas avec violence. En entendant ce redoutable adversaire à quelques toises, le Gars redoubla de vitesse. Néanmoins, Gudin et le marquis arrivèrent presque en même temps à l'échalier ; mais Montauran lança si adroitement son tromblon à la tête de Gudin, qu'il le frappa et en retarda la marche. Il est impossible de dépeindre l'anxiété de Marie et l'intérêt que manifestaient à ce spectacle Hulot et sa troupe. Tous, ils répétaient silencieusement, à leur insu, les gestes des deux coureurs. Le Gars et Gudin parvinrent ensemble au rideau blanc de givre formé par le petit bois ; mais l'officier rétrograda tout à coup et s'effaça derrière un pommier. Une vingtaine de Chouans, qui n'avaient pas tiré de peur de tuer leur chef, se montrèrent et criblèrent l'arbre de balles. Toute la petite troupe de Hulot s'élança au pas de course pour sauver Gudin, qui, se trouvant sans armes, revenait de pommier en pommier, en saisissant, pour courir, le moment où les Chasseurs du Roi chargeaient leurs armes. Son danger dura peu. Les Contre-Chouans mêlés aux Bleus, et Hulot à leur tête, vinrent soutenir le jeune officier à la place où le marquis avait jeté son tromblon. En ce moment, Gudin aperçut son adversaire tout épuisé, assis sous un des arbres du petit bouquet de bois ; il laissa ses camarades se canardant avec les Chouans retranchés derrière une haie latérale du champ, il les tourna et se dirigea vers le marquis avec la vivacité d'une bête fauve. En voyant cette manœuvre, les Chasseurs du Roi poussèrent d'effroyables cris pour avertir leur chef ; puis, après avoir tiré sur les Contre-Chouans avec le bonheur qu'ont les braconniers, ils essayèrent de leur tenir tête ; mais ceux-ci gravirent courageusement la haie qui servait de rempart à leurs ennemis, et y prirent une sanglante revanche. Les Chouans gagnèrent alors le chemin qui longeait le champ dans l'enceinte duquel cette scène avait lieu, et s'emparèrent des hauteurs que Hulot avait commis la faute d'abandonner. Avant que les Bleus eussent eu le temps de se reconnaître, les Chouans avaient pris pour retranchements les brisures que formaient les arêtes de ces rochers à l'abri desquels ils pouvaient tirer sans danger sur les soldats de Hulot, si ceux-ci faisaient quelque démonstration de vouloir venir les y combattre. Pendant que Hulot, suivi de quelques soldats, allait lentement vers le petit bois pour y chercher Gudin, les Fougerais demeurèrent pour dépouiller les Chouans morts et achever les vivants. Dans cette épouvantable guerre, les deux partis ne faisaient pas de prisonniers. Le marquis sauvé, les Chouans et les Bleus reconnurent mutuellement la force de leurs positions respectives et l'inutilité de la lutte, en sorte que chacun ne songea plus qu'à se retirer.

— Si je perds ce jeune homme-là, s'écria Hulot en regardant le bois avec attention, je ne veux plus faire d'amis !

— Ah ! ah ! dit un des jeunes gens de Fougères occupé à dépouiller les morts, voilà un oiseau qui a des plumes jaunes.

Et il montrait à ses compatriotes une bourse pleine de

pièces d'or qu'il venait de trouver dans la poche d'un gros homme vêtu de noir.

— Mais qu'a-t-il donc là ? reprit un autre qui tira un bréviaire de la redingote du défunt.

— C'est pain bénit, c'est un prêtre ! s'écria-t-il en jetant le bréviaire à terre.

— Le voleur, il nous fait banqueroute, dit un troisième en ne trouvant que deux écus de six francs dans les poches du Chouan qu'il déshabillait.

— Oui, mais il a une fameuse paire de souliers, répondit un soldat qui se mit en devoir de les prendre.

— Tu les auras s'ils tombent dans ton lot, lui répliqua l'un des Fougerais, en les arrachant des pieds du mort et les lançant au tas des effets déjà rassemblés.

Un quatrième Contre-Chouan recevait l'argent, afin de faire les parts lorsque tous les soldats de l'expédition seraient réunis. Quand Hulot revint avec le jeune officier, dont la dernière entreprise pour joindre le Gars avait été aussi périlleuse qu'inutile, il trouva une vingtaine de ses soldats et une trentaine de Contre-Chouans devant onze ennemis morts dont les corps avaient été jetés dans un sillon tracé au bas de la haie.

— Soldats, s'écria Hulot d'une voix sévère, je vous défends de partager ces haillons. Formez vos rangs, et plus vite que ça.

— Mon commandant, dit un soldat en montrant à Hulot ses souliers, au bout desquels les cinq doigts de ses pieds se voyaient à nu, bon pour l'argent ; mais cette chaussure-là, ajouta-t-il en montrant avec la crosse de son fusil la paire de souliers ferrés, cette chaussure-là, mon commandant, m'irait comme un gant.

— Tu veux à tes pieds des souliers anglais[1] ! lui répliqua Hulot.

— Commandant, dit respectueusement un des Fougerais, nous avons, depuis la guerre, toujours partagé le butin.

— Je ne vous empêche pas, vous autres, de suivre vos usages, répliqua durement Hulot en l'interrompant.

— Tiens, Gudin, voilà une bourse là qui contient trois

---

1. C'est-à-dire fournis par les Anglais.

louis, tu as eu de la peine, ton chef ne s'opposera pas à ce que tu la prennes, dit à l'officier l'un de ses anciens camarades.

Hulot regarda Gudin de travers, et le vit pâlissant.

— C'est la bourse de mon oncle, s'écria le jeune homme.

Tout épuisé qu'il était par la fatigue, il fit quelques pas vers le monceau de cadavres, et le premier corps qui s'offrit à ses regards fut précisément celui de son oncle ; mais à peine en vit-il le visage rubicond sillonné de bandes bleuâtres, les bras roidis, et la plaie faite par le coup de feu, qu'il jeta un cri étouffé et s'écria : — Marchons, mon commandant.

La troupe de Bleus se mit en route. Hulot soutenait son jeune ami en lui donnant le bras.

— Tonnerre de Dieu, cela ne sera rien, lui disait le vieux soldat.

— Mais il est mort, répondit Gudin, mort ! C'était mon seul parent, et, malgré ses malédictions, il m'aimait. Le Roi revenu, tout le pays aurait voulu ma tête, le bonhomme m'aurait caché sous sa soutane.

— Est-il bête ! disaient les gardes nationaux restés à se partager les dépouilles ; le bonhomme est riche, et comme ça, il n'a pas eu le temps de faire un testament par lequel il l'aurait déshérité.

Le partage fait, les Contre-Chouans rejoignirent le petit bataillon de Bleus et le suivirent de loin.

Une horrible inquiétude se glissa, vers la nuit, dans la chaumière de Galope-chopine, où jusqu'alors la vie avait été si naïvement insoucieuse. Barbette et son petit gars portant tous deux sur leur dos, l'une sa pesante charge d'ajoncs, l'autre une provision d'herbes pour les bestiaux, revinrent à l'heure où la famille prenait le repas du soir. En entrant au logis, la mère et le fils cherchèrent en vain Galope-chopine ; et jamais cette misérable chambre ne leur parut si grande, tant elle était vide. Le foyer sans feu, l'obscurité, le silence, tout leur prédisait quelque malheur. Quand la nuit fut venue, Barbette s'empressa d'allumer un feu clair et deux *oribus*, nom donné aux chandelles de résine dans le pays compris entre les rivages de l'Armorique jusqu'en haut de la

Loire, et encore usité en deçà d'Amboise dans les campagnes du Vendômois. Barbette mettait à ces apprêts la lenteur dont sont frappées les actions quand un sentiment profond les domine ; elle écoutait le moindre bruit ; mais souvent trompée par le sifflement des rafales, elle allait sur la porte de sa misérable hutte et en revenait toute triste. Elle nettoya deux pichés, les remplit de cidre et les posa sur la longue table de noyer. À plusieurs reprises, elle regarda son garçon qui surveillait la cuisson des galettes de sarrasin, mais sans pouvoir lui parler. Un instant les yeux du petit gars s'arrêtèrent sur les deux clous qui servaient à supporter la canardière de son père, et Barbette frissonna en voyant comme lui cette place vide. Le silence n'était interrompu que par les mugissements des vaches, ou par les gouttes de cidre qui tombaient périodiquement de la bonde du tonneau. La pauvre femme soupira en apprêtant dans trois écuelles de terre brune une espèce de soupe composée de lait, de galette coupée par petits morceaux et de châtaignes cuites.

— Ils se sont battus dans la pièce qui dépend de la Béraudière, dit le petit gars.

— Vas-y donc voir, répondit la mère.

Le gars y courut, reconnut au clair de la lune le monceau de cadavres, n'y trouva point son père, et revint tout joyeux en sifflant ; il avait ramassé quelques pièces de cent sous foulées aux pieds par les vainqueurs et oubliées dans la boue. Il trouva sa mère assise sur une escabelle et occupée à filer du chanvre au coin du feu. Il fit un signe négatif à Barbette, qui n'osa croire à quelque chose d'heureux ; puis, dix heures ayant sonné à Saint-Léonard, le petit gars se coucha après avoir marmotté une prière à la sainte vierge d'Auray. Au jour, Barbette, qui n'avait pas dormi, poussa un cri de joie, en entendant retentir dans le lointain un bruit de gros souliers ferrés qu'elle reconnut, et Galope-chopine montra bientôt sa mine renfrognée.

— Grâce à saint Labre à qui j'ai promis un beau cierge, le Gars a été sauvé ! N'oublie pas que nous devons maintenant trois cierges au saint.

Puis Galope-chopine saisit un piché et l'avala tout

entier sans reprendre haleine. Lorsque sa femme lui eut servi sa soupe, l'eut débarrassé de sa canardière et qu'il se fut assis sur le banc de noyer, il dit en s'approchant du feu : — Comment les Bleus et les Contre-Chouans sont-ils donc venus ici ? On se battait à Florigny. Quel diable a pu leur dire que le Gars était chez nous ? Car il n'y avait que lui, sa belle garce et nous qui le savions.

La femme pâlit.

— Les Contre-Chouans m'ont persuadé qu'ils étaient des gars de Saint-Georges, répondit-elle en tremblant, et c'est moi qui leur ai dit où était le Gars.

Galope-chopine pâlit à son tour, et laissa son écuelle sur le bord de la table.

— Je t'ai envoyé not'gars pour te prévenir, reprit Barbette effrayée, il ne t'a pas rencontré.

Le Chouan se leva, et frappa si violemment sa femme, qu'elle alla tomber pâle comme un mort sur le lit.

— Garce maudite, tu m'as tué, dit-il. Mais saisi d'épouvante, il prit sa femme dans ses bras : — Barbette ? s'écria-t-il, Barbette ? Sainte Vierge ! j'ai eu la main trop lourde.

— Crois-tu, lui dit-elle en ouvrant les yeux, que Marche-à-terre vienne à le savoir ?

— Le Gars, répondit le Chouan, a dit de s'enquérir d'où venait cette trahison.

— L'a-t-il dit à Marche-à-terre ?

— Pille-miche et Marche-à-terre étaient à Florigny.

Barbette respira plus librement.

— S'ils touchent à un seul cheveu de ta tête, dit-elle, je rincerai leurs verres avec du vinaigre.

— Ah ! je n'ai plus faim, s'écria tristement Galope-chopine.

Sa femme poussa devant lui l'autre piché plein, il n'y fit pas même attention. Deux grosses larmes sillonnèrent alors les joues de Barbette et humectèrent les rides de son visage fané.

— Écoute, ma femme, il faudra demain matin amasser des fagots au *dret* [1] de Saint-Léonard sur les rochers de Saint-Sulpice et y mettre le feu. C'est le signal

---

1. « Au dret de », variante régionale de « au droit de » : en face de.

convenu entre le Gars et le vieux recteur de Saint-Georges qui viendra lui dire une messe.

— Il ira donc à Fougères ?

— Oui, chez sa belle garce. J'ai à courir aujourd'hui
à cause de ça ! Je crois bien qu'il va l'épouser et l'enlever, car il m'a dit d'aller louer des chevaux et de les
égailler sur la route de Saint-Malo.

Là-dessus, Galope-chopine fatigué se coucha pour
quelques heures et se remit en course. Le lendemain
matin il rentra après s'être soigneusement acquitté des
commissions que le marquis lui avait confiées. En apprenant que Marche-à-terre et Pille-miche ne s'étaient pas
présentés, il dissipa les inquiétudes de sa femme, qui
partit presque rassurée pour les roches de Saint-Sulpice,
où la veille elle avait préparé sur le mamelon qui faisait
face à Saint-Léonard quelques fagots couverts de givre.
Elle emmena par la main son petit gars qui portait du
feu dans un sabot cassé. À peine son fils et sa femme
avaient-ils disparu derrière le toit du hangar, que
Galope-chopine entendit deux hommes sautant le dernier
des échaliers en enfilade, et insensiblement il vit à travers un brouillard assez épais des formes anguleuses se
dessinant comme des ombres indistinctes. — C'est Pille-
miche et Marche-à-terre, se dit-il mentalement. Et il tressaillit. Les deux Chouans montrèrent dans la petite cour
leurs visages ténébreux qui ressemblaient assez, sous
leurs grands chapeaux usés, à ces figures que des gra-
veurs ont faites avec des paysages.

— Bonjour, Galope-chopine, dit gravement Marche-
à-terre.

— Bonjour, monsieur Marche-à-terre, répondit hum-
blement le mari de Barbette. Voulez-vous entrer ici et
vider quelques pichés ? J'ai de la galette froide et du
beurre fraîchement battu.

— Ce n'est pas de refus, mon cousin, dit Pille-miche.

Les deux Chouans entrèrent. Ce début n'avait rien
d'effrayant pour le maître du logis, qui s'empressa d'aller à sa grosse tonne emplir trois pichés, pendant que
Marche-à-terre et Pille-miche, assis de chaque côté de la
longue table sur un des bancs luisants, se coupèrent des
galettes et les garnirent d'un beurre gras et jaunâtre qui,

sous le couteau, laissait jaillir de petites bulles de lait. Galope-chopine posa les pichés pleins de cidre et couronnés de mousse devant ses hôtes, et les trois Chouans se mirent à manger ; mais de temps en temps le maître du logis jetait un regard de côté sur Marche-à-terre en s'empressant de satisfaire sa soif.

— Donne-moi ta chinchoire[1], dit Marche-à-terre à Pille-miche.

Et après en avoir secoué fortement plusieurs chinchées dans le creux de sa main, le Breton aspira son tabac en homme qui voulait se préparer à quelque action grave.

— Il fait froid, dit Pille-miche en se levant pour aller fermer la partie supérieure de la porte.

Le jour terni par le brouillard ne pénétra plus dans la chambre que par la petite fenêtre, et n'éclaira que faiblement la table et les deux bancs ; mais le feu y répandit des lueurs rougeâtres. En ce moment, Galope-chopine, qui avait achevé de remplir une seconde fois les pichés de ses hôtes, les mettait devant eux ; mais ils refusèrent de boire, jetèrent leurs larges chapeaux et prirent tout à coup un air solennel. Leurs gestes et le regard par lequel ils se consultèrent firent frissonner Galope-chopine, qui crut apercevoir du sang sous les bonnets de laine rouge dont ils étaient coiffés[2].

— Apporte-nous ton couperet[3], dit Marche-à-terre.

— Mais, monsieur Marche-à-terre, qu'en voulez-vous donc faire ?

— Allons, cousin, tu le sais bien, dit Pille-miche en

---

1. *Cf.* note 1 p. 187. — **2.** Bonnets qui rappellent le bonnet phrygien. Porté par les anciens habitants de Phrygie, en Asie mineure, et, à Rome, par les esclaves affranchis et les captifs libérés, le bonnet phrygien devint très tôt insigne de liberté ; c'est comme tel qu'il fut à la mode sous la Révolution, et que la République française l'adopta pour emblème sur les papiers, les timbres, les sceaux publics ; il était normalement rouge. Les bonnets de ses anciens complices évoquent ici, pour le malheureux Galope-chopine, le spectre de la Terreur. — **3.** Outil à large lame tranchante, utilisé en boucherie ; mais aussi couteau de la guillotine... Ajoutée à leurs bonnets rouges (*cf.* note précédente), cette arme, avec laquelle les chouans infligent à l'un des leurs le supplice de la « décapitation », rapproche de façon alarmante les Blancs des Bleus, qu'ils combattent et haïssent. La cruauté est la chose du monde la mieux partagée.

Chouans justiciers.
« Leurs gestes et le regard par lequel
ils se consultèrent firent frissonner Galope-chopine. »

serrant sa chinchoire que lui rendit Marche-à-terre, tu es
jugé.

Les deux Chouans se levèrent ensemble en saisissant
leurs carabines.

— Monsieur Marche-à-terre, je n'ai *rin* dit sur le
Gars...

— Je te dis d'aller chercher ton couperet, répondit le
Chouan.

Le malheureux Galope-chopine heurta le bois grossier
de la couche de son garçon, et trois pièces de cent sous
roulèrent sur le plancher ; Pille-miche les ramassa.

— Oh ! oh ! les Bleus t'ont donné des pièces neuves,
s'écria Marche-à-terre.

— Aussi vrai que voilà l'image de saint Labre, reprit
Galope-chopine, je n'ai *rin* dit. Barbette a pris les
Contre-Chouans pour les gars de Saint-Georges, voilà
tout.

— Pourquoi parles-tu d'affaires à ta femme ? répondit brutalement Marche-à-terre.

— D'ailleurs, cousin, nous ne te demandons pas de raisons, mais ton couperet. Tu es jugé.

À un signe de son compagnon, Pille-miche l'aida à saisir la victime. En se trouvant entre les mains des deux Chouans, Galope-chopine perdit toute force, tomba sur ses genoux, et leva vers ses bourreaux des mains désespérées : — Mes bons amis, mon cousin, que voulez-vous que devienne mon petit gars ?

— J'en prendrai soin, dit Marche-à-terre.

— Mes chers camarades, reprit Galope-chopine devenu blême, je ne suis pas en état de mourir. Me laisserez-vous partir sans confession ? Vous avez le droit de prendre ma vie, mais non celui de me faire perdre la bienheureuse éternité.

— C'est juste, dit Marche-à-terre en regardant Pille-miche.

Les deux Chouans restèrent un moment dans le plus grand embarras et sans pouvoir résoudre ce cas de conscience. Galope-chopine écouta le moindre bruit causé par le vent, comme s'il eût conservé quelque espérance. Le son de la goutte de cidre qui tombait périodiquement du tonneau lui fit jeter un regard machinal sur la pièce et soupirer tristement. Tout à coup, Pille-miche prit le patient par un bras, l'entraîna dans un coin et lui dit : — Confesse-moi tous tes péchés, je les redirai à un prêtre de la véritable Église, il me donnera l'absolution ; et s'il y a des pénitences à faire, je les ferai pour toi.

Galope-chopine obtint quelque répit, par sa manière d'accuser ses péchés[1] ; mais, malgré le nombre et les circonstances des crimes, il finit par atteindre au bout de son chapelet.

— Hélas ! dit-il en terminant, après tout, mon cousin, puisque je te parle comme à un confesseur, je t'assure par le saint nom de Dieu que je n'ai guère à me reprocher que d'avoir, par-ci par-là, un peu trop beurré mon pain, et j'atteste saint Labre que voici au-dessus de la

---

1. C'est-à-dire de les avouer (expression du vocabulaire religieux).

cheminée, que je n'ai *rin* dit sur le Gars. Non, mes bons amis, je n'ai pas trahi.

— Allons, c'est bon, cousin, relève-toi, tu t'entendras sur tout cela avec le bon Dieu, dans le temps comme dans le temps [1].

— Mais laissez-moi dire un petit brin d'adieu à Barbe...

— Allons, répondit Marche-à-terre, si tu veux qu'on ne t'en veuille pas plus qu'il ne faut, comporte-toi en Breton, et finis proprement.

Les deux Chouans saisirent de nouveau Galope-chopine, le couchèrent sur le banc, où il ne donna plus d'autres signes de résistance que ces mouvements convulsifs produits par l'instinct de l'animal ; enfin il poussa quelques hurlements sourds qui cessèrent aussitôt que le son lourd du couperet eut retenti. La tête fut tranchée d'un seul coup [2]. Marche-à-terre prit cette tête par une touffe de cheveux, sortit de la chaumière, chercha et trouva dans le grossier chambranle de la porte un grand clou autour duquel il tortilla les cheveux qu'il tenait, et y laissa pendre cette tête sanglante à laquelle il ne ferma seulement pas les yeux. Les deux Chouans se lavèrent les mains sans aucune précipitation, dans une grande terrine pleine d'eau, reprirent leurs chapeaux, leurs carabines, et franchirent l'échalier en sifflant l'air de la ballade du Capitaine [3]. Pille-miche entonna d'une voix enrouée, au bout du champ, ces strophes prises au hasard dans cette naïve chanson dont les rustiques cadences furent emportés par le vent.

---

1. Quand le temps, si lointain soit-il, sera venu. — 2. De tels règlements de comptes eurent effectivement lieu durant les guerres de l'Ouest, et apparaissent çà et là dans les romans de la chouannerie, ainsi que, dans d'autres contextes, chez Scott. — 3. Ballade que Balzac recueillit dans l'Ouest, et qu'il fait de nouveau fredonner dans *Mademoiselle du Vissard*. Ces naïfs couplets de violence et d'amour, qui semblent s'achever heureusement, et que les Bretons reprennent en enchaînant, augmentent par contraste le pathétique de la situation. Car, dans le livre, ni l'histoire de Barbette, ni, au-delà, celle de Marie ne finiront comme dans la chanson ; et les dissensions entre Bretons apparaissent ici dans toute leur horreur.

> À la première ville,
> Son amant l'habille
> Tout en satin blanc ;
>
> À la seconde ville,
> Son amant l'habille
> En or, en argent.
>
> Elle était si belle
> Qu'on lui tendait les voiles
> Dans tout le régiment.

Cette mélodie devint insensiblement confuse à mesure que les deux Chouans s'éloignaient ; mais le silence de la campagne était si profond, que plusieurs notes parvinrent à l'oreille de Barbette, qui revenait alors au logis en tenant son petit gars par la main. Une paysanne n'entend jamais froidement ce chant, si populaire dans l'Ouest de la France ; aussi Barbette commença-t-elle involontairement les premières strophes de la ballade.

> Allons, partons, belle,
> Partons pour la guerre,
> Partons, il est temps.
>
> Brave capitaine,
> Que ça ne te fasse pas de peine
> Ma fille n'est pas pour toi.
>
> Tu ne l'auras sur terre,
> Tu ne l'auras sur mer,
> Si ce n'est par trahison.
>
> Le père prend sa fille
> Qui la déshabille
> Et la jette à l'eau.
>
> Capitaine plus sage,
> Se jette à la nage,
> La ramène à bord.

Allons, partons, belle,
Partons pour la guerre,
Partons, il est temps.

À la première ville, etc.

Au moment où Barbette se retrouvait en chantant à la
reprise de la ballade par où avait commencé Pille-miche,
elle était arrivée dans sa cour, sa langue se glaça, elle
resta immobile, et un grand cri, soudain réprimé, sortit
de sa bouche béante.

— Qu'as-tu donc, ma chère mère ? demanda l'enfant.

— Marche tout seul, s'écria sourdement Barbette en
lui retirant la main et le poussant avec une incroyable
rudesse, tu n'as plus ni père ni mère.

L'enfant, qui se frottait l'épaule en criant, vit la tête
clouée, et son frais visage garda silencieusement la
convulsion nerveuse que les pleurs donnent aux traits. Il
ouvrit de grands yeux, regarda longtemps la tête de son
père avec un air stupide qui ne trahissait aucune émotion ; puis sa figure, abrutie par l'ignorance, arriva jusqu'à exprimer une curiosité sauvage. Tout à coup
Barbette reprit la main de son enfant, la serra violemment, et l'entraîna d'un pas rapide dans la maison. Pendant que Pille-miche et Marche-à-terre couchaient
Galope-chopine sur le banc, un de ses souliers était
tombé sous son cou de manière à se remplir de sang, et
ce fut le premier objet que vit sa veuve.

— Ôte ton sabot, dit la mère à son fils. Mets ton pied
là-dedans. Bien. Souviens-toi toujours, s'écria-t-elle
d'un son de voix lugubre, du soulier de ton père, et ne
t'en mets jamais un aux pieds sans te rappeler celui qui
était plein du sang versé par les *Chuins*, et tue les
Chuins.

En ce moment, elle agita sa tête par un mouvement si
convulsif, que les mèches de ses cheveux noirs retombèrent sur son cou et donnèrent à sa figure une expression
sinistre.

— J'atteste saint Labre, reprit-elle, que je te voue aux
Bleus. Tu seras soldat pour venger ton père. Tue, tue les

Chuins, et fais comme moi. Ah ! ils ont pris la tête de
mon homme, je vais donner celle du Gars aux Bleus[1].

Elle sauta d'un seul bond sur le lit, s'empara d'un
petit sac d'argent dans une cachette, reprit la main de
son fils étonné, l'entraîna violemment sans lui laisser le
temps de reprendre son sabot, et ils marchèrent tous
deux d'un pas rapide vers Fougères, sans que l'un ou
l'autre retournât la tête vers la chaumière qu'ils abandonnaient. Quand ils arrivèrent sur le sommet des
rochers de Saint-Sulpice, Barbette attisa le feu des
fagots, et son gars l'aida à les couvrir de genêts verts
chargés de givre, afin d'en rendre la fumée plus forte.

— Ça durera plus que ton père, plus que moi et plus
que le Gars, dit Barbette d'un air farouche en montrant
le feu à son fils.

Au moment où la veuve de Galope-chopine et son fils
au pied sanglant regardaient, avec une sombre expression de vengeance et de curiosité, tourbillonner la fumée,
mademoiselle de Verneuil avait les yeux attachés sur
cette roche, et tâchait, mais en vain, d'y découvrir le
signal annoncé par le marquis. Le brouillard, qui s'était
insensiblement accru, ensevelissait toute la région sous
un voile dont les teintes grises cachaient les masses du
paysage les plus près de la ville. Elle contemplait tour à
tour, avec une douce anxiété, les rochers, le château,
les édifices, qui ressemblaient dans ce brouillard à des
brouillards plus noirs encore. Auprès de sa fenêtre,
quelques arbres se détachaient de ce fond bleuâtre
comme ces madrépores[2] que la mer laisse entrevoir
quand elle est calme. Le soleil donnait au ciel la couleur
blafarde de l'argent terni, ses rayons coloraient d'une
rougeur douteuse les branches nues des arbres, où se

---

1. À la vengeance de Marie, qui structure l'intrigue, s'ajoute ainsi
celle de Barbette ; l'une et l'autre contribueront à la perte du Gars,
et par là à l'échec de la cause chouanne. *Cf.* Introduction, p. 45-46.
Remarquons que, depuis la décapitation du Roi, c'est toujours à la
« tête » que l'on vise, littéralement (dans le cas de Galope-chopine) ou
figurément (pour le Gars, chef, « tête » du parti royaliste dans l'Ouest).
— 2. Animaux cnidaires à polypier, qui vivent en colonies dans les
mers chaudes, et édifient des récifs coralliens. On croyait autrefois que
les madrépores étaient des plantes.

balançaient encore quelques dernières feuilles. Mais des sentiments trop délicieux agitaient l'âme de Marie, pour qu'elle vît de mauvais présages dans ce spectacle, en désaccord avec le bonheur dont elle se repaissait par avance. Depuis deux jours, ses idées s'étaient étrangement modifiées. L'âpreté, les éclats désordonnés de ses passions avaient lentement subi l'influence de l'égale température que donne à la vie un véritable amour. La certitude d'être aimée, qu'elle était allée chercher à travers tant de périls, avait fait naître en elle le désir de rentrer dans les conditions sociales qui sanctionnent le bonheur, et d'où elle n'était sortie que par désespoir. N'aimer que pendant un moment lui sembla de l'impuissance. Puis elle se vit soudain reportée, du fond de la société où le malheur l'avait plongée, dans le haut rang où son père l'avait un moment placée. Sa vanité, comprimée par les cruelles alternatives d'une passion tour à tour heureuse ou méconnue, s'éveilla, lui fit voir tous les bénéfices d'une grande position. En quelque sorte née marquise, épouser Montauran, n'était-ce pas pour elle agir et vivre dans la sphère qui lui était propre ? Après avoir connu les hasards d'une vie tout aventureuse, elle pouvait mieux qu'une autre femme apprécier la grandeur des sentiments qui font la famille. Puis le mariage, la maternité et ses soins, étaient pour elle moins une tâche qu'un repos. Elle aimait cette vie vertueuse et calme entrevue à travers ce dernier orage, comme une femme lasse de la vertu peut jeter un regard de convoitise sur une passion illicite. La vertu était pour elle une nouvelle séduction.

— Peut-être, dit-elle en revenant de la croisée sans avoir vu de feu sur la roche de Saint-Sulpice, ai-je été bien coquette avec lui ? Mais aussi n'ai-je pas su combien je suis aimée ?... Francine, ce n'est plus un songe ! je serai ce soir la marquise de Montauran. Qu'ai-je donc fait pour mériter un si complet bonheur ? Oh ! je l'aime, et l'amour seul peut payer l'amour. Néanmoins, Dieu veut sans doute me récompenser d'avoir conservé tant de cœur malgré tant de misères et me faire oublier mes souffrances ; car, tu le sais, mon enfant, j'ai bien souffert.

— Ce soir, marquise de Montauran, vous, Marie !
Ah ! tant que ce ne sera pas fait, moi je croirai rêver.
Qui donc lui a dit tout ce que vous valez ?

— Mais, ma chère enfant, il n'a pas seulement de
beaux yeux, il a aussi une âme. Si tu l'avais vu comme
moi dans le danger ! Oh ! il doit bien savoir aimer, il est
si courageux !

— Si vous l'aimez tant, pourquoi souffrez-vous donc
qu'il vienne à Fougères ?

— Est-ce que nous avons eu le temps de nous dire
un mot quand nous avons été surpris ? D'ailleurs, n'est-
ce pas une preuve d'amour ? Et en a-t-on jamais assez !
En attendant, coiffe-moi.

Mais elle dérangea cent fois, par des mouvements
comme électriques, les heureuses combinaisons de sa
coiffure, en mêlant des pensées encore orageuses à tous
les soins de la coquetterie. En crêpant les cheveux d'une
boucle, ou en rendant ses nattes plus brillantes, elle se
demandait, par un reste de défiance, si le marquis ne la
trompait pas, et alors elle pensait qu'une semblable rouerie devait être impénétrable, puisqu'il s'exposait audacieusement à une vengeance immédiate en venant la
trouver à Fougères. En étudiant malicieusement à son
miroir les effets d'un regard oblique, d'un sourire, d'un
léger pli du front, d'une attitude de colère, d'amour ou
de dédain, elle cherchait une ruse de femme pour sonder
jusqu'au dernier moment le cœur du jeune chef.

— Tu as raison ! Francine, dit-elle, je voudrais
comme toi que ce mariage fût fait. Ce jour est le dernier
de mes jours nébuleux, il est gros de ma mort ou de
notre bonheur. Le brouillard est odieux, ajouta-t-elle en
regardant de nouveau vers les sommets de Saint-Sulpice
toujours voilés.

Elle se mit à draper elle-même les rideaux de soie et
de mousseline qui décoraient la fenêtre, en se plaisant à
intercepter le jour de manière à produire dans la chambre
un voluptueux clair-obscur.

— Francine, dit-elle, ôte ces babioles qui encombrent
la cheminée, et n'y laisse que la pendule et les deux
vases de Saxe dans lesquels j'arrangerai moi-même les
fleurs d'hiver que Corentin m'a trouvées... Sors toutes

les chaises, je ne veux voir ici que le canapé et un fauteuil. Quand tu auras fini, mon enfant, tu brosseras le tapis de manière à en ranimer les couleurs, puis tu garniras de bougies les bras de cheminée [1] et les flambeaux...

Marie regarda longtemps et avec attention la vieille tapisserie tendue sur les murs de cette chambre. Guidée par un goût inné, elle sut trouver, parmi les brillantes nuances de la haute lisse [2], les teintes qui pouvaient servir à lier cette antique décoration aux meubles et aux accessoires de ce boudoir par l'harmonie des couleurs ou par le charme des oppositions. La même pensée dirigea l'arrangement des fleurs dont elle chargea les vases contournés qui ornaient la chambre. Le canapé fut placé près du feu. De chaque côté du lit, qui occupait la paroi parallèle à celle où était la cheminée, elle mit, sur deux petites tables dorées, de grands vases de Saxe remplis de feuillages et de fleurs qui exhalèrent les plus doux parfums. Elle tressaillit plus d'une fois en disposant les plis onduleux du lampas [3] vert au-dessus du lit, et en étudiant les sinuosités de la draperie à fleurs sous laquelle elle le cacha. De semblables préparatifs ont toujours un indéfinissable secret de bonheur, et amènent une irritation si délicieuse, que souvent, au milieu de ces voluptueux apprêts, une femme oublie tous ses doutes, comme mademoiselle de Verneuil oubliait alors les siens. N'existe-t-il pas un sentiment religieux dans cette multitude de soins pris pour un être aimé qui n'est pas là pour les voir et les récompenser, mais qui doit les payer plus tard par ce sourire approbateur qu'obtiennent ces gracieux préparatifs, toujours si bien compris. Les femmes se livrent alors pour ainsi dire par avance à l'amour, et il n'en est pas une seule qui ne se dise, comme mademoiselle de Verneuil le pensait : — Ce soir je serai bien heureuse ! La plus innocente d'entre elles inscrit alors cette suave espérance dans les plis les moins saillants de la soie ou de la mousseline ; puis, insensible-

---

1. C'est-à-dire les appliques ou les candélabres portés par la cheminée. — 2. La tapisserie de haute lisse (ou lice) est une tapisserie dont, lors du tissage, les fils de chaîne ont été disposés verticalement. — 3. Le lampas est un tissu de soie à grands dessins en relief.

ment, l'harmonie qu'elle établit autour d'elle imprime à tout une physionomie où respire l'amour. Au sein de cette sphère voluptueuse, pour elle, les choses deviennent des êtres, des témoins ; et déjà elle en fait les complices de toutes ses joies futures. À chaque mouvement, à chaque pensée, elle s'enhardit à voler l'avenir. Bientôt elle n'attend plus, elle n'espère pas, mais elle accuse le silence, et le moindre bruit lui doit un présage ; enfin le doute vient poser sur son cœur une main crochue, elle brûle, elle s'agite, elle se sent tordue par une pensée qui se déploie comme une force purement physique ; c'est tour à tour un triomphe et un supplice, que sans l'espoir du plaisir elle ne supporterait point. Vingt fois, mademoiselle de Verneuil avait soulevé les rideaux, dans l'espérance de voir une colonne de fumée s'élevant au-dessus des rochers ; mais le brouillard semblait de moment en moment prendre de nouvelles teintes grises dans lesquelles son imagination finit par lui montrer de sinistres présages. Enfin, dans un moment d'impatience, elle laissa tomber le rideau, en se promettant bien de ne plus venir le relever. Elle regarda d'un air boudeur cette chambre à laquelle elle avait donné une âme et une voix, se demanda si ce serait en vain, et cette pensée la fit songer à tout.

— Ma petite, dit-elle à Francine en l'attirant dans un cabinet de toilette contigu à sa chambre et qui était éclairé par un œil-de-bœuf donnant sur l'angle obscur où les fortifications de la ville se joignaient aux rochers de la Promenade, range-moi cela, que tout soit propre ! Quant au salon, tu le laisseras, si tu veux, en désordre, ajouta-t-elle en accompagnant ces mots d'un de ces sourires que les femmes réservent pour leur intimité, et dont jamais les hommes ne peuvent connaître la piquante finesse.

— Ah ! combien vous êtes jolie ! s'écria la petite Bretonne.

— Eh ! folles que nous sommes toutes, notre amant ne sera-t-il pas toujours notre plus belle parure ?

Francine la laissa mollement couchée sur l'ottomane, et se retira pas à pas, en devinant que, aimée ou non, sa maîtresse ne livrerait jamais Montauran.

— Es-tu sûre de ce que tu me débites là, ma vieille, disait Hulot à Barbette qui l'avait reconnu en entrant à Fougères.

— Avez-vous des yeux ? Tenez, regardez les rochers de Saint-Sulpice, là, mon bon homme, au dret de Saint-Léonard [1].

Corentin tourna les yeux vers le sommet, dans la direction indiquée par le doigt de Barbette ; et, comme le brouillard commençait à se dissiper, il put voir assez distinctement la colonne de fumée blanchâtre dont avait parlé la femme de Galope-chopine.

— Mais quand viendra-t-il, hé ! la vieille ? Sera-ce ce soir ou cette nuit ?

— Mon bon homme, reprit Barbette, je n'en sais *rin*.

— Pourquoi trahis-tu ton parti ? dit vivement Hulot après avoir attiré la paysanne à quelques pas de Corentin.

— Ah ! monseigneur le général, voyez le pied de mon gars ! Hé ! bien, il est trempé dans le sang de mon homme tué par les Chuins, sous votre respect, comme un veau, pour le punir des trois mots que vous m'avez arrachés, avant-hier, quand je labourais. Prenez mon gars, puisque vous lui avez ôté son père et sa mère, mais faites-en un vrai Bleu, mon bon homme, et qu'il puisse tuer beaucoup de Chuins. Tenez, voilà deux cents écus, gardez-les-lui ; en les ménageant il ira loin avec ça, puisque son père a été douze ans à les amasser.

Hulot regarda avec étonnement cette paysanne pâle et ridée dont les yeux étaient secs.

— Mais toi, dit-il, toi, la mère, que vas-tu devenir ? Il vaut mieux que tu conserves cet argent.

— Moi, répondit-elle en branlant la tête avec tristesse, je n'ai plus besoin de *rin* ! Vous me *clancheriez* [2] au fin fond de la tour de Mélusine (et elle montra une des tours du château), que les Chuins sauraient ben m'y venir tuer !

---

1. *Cf.* note 1 p. 395. — 2. « Clancher », peut-être dérivé de clanche ou clenche, pièce principale d'un loquet, signifie ici enfermer, mettre sous les verrous. Mélusine était au Moyen Âge un être fabuleux, mi-femme mi-serpent ; une tour du château de Fougères portait son nom.

Elle embrassa son gars avec une sombre expression de douleur, le regarda, versa deux larmes, le regarda encore, et disparut.

— Commandant, dit Corentin, voici une de ces occasions qui, pour être mises à profit, demandent plutôt deux bonnes têtes qu'une. Nous savons tout et nous ne savons rien. Faire cerner, dès à présent, la maison de mademoiselle de Verneuil, ce serait la mettre contre nous. Nous ne sommes pas, toi, moi, tes Contre-Chouans et tes deux bataillons, de force à lutter contre cette fille-là, si elle se met en tête de sauver son ci-devant. Ce garçon est homme de cour, et par conséquent rusé ; c'est un jeune homme, et il a du cœur[1]. Nous ne pourrons jamais nous en emparer à son entrée à Fougères. Il s'y trouve d'ailleurs peut-être déjà. Faire des visites domiciliaires ? Absurdité ! Ça n'apprend rien, ça donne l'éveil, et ça tourmente les habitants.

— Je m'en vais, dit Hulot impatienté, donner au factionnaire du poste Saint-Léonard la consigne d'avancer sa promenade de trois pas de plus, et il arrivera ainsi en face de la maison de mademoiselle de Verneuil. Je conviendrai d'un signe avec chaque sentinelle, je me tiendrai au corps de garde, et quand on m'aura signalé l'entrée d'un jeune homme quelconque, je prends un caporal et quatre hommes, et...

— Et, reprit Corentin en interrompant l'impétueux soldat, si le jeune homme n'est pas le marquis, si le marquis n'entre pas par la porte, s'il est déjà chez mademoiselle de Verneuil, si, si...

Là, Corentin regarda le commandant avec un air de supériorité qui avait quelque chose de si insultant, que le vieux militaire s'écria : — Mille tonnerres de Dieu ! va te promener, citoyen de l'enfer. Est-ce que tout cela me regarde ! Si ce hanneton-là vient tomber dans un de mes corps de garde, il faudra bien que je le fusille ; si

---

1. Bauvan, lui, déplorait que Montauran n'ait pas connu les raffinements de la cour (p. 318)... « Cœur » a ici le sens de « courage », comme dans le vers fameux « Rodrigue, as-tu du cœur ? » (d'ailleurs, un peu comme le Cid entre son honneur et son amour, son père et Chimène, Montauran se trouve partagé entre sa cause et sa passion, son roi et Marie).

j'apprends qu'il est dans une maison, il faudra bien aussi
que j'aille le cerner, le prendre et le fusiller ! Mais, du
diable si je me creuse la cervelle pour mettre de la boue
sur mon uniforme [1].

— Commandant, la lettre des trois ministres t'or-
donne d'obéir à mademoiselle de Verneuil.

— Citoyen, qu'elle vienne elle-même, je verrai ce
que j'aurai à faire.

— Eh ! bien, citoyen, répliqua Corentin avec hauteur,
elle ne tardera pas. Elle te dira, elle-même, l'heure et le
moment où le ci-devant sera entré. Peut-être, même, ne
sera-t-elle tranquille que quand elle t'aura vu posant les
sentinelles et cernant sa maison.

— Le diable s'est fait homme, se dit douloureusement
le vieux chef de demi-brigade en voyant Corentin qui
remontait à grands pas l'escalier de la Reine où cette scène
avait eu lieu et qui regagnait la porte Saint-Léonard. — Il
me livrera le citoyen Montauran, pieds et poings liés,
reprit Hulot en se parlant à lui-même, et je me trouverai
embêté d'un conseil de guerre à présider [2]. — Après tout,
dit-il en haussant les épaules, le Gars est un ennemi de la
République, il m'a tué mon pauvre Gérard, et ce sera toujours un noble de moins. Au diable !

Il tourna lestement sur les talons de ses bottes, et alla
visiter tous les postes de la ville en sifflant *La Marseil-
laise*.

Mademoiselle de Verneuil était plongée dans une de
ces méditations dont les mystères restent comme ensève-
lis dans les abîmes de l'âme, et dont les mille sentiments
contradictoires ont souvent prouvé à ceux qui en ont été
la proie qu'on peut avoir une vie orageuse et passionnée
entre quatre murs, sans même quitter l'ottomane sur
laquelle se consume alors l'existence. Arrivée au dénoûment du drame qu'elle était venue chercher, cette fille
en faisait tour à tour passer devant elle les scènes

---

1. C'est-à-dire pour souiller ma dignité de soldat. Sur l'opposition
entre les militaires, hommes des coups francs, et les politiciens et poli-
ciers, partisans de la ruse, *cf.* l'Introduction, p. 38. — 2. *Cf.* note 1
p. 270.

d'amour et de colère [1] qui avaient si puissamment animé sa vie pendant les dix jours écoulés depuis sa première rencontre avec le marquis. En ce moment le bruit d'un pas d'homme retentit dans le salon qui précédait sa chambre, elle tressaillit ; la porte s'ouvrit, elle tourna vivement la tête, et vit Corentin.

— Petite tricheuse ! dit en riant l'agent supérieur de la police, l'envie de me tromper vous prendra-t-elle encore ? Ah ! Marie ! Marie ! vous jouez un jeu bien dangereux en ne m'intéressant pas à votre partie, en en décidant les coups sans me consulter. Si le marquis a échappé à son sort...

— Cela n'a pas été votre faute, n'est-ce pas ? répondit mademoiselle de Verneuil avec une ironie profonde. Monsieur, reprit-elle d'une voix grave, de quel droit venez-vous encore chez moi ?

— Chez vous ? demanda-t-il d'un ton amer.

— Vous m'y faites songer, répliqua-t-elle avec noblesse, je ne suis pas chez moi. Vous avez peut-être sciemment choisi cette maison pour y commettre plus sûrement vos assassinats, je vais en sortir. J'irais dans un désert [2] pour ne plus voir des...

— Des espions, dites, reprit Corentin. Mais cette maison n'est ni à vous ni à moi, elle est au gouvernement ; et, quant à en sortir, vous n'en feriez rien, ajouta-t-il en lui lançant un regard diabolique.

Mademoiselle de Verneuil se leva par un mouvement d'indignation, s'avança de quelques pas ; mais tout à coup elle s'arrêta en voyant Corentin qui releva le rideau de la fenêtre et se prit à sourire en l'invitant à venir près de lui.

— Voyez-vous cette colonne de fumée ? dit-il avec le calme profond qu'il savait conserver sur sa figure blême quelque profondes que fussent ses émotions.

— Quel rapport peut-il exister entre mon départ et de

---

1. Toujours les références théâtrales. *Cf.* note 1 p. 205, et *passim*.
— 2. Non pas ici une région du globe aride et inhabitée, mais simplement un lieu de campagne écarté (*cf.* le Misanthrope de Molière parlant de « fuir dans un désert l'approche des humains »).

mauvaises herbes auxquelles on a mis le feu ? demanda-
t-elle.

— Pourquoi votre voix est-elle si altérée ? reprit
Corentin. Pauvre petite ! ajouta-t-il d'une voix douce, je
sais tout. Le marquis vient aujourd'hui à Fougères, et ce
n'est pas dans l'intention de nous le livrer que vous avez
arrangé si voluptueusement ce boudoir, ces fleurs et ces
bougies.

Mademoiselle de Verneuil pâlit en voyant la mort du
marquis écrite dans les yeux de ce tigre à face humaine,
et ressentit pour son amant un amour qui tenait du délire.
Chacun de ses cheveux lui versa dans la tête une atroce
douleur qu'elle ne put soutenir [1], et elle tomba sur l'ottomane. Corentin resta un moment les bras croisés sur la
poitrine, moitié content d'une torture qui le vengeait de
tous les sarcasmes et du dédain par lesquels cette femme
l'avait accablé, moitié chagrin de voir souffrir une créature dont le joug lui plaisait toujours, quelque lourd qu'il
fût.

— Elle l'aime, se dit-il d'une voix sourde.

— L'aimer, s'écria-t-elle, eh ! qu'est-ce que signifie
ce mot ? Corentin ! il est ma vie, mon âme, mon souffle.
Elle se jeta aux pieds de cet homme dont le calme
l'épouvantait. — Âme de boue, lui dit-elle, j'aime mieux
m'avilir pour lui obtenir la vie, que de m'avilir pour la
lui ôter. Je veux le sauver au prix de tout mon sang.
Parle, que te faut-il ?

Corentin tressaillit.

— Je venais prendre vos ordres, Marie, dit-il d'un
son de voix plein de douceur et en la relevant avec une
gracieuse politesse. Oui, Marie, vos injures ne m'empê-
cheront pas d'être tout à vous, pourvu que vous ne me
trompiez plus. Vous savez, Marie, qu'on ne me dupe
jamais impunément.

— Ah ! si vous voulez que je vous aime, Corentin,
aidez-moi à le sauver.

— Eh ! bien, à quelle heure vient le marquis ? dit-il
en s'efforçant de faire cette demande d'un ton calme.

— Hélas ! je n'en sais rien.

---

1. Physiologie évidemment plus pittoresque que scientifique.

Ils se regardèrent tous deux en silence.

— Je suis perdue, se disait mademoiselle de Verneuil.

— Elle me trompe, pensait Corentin. — Marie, reprit-il, j'ai deux maximes. L'une, de ne jamais croire un mot de ce que disent les femmes, c'est le moyen de ne pas être leur dupe ; l'autre, de toujours chercher si elles n'ont pas quelque intérêt à faire le contraire de ce qu'elles ont dit et à se conduire en sens inverse des actions dont elles veulent bien nous confier le secret. Je crois que nous nous entendons maintenant.

— A merveille, répliqua mademoiselle de Verneuil. Vous voulez des preuves de ma bonne foi ; mais je les réserve pour le moment où vous m'en aurez donné de la vôtre.

— Adieu, mademoiselle, dit sèchement Corentin.

— Allons, reprit la jeune fille en souriant, asseyez-vous, mettez-vous là et ne boudez pas, sinon je saurais bien me passer de vous pour sauver le marquis. Quant aux trois cent mille francs que vous voyez toujours étalés devant vous, je puis vous les mettre en or, là, sur cette cheminée, à l'instant où le marquis sera en sûreté.

Corentin se leva, recula de quelques pas et regarda mademoiselle de Verneuil.

— Vous êtes devenue riche en peu de temps, dit-il d'un ton dont l'amertume était mal déguisée.

— Montauran, reprit-elle en souriant de pitié, pourra vous offrir lui-même bien davantage pour sa rançon. Ainsi, prouvez-moi que vous avez les moyens de le garantir de tout danger, et...

— Ne pouvez-vous pas, s'écria tout à coup Corentin, le faire évader au moment même de son arrivée puisque Hulot en ignore l'heure et... Il s'arrêta comme s'il se reprochait à lui-même d'en trop dire. — Mais est-ce bien vous qui me demandez une ruse ? reprit-il en souriant de la manière la plus naturelle. Écoutez, Marie, je suis certain de votre loyauté. Promettez-moi de me dédommager de tout ce que je perds en vous servant, et j'endormirai si bien cette buse de commandant, que le marquis sera libre à Fougères comme à Saint-James.

— Je vous le promets, répondit la jeune fille avec une sorte de solennité.

— Non pas ainsi, reprit-il, jurez-le-moi par votre mère.

Mademoiselle de Verneuil tressaillit ; et, levant une main tremblante, elle fit le serment demandé par cet homme, dont les manières venaient de changer subitement.

— Vous pouvez disposer de moi, dit Corentin. Ne me trompez pas, et vous me bénirez ce soir.

— Je vous crois, Corentin, s'écria mademoiselle de Verneuil tout attendrie. Elle le salua par une douce inclination de tête, et lui sourit avec une bonté mêlée de surprise en lui voyant sur la figure une expression de tendresse mélancolique.

— Quelle ravissante créature ! s'écria Corentin en s'éloignant. Ne l'aurai-je donc jamais, pour en faire à la fois l'instrument de ma fortune et la source de mes plaisirs ? Se mettre à mes pieds, elle !... Oh ! oui, le marquis périra. Et si je ne puis obtenir cette femme qu'en la plongeant dans un bourbier, je l'y plongerai. — Enfin, se dit-il à lui-même en arrivant sur la place où ses pas le conduisirent à son insu, elle ne se défie peut-être plus de moi. Cent mille écus à l'instant ! Elle me croit avare. C'est une ruse, ou elle l'a épousé. Corentin, perdu dans ses pensées, n'osait prendre une résolution. Le brouillard, que le soleil avait dissipé vers le milieu du jour, reprenait insensiblement toute sa force et devint si épais que Corentin n'apercevait plus les arbres même à une faible distance. — Voilà un nouveau malheur, se dit-il en rentrant à pas lents chez lui. Il est impossible d'y voir à six pas. Le temps protège nos amants. Surveillez donc une maison gardée par un tel brouillard. — Qui vive, s'écria-t-il en saisissant le bras d'un inconnu qui semblait avoir grimpé sur la Promenade à travers les roches les plus périlleuses.

— C'est moi, répondit naïvement une voix enfantine.

— Ah ! c'est le petit gars au pied rouge. Ne veux-tu pas venger ton père ? lui demanda Corentin.

— Oui ! dit l'enfant.

— C'est bien. Connais-tu le Gars ?

— Oui.

— C'est encore mieux. Eh ! bien, ne me quitte pas,

sois exact à faire tout ce que je te dirai, tu achèveras l'ouvrage de ta mère, et tu gagneras des gros sous. Aimes-tu les gros sous ?

— Oui.

— Tu aimes les gros sous et tu veux tuer le Gars, je prendrai soin de toi. — Allons, se dit en lui-même Corentin après une pause, Marie, tu nous le livreras toi-même ! Elle est trop violente pour juger le coup que je m'en vais lui porter ; d'ailleurs, la passion ne réfléchit jamais. Elle ne connaît pas l'écriture du marquis, voici donc le moment de tendre le piège dans lequel son caractère la fera donner tête baissée [1]. Mais pour assurer le succès de ma ruse, Hulot m'est nécessaire, et je cours le voir.

En ce moment, mademoiselle de Verneuil et Francine délibéraient sur les moyens de soustraire le marquis à la douteuse générosité de Corentin et aux baïonnettes de Hulot.

— Je vais aller le prévenir, s'écriait la petite Bretonne.

— Folle, sais-tu donc où il est ? Moi-même, aidée par tout l'instinct du cœur, je pourrais bien le chercher longtemps sans le rencontrer.

Après avoir inventé bon nombre de ces projets insensés, si faciles à exécuter au coin du feu, mademoiselle de Verneuil s'écria : — Quand je le verrai, son danger m'inspirera.

Puis elle se plut, comme tous les esprits ardents, à ne vouloir prendre son parti qu'au dernier moment, se fiant à son étoile ou à cet instinct d'adresse qui abandonne rarement les femmes. Jamais peut-être son cœur n'avait subi de si fortes contractions. Tantôt elle restait comme stupide, les yeux fixes, et tantôt, au moindre bruit, elle tressaillait comme ces arbres presque déracinés que les bûcherons agitent fortement avec une corde pour en hâter la chute. Tout à coup une détonation violente, produite par la décharge d'une douzaine de fusils, retentit

---

1. La fausse lettre est un « truc » éminemment théâtral — ainsi d'ailleurs que l'« aparté » de Corentin, par lequel l'auteur nous met au fait du piège qui sera à l'origine d'un quiproquo fatal.

dans le lointain. Mademoiselle de Verneuil pâlit, saisit la main de Francine, et lui dit : — Je meurs, ils me l'ont tué.

Le pas pesant d'un soldat se fit entendre dans le salon. Francine épouvantée se leva et introduisit un caporal. Le Républicain, après avoir fait un salut militaire à mademoiselle de Verneuil, lui présenta des lettres dont le papier n'était pas très propre. Le soldat, ne recevant aucune réponse de la jeune fille, lui dit en se retirant : — Madame, c'est de la part du commandant.

Mademoiselle de Verneuil, en proie à de sinistres pressentiments, lisait une lettre écrite probablement à la hâte par Hulot.

« Mademoiselle, mes Contre-Chouans viennent de s'emparer d'un des messagers du Gars qui vient d'être fusillé. Parmi les lettres interceptées, celle que je vous transmets peut vous être de quelque utilité, etc. »

— Grâce au ciel, ce n'est pas lui qu'ils viennent de tuer, s'écria-t-elle en jetant cette lettre au feu.

Elle respira plus librement et lut avec avidité le billet qu'on venait de lui envoyer ; il était du marquis et semblait adressé à madame du Gua.

« Non, mon ange, je n'irai pas ce soir à la Vivetière. Ce soir, vous perdez votre gageure avec le comte et je triomphe de la République en la personne de cette fille délicieuse, qui vaut certes bien une nuit, convenez-en. Ce sera le seul avantage réel que je remporterai dans cette campagne, car la Vendée se soumet. Il n'y a plus rien à faire en France, et nous repartirons sans doute ensemble pour l'Angleterre. Mais à demain les affaires sérieuses. »

Le billet lui échappa des mains, elle ferma les yeux, garda un profond silence, et resta penchée en arrière, la tête appuyée sur un coussin. Après une longue pause, elle leva les yeux sur la pendule qui alors marquait quatre heures.

— Et monsieur se fait attendre, dit-elle avec une cruelle ironie.

— Oh ! s'il pouvait ne pas venir, reprit Francine.

— S'il ne venait pas, dit Marie d'une voix sourde,

j'irais au-devant de lui, moi ! Mais non, il ne peut tarder maintenant. Francine, suis-je bien belle ?

— Vous êtes bien pâle !

— Vois, reprit mademoiselle de Verneuil, cette chambre parfumée, ces fleurs, ces lumières, cette vapeur enivrante, tout ici pourra-t-il bien donner l'idée d'une vie céleste à celui que je veux plonger cette nuit dans les délices de l'amour.

— Qu'y a-t-il donc, mademoiselle ?

— Je suis trahie, trompée, abusée, jouée, rouée [1], perdue, et je veux le tuer, le déchirer. Mais oui, il y avait toujours dans ses manières un mépris qu'il cachait mal, et que je ne voulais pas voir ! Oh ! j'en mourrai ! — Sotte que je suis, dit-elle en riant, il vient, j'ai la nuit pour lui apprendre que, mariée ou non, un homme qui m'a possédée ne peut plus m'abandonner. Je lui mesurerai la vengeance à l'offense, et il périra désespéré. Je lui croyais quelque grandeur dans l'âme, mais c'est sans doute le fils d'un laquais ! Il m'a certes bien habilement trompée, car j'ai peine à croire encore que l'homme capable de me livrer à Pille-miche sans pitié puisse descendre à des fourberies dignes de Scapin [2]. Il est si facile de se jouer d'une femme aimante, que c'est la dernière des lâchetés. Qu'il me tue, bien ; mais mentir, lui que j'avais tant grandi ! À l'échafaud ! à l'échafaud ! Ah ! je voudrais le voir guillotiner. Suis-je donc si cruelle ? Il ira mourir couvert de caresses, de baisers qui lui auront valu vingt ans de vie...

— Marie, reprit Francine avec une douceur angélique, comme tant d'autres, soyez victime de votre amant, mais ne vous faites ni sa maîtresse ni son bourreau. Gardez son image au fond de votre cœur, sans vous la rendre à vous-même cruelle. S'il n'y avait aucune joie dans un amour sans espoir, que deviendrions-nous, pauvres femmes que nous sommes ! Ce Dieu, Marie,

---

1. « Rouée » signifie ici brisée, écrasée, terrassée. Rouer (de coups), c'est battre violemment ; et rouer un condamné, c'est le soumettre au supplice de la roue, pour lui rompre, ou après lui avoir rompu, les membres. — 2. C'est en fait Mme du Gua qui avait livré Marie à Pille-miche ; mais Marie est aveuglée par sa colère contre Montauran. Nouvelle allusion théâtrale : *Les Fourberies de Scapin* de Molière.

auquel vous ne pensez jamais, nous récompensera d'avoir obéi à notre vocation sur la terre : aimer et souffrir !

— Petite chatte, répondit mademoiselle de Verneuil en caressant la main de Francine, ta voix est bien douce et bien séduisante ! La raison a bien des attraits sous ta forme ! Je voudrais bien t'obéir...

— Vous lui pardonnez, vous ne le livrerez pas !

— Tais-toi, ne me parle plus de cet homme-là. Comparé à lui, Corentin est une noble créature. Me comprends-tu ?

Elle se leva en cachant, sous une figure horriblement calme, et l'égarement qui la saisit et une soif inextinguible de vengeance. Sa démarche lente et mesurée annonçait je ne sais quoi d'irrévocable dans ses résolutions. En proie à ses pensées, dévorant son injure, et trop fière pour avouer le moindre de ses tourments, elle alla au poste de la porte Saint-Léonard pour y demander la demeure du commandant. À peine était-elle sortie de sa maison que Corentin y entra.

— Oh ! monsieur Corentin, s'écria Francine, si vous vous intéressez à ce jeune homme, sauvez-le, mademoiselle va le livrer. Ce misérable papier a tout détruit.

Corentin prit négligemment la lettre en demandant :
— Et où est-elle allée ?

— Je ne sais.

— Je cours, dit-il, la sauver de son propre désespoir.

Il disparut en emportant la lettre, franchit la maison avec rapidité, et dit au petit gars qui jouait devant la porte : — Par où s'est dirigée la dame qui vient de sortir ?

Le fils de Galope-chopine fit quelques pas avec Corentin pour lui montrer la rue en pente qui menait à la porte Saint-Léonard.

— C'est par là, dit-il sans hésiter en obéissant à la vengeance que sa mère lui avait soufflée au cœur.

En ce moment, quatre hommes déguisés entrèrent chez mademoiselle de Verneuil sans avoir été vus ni par le petit gars, ni par Corentin.

— Retourne à ton poste, répondit l'espion. Aie l'air

de t'amuser à faire tourner le loqueteau[1] des persiennes, mais veille bien, et regarde partout, même sur les toits.

Corentin s'élança rapidement dans la direction indiquée par le petit gars, crut reconnaître mademoiselle de Verneuil au milieu du brouillard, et la rejoignit effectivement au moment où elle atteignait le poste Saint-Léonard.

— Où allez-vous ? dit-il en lui offrant le bras, vous êtes pâle, qu'est-il donc arrivé ? Est-il convenable de sortir ainsi toute seule, prenez mon bras.

— Où est le commandant ? lui demanda-t-elle.

À peine mademoiselle de Verneuil avait-elle achevé sa phrase, qu'elle entendit le mouvement d'une reconnaissance militaire en dehors de la porte Saint-Léonard, et distingua bientôt la grosse voix de Hulot au milieu du tumulte.

— Tonnerre de Dieu ! s'écria-t-il, jamais je n'ai vu moins clair qu'en ce moment à faire la ronde. Ce ci-devant a commandé le temps.

— De quoi vous plaignez-vous, répondit mademoiselle de Verneuil en lui serrant fortement le bras, ce brouillard peut cacher la vengeance aussi bien que la perfidie. Commandant, ajouta-t-elle à voix basse, il s'agit de prendre avec moi des mesures telles que le Gars ne puisse pas échapper aujourd'hui.

— Est-il chez vous ? lui demanda-t-il d'une voix dont l'émotion accusait son étonnement.

— Non, répondit-elle, mais vous me donnerez un homme sûr, et je l'enverrai vous avertir de l'arrivée de ce marquis.

— Qu'allez-vous faire ? dit Corentin avec empressement à Marie, un soldat chez vous l'effaroucherait, mais un enfant, et j'en trouverai un, n'inspirera pas de défiance...

— Commandant, reprit mademoiselle de Verneuil, grâce à ce brouillard que vous maudissez, vous pouvez, dès à présent, cerner ma maison. Mettez des soldats partout. Placez un poste dans l'église Saint-Léonard pour

---

1. Le petit loquet qui sert à fermer les volets, et qu'on peut manipuler de l'extérieur.

vous assurer de l'esplanade sur laquelle donnent les fenêtres de mon salon. Apostez des hommes sur la Promenade ; car, quoique la fenêtre de ma chambre soit à vingt pieds du sol, le désespoir prête quelquefois la force de franchir les distances les plus périlleuses. Écoutez ! Je ferai probablement sortir ce monsieur par la porte de ma maison ; ainsi, ne donnez qu'à un homme courageux la mission de la surveiller ; car, dit-elle en poussant un soupir, on ne peut pas lui refuser de la bravoure, et il se défendra !

— Gudin ! s'écria le commandant.

Aussitôt le jeune Fougerais s'élança du milieu de la troupe revenue avec Hulot et qui avait gardé ses rangs à une certaine distance.

— Écoute, mon garçon, lui dit le vieux militaire à voix basse, ce tonnerre de fille nous livre le Gars sans que je sache pourquoi, c'est égal, ça n'est pas notre affaire. Tu prendras dix hommes avec toi et tu te placeras de manière à garder le cul-de-sac au fond duquel est la maison de cette fille ; mais arrange-toi pour qu'on ne voie ni toi ni tes hommes.

— Oui, mon commandant, je connais le terrain.

— Eh ! bien, mon enfant, reprit Hulot, Beau-pied viendra t'avertir de ma part du moment où il faudra jouer du bancal[1]. Tâche de joindre toi-même le marquis, et si tu peux le tuer, afin que je n'aie pas à le fusiller juridiquement, tu seras lieutenant dans quinze jours, ou je ne me nomme pas Hulot. — Tenez, mademoiselle, voici un lapin qui ne boudera pas, dit-il à la jeune fille en lui montrant Gudin. Il fera bonne garde devant votre maison, et si le ci-devant en sort ou veut y entrer, il ne le manquera pas.

Gudin partit avec une dizaine de soldats.

— Savez-vous bien ce que vous faites ? disait tout bas Corentin à mademoiselle de Verneuil.

Elle ne lui répondit pas, et vit partir avec une sorte de contentement les hommes qui, sous les ordres du sous-lieutenant, allèrent se placer sur la Promenade, et ceux

---

1. Le « bancal » était le nom donné, au début du XIXe siècle, au sabre courbe de la cavalerie légère.

qui, suivant les instructions de Hulot, se postèrent le long des flancs obscurs de l'église Saint-Léonard.

— Il y a des maisons qui tiennent à la mienne [1], dit-elle au commandant, cernez-les aussi. Ne nous préparons pas de repentir en négligeant une seule des précautions à prendre.

— Elle est enragée, pensa Hulot.

— Ne suis-je pas prophète ? lui dit Corentin à l'oreille. Quant à celui que je vais mettre chez elle, c'est le petit gars au pied sanglant ; ainsi...

Il n'acheva pas. Mademoiselle de Verneuil s'était par un mouvement soudain élancée vers sa maison, où il la suivit en sifflant comme un homme heureux ; quand il la rejoignit, elle avait déjà atteint le seuil de la porte où Corentin retrouva le fils de Galope-chopine.

— Mademoiselle, lui dit-il, prenez avec vous ce petit garçon, vous ne pouvez pas avoir d'émissaire plus innocent ni plus actif que lui. — Quand tu auras vu le Gars entré, quelque chose qu'on te dise, sauve-toi, viens me trouver au corps de garde, je te donnerai de quoi manger de la galette pendant toute ta vie.

À ces mots, soufflés pour ainsi dire dans l'oreille du petit gars, Corentin se sentit presser fortement la main par le jeune Breton, qui suivit mademoiselle de Verneuil.

— Maintenant, mes bons amis, expliquez-vous quand vous voudrez ! s'écria Corentin lorsque la porte se ferma, si tu fais l'amour [2], mon petit marquis, ce sera sur ton suaire.

Mais Corentin, qui ne put se résoudre à quitter de vue cette maison fatale, se rendit sur la Promenade, où il trouva le commandant occupé à donner quelques ordres. Bientôt la nuit vint. Deux heures s'écoulèrent sans que les différentes sentinelles, placées de distance en distance, eussent rien aperçu qui pût faire soupçonner que le marquis avait franchi la triple enceinte d'hommes attentifs et cachés qui cernaient les trois côtés par les-

---

1. « Tenir » est ici synonyme d'être attenant. — 2. Non au sens actuel (déjà en usage au XIXe siècle) d'accomplir l'acte sexuel, mais au sens, encore courant vers 1830, de faire la cour.

quels la tour du Papegaut était accessible. Vingt fois
Corentin était allé de la Promenade au corps de garde,
vingt fois son attente avait été trompée, et son jeune
émissaire n'était pas encore venu le trouver. Abîmé dans
ses pensées, l'espion marchait lentement sur la Promenade en éprouvant le martyre que lui faisaient subir trois
passions terribles dans leur choc : l'amour, l'avarice,
l'ambition. Huit heures sonnèrent à toutes les horloges.
La lune se levait fort tard. Le brouillard et la nuit enve-
loppaient donc dans d'effroyables ténèbres les lieux où
le drame conçu par cet homme allait se dénouer. L'agent
supérieur de la police sut imposer silence à ses passions,
il se croisa fortement les bras sur la poitrine, et ne quitta
pas des yeux la fenêtre qui s'élevait comme un fantôme
lumineux au-dessus de cette tour. Quand sa marche le
conduisait du côté des vallées au bord des précipices, il
épiait machinalement le brouillard sillonné par les lueurs
pâles de quelques lumières qui brillaient çà et là dans
les maisons de la ville ou des faubourgs, au-dessus et
au-dessous du rempart. Le silence profond qui régnait
n'était troublé que par le murmure du Nançon, par les
coups lugubres et périodiques du beffroi, par les pas
lourds des sentinelles, ou par le bruit des armes, quand
on venait d'heure en heure relever les postes. Tout était
devenu solennel, les hommes et la Nature.

— Il fait noir comme dans la gueule d'un loup, dit
en ce moment Pille-miche.

— Va toujours, répondit Marche-à-terre, et ne parle
pas plus qu'un chien mort.

— J'ose à peine respirer, répliqua le Chouan.

— Si celui qui vient de laisser rouler une pierre veut
que son cœur serve de gaine à mon couteau, il n'a qu'à
recommencer, dit Marche-à-terre d'une voix si basse
qu'elle se confondait avec le frissonnement des eaux du
Nançon.

— Mais c'est moi, dit Pille-miche.

— Eh ! bien, vieux sac à sous, reprit le chef, glisse
sur ton ventre comme une anguille de haie [1], sinon nous
allons laisser là nos carcasses plus tôt qu'il ne le faudra.

---

1. Une anguille de haie est une couleuvre.

— Hé ! Marche-à-terre, dit en continuant l'incorrigible Pille-miche, qui s'aida de ses mains pour se hisser sur le ventre et arriva sur la ligne où se trouvait son camarade, à l'oreille duquel il parla d'une voix si étouffée que les Chouans par lesquels ils étaient suivis n'entendirent pas une syllabe. — Hé ! Marche-à-terre, s'il faut en croire notre Grande Garce, il doit y avoir un fier butin là-haut. Veux-tu faire part à nous deux ?

— Écoute, Pille-miche ! dit Marche-à-terre en s'arrêtant à plat ventre.

Toute la troupe imita ce mouvement, tant les Chouans étaient excédés par les difficultés que le précipice opposait à leur marche.

— Je te connais, reprit Marche-à-terre, pour être un de ces bons Jean-prend-tout, qui aiment autant donner des coups que d'en recevoir, quand il n'y a que cela à choisir. Nous ne venons pas ici pour chausser les souliers des morts, nous sommes diables contre diables, et malheur à ceux qui auront les griffes courtes. La Grande Garce nous envoie ici pour sauver le Gars. Il est là, tiens, lève ton nez de chien et regarde cette fenêtre, au-dessus de la tour ?

En ce moment minuit sonna. La lune se leva et donna au brouillard l'apparence d'une fumée blanche. Pille-miche serra violemment le bras de Marche-à-terre et lui montra silencieusement, à dix pieds au-dessus d'eux, le fer triangulaire de quelques baïonnettes luisantes.

— Les Bleus y sont déjà, dit Pille-miche, nous n'aurons rien de force.

— Patience, répondit Marche-à-terre, si j'ai bien tout examiné ce matin, nous devons trouver au bas de la tour du Papegaut, entre les remparts et la Promenade, une petite place où l'on met toujours du fumier, et l'on peut se laisser tomber là-dessus comme sur un lit.

— Si saint Labre, dit Pille-miche, voulait changer en bon cidre le sang qui va couler, les Fougerais en trouveraient demain une bien bonne provision.

Marche-à-terre couvrit de sa large main la bouche de son ami ; puis un avis sourdement donné par lui courut de rang en rang jusqu'au dernier des Chouans suspendus dans les airs sur les bruyères des schistes. En effet,

Corentin avait une oreille trop exercée pour n'avoir pas entendu le froissement de quelques arbustes tourmentés par les Chouans, ou le bruit léger des cailloux qui roulèrent au bas du précipice, et il était au bord de l'esplanade. Marche-à-terre, qui semblait posséder le don de voir dans l'obscurité, ou dont les sens continuellement en mouvement devaient avoir acquis la finesse de ceux des Sauvages, avait entrevu Corentin ; comme un chien bien dressé, peut-être l'avait-il senti. Le diplomate de la police eut beau écouter le silence et regarder le mur naturel formé par les schistes, il n'y put rien découvrir. Si la lueur douteuse du brouillard lui permit d'apercevoir quelques Chouans, il les prit pour des fragments du rocher, tant ces corps humains gardèrent bien l'apparence d'une nature inerte. Le danger de la troupe dura peu. Corentin fut attiré par un bruit très distinct qui se fit entendre à l'autre extrémité de la Promenade, au point où cessait le mur de soutènement et où commençait la pente rapide du rocher. Un sentier tracé sur le bord des schistes et qui communiquait à l'escalier de la Reine aboutissait précisément à ce point d'intersection. Au moment où Corentin y arriva, il vit une figure s'élevant comme par enchantement, et quand il avança la main pour s'emparer de cet être fantastique ou réel auquel il ne supposait pas de bonnes intentions, il rencontra les formes rondes et moelleuses d'une femme.

— Que le diable vous emporte, ma bonne ! dit-il en murmurant. Si vous n'aviez pas eu affaire à moi, vous auriez pu attraper une balle dans la tête... Mais d'où venez-vous et où allez-vous à cette heure-ci ? Êtes-vous muette ? — C'est cependant bien une femme, se dit-il à lui-même.

Le silence devenant suspect, l'inconnue répondit d'une voix qui annonçait un grand effroi : — Ah ! mon bon homme, je revenons de la veillée.

— C'est la prétendue mère du marquis, se dit Corentin. Voyons ce qu'elle va faire.

— Eh ! bien, allez par là, la vieille, reprit-il à haute voix en feignant de ne pas la reconnaître. À gauche donc, si vous ne voulez pas être fusillée !

Il resta immobile ; mais en voyant madame du Gua

qui se dirigea vers la tour du Papegaut, il la suivit de loin avec une adresse diabolique. Pendant cette fatale rencontre, les Chouans s'étaient très habilement postés sur les tas de fumier vers lesquels Marche-à-terre les avait guidés.

— Voilà la Grande Garce ! se dit tout bas Marche-à-terre en se dressant sur ses pieds le long de la tour comme aurait pu faire un ours.

— Nous sommes là, dit-il à la dame.

— Bien ! répondit madame du Gua. Si tu peux trouver une échelle dans la maison dont le jardin aboutit à six pieds au-dessous du fumier, le Gars serait sauvé. Vois-tu cet œil-de-bœuf là-haut ? Il donne dans un cabinet de toilette attenant à la chambre à coucher, c'est là qu'il faut arriver. Ce pan de la tour au bas duquel vous êtes est le seul qui ne soit pas cerné. Les chevaux sont prêts, et si tu as gardé le passage du Nançon, en un quart d'heure nous devons le mettre hors de danger, malgré sa folie. Mais si cette catin veut le suivre, poignardez-la.

Corentin, apercevant dans l'ombre quelques-unes des formes indistinctes qu'il avait d'abord prises pour des pierres se mouvoir avec adresse, alla sur-le-champ au poste de la porte Saint-Léonard, où il trouva le commandant dormant tout habillé sur le lit de camp.

— Laissez-le donc, dit brutalement Beau-pied à Corentin, il ne fait que de se poser là.

— Les Chouans sont ici, cria Corentin dans l'oreille de Hulot.

— Impossible, mais tant mieux ! s'écria le commandant tout endormi qu'il était, au moins l'on se battra.

Lorsque Hulot arriva sur la Promenade, Corentin lui montra dans l'ombre la singulière position occupée par les Chouans.

— Ils auront trompé ou étouffé les sentinelles que j'ai placées entre l'escalier de la Reine et le château, s'écria le commandant. Ah ! quel tonnerre de brouillard. Mais patience ! je vais envoyer, au pied du rocher, une cinquantaine d'hommes, sous la conduite d'un lieutenant. Il ne faut pas les attaquer là, car ces animaux-là sont si durs qu'ils se laisseraient rouler jusqu'en bas du précipice comme des pierres, sans se casser un membre.

La cloche fêlée du beffroi sonna deux heures lorsque le commandant revint sur la Promenade, après avoir pris les précautions militaires les plus sévères, afin de se saisir des Chouans commandés par Marche-à-terre. En ce moment, tous les postes ayant été doublés, la maison de mademoiselle de Verneuil était devenue le centre d'une petite armée. Le commandant trouva Corentin absorbé dans la contemplation de la fenêtre qui dominait la tour du Papegaut.

— Citoyen, lui dit Hulot, je crois que le ci-devant nous embête, car rien n'a encore bougé.

— Il est là, s'écria Corentin en montrant la fenêtre. J'ai vu l'ombre d'un homme sur les rideaux ! Je ne comprends pas ce qu'est devenu mon petit gars. Ils l'auront tué ou séduit. Tiens, commandant, vois-tu ? voici un homme ! marchons !

— Je n'irai pas le saisir au lit, tonnerre de Dieu ! Il sortira, s'il est entré ; Gudin ne le manquera pas, s'écria Hulot, qui avait ses raisons pour attendre.

— Allons, commandant, je t'enjoins, au nom de la loi, de marcher à l'instant sur cette maison.

— Tu es encore un joli coco pour vouloir me faire aller.

Sans s'émouvoir de la colère du commandant, Corentin lui dit froidement : — Tu m'obéiras ! Voici un ordre en bonne forme, signé du ministre de la guerre, qui t'y forcera, reprit-il, en tirant de sa poche un papier. Est-ce que tu t'imagines que nous sommes assez simples pour laisser cette fille agir comme elle l'entend ? C'est la guerre civile que nous étouffons, et la grandeur du résultat absout la petitesse des moyens.

— Je prends la liberté, citoyen, de t'envoyer faire... tu me comprends ? Suffit. Pars du pied gauche, laisse-moi tranquille et plus vite que ça.

— Mais lis, dit Corentin.

— Ne m'embête pas de tes fonctions, s'écria Hulot indigné de recevoir des ordres d'un être qu'il trouvait si méprisable.

En ce moment, le fils de Galope-chopine se trouva au milieu d'eux comme un rat qui serait sorti de terre.

— Le Gars est en route, s'écria-t-il.

— Par où...

— Par la rue Saint-Léonard.

— Beau-pied, dit Hulot à l'oreille du caporal qui se trouvait auprès de lui, cours prévenir ton lieutenant de s'avancer sur la maison et de faire un joli petit feu de file [1], tu m'entends ! — Par file à gauche, en avant sur la tour, vous autres, s'écria le commandant.

Pour la parfaite intelligence du dénoûment, il est nécessaire de rentrer dans la maison de mademoiselle de Verneuil avec elle.

Quand les passions arrivent à une catastrophe [2], elles nous soumettent à une puissance d'enivrement bien supérieure aux mesquines irritations du vin ou de l'opium. La lucidité que contractent alors les idées, la délicatesse des sens trop exaltés, produisent les effets les plus étranges et les plus inattendus. En se trouvant sous la tyrannie d'une même pensée, certaines personnes aperçoivent clairement les objets les moins perceptibles, tandis que les choses les plus palpables sont pour elles comme si elles n'existaient pas. Mademoiselle de Verneuil était en proie à cette espèce d'ivresse qui fait de la vie réelle une vie semblable à celle des somnambules, lorsque après avoir lu la lettre du marquis elle s'empressa de tout ordonner pour qu'il ne pût échapper à sa vengeance, comme naguère elle avait tout préparé pour la première fête de son amour. Mais quand elle vit sa maison soigneusement entourée par ses ordres d'un triple rang de baïonnettes, une lueur soudaine brilla dans son âme. Elle jugea sa propre conduite et pensa avec une sorte d'horreur qu'elle venait de commettre un crime. Dans un premier mouvement d'anxiété, elle s'élança vivement vers le seuil de sa porte, et y resta pendant un moment immobile, en s'efforçant de réfléchir sans pouvoir achever un raisonnement. Elle doutait si complètement de ce qu'elle venait de faire, qu'elle chercha pourquoi elle se trouvait dans l'antichambre de

---

1. Tir exécuté, dans une troupe rangée en ordre serré, par les soldats disposés les uns derrière les autres (par opposition à « feu de rang »). — **2.** Au sens particulier de dernier et principal événement (en général funeste) d'une pièce de théâtre.

sa maison, en tenant un enfant inconnu par la main. Devant elle, des milliers d'étincelles nageaient en l'air comme des langues de feu. Elle se mit à marcher pour secouer l'horrible torpeur dont elle était enveloppée ; mais, semblable à une personne qui sommeille, aucun objet ne lui apparaissait avec sa forme ou sous ses couleurs vraies. Elle serrait la main du petit garçon avec une violence qui ne lui était pas ordinaire, et l'entraînait par une marche si précipitée, qu'elle semblait avoir l'activité d'une folle. Elle ne vit rien de tout ce qui était dans le salon quand elle le traversa, et cependant elle y fut saluée par trois hommes qui se séparèrent pour lui donner passage.

— La voici, dit l'un d'eux.

— Elle est bien belle, s'écria le prêtre.

— Oui, répondit le premier ; mais comme elle est pâle et agitée...

— Et distraite, ajouta le troisième, elle ne nous voit pas.

À la porte de sa chambre, mademoiselle de Verneuil aperçut la figure douce et joyeuse de Francine qui lui dit à l'oreille : — Il est là, Marie.

Mademoiselle de Verneuil se réveilla, put réfléchir, regarda l'enfant qu'elle tenait, le reconnut et répondit à Francine : — Enferme ce petit garçon, et, si tu veux que je vive, garde-toi bien de le laisser s'évader.

En prononçant ces paroles avec lenteur, elle avait fixé les yeux sur la porte de sa chambre, où ils restèrent attachés avec une si effrayante immobilité, qu'on eût dit qu'elle voyait sa victime à travers l'épaisseur des panneaux. Elle poussa doucement la porte, et la ferma sans se retourner, car elle aperçut le marquis debout devant la cheminée. Sans être trop recherchée, la toilette du gentilhomme avait un certain air de fête et de parure qui ajoutait encore à l'éclat que toutes les femmes trouvent à leurs amants. À cet aspect, mademoiselle de Verneuil retrouva toute sa présence d'esprit. Ses lèvres, fortement contractées quoique entrouvertes, laissèrent voir l'émail de ses dents blanches et dessinèrent un sourire arrêté dont l'expression était plus terrible que voluptueuse. Elle marcha d'un pas lent vers le jeune homme, et lui montrant du doigt la pendule :

— Un homme digne d'amour vaut bien la peine qu'on l'attende, dit-elle avec une fausse gaieté.

Mais, abattue par la violence de ses sentiments, elle tomba sur le sopha qui se trouvait auprès de la cheminée.

— Ma chère Marie, vous êtes bien séduisante quand vous êtes en colère ! dit le marquis en s'asseyant auprès d'elle, lui prenant une main qu'elle laissa prendre et implorant un regard qu'elle refusait. J'espère, continuat-il d'une voix tendre et caressante, que Marie sera dans un instant bien chagrine d'avoir dérobé sa tête à son heureux mari.

En entendant ces mots, elle se tourna brusquement et le regarda dans les yeux.

— Que signifie ce regard terrible ? reprit-il en riant. Mais ta main est brûlante ! Mon amour, qu'as-tu ?

— Mon amour ! répondit-elle d'une voix sourde et altérée.

— Oui, dit-il en se mettant à genoux devant elle et lui prenant les deux mains qu'il couvrit de baisers, oui, mon amour, je suis à toi pour la vie.

Elle le poussa violemment et se leva. Ses traits se contractèrent, elle rit comme rient les fous et lui dit :

— Tu n'en crois pas un mot, homme plus fourbe que le plus ignoble scélérat. Elle sauta vivement sur le poignard qui se trouvait auprès d'un vase de fleurs, et le fit briller à deux doigts de la poitrine du jeune homme surpris.

— Bah ! dit-elle en jetant cette arme, je ne t'estime pas assez pour te tuer ! Ton sang est même trop vil pour être versé par des soldats, et je ne vois pour toi que le bourreau.

Ces paroles furent péniblement prononcées d'un ton bas, et elle trépignait des pieds comme un enfant gâté qui s'impatiente. Le marquis s'approcha d'elle en cherchant à la saisir.

— Ne me touchez pas ! s'écria-t-elle en se reculant par un mouvement d'horreur.

— Elle est folle, se dit le marquis au désespoir.

— Oui, folle, répéta-t-elle, mais pas encore assez

pour être ton jouet. Que ne pardonnerais-je pas à la passion ? Mais vouloir me posséder sans amour, et l'écrire à cette...

— À qui donc ai-je écrit ? demanda-t-il avec un étonnement qui certes n'était pas joué.

— À cette femme chaste qui voulait me tuer.

Là, le marquis pâlit, serra le dos du fauteuil qu'il tenait, de manière à le briser, et s'écria : — Si madame du Gua a été capable de quelque noirceur...

Mademoiselle de Verneuil chercha la lettre, ne la retrouva plus, appela Francine, et la Bretonne vint.

— Où est cette lettre ?

— Monsieur Corentin l'a prise.

— Corentin ! Ah ! je comprends tout, il a fait la lettre, et m'a trompée comme il trompe, avec un art diabolique.

Après avoir jeté un cri perçant, elle alla tomber sur le sopha, et un déluge de larmes sortit de ses yeux. Le doute comme la certitude était horrible. Le marquis se précipita aux pieds de sa maîtresse, la serra contre son cœur en lui répétant dix fois ces mots, les seuls qu'il pût prononcer : — Pourquoi pleurer, mon ange ? Où est le mal ? Tes injures sont pleines d'amour. Ne pleure donc pas, je t'aime ! je t'aime toujours.

Tout à coup il se sentit presser par elle avec une force surnaturelle, et, au milieu de ses sanglots : — Tu m'aimes encore ?... dit-elle.

— Tu en doutes, répondit-il d'un ton presque mélancolique.

Elle se dégagea brusquement de ses bras et se sauva, comme effrayée et confuse, à deux pas de lui.

— Si j'en doute ?... s'écria-t-elle.

Elle vit le marquis souriant avec une si douce ironie, que les paroles expirèrent sur ses lèvres. Elle se laissa prendre par la main et conduire jusque sur le seuil de la porte. Marie aperçut au fond du salon un autel dressé à la hâte pendant son absence. Le prêtre était en ce moment revêtu de son costume sacerdotal. Des cierges allumés jetaient sur le plafond un éclat aussi doux que l'espérance. Elle reconnut, dans les deux hommes qui

l'avaient saluée, le comte de Bauvan et le baron du Guénic, deux témoins choisis par Montauran.

— Me refuseras-tu toujours ? lui dit tout bas le
marquis.

À cet aspect elle fit tout à coup un pas en arrière pour
regagner sa chambre, tomba sur les genoux, leva les
mains vers le marquis et lui cria : — Ah ! pardon ! pardon ! pardon !

Sa voix s'éteignit, sa tête se pencha en arrière, ses
yeux se fermèrent, et elle resta entre les bras du marquis
et de Francine comme si elle eût expiré. Quand elle
ouvrit les yeux, elle rencontra le regard du jeune chef,
un regard plein d'une amoureuse bonté.

— Marie, patience ! cet orage est le dernier, dit-il.

— Le dernier ! répéta-t-elle.

Francine et le marquis se regardèrent avec surprise,
mais elle leur imposa silence par un geste.

— Appelez le prêtre, dit-elle, et laissez-moi seule
avec lui.

Ils se retirèrent.

— Mon père, dit-elle au prêtre qui apparut soudain
devant elle, mon père, dans mon enfance, un vieillard à
cheveux blancs, semblable à vous, me répétait souvent
qu'avec une foi bien vive on obtenait tout de Dieu, est-
ce vrai ?

— C'est vrai, répondit le prêtre. Tout est possible à
celui qui a tout créé.

Mademoiselle de Verneuil se précipita à genoux avec
un incroyable enthousiasme : — Ô mon Dieu ! dit-elle
dans son extase, ma foi en toi est égale à mon amour
pour lui ! Inspire-moi ! Fais ici un miracle, ou prends
ma vie.

— Vous serez exaucée, dit le prêtre[1].

---

1. Tout comme, un peu plus haut, la phrase « cet orage est le dernier » pouvait s'entendre soit favorablement (ensuite viendra l'accalmie, le bonheur), soit défavorablement (ensuite viendra la mort),
l'assertion « vous serez exaucée » peut se référer soit, optimistement,
à la première adjuration de Marie (« fais ici un miracle »), soit, pessi-
mistement, à la seconde (« ou prends ma vie »). Nous pressentons bien
que c'est l'interprétation défavorable, pessimiste, qui va prévaloir.
« Dieu m'a trop bien exaucée », déplorera Marie à la p. 439.

Mademoiselle de Verneuil vint s'offrir à tous les regards en s'appuyant sur le bras de ce vieux prêtre à cheveux blancs. Une émotion profonde et secrète la livrait à l'amour d'un amant, plus brillante qu'en aucun jour passé, car une sérénité pareille à celle que les peintres se plaisent à donner aux martyrs imprimait à sa figure un caractère imposant. Elle tendit la main au marquis, et ils s'avancèrent ensemble vers l'autel, où ils s'agenouillèrent. Ce mariage qui allait être béni à deux pas du lit nuptial, cet autel élevé à la hâte, cette croix, ces vases, ce calice apportés secrètement par un prêtre, cette fumée d'encens répandue sous des corniches qui n'avaient encore vu que la fumée des repas ; ce prêtre qui ne portait qu'une étole par-dessus sa soutane ; ces cierges dans un salon, tout formait une scène touchante et bizarre qui achève de peindre ces temps de triste mémoire où la discorde civile avait renversé les institutions les plus saintes[1]. Les cérémonies religieuses avaient alors toute la grâce des mystères. Les enfants étaient ondoyés dans les chambres où gémissaient encore les mères. Comme autrefois, le Seigneur allait, simple et pauvre, consoler les mourants. Enfin les jeunes filles recevaient pour la première fois le pain sacré dans le lieu même où elles jouaient la veille. L'union du marquis et de mademoiselle de Verneuil allait être consacrée, comme tant d'autres unions, par un acte contraire à la législation nouvelle ; mais plus tard, ces mariages, bénis pour la plupart au pied des chênes, furent tous scrupuleusement reconnus. Le prêtre qui conservait ainsi les anciens usages jusqu'au dernier moment était un de ces hommes fidèles à leurs principes au fort des orages. Sa voix, pure du serment

---

1. Allusion à la persécution du catholicisme, et à la Constitution civile du clergé (*cf.* note 1 p. 288). Plus encore qu'au début de la messe en plein air, une atmosphère d'innocence, de retour à la pureté des origines règne dans cette cérémonie improvisée, où officie un prêtre réfractaire onctueux et résigné, antithèse du belliqueux abbé Gudin : son héroïsme est dans le « martyre », non dans le militantisme sans frein. La solennité de la scène ne sera troublée que par un élément comique, les réflexions désinvoltes des témoins, et surtout par un élément tragique, l'approche des Bleus porteurs de mort.

exigé par la République, ne répandait à travers la tempête que des paroles de paix. Il n'attisait pas, comme l'avait fait l'abbé Gudin, le feu de l'incendie ; mais il s'était, avec beaucoup d'autres, voué à la dangereuse mission d'accomplir les devoirs du sacerdoce pour les âmes restées catholiques. Afin de réussir dans ce périlleux ministère, il usait de tous les pieux artifices nécessités par la persécution, et le marquis n'avait pu le trouver que dans une de ces excavations qui, de nos jours encore, portent le nom de *la cachette du prêtre*. La vue de cette figure pâle et souffrante inspirait si bien la prière et le respect, qu'elle suffisait pour donner à cette salle mondaine l'aspect d'un saint lieu. L'acte de malheur et de joie était tout prêt. Avant de commencer la cérémonie, le prêtre demanda, au milieu d'un profond silence, les noms de la fiancée.

— Marie-Nathalie, fille de mademoiselle Blanche de Castéran, décédée abbesse de Notre-Dame de Séez, et de Victor-Amédée, duc de Verneuil.

— Née ?

— À La Chasterie, près d'Alençon.

— Je ne croyais pas, dit tout bas le baron au comte, que Montauran ferait la sottise de l'épouser ! La fille naturelle d'un duc, fi donc !

— Si c'était du Roi, encore passe, répondit le comte de Bauvan en souriant, mais ce n'est pas moi qui le blâmerai ; l'autre me plaît, et ce sera sur cette *Jument de Charrette* que je vais maintenant faire la guerre [1]. Elle ne roucoule pas, celle-là !...

Les noms du marquis avaient été remplis à l'avance, les deux amants signèrent et les témoins après. La cérémonie commença. En ce moment, Marie entendit seule le bruit des fusils et celui de la marche lourde et régulière des soldats qui venaient sans doute relever le poste de Bleus qu'elle avait fait placer dans l'église. Elle tressaillit et leva les yeux sur la croix de l'autel.

---

1. D'après *Mademoiselle du Vissard*, en 1803 le comte de Bauvan demandera, mais en vain, sa main à Mme du Gua. Celle-ci est-elle identifiable à la veuve Bauvan à laquelle font allusion *La Rabouilleuse* et *Le Cabinet des antiques* ?

— La voilà une sainte, dit tout bas Francine.

— Qu'on me donne de ces saintes-là, et je serai diablement dévot, ajouta le comte à voix basse.

Lorsque le prêtre fit à mademoiselle de Verneuil la question d'usage, elle répondit par un oui accompagné d'un soupir profond. Elle se pencha à l'oreille de son mari et lui dit : — Dans peu vous saurez pourquoi je manque au serment que j'avais fait de ne jamais vous épouser.

Lorsque après la cérémonie, l'assemblée passa dans une salle où le dîner avait été servi, et au moment où les convives s'assirent, Jérémie arriva tout épouvanté. La pauvre mariée se leva brusquement, alla au-devant de lui, suivie de Francine, et, sur un de ces prétextes que les femmes savent si bien trouver, elle pria le marquis de faire tout seul pendant un moment les honneurs du repas, et emmena le domestique avant qu'il eût commis une indiscrétion qui serait devenue fatale.

— Ah ! Francine, se sentir mourir, et ne pas pouvoir dire : Je meurs !... s'écria mademoiselle de Verneuil qui ne reparut plus.

Cette absence pouvait trouver sa justification dans la cérémonie qui venait d'avoir lieu. À la fin du repas, et au moment où l'inquiétude du marquis était au comble, Marie revint dans tout l'éclat du vêtement des mariées. Sa figure était joyeuse et calme, tandis que Francine qui l'accompagnait avait une terreur si profonde empreinte sur tous les traits, qu'il semblait aux convives voir dans ces deux figures un tableau bizarre où l'extravagant pinceau de Salvator Rosa aurait représenté la vie et la mort se tenant par la main[1].

— Messieurs, dit-elle au prêtre, au baron, au comte, vous serez mes hôtes pour ce soir, car il y aurait trop de danger pour vous à sortir de Fougères. Cette bonne fille a mes instructions et conduira chacun de vous dans son appartement.

— Pas de rébellion, dit-elle au prêtre qui allait parler,

---

1. Salvator Rosa, peintre, poète et musicien italien du XVIIe siècle et personnalité excentrique, composa, entre autres, des scènes de genre brutales et mystérieuses.

j'espère que vous ne désobéirez pas à une femme le jour de ses noces.

Une heure après, elle se trouva seule avec son amant dans la chambre voluptueuse qu'elle avait si gracieusement disposée. Ils arrivèrent enfin à ce lit fatal où, comme dans un tombeau, se brisent tant d'espérances, où le réveil à une belle vie est si incertain, où meurt, où naît l'amour, suivant la portée des caractères qui ne s'éprouvent que là. Marie regarda la pendule, et se dit :

— Six heures à vivre.

— J'ai donc pu dormir, s'écria-t-elle vers le matin, réveillée en sursaut par un de ces mouvements soudains qui nous font tressaillir lorsqu'on a fait la veille un pacte en soi-même afin de s'éveiller le lendemain à une certaine heure. — Oui, j'ai dormi, répéta-t-elle en voyant à la lueur des bougies que l'aiguille de la pendule allait bientôt marquer deux heures du matin. Elle se retourna et contempla le marquis endormi, la tête appuyée sur une de ses mains, à la manière des enfants, et de l'autre serrant celle de sa femme en souriant à demi, comme s'il se fût endormi au milieu d'un baiser.

— Ah ! se dit-elle à voix basse, il a le sommeil d'un enfant ! Mais pouvait-il se défier de moi, de moi qui lui dois un bonheur sans nom ?

Elle le poussa légèrement, il se réveilla et acheva de sourire. Il baisa la main qu'il tenait, et regarda cette malheureuse femme avec des yeux si étincelants, que, n'en pouvant soutenir le voluptueux éclat, elle déroula lentement ses larges paupières, comme pour s'interdire à elle-même une dangereuse contemplation ; mais en voilant ainsi le feu de ses regards, elle excitait si bien le désir en paraissant s'y refuser, que si elle n'avait pas eu de profondes terreurs à cacher, son mari aurait pu l'accuser d'une trop grande coquetterie. Ils relevèrent ensemble leurs têtes charmantes, et se firent mutuellement un signe de reconnaissance plein des plaisirs qu'ils avaient goûtés ; mais après un rapide examen du délicieux tableau que lui offrait la figure de sa femme, le marquis, attribuant à un sentiment de mélancolie les nuages répandus sur le front de Marie, lui dit d'une voix douce : — Pourquoi cette ombre de tristesse, mon amour ?

— Pauvre Alphonse, où crois-tu donc que je t'aie mené, demanda-t-elle en tremblant.

— Au bonheur.

— À la mort.

Et tressaillant d'horreur, elle s'élança hors du lit ; le marquis étonné la suivit, sa femme l'amena près de la fenêtre. Après un geste délirant qui lui échappa, Marie releva les rideaux de la croisée, et lui montra du doigt sur la place une vingtaine de soldats. La lune, ayant dissipé le brouillard, éclairait de sa blanche lumière les habits, les fusils, l'impassible Corentin qui allait et venait comme un chacal attendant sa proie, et le commandant, les bras croisés, immobile, le nez en l'air, les lèvres retroussées, attentif et chagrin.

— Eh ! laissons-les, Marie, et reviens.

— Pourquoi ris-tu, Alphonse ? C'est moi qui les ai placés là.

— Tu rêves ?

— Non !

Ils se regardèrent un moment, le marquis devina tout, et la serrant dans ses bras : — Va ! je t'aime toujours, dit-il.

— Tout n'est donc pas perdu, s'écria Marie. — Alphonse, dit-elle après une pause, il y a de l'espoir.

En ce moment, ils entendirent distinctement le cri sourd de la chouette, et Francine sortit tout à coup du cabinet de toilette.

— Pierre [1] est là, dit-elle avec une joie qui tenait du délire.

La marquise et Francine revêtirent Montauran d'un costume de Chouan, avec cette étonnante promptitude qui n'appartient qu'aux femmes. Lorsque la marquise vit son mari occupé à charger les armes que Francine apporta, elle s'esquiva lestement après avoir fait un signe d'intelligence à sa fidèle Bretonne. Francine conduisit alors le marquis dans le cabinet de toilette

---

1. Pierre, c'est Pierre Leroi (patronyme significatif), alias Marche-à-terre.

attenant à la chambre. Le jeune chef, en voyant une grande quantité de draps fortement attachés, put se convaincre de l'active sollicitude avec laquelle la Bretonne avait travaillé à tromper la vigilance des soldats.

— Jamais je ne pourrai passer par là, dit le marquis en examinant l'étroite baie de l'œil-de-bœuf.

En ce moment une grosse figure noire en remplit entièrement l'ovale, et une voix rauque, bien connue de Francine, cria doucement : — Dépêchez-vous, mon général, ces crapauds de Bleus se remuent.

— Oh ! encore un baiser, dit une voix tremblante et douce.

Le marquis, dont les pieds atteignaient l'échelle libératrice, mais qui avait encore une partie du corps engagée dans l'œil-de-bœuf, se sentit pressé par une étreinte de désespoir. Il jeta un cri en reconnaissant ainsi que sa femme avait pris ses habits[1] ; il voulut la retenir, mais elle s'arracha brusquement de ses bras, et il se trouva forcé de descendre. Il gardait à la main un lambeau d'étoffe, et la lueur de la lune venant à l'éclairer soudain, il s'aperçut que ce lambeau devait appartenir au gilet qu'il avait porté la veille.

— Halte ! feu de peloton.

Ces mots, prononcés par Hulot au milieu d'un silence qui avait quelque chose d'horrible, rompirent le charme sous l'empire duquel semblaient être les hommes et les lieux. Une salve de balles arrivant du fond de la vallée jusqu'au pied de la tour succéda aux décharges que firent les Bleus placés sur la Promenade. Le feu des Républicains n'offrit aucune interruption et fut continuel, impitoyable. Les victimes ne jetèrent pas un cri. Entre chaque décharge le silence était effrayant.

Cependant Corentin, ayant entendu tomber du haut de l'échelle un des personnages aériens qu'il avait signalés au commandant, soupçonna quelque piège.

---

1. Subterfuge qui, d'après le Premier Épisode de *L'Envers de l'histoire contemporaine*, permit en 1794 à Mme de La Chanterie de sauver son mari prisonnier ; condamnée à mort, on la laissa s'évader (*La Comédie humaine*, VIII, p. 285). Montauran et Marie n'auront pas autant de chance.

— Pas un de ces animaux-là ne chante, dit-il à Hulot, nos deux amants sont bien capables de nous amuser ici par quelque ruse, tandis qu'ils se sauvent peut-être par un autre côté...

L'espion, impatient d'éclaircir le mystère, envoya le fils de Galope-chopine chercher des torches[1]. La supposition de Corentin avait été si bien comprise de Hulot, que le vieux soldat, préoccupé par le bruit d'un engagement très sérieux qui avait lieu devant le poste de Saint-Léonard, s'écria : — C'est vrai, ils ne peuvent pas être deux.

Et il s'élança vers le corps de garde.

— On lui a lavé la tête avec du plomb, mon commandant, lui dit Beau-pied qui venait à la rencontre de Hulot ; mais il a tué Gudin et blessé deux hommes. Ah ! l'enragé ! il avait enfoncé trois rangées de nos lapins, et aurait gagné les champs sans le factionnaire de la porte Saint-Léonard qui l'a embroché avec sa baïonnette.

En entendant ces paroles, le commandant se précipita dans le corps de garde, et vit sur le lit de camp un corps ensanglanté que l'on venait d'y placer ; il s'approcha du prétendu marquis, leva le chapeau qui en couvrait la figure, et tomba sur une chaise.

— Je m'en doutais, s'écria-t-il en se croisant les bras avec force ; elle l'avait, sacré tonnerre, gardé trop longtemps.

Tous les soldats restèrent immobiles. Le commandant avait fait dérouler les longs cheveux noirs d'une femme. Tout à coup le silence fut interrompu par le bruit d'une multitude armée. Corentin entra dans le corps de garde en précédant quatre soldats qui, sur leurs fusils placés en forme de civière, portaient Montauran, auquel plusieurs coups de feu avaient cassé les deux cuisses et les bras. Le marquis fut déposé sur le lit de camp auprès de sa femme, il l'aperçut et trouva la force de lui prendre la main par un geste convulsif. La mourante tourna péni-

---

1. Le petit gars avait été enfermé la veille par Marie chez elle (p. 428) ; il semble s'en être échappé pour aller prévenir Corentin et Hulot.

blement la tête, reconnut son mari, frissonna par une secousse horrible à voir, et murmura ces paroles d'une voix presque éteinte : — Un jour sans lendemain !... Dieu m'a trop bien exaucée [1].

— Commandant, dit le marquis en rassemblant toutes ses forces et sans quitter la main de Marie, je compte sur votre probité pour annoncer ma mort à mon jeune frère qui se trouve à Londres [2], écrivez-lui que s'il veut obéir à mes dernières paroles, il ne portera pas les armes contre la France, sans néanmoins jamais abandonner le service du Roi.

— Ce sera fait, dit Hulot en serrant la main du mourant.

— Portez-les à l'hôpital voisin, s'écria Corentin.

Hulot prit l'espion par le bras, de manière à lui laisser l'empreinte de ses ongles dans la chair, et lui dit : — Puisque ta besogne est finie par ici, fiche-moi le camp, et regarde bien la figure du commandant Hulot, pour ne jamais te trouver sur son passage, si tu ne veux pas qu'il fasse de ton ventre le fourreau de son bancal [3].

Et déjà le vieux soldat tirait son sabre.

— Voilà encore un de mes honnêtes gens qui ne feront jamais fortune, se dit Corentin quand il fut loin du corps de garde.

Le marquis put encore remercier par un signe de tête son adversaire, en lui témoignant cette estime que les soldats ont pour de loyaux ennemis.

En 1827, un vieil homme accompagné de sa femme [4] marchandait des bestiaux sur le marché de Fougères, et personne ne lui disait rien quoiqu'il eût tué plus de cent personnes, on ne lui rappelait même point

---

1. Dernier rappel de la formule-clé de l'intrigue (*cf.* note 2 p. 252), rappel qui, en confirmant le titre du chapitre final, « Un jour sans lendemain », le clôt sur une note d'ironie tragique. — **2.** Ce jeune frère, inventé en 1845, figurera dans *L'Envers de l'histoire contemporaine* sous le nom de « Monsieur Nicolas », Frère de la Consolation, et assistera aux obsèques de Hulot dans *La Cousine Bette*. — **3.** Sur le « bancal », *cf.* note 1 p. 420. Et sur le sens de la scène conclusive, l'Introduction, p. 43-44. — **4.** Cet épilogue, ajouté en 1845, nous fait sauter vingt-sept ans plus tard, bien après la pacification de la Bretagne. La femme du vieil homme en question, Marche-à-terre, est-elle Francine ?

son surnom de Marche-à-terre ; la personne à qui l'on doit de précieux renseignements sur tous les personnages de cette Scène[1] le vit emmenant une vache et allant de cet air simple, ingénu qui fait dire : — Voilà un bien brave homme !

Quant à Cibot, dit Pille-miche, on a déjà vu comment il a fini. Peut-être Marche-à-terre essaya-t-il, mais vainement, d'arracher son compagnon à l'échafaud, et se trouvait-il sur la place d'Alençon, lors de l'effroyable tumulte qui fut un des événements du fameux procès Rifoël, Bryond et La Chanterie[2].

Fougères, août 1827[3].

---

1. Cette personne est peut-être le général de Pommereul, à moins qu'elle ne représente plusieurs informateurs locaux de Balzac. Elle sert surtout d'intermédiaire entre les aventures fictives, auxquelles participa Marche-à-Terre, et l'Histoire réelle, dont se réclame Balzac. — 2. Ce dernier paragraphe fait allusion à la rétrospective enchâssée dans le Premier Épisode de *L'Envers de l'histoire contemporaine*, rétrospective à laquelle on a déjà renvoyé le lecteur (*cf.* en particulier note 1 p. 127 et note 2 p. 226). Les opérations qui y sont relatées s'achevèrent dramatiquement, puisque les conjurés Rifoël (également héros de *Mademoiselle du Vissard*), Bryond et Henriette de La Chanterie, épouse Bryond et amante de Rifoël, furent condamnés pour vols et exactions dans l'Ouest en 1808 ; Rifoël, Henriette et leur complice Pille-miche périrent guillotinés. Par sa jeunesse, sa coquetterie, son goût de l'aventure et son triste sort, Henriette tient un peu du personnage de Marie. — 3. Lieu et date inexacts, la rédaction ayant été en partie effectuée à Paris, et en 1828 seulement. Mais la mention de « Fougères » enracine l'écriture dans le lieu même des événements racontés, tandis que celle de « 1827 » réduit son écart avec ces mêmes événements.

DOCUMENTS

TABLEAUX D'UNE VIE PRIVÉE
(manuscrit, 1828) [1]

Mme Blanche, 32 ans
Nathalie, sa fille, 15 ans
Fanchette Lenoir, paysanne à leur service
M. le Duc d'Aumale
M. le Marquis de Bellemare
Danton
Mme Bernard
Jules d'Orgemont fils
Le Ministre de la police
d'Orgement le père
Pinau, un paysan breton

---

1. Cette ébauche, d'abord publiée par Douchan Z. Milatchitch dans son *Théâtre inédit d'Honoré de Balzac* (Paris, Hachette, 1930), existe en deux versions. C'est la première, la plus développée, qu'on trouvera ici. Elle reproduit, avec les corrections orthographiques, le texte publié par Lucienne Frappier-Mazur au tome VIII de *La Comédie humaine* dans l'édition de la Pléiade. La seconde version commençait par cet Avis : « Ceci est une fantaisie d'auteur et comme il n'est pas de bon goût d'ennuyer sciemment les auditeurs quand ils veulent bien nous écouter, j'avertis les lecteurs de passer immédiatement, si cela leur convient, à la page... ». On remarquera sans peine les points communs, dans la situation et dans le caractère excessivement romantique, entre la Nathalie des *Tableaux* et la Marie des *Chouans*, elle aussi originaire d'Alençon. Le nom « d'Orgemont » est le seul à avoir été repris tel quel dans le roman.

Alençon, 1778.

— Nata, pourquoi prends-tu cette pièce-là ?

— Oh ! maman, elle est bien plus brillante que les autres.

— Elle vaut moins.

— Impossible, il y a de l'or.

— Oh, petite fille, que seras-tu un jour ?

— Bien belle, maman.

— Bien bonne, ma fille, voilà ce qu'il faut être.

— Mais pourquoi pleures-tu toujours ?

— Ma fille, j'ai fait comme toi, un peu d'or m'a séduite [1].

INTRODUCTION

Scène première
Le jardin d'une maison dans un faubourg d'Alençon en 1788 [2].

NATHALIE D'HAUTEFEUILLE, FANCHETTE LENOIR

Elles sont assises à l'ombre d'une petite charmille de tilleuls et chacune tient sur ses genoux un tambour à dentelle.

NATHALIE : Que je m'ennuie à faire cette dentelle ! Vous avez donc du lait dans les veines pour travailler ainsi jour et nuit, Fanchette.

FANCHETTE : Eh ! Mademoiselle, comment pourrions-nous sans cela fournir tout ce qu'il faut à Madame ? Quand j'étais petite, j'allais bien ramasser du bois mort dans la forêt pour chauffer le four.

NATHALIE : Eh bien, ma pauvre Fanchette, j'aimerais mieux fermer les yeux et tendre une bonne fois mon cou à la hache pour sauver la vie de ma mère que de me

---

1. Ce passage a été écrit en marge. — 2. Nous sommes donc bien avant 1799, date où commencent *Les Chouans*, et où va ici se nouer l'action, à la scène suivante. Il s'agit, comme souvent chez Balzac, d'expliquer l'ultérieur par l'antérieur, les compromissions de Nathalie jeune femme par ses insatisfactions d'adolescente.

consumer à faire de la dentelle [1] ! Dis-moi donc, tu ne te sens pas dans les mains la démangeaison de brouiller tous les fils et de laisser là ce tas de bobines ?

FANCHETTE, *stupéfaite* : Avec quoi payerions-nous demain le médecin ? Grand Dieu !

NATHALIE : Je ne sais — je me vendrai, je demanderai l'aumône, ou je mourrai, mais je ne resterai pas ici sur une chaise des heures entières à remuer ces bobines dont le bruit maigre et pauvre me prophétise la misère et me rapetisse l'âme *(elle jette son tambour sur une chaise)*. Que tout est rétréci autour de moi ! Si je lève les yeux, je vois ces carrés bien égaux, symétriquement arrondis et découpés dont la terre noire est retenue par ce buis stérile et triste. Tiens, Fanchette, mon tambour borne mes pensées et les retient à je ne sais quoi d'ignoble comme ces pauvres terres et ces fleurs bornées par leurs sinistres lisières de buis. Ce buis qui ne produit rien et arrête le développement de tout ce qui veut grandir dans sa sombre enceinte. Tout cela est à mon image — il n'y a pas jusqu'à ces tilleuls taillés et gênés, triste cadre de cette manière de jardin [2], qui ne m'oppressent aussi et j'étouffe en contemplant le ciel et l'espace par le trou de cette cheminée de noir feuillage et de murs plus noirs encore. Lorsque je vois un nuage d'argent courir sous ce ciel bleu, alors je voudrais prendre mon essor dans le monde comme lui dans les cieux, quitte à me dissiper en fumée légère comme lui. En voici un qui passe, vois-le, il est noir comme mes cheveux, il se dore à ses extrémités, comme il se balance, le voilà rouge foncé, violet, et le blanc commence à pénétrer dans sa masse, il éclate maintenant de blancheur, comme une voile neuve de vaisseau. Il s'enfuit et va réjouir le firmament et régner dans les airs — quelles admirables nuances ! Un rayon

---

1. La dentelle est une spécialité d'Alençon. Elle peut se faire avec un « tambour », petit métier formé de deux cercles de bois emboîtés l'un dans l'autre, entre lesquels on place le tissu à broder. L'expression « tendre une bonne fois mon cou à la hache » paraît anachronique en 1788, avant même l'éclatement de la Révolution. — 2. Cette espèce de jardin. Suivi d'un nom, « une manière de » appartient aujourd'hui à la langue soutenue.

bleu perce le sommet et pare sa tête joyeuse — quelle belle vie !... je voudrais être ce nuage.

FANCHETTE : Où prenez-vous tout ça, Mademoiselle ? En vérité, quand je vous vis pour la première fois, je n'aurais jamais imaginé que votre esprit fût comme un cheval échappé.

NATHALIE : Que croyais-tu donc de moi ?

FANCHETTE : J'ai été ensorcelée ! Vous ressembliez tant à la Sainte Vierge peinte sur l'autel de Formigny[1] que je me croyais dans le ciel. Tenez, Mademoiselle, quand je fis ma première communion et qu'on mit l'hostie sur ma langue, je sentis en moi un frémissement qui me coupa la respiration, eh bien ! lorsque vous vîntes avec votre douce voix me demander du lait, j'éprouvai le même tressaillement. C'était une musique d'église. Je regardai comme un miracle de nature vos brillants cheveux, vos yeux lumineux, votre teint éclatant, encore embelli par l'air qui les caressait, et votre attitude si chaste et si pudique me fit voir en un clin d'œil tout ce que M. le curé nous contait dans ses prônes[2] de la Vierge Marie. Vous souvenez-vous que je restai comme hébétée ?

NATHALIE, *pensive* : Et maintenant, je n'ai plus l'esprit comme la figure.

FANCHETTE : Oh non ! — par moments, vous me faites peur avec vos idées, mais je vous aime tant. J'ai été tout étonnée de voir que vous vous déplaisiez dans cette petite maison si propre et si coite[3], dans ce jardin si gentil, à ce silence si doux, à cette vie égale, si tranquille, à cette obscurité de vie qui ressemble au jour tendre que vous procurez à la chambre de votre mère quand vous étendez les rideaux sur la fenêtre. Tout cela me ravit et je me suis surprise à désirer être comme Madame, couchée et malade, pour vous voir penchée vers moi, tenant un livre, et pour entendre les accents de votre voix prêter leur charme à ces histoires que vous

---

1. Village du Calvados. La Fanchette des *Tableaux* est évidemment une première mouture de la Francine des *Chouans*. — **2.** Le prône : *cf.* note 1 p. 331. — **3.** Féminin, assez rare, de « coi » : tranquille, calme.

lisez à la lueur de la lampe pour endormir Madame. Oh !
Mademoiselle, que j'ai été heureuse de vous servir pendant les premiers mois !... mais quand j'ai vu que la
Colombe, comme vous nomme ma mère, avait des ailes
d'épervier, j'ai frissonné, car j'ai senti que j'étais à vous
pour toujours, vous m'avez jeté un sort et si vous alliez
à la perdition, Fanchette Lenoir vous suivrait et *(elle
pleure)* vous irez, Mademoiselle ; quand je vous entends
à quinze ans parler comme vous parlez quelquefois,
j'imagine qu'il y a en vous un malin esprit et cependant... vous êtes si souvent un ange !... oh, ma chère
demoiselle, restez ici, vivez ici, je ferai votre dentelle la
nuit, et la mienne le jour.

NATHALIE : Pauvre Fanchette !... *(Elle l'embrasse.)*
Que veux-tu ! tiens, regarde mon bras.

FANCHETTE : Il est bien beau et blanc comme la première neige, aussi beau que votre front à travers lequel
on croit voir du lait.

NATHALIE : Tout cela n'appelle-t-il pas l'or et les diamants, les fleurs et le bonheur, le mouvement, les plaisirs, les hommages ? Mes cheveux noirs demandent des
perles et mes yeux cherchent à voir au-delà de cette
modeste enceinte et j'ai soif du monde ; tout ce qui
m'est inconnu m'attire et quand je te disais que j'éprou-
vais le désir de briser mes bobines, ce n'est pas que la
dentelle m'ennuie à faire, Fanchette, tout m'ennuie, je
voudrais quelquefois rompre ces arbres, il me semble
que j'en aurais la force[1]. Et je sens bien que tout cela
est mal... jusqu'ici j'ai été douce et modeste, mais depuis
quelque temps il me vient de singulières idées... je suis
fière de moi... j'entends comme le roulement des carrosses et les applaudissements de la foule dans le lointain. J'éprouve le besoin de commander et je me rêve

---

1. Le passage suivant, que Balzac a supprimé, éclairait ici les relations entre Nathalie et sa mère, dont la faute et l'expiation rappellent
le triste sort de la mère de Marie : « Elle m'a enfermée dans son
affliction et j'ai studieusement passé mon enfance. Depuis un an que
ma mère penche hors de la vie, j'ai interrogé sa douleur et son silence
m'a effrayée. C'est par la brèche que le chagrin maternel a faite à mon
âme qu'est entré le désordre. As-tu remarqué les derniers vestiges que
laisse la beauté sur le visage de ma mère... elle meurt à trente ans... »

parée, brillante[1]. Je me surprends plus souvent encore
prête à pleurer, alors je n'ai plus de ces idées dévorantes,
je suis disposée à m'humilier, je prie Dieu, je vais
contempler avec recueillement le visage souffrant de ma
mère, je lui baise les mains, je caresse son front pesant
et je voudrais tout endurer pour elle, et puis, après avoir
bien éprouvé ces tumultes intellectuels qui me dégoûtent
de ma vie présente, je suis toute confuse de n[e plus]
sentir, il me semble que rien au monde ne puisse plus
animer mon cœur et les flambeaux qui éclairaient ma
nuit sont éteints, je suis seule dans l'obscurité. Oh, Fanchette, que je voudrais être toujours remuée comme tu
l'étais en communiant. Il y a des gens qui vont et viennent, ce mouvement fait vivre leurs corps, mais je sens
qu'il y a encore un autre mouvement et une autre vie et
il y a de cette vie que je devine, même quand je souffre
ou quand je me lance à corps perdu dans le tourbillon
de mes désirs.

FANCHETTE : Oh, Mademoiselle, taisez-vous, votre
voix me trouble, baissez vos yeux, je vous en prie, ils
semblent lire dans l'avenir. Oui, quand je vous ai vue,
vous étiez comme la mer quand je l'ai admirée à Port-
en-Bessin[2], unie comme une glace, et vous m'avez,
comme elle, caché vos terribles orages — allons, nous
sommes après tout deux pauvres jeunes filles qui veulent
aller à bien[3] et il n'est pas entré, que je sache, de démon
ici — reprenez votre tambour et achevez votre dentelle,
songez que vous n'avez plus d'argenterie à vendre et
que, pendant que votre mère dort, il nous faut travailler
pour qu'elle ne s'aperçoive pas de la détresse — pauvre
dame, comme elle souffre, sans se plaindre, ça tire le
cœur !

NATHALIE : Ma mère !... oh oui, tu as raison, Fanchette,
tu es meilleure que moi, tu ne parles pas et tu agis...
— Va, si je suis riche, et je le serai, ne hoche pas la tête,
tu le verras, nous partagerons, comme deux sœurs, oui,

---

1. Ici s'inséraient d'autres lignes supprimées par Balzac : « Tu ne
saurais croire combien j'ai réfléchi à ce passage de la messe *et Dieu
s'est fait homme* ». — 2. Petit port sur la côte de la Manche.
— 3. Aller à bien : devenir des femmes respectables.

je veux l'être à tout prix !... pour nous tirer de cette noire prison.

FANCHETTE : Oh ! Mademoiselle, comment pouvez-vous appeler prison une maison couverte en ardoise...

Suite
1799

LE MINISTRE DE LA POLICE, NATHALIE [1]

LE MINISTRE : Bonjour, ma chère enfant ; si j'avais appris plus tôt ta détresse momentanée, je t'aurais secourue, mais je n'ai jamais pensé qu'une personne aussi ravissante pût avoir quelque chose à souhaiter.

NATHALIE : Je n'ai chargé personne de mendier pour moi. Si je suis dans un grenier, c'est que je m'y plais. Si je suis mal vêtue, cela me convient et si je vis de peu, c'est que j'ai peu à vivre, ainsi je vous prie de ne pas troubler la solitude dans laquelle je suis.

LE MINISTRE : Comment, aussi sauvage que belle...

NATHALIE : Votre présence m'est aussi insupportable que mes souvenirs. Ainsi, dites promptement ce que vous me voulez pour que je rentre dans la paix silencieuse que vous avez troublée. Vous plairais-je aujourd'hui après vous avoir déplu il y a un an, est-ce un caprice, alors retirez-vous promptement, je ne suis plus un crible [2] ; allons, parlez, vous n'êtes pas homme à quitter votre bureau pour ma chambre à coucher sans avoir une idée quelconque.

LE MINISTRE : Avez-vous entendu parler de la guerre de la Vendée ?

NATHALIE : Oui, on meurt encore, comme on mourait

---

1. Nous nous rapprochons ici de l'action des *Chouans*, où Marie de Verneuil accepte du ministre de la Police, Fouché, une équivoque et dangereuse mission en Bretagne. — **2.** Qu'entendre par le mot « crible » ? Le Larousse du XIXe siècle propose deux sens ici possibles, mais dont aucun n'est vraiment satisfaisant : « Ce qui ne retient rien, ce qui laisse tout échapper » ; et « d'une extrême franchise, qui laisse pénétrer ses sentiments ou échapper ses pensées » ; d'où : personne étourdie, naïve, et qu'il est aisé de tromper ?

ici naguère, mais les victimes y sont plus pures et les débats plus nobles.

LE MINISTRE : La république ne peut pas triompher dans ce pays-là. Nous avons abattu des royaumes, et nous ne pouvons pas brûler les haies de la Bretagne. Le sol produit là des soldats aux Bourbons, nous avons eu beau tuer tous les chefs, il s'en présente sans cesse.

NATHALIE : Que signifient vos lamentations politiques, me prenez-v[ous pour] une tribune ?

LE MINISTRE : D'Orgemont ne vous a donc pas parlé...

BALZAC.

AVERTISSEMENT DU *GARS*
(manuscrit, 1828) [1]

> *Il y a une incommensurable distance du siècle de l'esprit à l'époque où nous vivons ; et nous avons vu passer tant de grands hommes oubliés qu'il faut entreprendre aujourd'hui quelque chose de monumental pour vivre dans la mémoire des hommes.*

RIVAROL [2]

Le public a été tant de fois surpris dans les pièges tendus à sa bonne foi par des auteurs dont l'amour-propre et la vanité croissent, chose difficile, aussitôt qu'il s'agit de livrer un nom à sa curiosité, que nous croyons bien mériter de lui en suivant une marche toute contraire.

Nous sommes heureux de pouvoir avouer que notre sentiment a été partagé par l'auteur de cet ouvrage — il manifesta toujours une aversion profonde pour ces préfaces semblables à des parades où l'on s'efforce de faire croire à l'existence d'abbés, de militaires, de sacristains, de gens morts dans les cachots, et à des trouvailles de

---

1. Cet Avertissement, probablement rédigé à Fougères en 1828, n'a jamais été publié du vivant de Balzac. Il l'a été pour la première fois par Pierre Abraham dans *Créatures chez Balzac* (Paris, Gallimard, 1931), à partir de l'original conservé à la Bibliothèque de l'Institut (fonds Lovenjoul). C'est ce texte que nous reproduisons ici, en rétablissant le cas échéant l'orthographe usuelle. — **2.** Rivarol, écrivain et polémiste à qui son *Petit Almanach des grands hommes pour l'année 1788* et son *Petit Almanach des grands hommes de la Révolution* (1790), violemment critiques, firent beaucoup d'ennemis politiques et littéraires.

manuscrits, qui font épancher sur des créatures postiches tous les trésors de la sympathie. Sir Walter Scott a eu cette manie, mais il a eu le bon esprit de se moquer lui-même de ces superfétations qui ôtent de la vérité à un livre[1]. Si l'on est condamné à monter sur les tréteaux, il faut se résoudre, il est vrai, à y faire le charlatan, mais sans emprunter de mannequin[2]. Nous accueillerons avec plus de gravité et d'estime, un homme qui se présente modestement en disant son nom et aujourd'hui il y a de la modestie à se nommer, il y a une certaine noblesse à offrir à la Critique et à ses concitoyens une vie réelle, un gage, un homme et non une ombre, et sous ce rapport jamais victime plus résignée ne fut amenée aux haches de la Critique. S'il a pu exister quelque grâce dans le mystère dont un écrivain s'enveloppe, si le public a respecté son voile comme le linceul d'un mort, tant de barbouilleurs ont usé du rideau qu'à cette heure il est sali, chiffonné et qu'il n'appartient plus qu'à un homme d'esprit de trouver une ruse nouvelle contre cette prostitution de la pensée qu'on nomme : *la publication*[3].

L'auteur de l'ouvrage que nous publions a donc consenti de bonne grâce à entrer dans la compagnie des illustres danseurs de corde qui, dit-il, s'efforcent, *pour de l'argent*, d'amuser le public par leurs tours. Les images qui ne devaient pas sortir de son âme, les tableaux au trait aussitôt effacés que dessinés qui passaient rapidement dans sa pensée secrète empreints de la

---

1. En effet, dans *Rob Roy*, *Ivanhoé*, *Quentin Durward* et d'autres, Scott a eu recours au vieil alibi du manuscrit trouvé qu'un « éditeur » se contente de mettre au net ; mais il en use le plus souvent avec humour — par exemple dans *La Prison d'Édimbourg*. Balzac a repris le procédé dans ses romans de jeunesse — qu'il a, en outre, signés de pseudonymes. Et au moment où il se déclare hostile à cette imposture, n'attribue-t-il pas *Le Gars* à... Victor Morillon ? — **2.** Mannequin, d'un mot néerlandais qui est un diminutif de « man », homme, désigne une figure ou une poupée imitant le corps humain. Ici, a le sens de « masque », ou de « prête-nom ». — **3.** Publier, c'est livrer au public, moyennant finance, ce qui relève du privé, du plus intime de l'être : d'où l'assimilation de la publication à une prostitution. On décèle en outre, dans ces paragraphes, cette hantise typique de la modernité : que la littérature est devenue un produit de consommation, de consommation de masse, dont le succès dépend plus de la publicité (de la Critique) que de ses mérites intrinsèques.

grâce des aurores, il les a décrits et en les exposant aux regards de tous il leur verra perdre [leur fleur virginale]. Cette imagination, nous écrit-il, la vraie et fidèle compagne des hommes puissants de *volonté*[1], cette épouse dont nous devrions ne recevoir que mystérieusement les caresses, va rendre ses épanchements publics : ses images, ses créations, sa vie, gardées pour l'amitié ou réservées à la constante et égoïste amour[2] d'un maître vont devenir banales comme les carrefours et chercheront à plaire sans succès peut-être. Un seul connaisseur ou des milliers, la honte ou le succès vont consommer également un crime et l'on ne sait, tant l'infamie est profonde et inexplicable, quel est le plus déshonorant de un ou de mille, pour ce commerce de l'esprit. N'est-ce pas une antiphrase que de surnommer *vierges* ces muses courant l'Europe et les âges, montrant publiquement leurs nudités et vendant leurs trésors à toutes les imaginations[3]. Combien est plus ravissante et plus belle, la muse chaste dont les pieds délicats ne sont pas sortis de l'enceinte des cœurs ! Avec quel bonheur les esprits recherchés ne pensent-ils pas à ces saintes poésies échappées à mille poètes inconnus ! Qui n'a vu souvent dans ses rêves soit la Canadienne[4] exhalant sans autres témoins que le ciel un chant de douleur confié à une tombe aérienne ! soit une maîtresse abandonnée, soupirant une sauvage élégie, et des mourants disant adieu à la vie ! Que de sons sublimes, que d'accords fiers, que de célestes musiques se perdent entre la terre et le ciel ! Quelle supériorité a, sur la création entière, cet oiseau qui chante pour lui seul une ravissante mélodie et meurt entouré de parfums inconnus dérobant sa vie mystérieuse au monde et reportant, sans tache, son âme divine au sein d'un jaloux Créateur. Ceux-là seuls qui vivent de ces idées riches et suaves comprennent les mystères

---

1. Thème qu'élaborera Louis Lambert, auteur d'un *Traité de la volonté*, dans son roman éponyme (1832). — 2. « Amour », surtout féminin jusqu'au XVIIe siècle, ne se féminise normalement, aujourd'hui, qu'au pluriel. — 3. L'image de la muse « fille publique » est encore fondée sur l'étymologie de « publier » : rendre « public », en en retirant un profit. — 4. Souvenir de Chateaubriand et de ses voyages américains.

de l'autel sur lequel les Athéniens avaient gravé : *diis ignotis* [1].

Mais lorsqu'un homme a l'ingratitude de mener à travers les dangers du monde une jeune fille joyeusement résignée à lui verser les trésors d'un bonheur renaissant dans la solitude, s'il ébauche ainsi un adultère, il recueille au moins, avant ce fruit amer de son orgueil, les fleurs qu'il a semées et respire quelques moments de bonheur. Alors si une jolie figure, les formes ravissantes victorieuses des préoccupations de ce monde insouciant font murmurer les vieillards, rendent les femmes jalouses, remuent le cœur des adolescents, il a dit avec une vanité délirante : c'est ma femme !... il se nomme avidement, oubliant l'avenir. Ainsi, mes chers messieurs, il faut être conséquent avec soi-même, comme ces bourgeois de Paris qui, sortant leur chien favori, lui mettent un petit collier sur lequel un graveur inscrit le nom du maître. Je suis pour les tableaux signés, la littérature est une arène où l'on ne veut plus de visières baissées.

L'auteur de ce livre, longtemps partisan des amants qui poignardent ceux qui regardent trop leurs maîtresses, n'a pas consenti sans de longs débats, et ces raisons forcées en font preuve, à se laisser imprimer — l'indigence est le secret du sacrifice. Quand on se livre à un tribunal, il est plus courageux de dire la cause du crime. Aussi l'auteur en exposant plus que sa vie a senti que son entreprise deviendrait respectable par la franchise avec laquelle il présente sur les grandes planches une actrice nouvelle et il a fait comprendre à son impatiente et curieuse épouse qu'un mariage heureux justifiait le sacrifice, que de glorieux plaisirs légitimaient la honte, que la gloire pouvait être le lustre des vertus à défaut de la pudeur, que personne n'avait encore décidé s'il fallait condamner ou admirer la femme qui déchire sa robe en sauvant son époux, et que s'il était plus beau de mourir avec lui, il était meilleur de le faire vivre en l'aidant des sentiments que Judith manifeste dans l'épigraphe de ce livre quand elle s'écrie : « Je ne me suis point souillée

---

1. « Aux dieux inconnus ».

avec lui [1] ! » mais hélas ! il vaut mieux n'être pas réduit à des exclamations aussi douloureuses et qui amènent souvent nos fronts à demeurer appuyés dans nos mains.

Ces pensées, extraites d'une lettre écrite par l'auteur à un ami, venu à Paris *pour vendre les enfants* [2], ami que l'on va reconnaître sans peine, justifient les détails que nous nous permettons de donner sur la vie et les opinions de ce nouveau venu sur la scène littéraire, en livrant son nom, à l'insouciance ou au dédain.

M. Victor Morillon, auteur du *Gars*, est né en 1788 à Mondoubleau, petite ville du Vendômois. Ses études faites avec une rare imperfection sous la férule d'un ex-Oratorien, caché pendant la Révolution, chez ses parents, honnêtes tanneurs de la ville, ne l'auraient pas mené loin, sans un goût immodéré pour la lecture et la méditation [3]. La riche bibliothèque de M. le marquis de Saint-Herem, sauvée par les soins du citoyen Morillon, devenu le président du district [4] de Mondoubleau, nourrit la passion du jeune Victor Morillon pour la lecture et la solitude ; chassé de la maison paternelle par l'odeur du tan, pour laquelle il avait une répugnance invincible, il allait à travers la campagne, muni de livres, se livrer à de longues rêveries. Ce fait est une preuve de plus de la puissante influence des moindres actions du jeune âge sur les destinées à venir de la vie humaine ; c'est un nouveau conseil, donné aux parents par le hasard, de veiller avec scrupule aux jeux et aux caprices de l'enfant pour y deviner la route tracée par la Nature à l'homme.

Orphelin de bonne heure, M. Victor Morillon végétait, pour ceux qui vivent exclusivement de ce qu'ils digèrent,

---

1. *Cf.* l'épigraphe de l'édition originale, reproduite dans la note 1 p. 61. — **2.** C'est-à-dire vendre des productions littéraires. — **3.** Mondoubleau est une petite ville du Loir-et-Cher, où il y avait des tanneries. On sait que Balzac fit des études chez les Oratoriens du Collège de Vendôme, comme son futur héros Louis Lambert, dont le père est tanneur à Montoire. Louis Lambert, qui sera le protégé de Madame de Staël comme Morillon celui du professeur Buet, a de nombreux points communs avec l'auteur supposé du *Gars*, en particulier le goût de la lecture et de la méditation, et le don de dédoublement ou de double vue, dont il va être question plus loin. — **4.** Le district, ancienne division du département établie en 1790 et supprimée en 1795, correspondait à peu près à l'arrondissement actuel.

dans un état voisin de l'indigence. N'importunant personne du spectacle de sa misère, il *poussait* comme une plante, s'abandonnant à une contemplation perpétuelle, possédé d'une haine curieuse pour les réalités et les corps, ignorant sa propre existence physique ; vivant, pour ainsi dire, par les seules forces de ces sens intérieurs qui constituent, selon lui, un double être en l'homme, mais épuisé par cette intuition profonde des choses. Un professeur du Collège de Vendôme le rencontra, par hasard, dans la campagne, en 1814, au temps des vendanges. Ils causèrent ensemble et l'humaniste fut étonné de trouver un jeune homme en haillons, plus savant que lui en poésie et en littérature, qui, aux premiers mots, déploya le luxe d'une imagination bizarre et déréglée. L'enfant des campagnes montrait précisément assez de folie pour faire croire à quelque chose d'original ; la boîte était assez curieusement travaillée pour inspirer le désir de tourner la clef. Tantôt abondant en images comme un poète, tantôt sec comme un avocat, tour à tour plein de logique, paradoxal, ou concis comme une sentence, il surprenait par la confusion des matériaux et se présentait dans le désordre apparent pour l'homme d'une nature où l'on va prendre les éléments d'une maison.

Le jeune paysan s'efforça dans cette conversation de persuader au professeur qu'au milieu des champs et sous le chaume de sa cabane, il avait la conscience, la possession, les jouissances d'une vie opulente. Il lui décrivit les plaisirs d'une immense fortune avec une étonnante vivacité de couleur : lui parla des ivresses ressenties au sein des bals où il avait admiré la nudité des femmes, leurs toilettes, leurs fleurs, leurs diamants, leurs danses et leurs regards enivrés, lui peignit le luxe des appartements qu'il habita, leurs ameublements, la richesse des porcelaines, la beauté des tableaux, les dessins de la soie et des tapis, entra dans le détail des voitures somptueuses, des chevaux arabes ou autres qu'il avait possédés, des modes suivies par les fashionables[1] et du

---

1. Un fashionable (que le manuscrit de Balzac orthographie « fashionnable »), de l'anglais signifiant « à la mode », désigne un élégant du beau monde.

choix des étoffes, des cannes et des bijoux dont il avait usé, sans avoir rien vu de tout cela par sa prunelle extérieure et visible : il sut empreindre d'une teinte si vigoureuse de réalité la description des paysages de ses parcs, les récits des fêtes de l'Empire, des batailles de Napoléon, des pompes nationales de la Révolution, et des accidents de la vie sociale que le Professeur, un de ces hommes spirituels et pleins de bon sens que l'on rencontre dans les provinces, ne douta nullement qu'il était le jouet d'un homme habile ayant beaucoup vu et beaucoup voyagé, car pour le soupçonner de folie, sa folie aurait peut-être demandé un autre nom.

La conversation changea et le jeune homme se montra particulièrement versé dans la connaissance des langues mortes et principalement des langues orientales : il parlait parfaitement hébreu ; mais il était surtout riche d'observations fines et morales sur les hommes qu'il assurait ne jamais avoir fréquentés, et il dévoila une rare connaissance des mystères de la beauté de femmes qu'il n'avait jamais vues. Le professeur l'étudiait en secret et le trouvait, sans modestie mais sans vanité, parlant de soi comme s'il possédait la faculté de s'observer lui-même à distance; grave et léger, exalté et gai, il était enfin lui-même, semblable aux ronces qui l'entouraient ; portant un fruit bon ou mauvais, présenté par ses branches sauvages avec autant de grâces que trois pas plus loin, le fraisier ses fruits odorants. L'arbuste appelait la culture.

Cette imagination fantasmagorique séduisit le vieux Professeur. Sa curiosité était piquée, il ne voulut pas être pris pour dupe, et resta bientôt stupéfait lorsque de sévères informations lui apprirent la vérité. M.V. Morillon n'était jamais sorti du village de Saumarys que pour aller chez le Maire de Mondoubleau, M. de Veyne. Cet honorable administrateur, héritier de M. le Marquis de Saint-Herem, avait pris plaisir, en reconnaissance des services rendus à sa famille par M. Morillon père, à procurer au fils les livres et les journaux dont il paraissait curieux et qui lui étaient fidèlement rendus. Il se gardait avec cette délicatesse rare chez les bienfaiteurs, de pénétrer les mystères de cette vie orageuse quoique simple et cachée, et il attendait les désirs de son protégé, sans les prévenir, lui laissant ainsi toute l'ardeur de la poursuite. Alors le vieux Professeur expliqua le don particulier de cet être merveilleux pour lui, comme les athées et les médecins philosophes expliquèrent la tentation de saint Antoine, l'apocalypse de saint Jean, et les extases de sainte Thérèse, par les ameublissements[1] dont la chasteté enrichissait leurs cerveaux.

M. de Veyne sourit et acheva de donner les détails demandés par le professeur. Une difformité des pieds avait sauvé M. Victor Morillon de la conscription[2] et il vivait de pain et d'eau, satisfaisant à tous ses besoins, au moyen de cent livres de rente qui composent encore aujourd'hui toute sa fortune. C'était un solitaire de la Thébaïde, un vrai chartreux[3] mais de religion ?... pas l'ombre, en ce sens qu'il n'allait pas à la messe.

L'homme qui n'a d'imagination que ce qu'il en faut pour faire le soir ou le matin, en se couchant ou s'éveillant, cette rêverie délicieuse nommée *un château en Espagne*, doit concevoir cette suave et mensongère existence plus brillante mille fois qu'une vie réelle et importune. Ces lignes contiennent toute l'histoire de M. Victor Morillon. Les gens excentriques, cherchant toujours à sortir d'un logis vide et querellant l'existence de ce qu'elle ne leur fournit pas assez d'événements ne trouveront dans cette biographie de l'auteur ni faits, ni aventures. Il a eu cinq, sept, quinze, vingt-cinq ans ; trente-neuf ans et pas une pierre jetée dans l'eau n'a troublé la surface de cette vie pleine, limpide et profonde, semblable à un lac tranquille et inconnu où viennent se réfléchir des milliers d'images, et où s'élèvent aussi les vagues de la tempête. Cette âme était enfin, selon la

---

1. Ameublissement, littéralement, travail agricole ayant pour objet de briser et d'émietter la terre arable, afin que les plantes y poussent plus facilement. — **2.** Sur la conscription, *cf.* note 1 p. 73. — **3.** Solitaires de la Thébaïde : ascètes chrétiens qui, dans les premiers siècles de notre ère, se retirèrent dans le désert égyptien de la Thébaïde. Chartreux : religieux de l'Ordre de saint Bruno, qui mènent une vie contemplative.

magnifique expression de Leibnitz, *un miroir concentrique de l'univers*[1].

M. Buet, ce digne et honorable professeur qui rencontra M. Morillon, l'engagea par des efforts continus et désapprouvés de M. de Veyne, à venir au Collège de Vendôme. M. de Veyne aura, peut-être aujourd'hui, raison dans le sage égoïsme dont il était animé au profit de son jeune ami. Quoi qu'il en soit, M. Buet finit par triompher de cette âme enfantine. On créa pour M. Morillon, une chaire de langues orientales au Collège de Vendôme, et il put se livrer, sans de grands dérangements, à son amour immodéré pour l'étude et la contemplation.

Qu'il nous soit permis de rendre hommage à cette bienfaisance continue et de tous les moments, dont M. et Madame Buet, peu favorisés de la fortune, pratiquent depuis douze ans envers l'auteur, les enseignements les plus délicats. Ils en prennent soin comme d'un enfant et madame Buet surtout veille à ce que M. Morillon, longtemps privé des ressources généreuses d'une nourriture domestique, et des agréments sociaux, participe à ces fruits de la civilisation contre lesquels sa distraction regimbe, et aux bienfaits desquels les spéculations de l'intelligence sont intimement liées.

Cependant M. et madame Buet regrettaient de voir un amas de connaissances et des travaux inouïs rester sans emploi, ne partageant guère les opinions de l'auteur sur l'usage *saturnien*[2] de la pensée. Enfin ils eurent la joie de voir cette étude opiniâtre prendre, un peu tard, il est vrai, une direction longtemps souhaitée. Qu'on leur pardonne d'avoir jeté un auteur de plus dans la circulation littéraire, mais il leur était bien naturel de désirer voir l'enfant de leur adoption un peu plus fortuné. Ils espèrent encore au moment critique de l'épreuve, avec une simplicité et une candeur qui appellent le succès, que le public de Paris partagera leurs sentiments pour un être, objet de leurs affec-

---

1. Selon Leibnitz, mathématicien et philosophe idéaliste de la fin du XVIIe siècle, chaque « monade » — substance indivisible et active qui constitue l'élément dernier des choses — était le miroir de l'univers entier. — **2.** Qu'entendre exactement par cette formule ? « Saturnien » pouvait signifier triste, mélancolique, la planète Saturne étant censée déterminer une humeur sombre chez les êtres placés sous son influence.

tions, auquel ils prêtent du talent, oubliant que le héros d'un cercle rétréci ne porte pas toujours son piédestal avec lui, comme une jeune et jolie femme.

Un roman de Sir Walter Scott tomba entre les mains de M. Victor Morillon, et il demeura ravi de cette composition dans le secret de laquelle il était pleinement entré. Il assura avoir vu plus d'une fois des hommes aussi et quelquefois plus curieux que Wamba et Gurth, Daddy Rat et Caleb [1] et connaître si familièrement les temps et les mœurs du moyen âge qu'il raconta le soir même où il finit de lire l'ouvrage, une histoire dans laquelle il encadra le duc de Bourgogne, et le roi Charles VI [2] avec tant de vérité que M. Buet, resta frappé d'un nouvel étonnement. M. Victor Morillon imita les gestes, et peignit les costumes des seigneurs, dessina l'université, les bourgeois, les quarteniers, les soudards [3], les gens d'église, les usages et les monuments de Paris, sa populace et ses libertés avec des couleurs si vives que M. et madame Buet unirent leurs efforts pour l'engager à lire les œuvres de Sir Walter Scott pour marcher sur ses traces, et « se pénétrer de la *poétique* [4] et des règles de ce genre de composition », disait M. Buet, dont les idées appartiennent à la faction des classiques ; et, ajoutait-il, en croyant faire impression sur son pensionnaire, « un livre comme ça, doit bien rapporter deux cents écus ! »...

Quoi qu'il en soit madame Buet répéta si souvent la même chose aux oreilles de M. Morillon qu'il se mit à écrire ses rêves, au grand contentement de ceux qui prenaient intérêt à lui dans la ville. M. de Veyne seul mani-

---

1. Le roman de Scott qui ravit Morillon est probablement *Ivanhoé* (1819), qui influença profondément le jeune Balzac. Le fou Wamba et le porcher Gurth sont de pittoresques comparses dans *Ivanhoé* ; Daddy Rat apparaît dans *La Prison d'Édimbourg*, et le fidèle serviteur Caleb dans *Lucie de Lammermoor*, de Scott également. — **2.** Charles VI régna de 1380 à 1422. À partir de 1392, sa démence laissa le champ libre aux affrontements des Armagnacs et des Bourguignons ; le chef de ces derniers, le duc de Bourgogne Jean sans Peur, s'allia aux Anglais, et mourut assassiné en 1419. — **3.** Les quarteniers étaient d'anciens officiers de la ville de Paris, institués pour commander les bourgeois de leur quartier. Le soudard, lui, était un soldat mercenaire — d'où le sens actuel d'homme (de guerre) brutal et grossier. — **4.** C'est-à-dire des techniques de création et d'écriture.

festa des doutes et il découvrit dans les intentions des personnes qui aiguillonnaient M. Morillon, quelques sentiments de vanité et d'avarice dont son ami était loin d'être complice — « Ce sont, disait-il, à l'auteur, des gens qui ne cultivent les fleurs que pour les cueillir !

— Mais madame Buet m'a tant tourmenté ! que c'est uniquement pour lui faire plaisir que j'ai écrit », répondit naïvement M. Morillon. M. de Veyne haussa les épaules et lui déclara qu'il ne ferait pas la moindre démarche dans cette affaire ; — « s'il ne s'agissait que de fortune, ajouta-t-il, ne pouvait-on pas venir me trouver...

— Mais n'ai-je pas cent vingt livres de rente », repartit M. Morillon avec surprise...

L'ouvrage que nous publions est un des premiers que M. Morillon ait composés. Nous croyons qu'il n'est pas d'un médiocre intérêt de terminer cet avertissement en donnant quelques réflexions extraites d'une lettre écrite par l'auteur et dont nous avons déjà cité des passages afin de concevoir cette espèce de préface qu'il s'était refusé à faire, dans le genre de son esprit et y répandre une teinte des couleurs qui lui sont familières. Nous avions été engagés, circonstance qui n'est plus inconnue à M. Morillon, à lui écrire pour lui représenter les dangers de son entreprise et la personne honorable qui se servait de notre nom, avait réussi à nous désintéresser[1] dans cette affaire.

« Je ne crois pas, nous répondit-il, qu'une nation soit assez injuste pour repousser comme imitateur l'homme courageux qui prend pour sujet de ses compositions l'histoire et la Nature de son pays parce qu'il essaiera de les peindre dans une forme nouvellement consacrée. Je ne sache pas qu'en Allemagne les critiques aient arrêté M. de Goethe[2] en lui opposant qu'il ne serait que le singe de Shakespeare. *La Métromanie, les Plaideurs, le Joueur*[3], etc., ne seraient-ils pas, par hasard, des

---

1. « Nous désintéresser » signifie sans doute ici « ne pas nous impliquer ». — 2. Tel est le nom que donne le manuscrit. — 3. *La Métromanie* (mot qui veut dire « manie de versifier »), comédie en cinq actes — et en vers ! — de Piron (1738) ; *Les Plaideurs*, comédie de Racine (1668) ; *Le Joueur*, comédie en cinq actes de Régnard (1696).

chefs-d'œuvre pour avoir été composés, dans le système
des Comédies de Molière. Le poète qui compose le
second quatrain ou la seconde églogue [1] a-t-il été accablé
sous cette effrayante raison qu'il marchait dans un chemin tracé par un autre. De ce qu'on ne réunit pas le
double instinct de celui qui enferme ses créations dans
un nouveau cercle convenu nommé système, manière,
école, s'ensuit-il que l'on doive s'abstenir de créer.
Existe-t-il une *école* pour ceux qui veulent peindre des
paysages, des costumes et des hommes réels et parce
que Téniers a montré le peuple hollandais fumant du
tabac et buvant de la bière [2], est-il interdit à un peintre de
représenter le retour des vendanges du peuple napolitain.
Enfin en quoi la France généreuse, chantante, rieuse et
guerrière, ressemble-t-elle à l'astucieuse et antipoétique
Angleterre, vaudrait autant prétendre qu'un coq est un
renard [3]. Quant à moi, Messieurs, je ne prétends attaquer
en aucune manière Sir Walter Scott. C'est pour moi un
homme de génie, il connaît le cœur humain, et s'il
manque à sa lyre les cordes sur lesquelles on peut chanter l'amour, qu'il nous présente tout venu et qu'il ne
montre jamais naissant et grandissant, l'histoire devient
domestique sous ses pinceaux ; après l'avoir lu, on
comprend mieux un siècle, il en évoque l'esprit et dans
une seule scène en exprime le génie et la physionomie.
Cependant, comme créateur d'un genre, je pense que
certaines conversations de Chamfort, quelques pages de
Pigault-Lebrun, homme auquel on ne rend pas assez de
justice, des descriptions d'Anne Radcliffe [4], Cervantès et
Beaumarchais, la vue de ce tableau de Van Dyck où

---

1. Quatrain, strophe de quatre vers. Églogue, poème pastoral, qui a
souvent pour thème l'amour. — **2.** David Téniers le Jeune, peintre flamand du XVIIᵉ siècle, représenta des scènes de cabaret et des kermesses
paysannes. — **3.** Le coq *(gallus)*, l'un des symboles de la France *(Gallus*, Gaulois), représente la vigilance et la fierté. Le renard, auquel Balzac fait symboliser l'Angleterre — la « perfide Albion », comme on
disait encore à l'époque —, est, lui, associé à la ruse... — **4.** Chamfort
(Balzac écrit Champfort), moraliste français du XVIIIᵉ siècle, célèbre pour
son esprit caustique ; Pigault-Lebrun, auteur, au tournant du siècle, de
comédies et de romans gais ; Ann Radcliffe, Anglaise qui, à la même
époque, contribua à l'invention du « roman noir ».

Charles Ier est représenté[1] sont les formes choisies dont la succession habilement conçue est devenue sous les doigts et la pensée de l'ébéniste écossais une riche Marqueterie. Sa manière est une heureuse mosaïque, le peintre était en lui supérieur à l'ouvrier et il a laissé d'admirables tableaux — les couleurs sont là pour tout le monde, car, après tout l'homme ne peut mettre que la nature en œuvre et le problème résolu qui constitue l'homme de génie, est de sertir mieux que les autres.

Vos craintes, Messieurs, ont produit sur moi des effets tout contraires à ceux que vous attendiez. J'abhorre les épigraphes. Elles me coupent ma satisfaction, pour me servir d'une expression parisienne, mais j'ai voulu défier l'imitation et tout en ayant soin de ne leur rien faire annoncer au lecteur, j'en ai poussé le luxe jusqu'au ridicule, elles sont les premières et les dernières dont j'embarrasserai mes narrations[2].

Ces réflexions, Messieurs, pourront prouver à certains esprits dédaigneux avec quelle impertinence j'ai écarté tous ces fantômes de grands hommes, et ces scrupules odieux dont on se plaît à assaillir des imaginations faibles. Je jette à la tête des critiques tous ces morts célèbres et ces réputations acquises sous lesquelles ils veulent étouffer les vivants — il est cependant quelques esprits rares et inconnus avec lesquels je n'ai d'autres sympathies que mes plaisirs d'imagination, esprits trop élevés pour concevoir les vulgaires besoins de leur siècle et qui proscrivent ces quatre éternels volumes[3] au sein desquels meurent les idées les plus généreuses, étouffées comme des nobles dans une foule populaire ; à eux s'adresse l'épigraphe du livre. Nous conviendrons par là une bonne fois entre nous que l'on peut réduire à une page les plus vastes conceptions. Quant à ceux qui se moquent de ces sortes de compositions, donnent des recettes pour les faire, quant à tous les critiques enfin, ils pourront, en m'adressant des

---

1. Van Dyck (Balzac écrit Wandyck), peintre flamand du début du XVIIe siècle établi en Angleterre, fit de nombreux portraits du roi Charles Ier, son protecteur. — 2. Balzac supprimera complètement les épigraphes dans l'édition de 1845 des *Chouans* (cf. note 1 p. 61). — 3. Les quatre volumes in-12 dans lesquels sont alors publiés les romans « pour grand public ».

avis, me trouver dans mes possessions d'Espagne où nulle voix ne parvient, et voici sur quoi j'appuie mon humble dédain, sifflant à leurs oreilles le *lilla burello* de mon oncle le capitaine Tobie Shandy[1].

Un homme qui travaille consciencieusement à mettre l'histoire de son pays entre les mains de tout le monde, à la rendre populaire par l'intérêt de la composition secondaire, à inspirer le goût des études historiques par l'attrait de livres qui satisferont, avant tout, au besoin renaissant qu'a créé la civilisation actuelle, de nourrir l'esprit comme on nourrit le corps, un homme qui essaye de servir à cette faim des mets plus substantiels, qui tente de présenter à ces imaginations lassées du mauvais, des tableaux de genre où l'histoire nationale soit peinte dans les faits ignorés de nos mœurs et de nos usages, de rendre sensibles et familiers à toutes les intelligences les contrecoups que ressentaient les populations entières des discordes royales, des débats de la féodalité, ou des vengeances populaires ; d'offrir les résultats d'institutions de lois érigées au profit d'intérêts particuliers, de besoins éphémères ou des systèmes royal et féodal aux prises, un homme qui tâche de configurer les rois par les peuples, les peuples par certaines figures plus fortement empreintes de leur esprit ; de dessiner les immenses détails de la vie des siècles, de donner une idée des oscillations produites par le fanatisme des religions amplifiées, de ne plus faire enfin, de l'histoire un charnier, une gazette, un état civil de la nation, un squelette chronologique, cet homme-là, doit marcher longtemps, sans s'embarrasser des criailleries, jusqu'à ce qu'il ait été compris, il lâchera prise en reconnaissant, à la voix de quelques amis fidèles, que la tâche est au-dessus de ses forces ; et s'il a eu le courage d'entreprendre, il aura celui de sentir qu'une idée grande, et une volonté puissante, ne donnent pas toujours le talent de l'exécution.

L'histoire tragi-comique entreprise par lui, est assez

---

1. « Mes possessions d'Espagne », soit mes châteaux en Espagne, mes rêves, mes chimères. « Lilla burello » fait allusion à une ballade fredonnée par le capitaine Tobie, personnage extravagant du roman parodique *Tristram Shandy* de Sterne (1760-1767), que Balzac admirait.

vaste pour imposer le respect, assez noble dans son but pour n'être pas injuriée. Elle a des enseignements aussi majestueux, moins ennuyeux, plus pénétrants peut-être que ceux de la Clio classique et son œuvre a droit à l'estime publique tout autant que celles de ces courageux jeunes gens qui s'en vont à travers mille écueils étudier l'esprit des époques les plus sombres de notre histoire, essayant de retrouver la vérité cachée par le sacerdoce, mutilée par l'aristocratie[1], frayant ainsi la route à ceux qui, avec une imagination plus hardie viennent sculpter et décorer le monument dont ils ont posé les premières pierres.

La solitude, le silence de la province, l'habitude que j'ai contractée de créer, pour mon plaisir, des personnages, et des événements au sein d'une imagination luxuriante, de longues études historiques faites avec bonheur, m'ont fait entreprendre l'œuvre immense dont voici une première assise[2]. Nul mieux que moi n'en connaît les défauts : je n'ai pas eu peu à combattre dans mon penchant à ne quitter un tableau qu'après avoir longtemps tourné autour, l'avoir léché en tous sens, *comme un chien*, dit Rabelais, *suçant un os médullaire*[3]. Alors les imaginations ardentes me reprocheront de ne leur rien laisser à deviner ; mais cette faute, car nous aimons à nous les justifier à nous-mêmes, appartient peut-être à notre littérature moderne ; elle n'a plus que l'immense vérité des détails, l'idéalisation des formes, la longue concrétion de ces œuvres sublimes où l'on a mis le germe de tout, de ces situations fécondes à peine effleurées est hors de notre portée. Dans ce genre, tout est dit.

Enfin, j'apprendrai bien vite, par la publication du

---

1. Allusion aux historiens de l'époque romantique, Barante, Thierry, Guizot, Thiers, bientôt Michelet — sans parler d'Alexis Monteil, dont l'*Histoire des Français des divers états aux cinq derniers siècles* eut un grand succès. Contre l'historiographie traditionnelle, dynastique et militaire, ces écrivains insistèrent sur l'importance des mœurs, en particulier roturières, pour comprendre le passé, se penchèrent sur des époques jusque-là dédaignées, telle le Moyen Âge, et exprimèrent parfois, comme ici Balzac, des convictions anticléricales et progressistes. — 2. Cette « œuvre immense », c'est, à ce moment-là, une « Histoire de France pittoresque », ou une Comédie humaine du passé. — 3. L'image est développée dans le Prologue de *Gargantua* (1535).

Gars et du *Capitaine des Boutefeux* si je ne suis qu'un ménétrier de village[1] ou un artiste digne de vos concerts — une seule considération m'attirera quelqu'estime, même dans ma chute ; le Ménétrier doit apprendre les mêmes éléments de science que les Lafond, les Baillot et les Jarnwick[2], et ici la science est l'histoire avec ses milliers de volumes contradictoires, les éléments sont les hommes et les choses, ce sont les costumes dans leurs modes les plus éphémères, la langue avec le néologisme de chaque événement, les meubles et l'architecture, les lois changeantes, les coutumes, enfin il faut, pour une œuvre même médiocre, avoir prodigieusement lu, étudié, réfléchi. Quoique je sois assez éloigné du centre de la machine à gouvernement, que vous nommez Paris, je sais que les entraves apportées, par les Ministères qui après tout, nous doivent la liberté en littérature comme en politique, au développement des idées dramatiques forcent une multitude d'esprits à prendre le mode de composition que j'adopte, et j'espère que faute d'une illustration capitale, les livres que vous avez la hardiesse d'imprimer ne me nuiront pas dans l'esprit des personnes qui ont la bonté de s'intéresser à moi, et peut-être ne détruirai-je pas les idées que l'on a conçues de mes efforts. Le succès dans l'enceinte modeste que j'habite sera la seule fiche de consolation que je désirerais en livrant au public les secrètes compositions que je ne destinais qu'aux plaisirs de mon sérail, et que je confie à ces âmes heureuses qui prennent comme moi leurs désirs pour des réalités. Au reste, allez où vous voudrez, filles de mon âme ! je vous ai tant possédées que vous pouvez bien passer dans la circulation ; vous êtes pour moi des feux d'artifices éteints, je vous abhorre ! et, semblable au Hollandais qui se décide à vendre ses tulipes, les plus belles resteront dans mon trésor.

---

1. Un ménétrier est un musicien de petite condition, un violoneux. — 2. Lafont et Baillot, violonistes français (le second également compositeur) de l'époque de Balzac ; Jarnovick, ou Giornovichi, élève de Lulli et maître de chapelle du roi de Prusse à la fin du XVIIIe siècle.

Nous croyons que ces renseignements sur un auteur dont le mérite est un problème, que ces révélations d'une pensée inconnue, que l'expression d'une situation périlleuse mais honorable, ne doivent pas être indifférents à ces esprits attentifs aux développements des littératures, qui cherchent les hommes et pèsent les espérances, qui sont maîtres des succès et ne les dispensent qu'avec mesure. Pour ces esprits généreux, mettre en lumière un mérite réel est un devoir. Eux seuls remplissent avec désintéressement la tâche de lire un livre, — ils se livrent à l'auteur, entrent dans ses secrets, sachant que rien, même une description, n'est risqué sans but, ils ont cette confiante patience qui anime les Allemands et leur font s'enquérir souvent à plusieurs reprises des idées de l'auteur. Pour eux, notre reconnaissance est sans bornes et si ces nobles esprits, hauts justiciers de la littérature, n'avaient par hasard sauvé ici qu'un singe, ils le replongeront facilement dans la mer.

Un ouvrage consciencieux *(le Capitaine des Boutefeux)*, dont le sujet était pris dans les temps les plus orageux du xvᵉ siècle nous était présenté en même temps que celui-ci ; nous avons opté en faveur du *Gars*. Il contient les événements de l'histoire contemporaine, ils nous ont paru devoir exciter plus d'intérêt et contrasteront avec ceux du *Capitaine des Boutefeux*. La guerre civile à deux époques aussi différentes, l'une en rase campagne, l'autre au sein de Paris forment deux tableaux à mettre en regard, le public jugera sur les deux.

— Jamais ouvrier du xvıᵉ siècle, nous dit l'auteur, n'a été blâmé d'apporter deux chefs de ses œuvres pour être admis dans la corporation [1].

Maintenant les éditeurs, désirent bien vivement n'être pas rangés parmi les maladroits qui disent à un auditoire blasé :

— Je vais vous conter une histoire qui va bien vous faire rire.

---

1. Les corporations d'Ancien Régime exigeaient de l'ouvrier « compagnon » aspirant à passer « maître » la réalisation d'un « chef de ses œuvres », ou chef-d'œuvre, confectionné selon des règles précises.

INTRODUCTION

DU *DERNIER CHOUAN, OU LA BRETAGNE EN 1800*
(édition originale, 1829)[1]

En prenant le sujet de son ouvrage dans la partie la plus grave et aujourd'hui la plus délicate de l'histoire contemporaine, l'auteur s'est trouvé dans la nécessité de déclarer ici, avec une sorte de solennité, qu'il n'a jamais eu l'intention de livrer au ridicule ou au mépris les opinions et les personnes. Il respecte les convictions ; et, pour la plupart, les personnes lui sont inconnues. Ce ne sera pas sa faute si les choses parlent d'elles-mêmes et parlent si haut. Il ne les a ni créées ni révélées. Il n'a rien demandé à son imagination de tout ce qu'il a traduit sur cette espèce de scène, la seule où un auteur puisse trouver la liberté de la pensée pour exposer un drame dans toute sa vérité. Ici le pays est le pays, les hommes sont les hommes, les paroles sont les paroles mêmes ; et les faits n'ont été reniés ni par les Mémoires publiés aux diverses époques de la Restauration ni par la République française. L'Empire seul les a ensevelis dans les ténèbres de la censure ; et dire que cet ouvrage n'eût pas vu le jour sous le règne de Napoléon, c'est honorer l'opinion publique qui nous a conquis la liberté[2].

L'auteur a essayé d'exprimer un de ces événements

---

1. Cette Introduction reparut, avec des modifications, dans l'édition de 1834, mais fut remplacée en 1845 par une brève préface qu'on trouvera plus loin. Ici encore, on a introduit quelques corrections orthographiques. — 2. Est alors en place le gouvernement Martignac de 1828-1829, qui, succédant au gouvernement « ultra » de Villèle (1822-1828), tenta — vainement — de réconcilier « l'opinion publique » bourgeoise avec Charles X, et fit passer une loi libérale sur la presse.

tristement instructifs dont la révolution française a été si féconde.

La présence de quelques intéressés lui a prescrit d'en accuser la physionomie avec une rigoureuse exactitude et de n'avoir que la passion permise au peintre : celle de bien présenter un portrait, de distribuer naturellement la lumière et de tâcher de faire croire à la vie des personnages. Mais ce mot d'exactitude veut une explication. L'auteur n'a pas entendu ainsi contracter l'obligation de donner les faits un à un, sèchement et de manière à montrer jusqu'à quel point on peut faire arriver l'histoire à la condition d'un squelette dont les os sont soigneusement numérotés. Aujourd'hui, les grands enseignements que l'histoire déroule dans ses pages doivent devenir populaires. D'après ce système, suivi depuis quelques années par des hommes de talent[1], l'auteur a tenté de mettre dans ce livre l'esprit d'une époque et d'un fait, préférant la discussion au procès-verbal, la bataille au bulletin, le drame au récit. Donc, nul des événements de cette nationale discorde, si petit qu'il soit, nulle des catastrophes qui ensanglantèrent tant de champs maintenant paisibles, n'ont été oubliés : les personnages s'y verront de face ou de profil dans l'ombre ou au jour, et les moindres malheurs y seront en action ou en principe.

Cependant, par respect pour beaucoup de gens dont il est inutile d'indiquer les hautes positions sociales et qui ont miraculeusement reparu sur la scène politique, l'auteur a eu soin d'atténuer l'horreur d'une multitude de faits. Il a singulièrement négligé de montrer la part que le clergé a eue dans ces entreprises désastreuses et inutiles. Cette timidité et ce respect sont nés à la lecture des procédures de quelques tribunaux révolutionnaires de l'Ouest, dont les débats, tout succincts et sommaires qu'ils soient, fourmillent de preuves légales qu'il eût été odieux de faire sortir de l'enceinte des greffes[2] ; quoique

---

1. On pense de nouveau aux historiens de l'époque romantique.
— 2. Les tribunaux révolutionnaires, tribunaux d'exception, existèrent à Paris et dans certains départements de 1792 à 1795 (celui de Paris envoya à la mort, entre mars 1793 et mai 1795, des milliers de « contre-révolutionnaires »). Quant au greffe, c'est le bureau où sont conservés les originaux des actes de procédure.

pour plusieurs familles, certains jugements soient devenus des témoignages de dévouement et des titres de gloire.

Le caractère donné au *Dernier Chouan* est tout à la fois un hommage et un vœu. Il déposera de ce respect pour les convictions dont l'auteur est pénétré. Si certaines personnes minutieuses veulent rechercher quelle est cette noble victime tombée dans l'Ouest sous les balles républicaines, elles auront à choisir entre plusieurs gentilshommes qui succombèrent en dirigeant les insurrections de 1799. Mais quoique les qualités privées d'un jeune seigneur et les renseignements donnés à l'auteur sur quelques chefs par un vieillard bien instruit des événements, aient servi à perfectionner le caractère du *Dernier Chouan*[1], il se croit obligé d'avouer ici que le véritable chef ne ressemble pas tout à fait au héros de ce livre. En dénonçant ainsi les parties romanesques de l'ouvrage, il espère aider le lecteur à reconnaître la vérité des faits.

Les considérations politiques qui viennent d'être exposées ont engagé l'auteur à mettre son nom à un ouvrage qu'une défiance bien légitime pour un premier livre lui eût conseillé de cacher. Sous le rapport littéraire, il a réfléchi qu'il y a peut-être aujourd'hui de la modestie à signer un livre, lorsque tant de gens ont fait de l'anonyme une spéculation d'orgueil[2].

Quant à la fable du livre, il ne la donne pas comme bien neuve, l'épigraphe en fait foi[3], mais elle est déplorablement vraie ; à cette différence près, que la réalité est odieuse, et que l'événement qui emploie ici quatre à cinq jours, s'est passé en quarante-huit heures[4]. La précipitation de la véritable catastrophe n'aura peut-être

---

1. Le « jeune seigneur » dont il est question pourrait être, a-t-on suggéré, le beau-frère du général de Pommereul, Alexandre Novel de la Touche ; et le « vieillard bien instruit », un certain chevalier de Valois. Sur les modèles du « dernier Chouan », *cf.* note 1 p. 135, et l'Introduction p. 37. — **2.** Est-ce donc par « spéculation d'orgueil » que Balzac a publié ses romans de jeunesse sous des pseudonymes ? — **3.** Cette épigraphe, tirée du Livre de Judith, est citée, je le rappelle, dans la note 1 p. 61. — **4.** La nature de l'événement qui aurait été à la source du roman n'a, on le sait, pas été élucidée. *Cf.* Introduction pp. 9-10.

pas encore été assez adoucie ; mais la nature s'est chargée d'excuser l'auteur.

Ignorant, au moment où il écrivait, les destinées de
quelques acteurs de son drame, il a déguisé certains
noms. Cette précaution, dictée par la délicatesse, a été
étendue aux localités.

Le *district* de Fougères[1] ne lui sera pas assez hostile
pour venir l'accuser de l'avoir rendu le théâtre d'événements qui se sont passés à quelques lieues de là. N'était-
il pas tout naturel de choisir pour type de la *Bretagne en
1800* un des berceaux de la chouannerie, et le site le plus
pittoresque peut-être de ces belles contrées ?

Beaucoup de personnes de goût et de petites maîtresses[2] regretteront sans doute que l'auteur ne leur ait pas
fait des chouans et des soldats républicains costumés et
parlant comme les sauvages de la tragédie d'*Alzire* ou
de l'opéra-comique d'*Azémia* sont vêtus et s'expriment,
relativement aux vrais sauvages[3] ; mais il avait des problèmes plus sérieux à résoudre que celui de chercher à
passer une robe à la Vérité.

Puisse cet ouvrage rendre efficaces les vœux formés
par tous les amis du pays pour l'amélioration physique
et morale de la Bretagne ! Depuis trente ans environ la
guerre civile a cessé d'y régner, mais non pas l'ignorance. L'agriculture, l'instruction, le commerce, n'ont
pas fait un seul pas depuis un demi-siècle. La misère
des campagnes est digne des temps de la féodalité, et la
superstition y remplace la morale du Christ.

L'entêtement du caractère breton est un des plus puissants obstacles à l'accomplissement des plus généreux
projets. La prospérité de la Bretagne n'est pas une ques-

---

1. Sur le district, *cf.* note 4 p. 455 de l'Avertissement. — **2.** Une
petite maîtresse est, à partir du XVIIe siècle, une jeune élégante aux
allures maniérées et prétentieuses. — **3.** *Alzire*, tragédie de Voltaire
(1736), met aux prises les Indiens du Pérou, à la fierté impétueuse,
et les conquérants espagnols, perfectionnés par le christianisme et la
civilisation occidentale. *Azémia* est un opéra-comique de Lachabeaus-
sière et Dalayrac (1787).

tion nouvelle. Elle était le fond du procès entre La Chalotais et le duc d'Aiguillon[1].

Le mouvement rapide des esprits vers la révolution a empêché jusqu'ici la révision de ce célèbre procès ; mais lorsqu'un ami de la vérité jettera quelque lumière sur cette lutte, les physionomies historiques de l'oppresseur et de l'opprimé prendront des aspects bien différents de ceux que leur a donnés l'opinion des contemporains. Le patriotisme national d'un homme qui ne cherchait peut-être à faire le bien qu'au profit du fisc et de la royauté, rencontra cet étroit patriotisme de localité si funeste au progrès des lumières. Le ministre avait raison, mais il opprimait ; la victime avait tort, mais elle était dans les fers ; et en France le sentiment de la générosité étouffe même la raison. L'oppression est aussi odieuse au nom de la vérité qu'au nom de l'erreur.

M. d'Aiguillon avait tenté d'abattre les haies de la Bretagne, de lui donner du pain en introduisant la culture du blé, d'y tracer des chemins, des canaux, d'y faire parler le français, d'y perfectionner le commerce et l'agriculture, enfin d'y mettre le germe de l'aisance pour le plus grand nombre et la lumière pour tous : tels étaient les résultats éloignés des mesures dont la pensée donna lieu à ce grand débat. L'avenir du pays devenait une riche et féconde espérance.

Que de gens de bonne foi seraient étonnés d'apprendre que la victime défendait les abus, l'ignorance, la féodalité, l'aristocratie, et n'invoquait la tolérance que pour perpétuer le mal dans son pays ! Il y avait deux hommes dans cet homme : le Français qui, dans les hautes questions d'intérêt national, proclamait, d'une voix généreuse, les plus salutaires principes ; le Breton, auquel d'antiques préjugés étaient si chers, que, sem-

---

1. Le duc d'Aiguillon, ministre de Louis XV et gouverneur de la Bretagne, fut chargé d'établir de nouveaux impôts pour financer des travaux dans la province. Il se heurta à l'opposition du procureur général du Parlement de Rennes, La Chalotais — qui s'était pourtant, dans les « questions d'intérêt national », prononcé contre les jésuites et pour un système centralisé d'enseignement. Le Parlement fut suspendu, La Chalotais arrêté en 1765, et exilé en 1767. Mais le Parlement de Paris intenta un procès au duc d'Aiguillon en 1769.

blable au héros de Cervantès, il déraisonnait avec éloquence et fermeté aussitôt qu'il s'agissait de guérir les
plaies de la Bretagne. La Chalotais Breton a trouvé des
successeurs dans quelques hommes qui se sont récemment déclarés les protecteurs de l'ignorance de ce déplorable pays. Mais aussi M. Kératry[1] a représenté l'autre
La Chalotais pour l'honneur de l'homme, de sorte que
cet illustre Breton ne pouvait être reconstruit qu'avec les
deux opinions extrêmes de la Chambre.

Aujourd'hui, en 1829, un journal annonçait qu'un
régiment français, composé de Bretons, était débarqué à
Nantes, après avoir traversé la France et occupé l'Espagne sans qu'aucun des hommes sût un mot de français
ou d'espagnol. C'était la Bretagne ambulante, traversant
l'Europe comme une peuplade gallique[2].

Voilà un des résultats de la victoire de M. de La Chalotais sur le duc d'Aiguillon.

L'auteur arrêtera là cette observation. Elle n'était pas
de nature à entrer dans le livre, et ses développements
auraient trop d'étendue pour une introduction.

Si quelques considérations matérielles peuvent trouver place après tous ces *credo* politiques et littéraires,
l'auteur prévient ici le lecteur qu'il a essayé d'importer
dans notre littérature le petit artifice typographique par
lequel les romanciers anglais expriment certains accidents du dialogue[3].

Dans la nature, un personnage fait souvent un geste,
il lui échappe un mouvement de physionomie, ou il place
un léger signe de tête entre un mot et un autre de la
même phrase, entre deux phrases et même entre des
mots qui ne semblent pas devoir être séparés. Jusqu'ici
ces petites finesses de conversation avaient été abandon-
nées à l'intelligence du lecteur. La ponctuation lui était
d'un faible secours pour deviner les intentions de l'auteur. Enfin, pour tout dire, les points, qui suppléaient à

1. Le comte de Kératry, homme politique d'origine bretonne, se
situa dans l'opposition sous la Restauration, avant de soutenir activement la monarchie de Juillet. — 2. Gallique, c'est-à-dire gauloise.
— 3. On retrouve ici les soucis de Balzac imprimeur, et admirateur
des romanciers anglais du XVIIIe siècle. L'artifice typographique introduit dans l'édition de 1829 — le tiret — fut supprimé ensuite.

bien des choses, ont été complètement discrédités par l'abus que certains auteurs en ont fait dans ces derniers temps. Une nouvelle expression des sentiments de la lecture orale était donc généralement souhaitée.

Dans ces extrémités, ce signe — qui, chez nous, précède déjà l'interlocution, a été destiné chez nos voisins à peindre ces hésitations, ces gestes, ces repos qui ajoutent quelque fidélité à une conversation que le lecteur accentue alors beaucoup mieux et à sa guise.

Ainsi, pour en donner ici un exemple, l'auteur pourrait faire ce soliloque :

— J'aurais bien fait un errata [1] pour les fautes qu'une impression achevée en hâte a laissées dans mon livre ; mais — qui est-ce qui lit un errata ? — personne.

---

1. Liste des erreurs ou des fautes d'impression qui se sont glissées dans un ouvrage, avec l'indication de la forme correcte.

PRÉFACE

DES *CHOUANS, OU LA BRETAGNE EN 1799*
(troisième édition, 1845)[1]

Cet ouvrage est mon premier, et lent fut son succès ;
je ne pouvais le protéger d'aucune manière, occupé
comme je le suis de la vaste entreprise où il tient si
peu de place[2]. Aujourd'hui, je ne veux faire que deux
remarques.

La Bretagne connaît le fait qui sert de base au drame ;
mais ce qui se passe en quelques mois fut consommé en
vingt-quatre heures. À part cette poétique infidélité faite
à l'histoire, tous les événements de ce livre, même les
moindres, sont entièrement historiques ; quant aux descriptions, elles sont d'une vérité minutieuse.

Le style, d'abord assez entortillé, hérissé de fautes, est
maintenant à l'état de perfection relative qui permet à
un auteur de présenter son ouvrage sans en être par trop
mécontent.

Des *Scènes de la vie militaire* que je prépare[3], c'est
la seule qui soit terminée, elle présente une des faces de
la guerre civile au dix-neuvième siècle, celle de partisan ; l'autre, la guerre civile régulière, sera le sujet des
VENDÉENS.

Paris, janvier 1845.

---

1. Cette préface a été rayée de la main de Balzac sur le « Furne
corrigé ». — **2.** Il s'agit cette fois de *La Comédie humaine*.
— **3.** « Des quinze ou seize *Scènes de la vie militaire* », disait le
manuscrit ; et le Catalogue de *La Comédie humaine*, paru en 1845, en
promettait vingt-cinq... En définitive, ces Scènes ne comptent, outre
Les Chouans, que la nouvelle *Une passion dans le désert*. *Les Vendéens* annoncés plus bas restèrent à l'état de projet.

Table des illustrations

Composition réalisée par NORD COMPO

Achevé d'imprimer en mars 2009, en France sur Presse Offset par
Maury-Imprimeur - 45330 Malesherbes
N° d'imprimeur : 144251
Dépôt légal 1re publication : février 1972
Édition 29 - mars 2009
LIBRAIRIE GÉNÉRALE FRANÇAISE - 31, rue de Fleurus - 75278 Paris Cedex 06

30/0705/1

Table